H. V. Morton ist ein bekannter englischer Journalist und Reiseschriftsteller, von dessen Werk einiges in deutscher Sprache erschienen ist. Sein oberster Grundsatz, sich nur auf den eigenen Augenschein und nicht auf Darstellungen aus zweiter Hand zu verlassen, verleiht seinem Stil jene unmittelbare Frische, die ihm einen weiten Leserkreis sicherte.

Sein Buch »Rom – Wanderungen durch Vergangenheit und Gegenwart« (Knaur-Taschenbuch Band 3655) wurde vom Oberbürgermeister der Stadt Rom als eine der besten Beschreibungen der Ewigen Stadt mit einer Ehrenmedaille ausgezeichnet.

Man kann dieses Werk als »Klassiker« für Reise-Individualisten bezeichnen. Aus diesem Grund hat der Verlag darauf verzichtet, in der vorliegenden Taschenbuchausgabe Änderungen vorzunehmen. Sie beruht auf der 4. Auflage der Originalausgabe von 1974.

Vollständige Taschenbuchausgabe
Droemersche Verlagsanstalt Th. Knaur Nachf.
München/Zürich
Lizenzausgabe mit freundlicher Genehmigung des
Societäts-Verlages

Titel der Originalausgabe »A Stranger in Spain«
Aus dem Englischen von Jeannie Ebner

Umschlaggestaltung Rambow, Lienemeyer, van de Sand
Umschlagfoto Bildagentur Mauritius
Gesamtherstellung Hanseatische Druckanstalt GmbH, Hamburg
Printed in Germany · 1 · 12 · 581
ISBN 3-426-03656-8

1. Auflage

H. V. Morton:
Spanien

Wanderungen durch Vergangenheit und Gegenwart

Droemer Knaur

Für Mary

Inhalt

1. Kapitel

Ankunft in Madrid · Der abendliche paseo · Spaniens Zukunft · Der königliche Palast · Die Ritter der königlichen Rüstkammer · Die Plaza Mayor · Spaniens Frauen und Kinder · Ein Prinz von Wales in Madrid

Das Flugzeug senkte sich auf eine Landschaft herab, die ganz meinen Erwartungen entsprach. Seit Jahrhunderten gab es hier keine Bäume mehr, die Ackerkrume war zum größten Teil verschwunden, und das Gerippe des Landes trat unbedeckt in verschiedenen Tönungen von Braun zutage. Wie die meisten großflächigen Landschaften lag auch dieses Land in einsamer Größe da, blaue und violette Hügel erhoben sich fern am Horizont. Drei oder vier kleine Federwolken, die, wie ich später erfuhr, charakteristisch für Kastilien sind, hingen am Himmel, als seien sie von einer Lokomotive dort hingepafft worden. Doch vielleicht ist das ein allzu profanes Bild, denn man hätte sie ebensogut als Schwungfedern der Cherubim und Seraphim deuten können.

Gegen die Bodenwellen der Ebene betrachtet, glich der Flughafen Madrids einem munteren und kecken Vergnügungsdampfer auf einem düsteren See.

Die Reisenden waren durch eine Glaswand von einem Café getrennt, zu dem ein Rasenstreifen mit weißen Geländern gehörte. Zwei bewaffnete Männer in salbeigrünen Uniformen und schwarzen Glanzledertschakos von einer Form, die an Napoleon erinnerte, bewachten die Tür. Draußen nippten Spanier an ihren Getränken und deuteten nach dem Himmel, sooft die Stahlvögel aus Lissabon, Paris und Rom herunterschwebten. Im Zollgebäude roch es wie in einem Nachtlokal. Eben war eine südamerikanische Maschine gelandet, und ein paar auffallende und anspruchsvoll aussehende Frauen öffneten ihr elegantes Fluggepäck unter den aufmerksamen Blicken der beiden Wachen, deren Augen an melancholische Rehe erinnerten.

Ich war überrascht, daß die Zolloffiziere weiße Baumwollhandschuhe überstreiften, ehe sie das Gepäck untersuchten. Später begriff ich, daß weißen Handschuhen, nach der spanischen Auffassung von Schicklichkeit, besondere Bedeutung zukommt. Der Handschuh ist ein Kennzeichen der Aristokratie und wurde früher nur von Königen und Bischöfen getragen. Seit die Welt demokratischer wird, sieht man Handschuhe seltener, und die geballte Faust ist natürlich immer nackt.

In der Schlange vor dem Paßschalter standen Mexikaner, Peruaner und sonstige Südamerikaner, Gegenstücke zu den *conquistadores* von einst, die nun zurückkehrten, um das Land ihrer Herkunft zu besuchen, und während ich sie beobachtete, stellte ich fest, daß Spanien eines der wenigen Gebiete ist, wo man unter Amerika nicht die Vereinigten Staaten versteht. Selbstverständlich waren diese *americanos* Touristen, wie ich selber. Das Wort *turista* bedeutet im modernen Spanien soviel wie *peregrino* im Mittelalter. Es erklärt alles.
»Weshalb sind Sie nach Spanien gekommen?«
»*Turista!*«
Sofort wird der Paß gestempelt, ein Paar dunkler Augen gleitet traurig über seinen Besitzer hin, voll der unermeßlichen Traurigkeit jener, die in öffentlichen Diensten stehen. Dann steht es einem frei, Spanien zu betreten.

Meine Zimmer waren so unpersönlich wie nur irgendwelche Zimmer in London, Paris oder Rom. Das einzige Merkmal spanischer Art war die Darstellung einer Kreuzigung über dem Bett. Nach kurzem Kampf mit den Gurten, die man in weniger sonnigen Breiten nicht kennt, hoben sich die hölzernen Fensterläden um ein oder zwei Meter und gaben frei, was darunter lag. Grell schoß die Nachmittagssonne ins Zimmer. Unten erblickte ich ein Gewirr niedriger Dächer, reizvoll mit maulbeerfarbenen Ziegeln gedeckt, von jener länglichen, halbrunden Form, die man auf den byzantinischen Kirchen in ganz Griechenland findet. Gegenüber stand ein Betonblock, hinter dessen herabgelassenen Rolläden vermutlich in jedem Zimmer ein Spanier schlummerte. Links stand ein großes Priesterseminar, in dem ein einsamer Priester, das Brevier in der Hand, langsam in einem Korridor auf und ab ging. Er war das einzige Lebenszeichen in Madrids Siestastunde, zumindest in jenem Teil der Stadt, den ich von meinem Fenster aus überblicken konnte. Er war jung und bleich, und seine Lippen bewegten sich murmelnd. Seine Soutane war neu, gut geschnitten und sichtlich von der besten Qualität, die es gab. Wahrscheinlich hatte er erst vor kurzem die Priesterweihe empfangen und war nun der Stolz seiner Familie, die sich vollzählig eingefunden hatte, um ihn seine erste Messe lesen zu hören. Die schwarze Figur, die dort drüben auf und ab ging, wurde mir plötzlich zu einem Symbol Spaniens: zum unermüdlichen Geist strengster Orthodoxie, der selbst an diesem heißen, sonnigen Nachmittag die Ruhe verschmähte. Genau so hätte sie einst neben dem Ketzer herschreiten können, und so auch wandelte Philipp II. durch die Korridore des Escorial.
Ein paarmal streckte ich meine Hand nach dem Telephon aus, erinnerte mich, wo ich war, und zog sie wieder zurück. Die Siesta eines Freundes zu

stören, welch furchtbare Ungehörigkeit! Es dauerte noch mindestens eine Stunde, ehe ich jemanden anrufen konnte. Was sollte ich tun? Fortgehen und auf der Schattenseite der Straße an Geschäften mit herabgezogenen Rolläden entlangspazieren? Doch schon bemächtigte sich meiner die Lethargie, die sich in Spanien sogleich auf den Fremden überträgt, und ich entschied mich dafür, eine Zigarette zu rauchen und zu warten, bis Madrid wieder auf den Beinen war.

Ich habe mich oft gefragt, ob andere Völker von unserer eigenen Geschichte so wenig wissen, wie wir von ihrer. Die Geschichte Spaniens, die sich mit der anderer europäischer Nationen nicht vergleichen läßt, ist in England fast unbekannt, außer unter Studenten. Selbst jenen, die ziemlich viel über Spanien gelernt, Cervantes gelesen und die Musik Manuel de Fallas gehört haben, die Bilder Velázquez', El Grecos und vielleicht sogar Goyas von Reproduktionen her kennen, würde es schwerfallen, mehr aus der Geschichte Spaniens zu erzählen als die ein oder zwei Episoden, die sie mit unserer Geschichte verknüpfen: Heinrichs VIII. Vermählung mit Katharina von Aragonien und den Versuch Philipps II., das elisabethanische England mit Hilfe der spanischen Armada zu erobern. Mit Überraschung vergegenwärtigt man sich, daß der große Ferdinand der Heilige von Kastilien, der die Mauren so mannhaft bekriegte, eine englische Großmutter hatte; daß der Black Prince den riesigen Rubin, der nun vorne in der königlichen Staatskrone Englands prangt, aus Spanien mitgebracht hat; daß John von Gaunt sich »Monseigneur d'Espagne« zu nennen pflegte und sich als König Kastiliens betrachtete; oder daß in den Adern Richards III., Edwards IV., Elisabeths von York und, wenn auch schon sehr verdünnt, in denen Heinrichs VIII. und Elisabeths spanisches Blut floß...

Das Telephon läutete. Die Siesta war vorüber. Bald würden wieder die Pfiffe der Verkehrspolizisten gellen, die vollen Straßenbahnwagen und antiquierten Taxis dahinschießen und die eisernen Rolläden sich von den Geschäften heben.

»Hallo!« sagte die Stimme eines Bekannten. »Willkommen in Spanien! Willst du heute abend mit mir essen? Gut! Dann hole ich dich gegen zehn Uhr ab.«

»Gegen zehn Uhr?«

»Ja, oder ist das etwas zu früh?«

»Nein. Ich erwarte dich um diese Zeit.«

Und ich, der es als eine der größten Freuden des Lebens betrachtet, um zehn Uhr im Bett zu liegen, seufzte heimlich.

Ich trat in die Hitze der Straße hinaus. Fremde Städte erscheinen ungeheuer groß, solange man sich nicht auskennt. Darin macht Madrid keine Ausnahme. Die Calle de Alcalá dünkte mich eine der schönsten Avenuen Europas. Die Nabe im Rad Madrids ist die Puerta del Sol – das Tor der Sonne im maurischen Madrid –, die einen anfänglich in Verwirrung setzt. Sobald man aber mit der Stadt vertraut geworden ist, wirkt sie faszinierend. Sie ist ein Magnet. Irgendwie landet man immer wieder da. Wenn man sich verirrt hat, geht man dorthin und orientiert sich neuerlich.

Während dieser Sommertag sich seinem Ende zuneigte, kostete ich das Vergnügen aus, in der Menge mitzutreiben, die Auslagen zu betrachten – besonders die hübschen Schuhgeschäfte – und von allen Seiten den stoßweisen, harten Klang des Kastilischen zu hören. Wie anders eine Sprache klingt, wenn man sie in ihrem Heimatland reden hört, rasch, laut, selbstverständlich und mundartlich gefärbt. Ich setzte mich in einen Stuhl, der vor einem Café auf dem Pflaster stand, und bestellte einen *café con leche*. Die Menschen, die auf und ab gingen, waren gut angezogen. Viele Männer trugen Sonnenbrillen, und die spanische Art, das Jackett zu tragen, mit leer baumelnden Ärmeln über die Schultern gehängt, rief mein Interesse wach, weil sie an den früheren spanischen Mantel erinnert. Die Frauen trugen keine Hüte, und ihr Haar war äußerst gepflegt. All diese Leute hatten sich schön gemacht. Sie waren weder aufgedonnert noch auffallend, auch trugen sie nicht jene Wohlhabenheit zur Schau, die man früher in der Bond Street beobachten konnte, doch waren sie bemüht, einem gewissen Standard zu entsprechen. Während ich sie betrachtete, fielen mir die weißen Baumwollhandschuhe im Zollamt wieder ein.

Nachdem ich meinen Kaffee ausgetrunken hatte, schlenderte ich langsam die Avenida de José Antonio hinab, wo die Menge dichter war, ein Geschäft sich an das andere reihte und der Gestank des Benzins und Öls der ältesten Motoren, die in der Welt noch verwendet werden, immer durchdringender wurde. José Antonio! In den kommenden Tagen sollte mich dieser Name verfolgen. Zahllose Straßen sind nach ihm benannt. Man sieht seinen Namen in riesigen Lettern auf den Kriegerdenkmälern vor den Kirchen. Er ist allgegenwärtig. Kein Mensch könnte sich auch nur ein paar Tage in Spanien aufhalten, ohne ihm zu begegnen. Für jeden Spanienreisenden kommt unweigerlich der Augenblick, da er es nicht mehr aushält und den nächstbesten Spanier fragt: »Wer war José Antonio?« Die Antwort ist sehr einfach. Er ist der bisher noch nicht kanonisierte Heilige des nationalistischen Spanien, der Sohn des Generals Primo de Rivera. Er gründete die Falange und wurde im Jahre 1936 während des Bürgerkrieges von den Kommunisten erschossen.

Im Weitergehen blickte ich in die Schaufenster und fragte mich, wer in aller Welt diese kleinen Statuen eines *banderillero* kaufen sollte, der eben dabei war, einem Stier den Speer hineinzurennen. Da machte sich ein junger Mann an mich heran und ging flüsternd neben mir her. Ich hielt ihn für einen Kundenzutreiber und forderte ihn barsch auf, mich in Ruhe zu lassen. Dabei glaubte ich gutes Kastilisch zu sprechen und war daher gedemütigt, als er mir englisch antwortete und mir eine Füllfeder zum Kauf anbot, die er verstohlen aus seiner Brusttasche zog. Diese raunenden Füllfederhändler verfolgen einen in den Straßen Madrids. Die Federn, die sie anbieten, scheinen mit dem amerikanischen Original identisch, werden aber in Barcelona erzeugt. Die Füllfederleute sind niemals zudringlich, und es ist leicht, sie loszuwerden. Sie stecken die Feder dann einfach wieder in ihre Brusttasche und tauchen mit einem philosophischen Seufzer in der Menge unter. Nach einiger Zeit erkennt man sie auf den ersten Blick, und auch sie erkennen einen wieder.

Solche Leute sowie Taxichauffeure und Hotelportiers sind die ersten, mit denen der Ausländer in einer fremden Großstadt in Berührung kommt. Hier darf ich auch die lieben alten Zigaretten-Schwarzhändlerinnen Madrids nicht unerwähnt lassen, diese ehrsamen kleinen Frauen in schwarzen Kleidern und Schürzen, die Tablette voll amerikanischer Zigaretten tragen und ihr ständiges Revier auf der Straße haben. Ihr Verhalten hat nichts von Heimlichtuerei an sich. Sie verkaufen ihre offiziell verbotene Ware unter den Augen der Polizei.

Als die Dunkelheit hereinbrach, begann ganz Madrid wie zu einem nächtlichen Maskenzug oder einer Prozession Platz zu nehmen. Die Stühle auf den Gehsteigen waren alle besetzt. Büros und Geschäfte hatten die Rolläden herabgelassen, das Tagwerk war beendet. Nun strömten Tausende Männer und Frauen aus zahllosen Seitenarmen mit der Untergrundbahn, mit Autobussen oder zu Fuß in die Hauptstraßen, wo sie herumschlenderten und stundenlang auf und ab gingen. Das war der nächtliche *paseo*, eine merkwürdige Sitte, die sich seit dem siebzehnten Jahrhundert erhalten hat, da die Aristokratie abends auf den Paseo del Prado luftschnappen ging. Ich versuchte es in sechs oder sieben Cafés, ehe es mir gelang, einen freien Sessel zu erobern, von dem aus ich das Treiben beobachten konnte. Die Menge hatte sich für den Anlaß hübsch gemacht, ja sie erinnerte mich an einen altmodischen Kirchenumgang.

Einen so großen Teil der Bevölkerung einer modernen Stadt auf diese Weise in Bewegung zu sehen, war ein ungewohnter, aber erfreulicher Anblick für mich. Es hatte nichts Vulgäres an sich, kein höhnisches Auspfeifen und Kreischen, keine flüchtigen Anbahnungsversuche. Dennoch hatten die Frauen ihre hübschen Kleidchen und schwarzen Lackschuhe angezogen und sich so sorgfältig frisiert, weil sie bemerkt und bewundert werden wollten. Darin wurden sie nicht enttäuscht, doch schienen sie es gar nicht zu bemerken. Wenn sie ein Kompliment hörten,

drehten sie sich nicht lächelnd um, sondern gingen in aufrechter Haltung im Lampenlicht weiter, meist zu dritt oder zu viert, die Köpfe hoch erhoben, würdevoll und ernsthaft.
Es dauerte eine volle Woche, bis ich mich an die phantastischen Essenszeiten gewöhnt hatte. In den zwanziger Jahren hatte Primo de Rivera versucht, die in Europa üblichen Essenszeiten in Spanien einzuführen, aber das war nicht einmal einem Diktator gelungen. Ich weiß nicht, wann sich diese Gepflogenheit eingebürgert hat, doch ist es nicht lange her. Als Dr. Townsend, der Rektor von Pewsey in Wiltshire, im Jahre 1786 Spanien besuchte, speisten der König und die königliche Familie ungefähr zu Mittag, die altmodischen Höflinge um halb zwei und die moderneren um zwei Uhr. Ein Deutscher namens Fischer, der etwa zehn Jahre später Spanien bereiste und für derlei Dinge einen scharfen Blick besaß, erwähnt keine ungewöhnlichen Essenszeiten. Diese späten Essensstunden wären in keiner Stadt möglich gewesen, ehe es Straßenbeleuchtung gab, also kann die Gewohnheit der Spanier, um zehn Uhr zu nachtmahlen, nicht älter sein als die Gasbeleuchtung.
Als mein Freund im Hotel eintraf, war ich müde und hätte viel lieber nur ein Sandwich gegessen, um dann gleich zu Bett zu gehen. Für ihn jedoch hatte der Abend eben erst begonnen. In seiner aufgeräumten Gesellschaft wurde auch ich wieder munter, und wir gingen gemeinsam aus.

Wir speisten in einem kleinen Lokal, das aus jener Zeit stammte, da die Restaurants mit rotem Plüsch und vergoldeten Putten dekoriert waren. Zu der Atmosphäre wuchtiger Büfette, goldgerahmter Spiegel und silberner Kandelaber paßten manche Kellner so vorzüglich, als seien sie im Hinblick darauf ausgewählt worden. Man zeigte mir einen kleinen chinesischen Salon ganz im Hintergrund und wies darauf hin, daß die skandalöse Isabella II. ihn manchmal über eine Hintertreppe betrat, um sich dort mit ihrem neuesten Liebhaber zu treffen.
Wir bestellten kalte *langostinos,* so werden hier die Garnelen genannt, in Mayonnaise, Tournedos mit Pilzen und Portweinsauce, und Walderdbeeren, mit Orangensaft gewürzt. Dazu tranken wir einen hellen, trockenen Sherry und einen Rotwein aus La Rioja.
»Seit dem letzten Krieg habe ich in keiner anderen europäischen Hauptstadt so gut angezogene Menschen gesehen«, sagte ich.
»Du darfst nicht vergessen«, erwiderte mein Freund, »daß jeder Spanier im Grunde seines Herzens ein Grande ist; er würde an seinem Äußeren in allerletzter Linie sparen. Tausende der gut angezogenen Männer, deren gutgeschnittene Anzüge und handgenähte Schuhe aus Majorca dir heute abend aufgefallen sind, besitzen nur diesen einen Anzug und leben in einer Einzimmerwohnung. In Spanien muß man nach etwas aussehen,

auch wenn man so arm ist wie eine Kirchenmaus. Genauso verhält es sich bei den Mädchen. Sie sind nicht luxuriös, aber sehr nett gekleidet. Die Gehälter sind zum Verzweifeln niedrig, so niedrig, daß ein Spanier, der sich kein illegales Einkommen verschaffen kann und keine Protektionsstellung hat, in seiner Freizeit Sprachunterricht geben oder andere Nebenberufe ausüben muß. Ich kenne einen Mann, der sechs verschiedene Berufe ausübt! Man sagt, der Spanier sei faul. Du solltest sehen, wie manche von ihnen arbeiten! Da man die Spanier aber nie in ihren Büros antrifft, glauben die Fremden, daß sie im Bett lägen. In Wirklichkeit versuchen sie wahrscheinlich irgendwo anders ein paar saure Groschen zu verdienen.«

»Werde ich die furchtbare Armut zu sehen bekommen, die hier herrschen soll, wie man uns Engländern erzählt hat?«

»Nein, in diesem Jahr nicht. Wir hatten, mußt du wissen, zwei Jahre hintereinander gute Ernten. Die Schwierigkeit Spaniens liegt darin, daß es keine Rücklagen hat. Man lebt von einer Ernte zur nächsten. Eine Mißernte genügt, um das Land auf trockenes Brot zu setzen. Die Berichte über die Armut, die man überall liest, sind vor zwei Jahren geschrieben worden, nach einer Reihe schlechter Ernten. Auch übertreibt die europäische Presse die Schwierigkeiten Spaniens gerne. Daher ist der Durchschnittsspanier überzeugt, daß die Auslandskorrespondenten einiger führender englischer Zeitungen heimliche Kommunisten sind.«

»Ist Franco eigentlich populär?«

»In Spanien ist nie jemand populär. Das war hier seit jeher nicht üblich. Franco wird geschätzt, weil er den Bürgerkrieg beendet und Spanien wieder zum Arbeiten gebracht hat. Meiner Meinung nach grenzt die Geschicklichkeit, mit der er das Land durch die Verhältnisse im Nachkriegseuropa hindurchgesteuert hat, ans Wunderbare. Ich glaube, man kann ruhig sagen, daß der Durchschnittsspanier Franco als einen ehrenhaften Mann bewundert – soweit ein Spanier einen anderen bewundern kann; wie das jedoch in Spanien immer zugeht, sind die Leute seiner Umgebung, die anfangs tüchtig waren, schließlich allzu tüchtig geworden. Alle Regierungsstellen in diesem Land arbeiten in die eigene Tasche, und jedermann weiß das.«

»Was für ein Mensch ist Franco?«

»Er ist Soldat, und ein gottesfürchtiger Soldat, das Schwert in der einen, eine heilige Reliquie in der anderen Hand. Er würde sich in einer Garnisonsstadt wahrscheinlich am wohlsten fühlen. Er hat keinen dynastischen Ehrgeiz. Er hat keinen Sohn. Seine einzige Tochter ist verheiratet, und er führt mit seiner Frau ein stilles, häusliches Leben in dem alten Palast El Pardo, etwa vierundzwanzig Kilometer außerhalb von Madrid.

Er ist überhaupt kein Diktator im europäischen Sinn. Er ist nur ein Soldat, der einen Aufruhr niedergeschlagen und das Kriegsrecht verhängt und die Absicht hat, dafür zu sorgen, daß Ordnung gehalten wird.«
»Wie denkst du über die Zukunft?«
»Kann irgend jemand in der Welt über die Zukunft etwas wissen? Über Spaniens Zukunft zerbricht sich jeder den Kopf. Die Leute in England und Amerika vergessen immer, daß der verstorbene König Alfons XIII. nie abgedankt hat. Er hat sich bloß aus dem Staub gemacht und ging ins Exil. Spanien ist eigentlich eine Monarchie ohne König. Franco ist das Staatsoberhaupt, und er ist verpflichtet, eines Tages wieder einen König einzusetzen. Sollte Franco etwas zustoßen, so wird ihm, vorausgesetzt, daß nicht das ganze Land in die Luft geht, ein Regentschaftsrat nachfolgen, der zu denselben Zielsetzungen verpflichtet ist. Das wurde bei einer 1947 abgehaltenen Volksbefragung beschlossen, bei der die Abstimmung etwa vierzehn Millionen für und nur eine Million Stimmen gegen die Rückkehr zur Monarchie ergab.«
»Und wer soll der neue König von Spanien werden?«
»Das weiß niemand so genau. Don Alfonso hinterließ einen Sohn; Don Juan, der jetzt ein Mann in mittleren Jahren ist und in Portugal lebt. Dieser hat einen Sohn, Don Juan Carlos, der bei den Jesuiten erzogen worden ist; und die meisten Leute glauben, daß er eines Tages zum König gewählt werden wird.«
»Und dann?«
Er hob die Arme mit einer für den Spanier typischen Geste, und ließ sie lahm und hoffnungslos wieder sinken.
»Wer kann das wissen? Manche glauben, Spanien sei von Natur ein monarchistisches Land, andere wieder meinen, die Rückkehr des Königs – irgendeines Königs – würde einen neuen Bürgerkrieg heraufbeschwören. Aber wer weiß es?«
Wir sprachen über die Amerika-Hilfe und Spaniens Bedarf an landwirtschaftlichen Maschinen und anderem. Er sagte, viele Spanier seien gegen die Amerika-Hilfe. Sie befürchteten, daß Spanien, nachdem es sich aus zwei Weltkriegen glücklich herausgehalten habe, in einen dritten hineingezogen werden könnte.
Wir wechselten das Thema und sprachen über die spanischen Frauen. Ich äußerte, die zahllosen *señoritas,* die ich an diesem Abend frei in den Straßen hatte umhergehen sehen, stünden in Widerspruch zu der immer noch herrschenden Vorstellung, daß die Frauen Spaniens streng bewacht würden.
»Das alles hat während der Republik allmählich aufgehört«, antwortete er, »und der Bürgerkrieg hat es endgültig beseitigt. Während des Krieges, als Francos Truppen Madrid stürmten, wurde ihnen einmal von einem

Bataillon von Frauen Widerstand geboten, die ein Gewehr- und Maschinengewehrfeuer eröffneten.«

»Was fing man da mit der alten spanischen Galanterie an?«

»Ich glaube kaum«, erwiderte er, »daß auf die Mädchen wirklich geschossen wurde, indes sie davonliefen! Ich habe das nur erwähnt, um dir begreiflich zu machen, daß kein Land das Schicksal, das Spanien beschieden war, durchmachen und dabei seine Frauen weiter in den Frauengemächern eingesperrt halten kann. Die Frauen erhielten das Stimmrecht und haben es bis heute. Die Republik gestattete Ehescheidungen, dem hat aber die Kirche jetzt selbstverständlich einen Riegel vorgeschoben. Die *dueña* ist sozusagen im Geiste gegenwärtig als mehr oder weniger seelische Hemmung. Die Mädchen benehmen sich anständig. Sie wissen, daß sie sonst kein Mann heiraten würde! Und Heirat und eine große Familie ist der Traum jeder normalen Spanierin. Sobald sie verheiratet ist, zieht sie sich vom Leben zurück und beginnt ihre Familie zu regieren. Die einzigen Menschen, die in Spanien noch größere Macht besitzen als die Mütter, sind die Großmütter.«

Es war knapp nach Mitternacht, und mein Freund verließ mich, um noch auf eine Gesellschaft zu gehen. Ich durchschritt die Puerta del Sol, in der immer noch reges Leben herrschte. Polizeipfeifen schrillten durch die Nacht. Hunderte alter Wagen entwickelten einen Höllenlärm. Ich kann mir nicht vorstellen, wie die Leute in diesem Teil Madrids schlafen können. Ich bemerkte zahlreiche kleine Kinder, herausgeputzt wie für eine gesellschaftliche Veranstaltung, die im Stadium äußerster Erschöpfung von ihren Eltern mitgeschleppt wurden. Zum erstenmal fiel mir die spanische Leidenschaft für *los niños* auf, jene blassen kleinen Geschöpfchen, die sich, auf den Schultern der Großen zusammengesunken, kaum mehr aufrechthalten konnten und schon seit mindestens fünf Stunden im Bett sein sollten. Ich begegnete einem Vater, der einen schlafenden kleinen Jungen trug. Ein vergötternder Ausdruck glitt über das Gesicht des Mannes, und er küßte das Kind wach. Schlaftrunken öffnete es die Augen, sein Gesicht rang sich zu einem Lächeln durch, und schon sank der Kopf wieder herunter auf des Vaters Schulter. In Spanien werden die Kinder einerseits wie Puppen, anderseits wie Erwachsene behandelt.

Als ich mich dem Hotel näherte, bemerkte ich neben mir einen flüsternden Schatten, der mit mir Schritt hielt, und noch einer von diesen schrecklichen Füllfederverkäufern glitt an mir vorbei.

Das Gelände, auf dem der königliche Palast Madrids steht, fällt steil zum Tal des Manzanares ab. Aus den rückwärtigen Fenstern des Palastes sahen die Könige Spaniens über kahles und wenig einladendes Flachland hinweg bis zu den Gipfeln der Sierra de Guadarrama, die an diesem Morgen die

Farbe von Traubenhyazinthen hatten. Der Palast ist sehr weiträumig und von weißlicher Farbe, und seine unzähligen Fenster starren blind über einen großen Platz nach dem schönen Garten hinüber, in dem, zwischen Buchshecken und Blumenrabatten, hoch über dem Brunnen in der Mitte, Philipp IV. hoch zu Roß thront, den Stab in der Hand.
Man ist gewöhnt, den König so zu sehen, wie ihn Velázquez in seinen Bildnissen dargestellt hat, bleich, verhärmt und überzüchtet, mit einem sorgfältig aufgezwirbelten Schnurrbart, dessen Fasson er bewahrte, indem er über Nacht kleine, duftende Lederhülsen, sogenannte *bigoteras*, trug. Wenn man ihn hier so stolz zu Roß sieht, vergißt man ganz, wie unglücklich er in Wirklichkeit war, und daß er, von Mißerfolg und Todesgedanken gehetzt, in seiner eigenen Gruft zu weinen und zu beten pflegte und seine Kümmernisse und Gedanken einer bescheidenen Nonne anvertraute.
Der englische Betrachter etwa, der zum erstenmal hierherkommt, wird den königlichen Palast mit dem Buckingham Palace vergleichen und feststellen, daß er zehnmal so groß ist. Das stimmt zwar, doch darf man nicht vergessen, daß der Buckingham Palace ein überdimensioniertes Privathaus ist, das Schloß der spanischen Könige hingegen nicht nur als Residenz der königlichen Familie, sondern auch als Sitz der Ministerien gedacht war. Der Bau ist nicht alt. 1738 wurde er begonnen und sechsundzwanzig Jahre später vollendet. Er sollte die wundervolle alte Burg ersetzen, die seit dem elften Jahrhundert von allen Königen Spaniens adaptiert, umgebaut und neugebaut worden war. Dadurch war eine unbeschreibliche Anhäufung alter Gebäude mit hölzernen Treppen, Höfen und Wandelgängen entstanden, die in der Christnacht 1734 in Flammen aufgingen.
Die Geschichte der alten Burg spiegelt die Geschichte Madrids wider. Als die Araber im Jahr 711 in Spanien einfielen, ließen sie sich im reichen, sonnigen Süden nieder, in Andalusien, während die Christen in den Bergen des Nordens Zuflucht suchten und dort eine Widerstandsbewegung ins Leben riefen. Madrid war einer der befestigten Stützpunkte der Araber im Niemandsland, und ähnlich wie sich auch in anderen Ländern da und dort um eine Burg eine Stadt gebildet hat, wurde mit der Zeit der *kasr* (das Fort), von den Spaniern *alcázar* genannt, zum Zentrum der arabischen Stützpunkte. Der Alcázar von Majrît, wie Madrid früher hieß, wurde auf einer Felsenplatte mit der Aussicht nach dem unbesetzten Norden Spaniens erbaut und war eine der Festungen, die im elften Jahrhundert fielen, als die Christen stark genug waren, um zum Angriff überzugehen. Er wurde von den Arabern nicht mehr zurückerobert. Wenn man heute die öde Landschaft betrachtet, kann man sich kaum vorstellen, daß diese Gegend einst von üppigen Wäldern bedeckt war, in

denen es Wildschweine und Bären gab. Die frühen Könige Kastiliens verwandelten den Alcázar in einen Jagdsitz und bauten ihn im Lauf der Zeit weiter aus. Im fünfzehnten Jahrhundert wurde er neu aufgebaut, und als Philipp II. im Jahre 1561 Madrid zur Hauptstadt Spaniens machte, wurde er zum Sitz des größten Hofes und der mächtigsten Regierung der Welt. Alle habsburgischen Könige Spaniens haben dort, unter Wahrung der strengsten Etikette Europas, Hof gehalten.

Der moderne Palast ist ein Wahrzeichen des bourbonischen Spanien, und man kann sich vorstellen, daß der junge Philipp V. sich nicht gegrämt hat, als er die baufällige, alte Habsburgerburg in Flammen aufgehen sah. Ich schritt nach dem riesigen Hof hinüber, in dem in alten Zeiten, mit Musik und dem Aufmarsch eines Regiments berittener Artillerie, die Wachablösung stattfand. Das muß das Ereignis des Madrider Morgens gewesen sein. Der Höhepunkt war erreicht, sobald die Geschütze angerasselt kamen und die Kapelle in den Königsmarsch ausbrach, einen Militärmarsch, der, der Überlieferung zufolge, von Friedrich dem Großen an Ferdinand VI. von Spanien gesandt worden war, mit dem Hinweis, daß er auf sechs Silberflöten zu blasen sei. Beide Könige waren Amateur-Virtuosen, Friedrich auf der Flöte, Ferdinand auf der Geige.

Ich saß mit einer Schar Touristen in der gewölbten Halle mit der breiten Treppe und wartete auf das Erscheinen des Fremdenführers. Inzwischen betrachtete ich eingehend die Palastdiener: Sie trugen anscheinend immer noch die alte königliche Livree, bestehend aus einem blauen Frack, dessen zurückgeschlagene Schöße mit Messingknöpfen befestigt sind, wie bei Marlboroughs Infanterie. Die meisten waren in einem Alter, das darauf schließen ließ, daß sie vielleicht zwanzig oder dreißig Jahre alt gewesen sein mochten, als Alfons XIII. 1931 sein Land verließ. Gewiß hatten einige von ihnen an jenem Apriltag, an dem man die Masse nach der Republik schreien hörte, gerade Dienst im Schloß. Als die Demonstranten immer kühner wurden, konnte es der König angeblich nicht über sich bringen, durch seine Wache auf sie schießen zu lassen, und zog es vor, außer Landes zu gehen. Eine Gruppe weinender Diener und Getreuer war zugegen, als er aus einem Flügelfenster auf die Terrasse hinausstieg und in seinem Wagen Platz nahm, den er eigenhändig nach Cartagena lenkte, wo ihn ein fahrbereiter Kreuzer erwartete. Ohne Zeremonien ging er in Marseille an Land. Er nahm – ein echt spanischer Einfall – die Flagge des Kreuzers als Leichentuch für sich mit und ruht wahrscheinlich jetzt, in sie eingehüllt, in seinem Sarg in Rom. Ich betrachtete die würdevollen Lakaien, die feierlich wie Priester durch das leere Schloß schritten und derzeit nichts zu tun haben, als Hunderte Uhren aufzuziehen und die Teppiche und Läufer zu bürsten. Träumen sie davon, jemals wieder das königliche Schlafzimmer aufzuräumen und den Thronsaal auf Hochglanz zu polieren?

Wir folgten dem Führer die Marmorstufen hinauf, und oben tat sich eine bedrückende Flucht weiter Räume auf, mit Deckengemälden, auf denen Cupidos und Göttinnen hoch über den vergoldeten Sesseln und Ruhebänken scherzten, indes die schweren Kristalluster, immer kleiner werdend, in langer Perspektive nach hinten führten. Manche Räume, die den Zweck hatten, den Beschauer mit ehrfurchtsvoller Scheu zu erfüllen, waren unglaublich häßlich. Aus überladenen Chinoiserien geriet man in gewaltige Hallen oder Audienzsäle, deren Kronleuchter noch viel größer waren, und in denen Künstler wie in Raserei Gold umhergespritzt und die Plafonds mit mythologischem Getümmel bedeckt hatten. Hie und da blickte ein König oder eine Königin ernsthaft aus goldenem Rahmen, und hier begegnete ich auch zum erstenmal Marie-Louise, der streitbaren Gattin Karls IV., wie sie von Goya gemalt worden ist, und wunderte mich, daß es einem Hofmaler erlaubt gewesen war, ein so unmißverständliches Abbild dieses königlichen Mannweibes zu malen. Königliche Porträts werden nicht für wohlwollende Freunde und Verwandte gemalt, die geneigt sind, manches zu vergeben, sondern für die Nachwelt, und dieses Bildnis einer Königin scheint mit allem Herkömmlichen zu brechen.

Wir betraten den Thronsaal, in dem die bourbonischen Könige Audienz erteilten und jene Empfänge veranstalteten, die unter dem Namen *besamanos* (Händeküssen) bekannt sind, und wo sie auch im Tode aufgebahrt wurden. In diesem Saal sah der Engländer Richard Ford, ein großer Kenner und Liebhaber Spaniens, den Leichnam Ferdinands VII., »in Galauniform, den Hut schief auf dem Kopf, seinen Stab in der Hand, das Gesicht, das schon zu Lebzeiten scheußlich gewesen war, jetzt violett wie eine reife Feige.« Im Thronsaal des ehemaligen Habsburgerschlosses hatte eine andere englische Besucherin, Lady Fanshawe, die Aufbahrung Philipps IV. gesehen: »den Kopf auf einem Kissen, mit einem weißen Biberfellhut, das Haar frisiert, den Bart gestutzt, Gesicht und Hände geschminkt.« Dies war der letzte Eindruck eines Gesichts, das in den Bildern des Velázquez weiterlebt.

Man kann den großartigen, uralten Thron des einstigen spanischen Reiches nicht ohne Rührung betrachten. Er steht erhöht auf einer Estrade in dem riesigen Spiegelsaal unter einem barocken Baldachin, bewacht von vier lebensgroßen Löwen, die, eine Pranke auf einen Globus aufgestützt, ins Leere starren. Der Fremdenführer sagte, der Thronsaal werde jetzt nur noch benützt, wenn Franco einen ausländischen Gesandten empfängt. Jemand aus der Gruppe fragte, ob Franco bei solchen Gelegenheiten auf dem Thron Platz nehme.

»Nein, niemals!« war die Antwort. »Das hat der Caudillo nie getan! Es wäre ungehörig.«
Ich hoffte, daß irgendwer die Frage stellen würde, ob dieser Thron wohl jemals wieder besetzt sein werde. Aber niemand fragte dies. Dieser leerstehende Thron war geradezu erschütternd, zugleich aber wurden wir uns alle seiner Ehrwürdigkeit bewußt. Mit Anteilnahme dachte ich an den Jüngling, der bei den Jesuiten erzogen worden ist. Der Thron Spaniens ist überlebensgroß und sieht nicht gerade bequem aus. Die außergewöhnliche höfische Hierarchie, die sich einst um ihn versammelte, könnte gewiß wieder aufleben; die *mayordomos, alabarderos, gentiles hombres de casa y boca,* die *monteros,* die Hellebardiere, die Lakaien, kurz alle, die jahrhundertelang die byzantinische Förmlichkeit des spanischen Hofes wahrten. Von allen Würdenträgern interessierten mich die *monteros de Espinosa* am lebhaftesten. Vorzeiten rettete einmal ein Jäger aus Espinosa, einem kleinen Dorf im Norden Spaniens, dem König das Leben, und zur Belohnung blieb von da an den Männern dieses Dorfes die Ehre vorbehalten, nachts bei ihm Wache zu stehen und als Schildwachen vor dem königlichen Schlafgemach auf und ab zu patrouillieren. Früher mußten die Mitglieder dieses Korps in Espinosa geboren sein, und die Frauen der Leibgardisten pflegten in das Dorf zurückzukehren, um ihre Kinder dort zur Welt zu bringen, später aber wurden die *monteros,* soviel ich weiß, aus Offizieren rekrutiert, die bereits auf der Pensionsliste standen. Solange Spanien eine Monarchie war, bewegte sich jede Nacht punkt elf Uhr eine Prozession die breite Treppe des Schlosses herunter, ein Beamter in altertümlicher Tracht und Dreispitz versperrte mit einem riesigen Schlüsselbund alle Türen, und von diesem Augenblick an stand das Schloß unter der Obhut der *monteros de Espinosa.* Zwei Mitglieder des Korps nahmen vor dem Schlafgemach des Königs neben der Tür Aufstellung. Sie sprachen kein Wort und setzten sich niemals, sondern schritten langsam auf und ab, bis das Tageslicht sie entließ.
Der Politiker mag über die Probleme der Wiedereinführung der Monarchie in Spanien nachdenken, doch ist es nicht weniger verlockend, sich zu fragen, wieviel von der sorgsam ausgearbeiteten Hofetikette in diesem Fall wieder eingeführt werden würde. Im Gegensatz zu allen anderen Königen hat kein spanischer König jemals mit seinem Namen unterzeichnet; Briefe und Staatsdokumente trugen als Unterschrift lediglich die Worte: *Yo el Rey* (Ich, der König). Manche Granden hatten das Recht, in des Königs Anwesenheit ihre Hüte aufzubehalten, andere durften sie aufsetzen, wenn sie mit ihm sprachen, wieder andere, nachdem sie geendet hatten. Zu Anfang dieses Jahrhunderts, als es noch keine Autos gab, waren 637 Personen in den Hofstallungen und Remisen beschäftigt, und bei offiziellen Anlässen fuhr der König in einer Kutsche, gezogen von

acht Pferden, die mit roten und gelben Straußenfedern geschmückt waren und deren reichgestickte Tuchüberwürfe bis zum Boden reichten. Im Spanien Francos gibt es nur ein Schaugepränge zu sehen, wenn ein Gesandter dem Caudillo seine Beglaubigung überreicht. Dann weckt der Anblick prächtiger maurischer Schwadronen, die auf Pferden mit vergoldeten Hufen vorüberreiten, vielleicht uralte Erinnerungen in den Herzen der Menschen.

Weit interessanter als der tote, menschenleere Palast war die königliche Rüstkammer in der einen Ecke des Schloßhofes. Die Spanier verstehen es, Waffen in ihrer ganzen Pracht zur Geltung zu bringen. In England beispielsweise hängen wir eine Rüstung einfach auf wie eine leere Büchse, die Spanier aber lieben es, sie mit menschlichen Formen auszufüllen; sie stecken eine Kleiderpuppe in das Lederkoller, mit Beinkleidern, Schuhen und allem bekleidet, was ein Mann damals sonst noch unter dem Metall getragen hat. Ähnlich verfahren sie mit den Pferden. Die Tiere sind wie Gürteltiere verschalt – gepanzert ist das richtige Wort dafür –, und auch sie tragen eine komplette prunkvolle Unterkleidung! Die gestickten Hüllen sind mit romantischer Wappenzier überladen und fallen bis zu den Hufen herunter, ja, so dicht bis zur Erde, daß sie ihnen beim Galoppieren im Weg gewesen sein müssen.

Ich amüsierte mich über das Staunen einiger Besucher, die in der Erwartung, sich zu langweilen, die mittlere Halle betraten und dort zwanzig gewappnete Ritter zu Pferde vor sich sahen, die einander in zwei Reihen gegenüberstanden und die Spitzen ihrer langen Turnierlanzen zur Decke richteten. Sie wirkten so lebensecht, daß man jeden Augenblick zu sehen meinte, wie sie sich in Bewegung setzen würden, wie eines der Pferde den Kopf zurückwerfen oder ein Reiter wenden, das Visier heben oder am Helm rücken würde. Bei ihrem Anblick sah man sich im Geiste auf einen Kampfplatz versetzt, auf dem kleine, spitzige, bunte Zelte im Gras aufgeschlagen wären, Trompeten schmetterten, die Menge lärmte und drängte und die Damen sich aufgeregt über die Tribünen lehnten, sobald die Gewappneten in die Schranken ritten.

Es ist interessant, daß einige Ritter *a la gineta*, mit kurzen Steigbügeln reitend, in einem Reitsitz dargestellt sind, den die Spanier von den Mauren gelernt haben, während die anderen *a la brida*, mit langen Steigbügeln reitend, gezeigt werden, eine Art im Sattel zu sitzen, die bei den europäischen Rittern gebräuchlich war. Die spanischen Ritter bevorzugten die kurzen, maurischen Steigbügel bei berittenen Stierkämpfen, oder wenn sie jene malerischen Reiterspiele mit eingelegter Lanze vorführten, die als Stock-Turnier bekannt sind.

Die hier ausgestellten Rüstungen stammen aus der Zeit, da die berühmten Waffenschmiede von Augsburg und Mailand miteinander wetteiferten, und gehörten wahrscheinlich zu den besten der Welt. Ein erstklassiger Waffenschmied muß von den Königen und in Ritterkreisen dieser Zeit hochgeschätzt worden sein. Und wie diese Waffenschmiede es verstanden, dem männlichen Körper zu schmeicheln: welch schlanke Taillen, flache Lenden und wunderbar geformte Waden! So manche armselige kleine Kreatur muß in der Rüstung großartig ausgesehen haben, und manches Mädchen mag nach dem Turnier entsetzt gewesen sein, wenn es seinen vollkommenen Ritter in gewöhnlichen Kleidern erblickte! Es ist unvorstellbar, daß Rüstungen schmeicheln können, doch das war zweifellos der Fall. Wie man uns sagte, pflegten die berühmten Waffenschmiede ihre Harnische zu signieren und mit dem Datum zu versehen, so wie der Künstler ein Bild signiert. Bei kostbaren Ausrüstungen wurden eine Anzahl Bestandteile oder Zusatzteile mitgeliefert, die angeschraubt oder angepaßt werden konnten, um, je nach Wunsch, noch weiteren Schutz zu verbürgen. In dieser herrlichen Ausstellung lernt man alles über Waffen und Wehrausrüstungen.

Eine geeignete Frage für einen Veranstalter von Preisausschreiben wäre die folgende: Auf welcher Seite ritten die Ritter beim Turnier aneinander vorüber? Ich glaube, die meisten Leute würden antworten, daß sie einander die rechte Seite zukehrten, und ich bin ziemlich sicher, Abbildungen gesehen zu haben, auf denen es so dargestellt war. Trotzdem ist es irreführend, denn einige Figuren der Madrider Rüstkammer haben die Lanzen in der korrekten Weise eingelegt und liefern den Beweis, daß der Ritter mit der Lanze schräg über das linke Ohr seines Pferdes zielte und dabei seinem Gegner die linke Seite zuwandte, also Zügelhand gegen Zügelhand.

Man erschrickt geradezu, wenn man plötzlich Kaiser Karl V. vor sich sieht, genau wie auf Tizians Porträt vor der Schlacht bei Mühlberg, zu Pferde, den Speer in der Hand. Hier befindet sich die vollständige Rüstung, die Tizian auf seinem herrlichen Gemälde festgehalten hat. Die kleine Rüstung, die für Don Carlos, den Sohn Philipps II., angefertigt wurde – dessen Tod übrigens eines der Rätsel der spanischen Geschichte bleibt –, bestätigt die häufig ausgesprochene Vermutung, daß der Knabe leicht verwachsen war, denn die Schulterstücke seiner Rüstung sind nicht gleich groß.

Das seltsamste Schaustück der Rüstkammer ist, meiner Ansicht nach, ein Hund in Rüstung, wohl jene Sorte Bulldoggen, die darauf dressiert waren, Menschen anzufallen und Pferde scheu zu machen. Als Kopfschutz trägt er eine kleine, flache Stahlkappe, an der eine rote Straußenfeder befestigt ist. Hals, Brust und Schultern sind mit einem Kettenpanzer bedeckt, dessen metallenes Halsband zwischen den Vorderbeinen durch-

läuft und unten an einem mit eisernen Dornen bewehrten Sattel befestigt ist. Bis auf die Beine scheint er unverwundbar zu sein. Wer einmal versucht hat, eine Rückendecke für einen kranken Hund zu machen, die nicht verrutscht, wird die Erfindungsgabe jener bewundern, die diese Hunderüstung erdacht haben. Bei ihrem Anblick fiel mir die reizende Geschichte von Bernal Díaz über die Kampfhunde ein, die Cortez bei der Eroberung Mexikos mitführte. Eines Tages hatte eine Gruppe entdekkungslustiger Spanier in der kleinen Bucht einer einsamen Insel Anker geworfen; da sahen sie zu ihrer Überraschung einen Hund zur Küste herunterrasen und dort auf und ab laufen, ganz außer sich vor Entzücken. Es war, so stellte sich heraus, ein spanischer Kriegshund, der vor achtzehn Monaten von einer anderen Gruppe auf der Insel verloren worden war. Er war dick und gesund und hatte offenbar, wie die meisten Robinson Crusoes, nach einem befreundeten Segel am Horizont Ausschau gehalten.
Der schäbige alte Tragsessel, der Kaiser Karl V. als Sänfte gedient hatte und in dem er sich herumtragen ließ, wenn ihn die Gicht plagte, gehört zu den größten Sehenswürdigkeiten der Rüstkammer. Man vermutet, daß er auf dem Umweg über das Kloster San Just nach Madrid gelangt sei, denn dort hat der »spanische Diokletian« seine letzten Jahre mit dem Reparieren von Uhren und Pendulen und mit der Blumenzucht hingebracht, nachdem er der Welt entsagt hatte. Zwei der wichtigsten Mitglieder seines Hofes waren ein Papagei und eine Katze. Nach dem Tod des Kaisers wurden seine Lieblinge in die königliche Sänfte gesetzt und unter der Aufsicht eines vertrauenswürdigen Bedienten zum Hof gesandt, der damals in Valladolid weilte. Man kann sich vorstellen, wie erstaunt die Bewohner der Städte und Dörfer auf dem Wege gewesen sein müssen, als sie diese seltsamen Reisenden in der Sänfte des Mannes sahen, der einst Herr der ganzen Welt war.
Zunächst wunderte ich mich, daß viele der Männer- und Pferde-Rüstungen von Kugeln durchlöchert waren. Wäre ich nicht vom Anblick der wunderbaren und herrlichen Dinge, die es zu sehen gab, vollkommen gefesselt gewesen, so wäre mir sofort klar geworden, daß die Könige, Prinzen und Ritter im Bürgerkrieg in Gewehr- und Maschinengewehrsalven geraten waren. Die modernen Geschosse hatten selbst den feinsten Augsburger Stahl zerfetzt wie Pappe.

Der Polizist trug einen weißen Helm, eine weiße, gegürtete Tunika, die einem Buschhemd glich, und blaue Hosen. Er spannte einen bunten Strandschirm auf, und nachdem er das Ende des Stiels in einem Ständer auf der Straße befestigt hatte, zog er ein paar weiße Baumwollhandschuhe an. Dann war er bereit, mit der Arbeit zu beginnen. Er nahm eine Pfeife aus der Tasche und stieß einen schrillen Pfiff aus, worauf der gesamte Verkehr stillstand. Nun überquerten ein paar hundert Spanier, die beiderseits der Straße gewartet hatten, die Fahrbahn. Wieder ein schrilles Signal und die Fahrzeuge setzten sich neuerlich in Bewegung. Manchmal versuchte ein unwissender Fremder oder ein ungehorsamer Spanier, zur unrechten Zeit über die Straße zu gelangen. Dann erklang die Pfeife laut und zornig, und der Verkehrssünder schlich zurück in die Sicherheit. Zwischen den beiden Lauten bestand ein merklicher Unterschied, der eine war langgezogen, beruhigend und behutsam, der andere klang schrill und wie eine Beschimpfung, obwohl beides nur Pfiffe waren.

Jeden Morgen beobachtete ich diese Szene vom amerikanischen Café aus, wo ich ohne langwieriges Fragen und Erklären Schinken und Ei bekommen konnte. Eine solche Möglichkeit ausfindig zu machen, ist stets das erste, was ich in einer fremden Stadt unternehme. Das spanische Frühstück ist genauso jämmerlich wie das französische: in Öl gebratene Teigringe, sogenannte *churros*, und eine Tasse Kaffee oder Schokolade. Darum knabbern die Spanier den ganzen Vormittag über Krabben, Garnelen, kleine Schinkenbrötchen und alles mögliche, um sich bis zum Mittagessen, um zwei Uhr, den Hunger zu vertreiben.

Nach dem Frühstück pflegte ich zu warten, bis der Prado geöffnet wurde. Es ist übrigens sonderbar, daß die Kinos, die sich die Namen der Alhambra und der Plaza angeeignet haben, nicht auch den der größten Bildersammlung der Welt verwenden. Manchmal ging ich auch nur spazieren, bummelte in den Straßen herum. Hinter der Puerta del Sol entdeckte ich ein gänzlich anderes Madrid, das für mich von größerem Reiz war als das Madrid der Hauptstraßen, ein Madrid aus dem siebzehnten Jahrhundert, mit hohen, galerieverzierten Häusern, die heute zu Elendsquartieren erniedrigt oder in Geschäfte umgebaut worden sind. Viele davon stammen aus der Zeit des Velázquez, alle aber gehören dem Madrid Goyas an. Die Plaza Mayor, ein schöner Platz aus dem siebzehnten Jahrhundert, bildet das Zentrum dieses alten Stadtviertels. Obgleich sozial heruntergekommen, ist er noch gut erhalten. Seine vier Seiten bestehen aus großen, würdigen Häusern mit Arkadengängen, von denen jedes einen schmiedeeisernen Balkon besitzt. Von den Balkons aus wohnten der Hof und die gesamte Aristokratie den Stierkämpfen, ritterlichen Lanzenstechen und Autodafés bei, denn die Ämter der Inquisition lagen sehr bequem, gleich um die Ecke. Heute wird auf den Balkons der Plaza Mayor Wäsche aufgehängt, und manchmal sieht man auch Bettzeug zum Lüften dort in der Sonne liegen. An der Nordfront des Platzes steht ein Gebäude, das unter den übrigen heraussticht. Es ist mit Fresken geschmückt und von zwei Türmchen mit dünnen Spitzen gekrönt. Es wird noch heute das Bäckerhaus genannt, weil es auf dem Grund und Boden der Gemeinde-

panadería Alt-Madrids steht. Hier befand sich die königliche Loge, von der aus die Könige und Königinnen Spaniens öffentlichen Vergnügungen beiwohnten. Inmitten der Plaza Mayor erhebt sich das schöne, stolz aufgerichtete Standbild Philipps III., in dessen Regierungszeit der Platz angelegt wurde. Dort stehen auch ein paar massive Steinbänke, von denen aus man sitzend dieses prächtige Beispiel einer Stadtplanung aus dem siebzehnten Jahrhundert genießen und Betrachtungen darüber anstellen kann, daß der Vorfahre der Plaza Mayor die Place Royale zu Paris – heute Place des Vosges – ist, und daß die spanische Plaza durch die sonderbarsten Umstände als Vorfahre des alten Covent Garden in London gelten könnte oder zumindest dort Pate gestanden hat.

Heinrich IV. von Frankreich erbaute in Paris die Place Royale, die erste große Piazza außerhalb Italiens, einen weiträumigen, offenen Platz, gesäumt von ganz gleichförmigen Häusern für die Höflinge und von Bogengängen umgeben. Auf dem freien Raum in der Mitte wurden Paraden und Turniere abgehalten. Philipp III. kopierte diese Anlage in Madrid. Wenige Jahre später wurde auf der Plaza Mayor der erste Stierkampf ausgetragen, und zwar zu Ehren Charles', des Prinzen von Wales und späteren Karls I., der seine romantische Spanienfahrt angetreten hatte, um der Infantin den Hof zu machen. Charles wurde König von England, und als im Jahr 1631 der Covent Garden angelegt wurde, begab er sich mehrere Male dorthin, um seine Entstehung mitanzusehen, zweifellos im Geiste Erinnerungen an die Plaza Mayor beschwörend.

Nachdem ich den Morgen in solchen angenehmen Gedanken hingebracht hatte, bekam ich Lust, mich in ein Café in einer Hauptstraße zu setzen und eine *granizada* zu bestellen. Das ist ein Getränk aus geschabtem Eis mit gezuckertem Zitronensaft oder Kaffee. Die Konsistenz des Eises ist dafür ausschlaggebend, ob die *granizada* ausgezeichnet, gut oder nur mittelmäßig schmeckt. Sie sollte wie Schnee bei Tauwetter sein, aus dem man einen harten Schneeball formen kann. Wenn sie zu wässerig ist, schmeckt sie jedoch unangenehm wie eine Art Sorbet. Die Zubereitung dürfte nicht einfach sein, darum schmeckt sie überall anders.

Die Augen des Fremden, der in der Calle de Alcalá seine *granizada* löffelt, schweifen über die Menge draußen hin. Ich weiß nicht recht, ob die menschliche Rasse immer häßlicher wird oder ob ich immer kritischer werde, aber ich finde, daß man heutzutage viel seltener eine wirklich eindrucksvolle menschliche Erscheinung sieht. Die Spanier sind meist klein und dunkel, obwohl es im Norden Spaniens auch kräftig gebaute, blauäugige Männer gibt. Madrid ist, weit mehr als die internationalen Städte London und Paris, eine nationale Hauptstadt, also kann man damit rechnen, daß von hundert Leuten, denen man auf der Straße begegnet, neunundneunzig Spanier sind, wenn sie auch bedeutende rassische

Unterschiede aufweisen. Betrachtet man ihre Gesichter auf den Straßen, so ist man betroffen, wie selten man eines findet, das von Velázquez gemalt sein könnte, und wie viele El Grecos und Goyas es gibt. Zehn Minuten in einem Straßencafé in Madrid genügen, um zu beweisen, wie wunderbar El Greco den großen, schlanken, bleichen Spanier der »Schwarzen Legende« eingefangen hat, der bestenfalls der düstere Grande, schlechtestenfalls der Schurke aus dem Melodrama ist. Goya fand seine Modelle überall; es scheint wirklich viel mehr Goyas als El Grecos zu geben. Man wird kaum einen größeren Unterschied zwischen zwei Typen der gleichen Nation finden als den zwischen dem traurig blickenden Spanier, der an sein eigenes Begräbnis zu denken scheint, und dem pausbäckigen, rundlichen Mann, der aussieht, als käme er vom Begräbnis eines anderen. Ich glaube, das sind die beiden Grundtypen: der Ritter und der Söldling, der Don Quijote und der Sancho Pansa.

Und nun zur spanischen Frau. Man fragt sich, wieso sie in anderen Ländern traditionell als groß, schlank und biegsam gilt. Sie ist zumeist klein, fast immer dunkel, sie neigt zur Fülle und ihr photogenes Alter liegt zwischen fünfzehn und zwanzig. Ihre drei größten Schönheiten sind ihre intelligenten, lebhaften Augen, ihr stets sorgfältig frisiertes Haar und ihr Gang, der vielleicht überhaupt das Auffallendste an ihr ist. Sie trägt immer tadelloses Schuhwerk. Sooft ich an die spanischen Frauen denke, kommt mir sofort ihre Art zu schreiten in den Sinn: mit hocherhobenem Haupt und zurückgenommenen Schultern, so schreiten sie voll Selbstbewußtsein aus, und keine Geziertheit oder Unsicherheit hemmt ihren Gang.

Auch der unaufmerksamste Beobachter wird feststellen, daß die Frauen und alles, was mit ihnen zusammenhängt, in Spanien das Bild viel weniger beherrschen als in England und Amerika, wo einer, dem unser Planet fremd wäre, durchaus auf den Gedanken kommen könnte, die Hauptaufgabe unserer Zivilisation sei, die Frauen anzuziehen und darin zu wetteifern, sie mit kosmetischen Artikeln zu versorgen. Die modischen Geheimnisse der Frauen treten weder als Massenartikel auf, noch werden sie in den Schaufenstern preisgegeben; eine solche Zurschaustellung würden die Spanier als undelikat empfinden. Nirgends tritt die Freiheit zwischen den Geschlechtern, von der man in England behauptet, sie führe zum gegenseitigen Verständnis, hier offen in Erscheinung, vielmehr ist nicht zu übersehen, daß Männer und Frauen in getrennten Welten wohnen. Mr. V. S. Pritchett sagt hierzu in seinem Buch »Das spanische Temperament«:

»Wenn die Frauen Madrids zu zweit und zu dritt, und nur höchst selten in Begleitung eines Mannes vorüberschreiten, wirken sie kämpferisch, formell und herb. Obwohl gesellig und gesprächig – denn alle Spanier lieben das Sprechen um seiner selbst willen –, scheinen sie doch zu einer

Doppelrolle erzogen zu sein: Sie tragen sich zur Schau, sie haben viel Selbstbewußtsein, aber sie erlauben ihren Augen niemals, den Blick eines Mannes zu erwidern, wenn sie über die Straße gehen. Ihr Auftreten ist vollendet und wirkt entschieden viktorianisch ... Wenn sie so in kerzengerader Haltung vorübergehen, stellen sie eine recht gesammelte und eher strenge weibliche Rasse dar. Trotz ihrer beinahe herrischen Erscheinung – und sicherlich beherrschen sie die Männer, weil sie ihre Rolle im Leben sehr deutlich abgrenzen und mit der Rolle der Männer gesellschaftlich nur wenig vermischen – genießen sie den Ruf, häuslich, unschuldig und gefühlvoll zu sein. Kinder lieben sie leidenschaftlich. In ihren Augen steht geschrieben: Ehe und acht Kinder.«
Was in Spanien dem viktorianischen Geiste entspricht, spiegelt sich wohl am deutlichsten in den Kindern. Diese kann man am besten in dem herrlichen Park von El Retiro beobachten, der mit seinen edlen Alleen und seinen Grotten an den Ufern der Teiche ein Schloß aus dem siebzehnten Jahrhundert umgibt. Eines Morgens, als ich dort im Schatten saß, um meine ersten Eindrücke von Madrid zu ordnen, und mich am Rauschen des Wassers aus dem Gartenschlauch auf den rauhen Kannablättern ergötzte, hörte ich irgendwo hinter den Bäumen eine Kinderstimme: »Juanita!« rufen, und dann, befehlender: »Juaniita!« Im nächsten Augenblick schoß etwas quer über den Weg und landete auf meinen Knien. Es war ein hölzerner Reifen, und ich konnte mich kaum erinnern, wann ich so etwas zum letztenmal gesehen hatte. Gleich danach tauchte der Eigentümer auf, ein Knabe von vielleicht neun oder zehn Jahren in weißem Matrosenanzug, mit gestickten Ankern auf dem Kragen. Auf dem Kopf trug er einen breiten Strohhut, der aus seinem intelligenten kleinen Gesicht zurückgeschoben war. Er kam direkt auf mich zu, machte eine knappe Verbeugung, ergriff seinen Reifen, und nachdem er auf spanisch: »Danke, mein Herr!« gesagt hatte, verschwand er wieder, ein äußerst gelassener junger Don.
Einige Sekunden später kam er nochmals zum Vorschein, in Begleitung einer älteren Frau, vermutlich Juanita, die ein zartes kleines Mädchen an der Hand hielt, das vielleicht sechs Jahre alt sein mochte. Es war wie ein Wachspüppchen anzusehen: Es trug ein Kleid aus gestärktem Musselin mit Rüschen am Ausschnitt und einer blauen Schärpe, die hinten zu einer Masche gebunden war. Auf den dunklen Locken saß ein gestärktes Musselinhäubchen, und die Füße steckten in weißen Ziegenlederschuhen mit Troddeln über den Zehen. Dieses Geschwisterpaar hätte von Du Maurier gezeichnet sein können. Es erinnerte mich an verblaßte, bräunliche Momentaufnahmen in Familienalben und, weiß Gott, an meine eigene Kindheit.
Auch Juanita war sehenswert. Sie war eine alte Bäuerin, in deren Antlitz

die Zeit und die Sonne Spuren eingegraben hatten. Da gab es keine Stelle, die nicht von Linien und Furchen durchzogen war. Sie trug eine Spitzenhaube und ein bauschiges schwarzes Kleid, und ich wette, daß sie die ehemalige Kinderfrau der Familie war, die nun wiedergekommen war, um ihre Tage als Hausangestellte zu beenden.

Der kleine Junge mit dem Reifen, seine Schwester in ihrem Musselinkleid und die alte Kinderfrau bildeten eine Gruppe, die altmodisch genug war für ein Genrebild aus den Kensington Gardens um 1900, zumindest für englische Augen. In Madrid sieht man auf Schritt und Tritt solche Gruppen, Hunderte kleiner, weißer Matrosen, Hunderte Musselinpuppen, und man wundert sich darüber, daß die spanischen Kinder bereit sind, Kleider zu tragen, die in jedem englischen oder amerikanischen Haus eine Meuterei hervorrufen würden. Erstaunlich sind auch die spanischen Spielwarengeschäfte: Da gibt es Reifen, wunderschöne Murmeln aus buntem Glas, Affen, die an einem Stäbchen klettern, Pappendeckel-Theater und Groteskpuppen – kurz alle Spielzeugarten von gestern.

Alte Männer und Frauen fahren mit kleinen Rollkarren, an denen bunte Ballons angebunden sind, durch die Straßen, und auf den Karren liegen altmodische Näschereien jener Art, von der ich geglaubt hatte, sie sei längst nicht mehr in Mode: Aniskugeln, Lakritzen, verzuckerte Stachelbeeren, rosa und weiße Zuckerschweinchen, Marzipankiesel und kleine Musselinbeutel voll Schokoladegeld. Es sieht entzückend aus, wie die Kinder in ihren Matrosenanzügen und Musselinröckchen auf diese Karren zustürzen, um, auf den Zehenspitzen, ernsthaft ihre Auswahl zu treffen, und wie sie dann wieder fortgehen, ihre ungeöffneten Tüten fest in der Hand, denn in Spanien gilt es, so wie früher auch in England, als ungezogen, auf der Straße zu essen.

Aber von allem, was mich in Madrid gefangennahm, liebte ich die kleinen Mädchen in ihren Erstkommunionkleidern am meisten. Vor allem am Sonntag entdeckt man diese winzigen bräutlichen Gestalten mitten im Gedränge, immer mit peinlichster Sorgfalt und alle ganz gleich gekleidet: ein weißer Schleier, ein gestärktes weißes Kleid, das bis zu den weichen Lederschuhen herunterreicht, ein weißgebundenes Meßbuch zwischen ein paar kleine, weiße Zwirnhandschuhe gepreßt und, über den rechten Unterarm geschlungen, ein Rosenkranz mit silbernem Kreuz. Diese lieblichen kleinen Wesen trippeln zwischen den Erwachsenen dahin und sind sich der Bedeutung dieses Augenblicks in ihrem Leben voll bewußt. Ihre kleinen Gesichter sind unnachahmliche Studien spanischer Grandezza und spanischer Sittsamkeit.

Ich schlenderte durch Madrid und suchte nach dem »Haus der sieben Schornsteine«, der *Casa de las siete Chimeneas.* Keiner meiner Bekannten hatte je davon gehört. Endlich entdeckte ich es in der Calle de las Infantas, das ist die zweite Straße rechts, bevor die Calle de Pelayo in die Avenida de José Antonio mündet. Die Straße ist schmal, und ihre alten Häuser sind in Büro- und Geschäftshäuser umgebaut worden. Das Haus, das seine sieben Schornsteine im siebzehnten Jahrhundert wahrscheinlich zu einer Art Wahrzeichen machten, ist auch heute noch unter dem alten Namen bekannt. Zur Zeit Philipps IV. war es das Haus der englischen Gesandtschaft.

Am 7. März 1623 meldete hier ein Diener seinem Herrn, John Digby, dem Grafen von Bristol, ein Engländer namens Thomas Smith wünsche ihn zu sprechen. Obwohl er sich weigerte, den Grund seines Besuchs zu nennen, wurde der Fremde schließlich beim Gesandten vorgelassen. Er war ein großer Mann, in einen Mantel gehüllt, einen Reisesack in der Hand. Als er sein Gesicht enthüllte, erkannte der Graf von Bristol zu seiner Verblüffung die sympathischen, leichtsinnigen Züge George Villiers', des Herzogs von Buckingham und Lieblings seines Herrn, James' I. Aber es sollte noch schlimmer kommen. Buckingham erzählte, der Prinz von Wales (der spätere Charles I.) stehe draußen in der Einfahrt und halte die Pferde. Der Gesandte eilte auf die Straße und führte den Prinzen »in größter Verwunderung« ins Haus, wo er der phantastischen Erzählung lauschte, die die beiden Reisenden zum besten gaben. Es stellte sich heraus, daß sie sich vor etwas mehr als zwei Wochen, einem launischen Einfall folgend, verkleidet aus London entfernt hatten. Charles nannte sich John Brown und Buckingham Tom Smith. Sie hatten den Kanal überquert und waren nach Paris geritten, wo sie sich verkleidet unter das Volk mischten und der Probe zu einer Maskerade zusahen, bei der die schöne, junge Königin von Frankreich, Anna von Österreich, mit Henrietta Maria, die damals ein vierzehnjähriges Mädchen war, tanzte. Charles ahnte noch nicht, daß er seiner künftigen Königin zusah. Von zwei Kumpanen begleitet, waren sie dann quer durch Europa geritten, im Durchschnitt neunzig Kilometer pro Tag, und etwa einen Tagesritt vor Madrid hatten der Prinz und Buckingham ihren Pferden die Sporen gegeben und die beiden Begleiter hinter sich gelassen, die ihnen langsamer folgten. Der Zweck ihrer Reise war dem Botschafter nur zu gut bekannt. Charles war gekommen, um persönlich um die Infantin von Spanien zu freien, Buckingham hatte ihn darin bestärkt, und die zwei »süßen Jungen«, wie der vernarrte alte James sie zärtlich nannte, handelten im Einvernehmen mit dem König.

Charles war dreiundzwanzig und Buckingham einunddreißig, beide alt genug, um klüger zu sein.

Der Besuch Charles' in Madrid ist die einzige lustige Episode im Leben dieses tragischen Königs, auch erscheint die Tatsache absurd, daß die größte Donquijoterie der anglo-spanischen Geschichte auf spanischem Boden von einem Prinzen von Wales verübt worden ist. Die Geschichte begann schon zwölf Jahre früher, als James I., von der spanischen Gesellschaft und vom spanischen Gesandten in England aufgehetzt, den Einfall ausbrütete, aus einer spanischen Heirat ließe sich wertvolles politisches Kapital schlagen. Zur Erheiterung der übrigen Länder sah er sich schon als Schwiegervater eines glücklichen Europa. Der Plan schleppte sich während der Regierungszeit Philipps III. hin, wobei man keinen Zweifel darüber ließ, daß eine solche Heirat von der Rückkehr Englands in den Schoß der römisch-katholischen Gemeinschaft abhängen würde. Und als Prinz Heinrich starb, erbte sein Bruder, Prinz Charles, den Heiratsplan. Nun wiesen gewisse Ratgeber darauf hin, daß sich auf diplomatischem Weg kaum etwas erreichen lasse, daß aber der junge Philipp IV., der inzwischen seinem Vater auf dem Thron gefolgt war, sich durch einen persönlichen Besuch Charles' geschmeichelt fühlen und ihm nicht widerstehen können werde, wenn dieser ihn um die Hand seiner Schwester bitte. Die Infantin, Doña Maria, war damals einundzwanzig und hatte gedroht, ins Kloster zu gehen, falls man sie zwingen wolle, einen Häretiker zu heiraten.

So standen die Dinge, als Charles und Buckingham ihre Verkleidungen anlegten und sich entschlossen, nach Spanien zu gehen. James äußerte sich über sie in aller Einfalt als die beiden »süßen Jungen, die liebenswerten, abenteuerlustigen Ritter, die würdig seien, in einer neuen Ritterromanze verewigt zu werden«. Und wenn man das Ganze nicht als politischen Mißgriff, sondern von seiner menschlichen Seite her betrachtet, ist es tatsächlich eine romantische und ungewöhnliche Episode. Nur im Märchen zieht der Prinz aus, um die Liebe der Prinzessin zu erringen, im wirklichen Leben nimmt er die Braut, die das Außenministerium für ihn auswählt, ohne Widerspruch und ohne Begeisterung hin und bekommt sie oft nicht vor dem Hochzeitstag zu Gesicht.

Als sich der Graf von Bristol von seinem Staunen erholt hatte, wurde ihm klar, daß ihm nichts übrig blieb, als dem spanischen Hof die Ankunft des Prinzen zu melden. Er wußte, daß man die Angelegenheit in Madrid nicht einen Tag lang geheimhalten konnte. Die Ankunft des Prinzen von Wales rief Bestürzung hervor. Etwas Derartiges hatte es in der Geschichte Spaniens noch nie gegeben. Es war unerhört, einer Infantin wie einem gewöhnlichen Frauenzimmer den Hof machen zu wollen, und der Staatsminister Graf Olivares grübelte die ganze Nacht darüber nach, wie man sich zu verhalten habe. Philipp IV. soll die Neuigkeit erfahren haben, als er gerade zu Bett gehen wollte. Er trat vor das Kruzifix zu Häupten des Bettes, und indem er die Füße des Gekreuzigten küßte, rief er aus, nicht einmal der Papst könne ihn dazu bewegen, einer Heirat seiner Schwester mit einem Ketzer zuzustimmen. In der Öffentlichkeit mußte man jedoch das Gesicht wahren, und als die Ankunft des Prinzen bekanntgegeben wurde, verfiel die Bevölkerung Madrids in einen Freudentaumel. Die Leute glaubten, Charles sei nach Spanien gekommen, weil er ein guter Katholik werden wolle, und dort, wo die Armada versagt hatte, würden nun die Hochzeitsglocken Erfolg haben.

Charles scheint sich in einem Zustand von emotioneller Hochspannung befunden zu haben und konnte es kaum erwarten, die Infantin zu sehen. Man mußte ihm klarmachen, daß außerhalb des gemessenen Rahmens der spanischen Etikette nichts unternommen werden dürfe, ja daß er offiziell überhaupt noch nicht in Madrid sei! Zuerst mußte eine Zusammenkunft zwischen Buckingham und Olivares angebahnt werden, dann eine zwischen Charles und Philipp. Man kam auf die sonderbare Idee, eine scheinbar zufällige Begegnung herbeizuführen. Zu diesem Zweck wurde beschlossen, daß Buckingham und Olivares zu einer bestimmten Stunde ausfahren und ihre Kutschen gleichzeitig anhalten lassen sollten; Buckingham und Olivares sollten daraufhin aussteigen und zur Mitte der Fahrbahn schreiten, um einander zu begrüßen. So geschah es, und am Abend des folgenden Tages sahen die Herumlungerer und andere, die sich zufällig am Ufer des Manzanares aufhielten, am Fuße des alten Alcázar die kolossale, vergoldete Kutsche des Staatsministers, gezogen von sechs Maultieren in prächtigem Zaumzeug, umgeben von einer Menge Pagen und Lakaien, heranschwanken, während aus der entgegengesetzten Richtung die Kutsche des englischen Gesandten heranrollte, in welcher der Graf von Bristol mit Buckingham saß.

Die Prozedur war überstanden. Buckingham stieg in die spanische Kutsche um, und nachdem sie etwa eine Stunde spazierengefahren waren, rollten beide Kutschen den steilen Weg zum Alcázar hinauf, wo Buckingham von Philipp IV. ein inoffizieller Empfang gewährt wurde. Danach stieg Olivares in die englische Kutsche und wurde zum »Haus der sieben Schornsteine« geführt und Charles vorgestellt. Der Kontakt war hergestellt, den Formalitäten und dem Bedürfnis des Anstands Genüge getan.

Bei seinem Zusammentreffen mit Olivares durchbrach der Prinz alle Regeln der Etikette, indem er geradeheraus fragte, wann er die Infantin sehen könne. Er war so hartnäckig, daß dem Minister nichts übrigblieb, als etwas zu unternehmen; daher wurde wieder ein kleiner Plan gefaßt. Am nächsten Tag, einem Sonntag, pflegte die königliche Familie nachmittags auszufahren und am *paseo* im Prado teilzunehmen; Olivares sorgte nun dafür, daß die Infantin ein blaues Band am Arm trug und daß Charles von der Kutsche des Gesandten aus, die in einer Seitenstraße stehenblieb, die Auffahrt sehen konnte. Die vergoldeten Karossen

rollten heran, und der König grüßte mit einer Verbeugung den Grafen von Bristol, indes Charles still und eifrig beobachtend, wenn auch offiziell unsichtbar, dabeisaß.
Der nächste Schritt war die offizielle Ankunft des Prinzen in Madrid und seine Übersiedlung aus dem »Haus der sieben Schornsteine« in das Schloß, wo im Parterre eine Anzahl Zimmer für ihn vorbereitet worden waren.
Vorher jedoch gewährte ihm Philipp eine private Aussprache. Buckingham schrieb an James I.:
»Am nächsten Tag wünschte Euer Baby, dem König privat im Schloß die Hand zu küssen, was genehmigt und also ausgeführt wurde. Vorerst wollte es der König nicht dulden, daß er in sein Zimmer käme, sondern empfing ihn unten an der Treppe, dann bestieg er die Kutsche und fuhr im Park spazieren. Das Äußerste, zu dem es zwischen ihnen kam, waren Komplimente.«
Quer durch Europa galoppierten Kuriere mit Briefen an den »lieben Papa und Schwätzer«, wie sich James gerne nennen ließ, von »Baby Charles« und »Eurem Hund, Steenie«, wie Buckingham unterzeichnete.
Etwas über eine Woche nach seiner Ankunft betrat Charles Madrid offiziell in aller Feierlichkeit, und die Hauptstadt überließ sich dem Jubel, wozu sie ja immer gerne bereit war. Beim Klang von Trommeln, Trompeten und Pfeifen ergoß sich die feierliche Pracht des spanischen Hofes in die Straßen. Hinter einer Kavalkade, die drei Stunden brauchte, um anderthalb Kilometer zurückzulegen, ritten Philipp und Charles Seite an Seite unter einem weißen Baldachin, dessen silberne Stangen von sechs Offizieren getragen wurden. Sie waren beide ausgezeichnete Reiter, beide jung, hübsch und von majestätischer Erscheinung. Ein spanischer Augenzeuge beschreibt die stattliche Figur Charles' als *bizarro en el talle*, und die Volksmenge sah mit Freuden, daß Charles, sooft sie an einer Kirche oder einem Reliquienschrein vorüberkamen und Philipp den Hut abnahm, dasselbe tat. Nachdem sie im Schloß eingetroffen waren, wurde Charles der Königin vorgestellt, der schönen Isabella von Bourbon, Tochter Heinrichs IV. von Frankreich und der Maria de Medici und Schwester Henrietta Marias, jenes Mädchens, das er dann tatsächlich heiraten sollte. Der Graf von Bristol fungierte, auf den Knien, als Dolmetsch, und am späteren Abend sandte die Königin ihrem Gast ein nützliches, aber ungewöhnliches Geschenk – eine Auswahl an Wäsche, Tafelwäsche und ein duftendes Kästchen mit Toilettengegenständen.
Am kommenden Tag sollte Charles als Ehrengast einem königlichen Stierkampf auf der Plaza Mayor beiwohnen. Damals war der großartige alte Platz noch neu. Auf den Balkons leuchteten rote und goldene Tücher mit Wappenschildern. Das Volk versammelte sich unter den Arkaden, die

Aristokratie oben auf den Balkons. Die Granden kamen in ihren Staatskutschen vorgefahren, von sechs Maultieren oder Pferden gezogen, mit Vorreitern und Livrierten, Pagen und Gefolgsleuten. Der Train der Königin, eine Reihe schwerer Karossen, die in ihren Ledergurten schaukelten und deren lederne Vorhänge hinaufgerollt waren, um den Anblick der geschminkten und gepuderten Schönen zu ermöglichen, hielt vor der *panadería*. Und Königin Isabella mit der Infantin Maria, beide in brauner Seide, mit sprühenden Diamanten im Haar, begaben sich mit ihren Hofdamen in die königliche Loge.
Noch bunter ergoß sich der Train des Königs auf den Platz. Der Prinz von Wales, schwarz gekleidet, mit einer weißen Feder am Hut, ritt einen prachtvollen Fuchs, und Knie an Knie mit ihm ritt Philipp IV., braun gekleidet, groß, hager, mit dem vorgeschobenen habsburgischen Kiefer in seinem pflaumenförmigen Gesicht, das damals noch nicht von den hochstrebenden Schnurrbartspitzen geziert wurde. Hinter ihm ritten Granden, Gesandte, Minister, Generale, Admirale, und daneben marschierten die Hellebardiere, Musketiere und Bogenschützen der königlichen Garde. Der König und Prinz Charles nahmen auf dem Balkon neben der Königin Platz. Die Plaza wurde von den Wagen geräumt, Wasserwagen dämpften den Staub, und die Eintrittsbarrieren wurden geschlossen. Direkt unter der königlichen Loge stand eine Gruppe der Garde, bereit, ihre Spieße, falls Gefahr drohte, gegen den Stier zu richten und keinen Fußbreit zu weichen.
Der Stierkampf, den Charles damals miterlebte, war ein berittenes Turnier, aus dem sich, unter Herabwürdigung des ursprünglichen Kampfes, der moderne Stierkampf entwickelt hat. Damals war er noch nicht zu einem finsteren Ritual geworden, auch wurde ihm noch keine esoterische Bedeutung unterschoben. Er war nichts weiter als ein Reitturnier, bei dem Edelleute ihre Geschicklichkeit und Reitkunst im Kampf gegen einen wilden Stier einsetzten. Sie waren von ihren Dienern zu Fuß umringt, die ihnen frische Speere zureichten und andere untergeordnete Dienste leisteten, und aus diesen Dienern hat sich die moderne *cuadrilla* entwickelt.
Ein Trompetenstoß ertönte, und der Herzog von Cea ritt auf einem grauen, andalusischen Streitroß in die leere Plaza. Seine Diener trugen braun-silberne Livree. Der Herzog ritt zur königlichen Loge, entblößte das Haupt, verneigte sich und zog sich wieder zurück. Ihm folgte der Herzog von Maqueda und danach die übrigen Edelleute mit ihrem Gefolge, und nachdem alle ihre Verbeugung gemacht hatten und der Platz wieder frei war, wurde der Stier losgelassen. Jeder der Edlen griff den Stier allein an, sie ritten *a la gineta,* mit kurzen Steigbügeln, und trugen die eindornigen, langen, vergoldeten maurischen Sporen. Auch die

Dienerschaft, die ihren Gebietern Ersatzspeere reichte und den Stier ablenkte, trug zum Teil orientalische Tracht, die aus der Maurenzeit übernommen worden war. Über diesen Stierkampf ist nur bekannt, daß niemand getötet wurde und das Vergnügen damit endete, daß ein Regenguß herunterprasselte und die Pagen mit kotbespritzter Pracht in dem einfallenden Zwielicht umherliefen und nach Kutschern und Wagen schrien.

Obwohl Charles im Schloß wohnte und täglich Gelegenheit hatte, die Infantin zu sehen, wurde ihm nie gestattet, sie allein zu sprechen. Er glaubte in sie verliebt zu sein, und einzelne Beobachter schrieben in diesem Sinne heim, einschließlich Buckinghams, der dem »alten Papa und Schwätzer« berichtete, »Baby« habe geschworen, wenn er sie nicht heiraten dürfe, werde er dafür sorgen, daß es Unannehmlichkeiten gebe. (Damit meinte er Krieg mit Spanien.) Aber die Schwierigkeiten waren ungeheuer, und die Bedingungen, die man stellte, hätten in England einen Aufstand hervorgerufen. Der Papst schrieb an Charles und riet ihm zum Übertritt, und Charles antwortete unbedacht. Eine Zeitlang schien die Angelegenheit so gute Fortschritte zu machen, daß James eine Flotte rüstete, um die Braut nach England zu bringen, und Inigo Jones den Auftrag erteilte, kostbare Kapellen für sie zu entwerfen. Zu diesem Zeitpunkt begann Charles Spanisch zu lernen, und die Infantin fing an, Englisch zu studieren. Dann tauchten neue Schwierigkeiten auf, und die Heiratsaussicht rückte ferner denn je.

Charles scheint sich würdig benommen zu haben, mit Ausnahme eines tollkühnen Husarenstücks, für welches ein Mann von geringerem Rang allerdings sein Leben hätte lassen müssen. Er hatte erfahren, daß die Infantin an einem Morgen allein ausgehen werde, um in den Gärten der *Casa de Campo*, an den Ufern des Manzanares, Maitau zu sammeln, und da entschloß sich der verhinderte Liebhaber, ebenfalls dorthin zu gehen. Mit Hilfe Endymion Porters (dessen vergnügtes Antlitz, das aussieht, als trinke er soeben auf die Gesundheit des Königs, von Van Dyck gemalt im Prado hängt) erkletterte der Prinz eine Mauer und sprang in einen Obstgarten hinunter. Auf einem Gartenweg sah er die Infantin auf sich zukommen und eilte ihr mit zärtlichen Worten entgegen, aber sie stieß einen lauten Schrei aus, wandte sich um und lief davon. Ein betagter Edelmann kam herbeigeeilt und beschwor den Prinzen, sich zu entfernen, sonst koste es ihn, den Hüter der Infantin, das Leben oder die Freiheit. Er sperrte eine Gartenpforte auf und Charles zog sich zurück.

Sich Archie Armstrong, den schottischen Hofnarren James' I., in Madrid vorzustellen, ist grotesk! Er kam mit einer Abordnung lärmender junger englischer Höflinge an, die aus London neue Kleider für Charles und Buckingham brachten, samt der Galakleidung, die zum Hosenbandorden getragen wurde, und einer prachtvollen Kollektion Edelsteine zu Geschenkzwecken. So unglaublich es klingt, Archie wurde ein großer Erfolg, obwohl zu erwarten gewesen wäre, daß er mit der Mentalität der Spanier gar nichts gemein hätte. Angeblich soll man ihm mehr Privilegien eingeräumt haben als jedem anderen. Mehr als einmal wurde er geholt, um die unnahbare Infantin zu unterhalten, und einmal soll er sie sogar mit der Niederlage der Armada geneckt haben. Während ihn die Spanier anscheinend geliebt haben, konnten ihn die Engländer nicht ausstehen, und einmal drohte Buckingham sogar, ihn hängen zu lassen. Dies veranlaßte Archie zu seiner berühmten Erwiderung: »Man hat nie davon gehört, daß ein Narr wegen seiner Reden bedroht worden ist, hingegen sind schon viele Herzöge wegen ihrer Unverschämtheit geköpft worden.« Archie ist ein blendendes Beispiel dafür, wie vernichtend ein Körnchen Wahrheit in einem Wust von Lüge und Verleumdung wirken kann. Seinem Ruf entsprechend, sagte er in seiner derben, schottischen Ausdrucksweise geradeheraus, was er über die spanische Hochzeit dachte, und niemand konnte ihn zum Schweigen bringen. Das wirkte, als sei ein abkühlender Hauch der Aufrichtigkeit in die Verhandlungen hineingefahren. Der spanische Hof hatte natürlich eine Vorliebe für Zwerge und Possenreißer, und Archie scheint es tatsächlich gelungen zu sein, die Freundschaft Philipps IV. zu erringen, vermutlich mittels einiger komischer spanischer Redewendungen, die er hatte aufschnappen können. Als er, einige Jahre später, einen Sohn bekam, nannte er diesen »dem spanischen König zu Ehren« Philipp.

Charles wurde zum größten Kunstsammler in der englischen Geschichte, und es ist wahrscheinlich, daß er von Philipp IV. manches gelernt hat und diesem auch in erster Linie seine Freude an Bildern verdankt. Obwohl der spanische König erst achtzehn Jahre alt war, besaß er ererbten Geschmack und Urteilsfähigkeit und hatte in Velázquez bereits das Genie erkannt. Im gleichen Jahr, in dem Charles nach Madrid kam, berief Philipp Velázquez in die Hauptstadt und gab ihm eine Hofstellung. Auf Charles, der direkt vom bäurischen Hofe James' I. kam, wo man schon Maskeraden als verfeinertes Vergnügen empfand, muß Philipp einen tiefen Eindruck gemacht haben. Vielleicht haben sie manchmal mitsammen bewundernd vor den Gemälden Tizians verweilt, jedenfalls erwarb Charles im Lauf seines Lebens vierzig seiner Bilder. Man kann sich ausmalen, daß sie in den Gängen und Galerien des alten Alcázar auf und ab gegangen sind und nicht über Religion und Politik, sondern über Maler und Bilder geredet haben. Gerade durch das Mäzenatentum an Malern, das Philipp bei Velázquez und Charles an Van Dyck ausübte, haben sich diese beiden Herrscher der Nachwelt rühmlich eingeprägt.

Ihr Verhalten war auffallend ähnlich. Philipp konnte sich während seines späteren Lebens nie für lange Zeit von dem Atelier im Schloß trennen, in dem Velázquez arbeitete. Er liebte es, ihm zuzuschauen, und eine solche Szene ist in dem großen Gemälde *Las Meninas*, im Prado, verewigt worden. Genauso benahm sich Charles Van Dyck gegenüber; er pflegte so häufig einzutreten, um ihm bei der Arbeit zuzusehen, daß in Blackfriars ein eigener Landungssteg für die königliche Barke errichtet wurde. Nach sechs Monaten kehrten Charles und Buckingham nach England zurück. Die spanische Hochzeit sollte nicht stattfinden. Man zog sich auf Höflichkeitsbezeigungen zurück, und es wurden zahlreiche kostbare und schöne Geschenke ausgetauscht. Wenn Charles auch die Braut nicht bekam, so erhielt er doch eine »Jungfrau« von Correggio, eine »Venus« von Tizian, einen Elefanten, einen Strauß und fünf Kamele.

11. Kapitel

Der Escorial · Los Reyes Católicos · Johanna die Wahnsinnige · Philipp II. · Die königliche Krypta · Die letzten spanischen Habsburger · Don Juan d'Austria · Spanische Märkte · Ein Blick auf die Porträts im Prado

Eines Morgens, als ich über die Calle de Alcalá ging, sah ich vor einem Büro einen eleganten Rundreise-Autobus mit der Aufschrift: »Escorial«. Die heutigen Autobusse haben etwas unglaublich Majestätisches an sich. Wenn Zivilisation darin besteht, daß die Annehmlichkeiten und der Luxus, die früher den Wenigen vorbehalten blieben, heute den Vielen zugute kommen, dann gehören diese Reiseautobusse zu den zivilisiertesten Dingen unserer Zeit. Die Menschen darin sahen so vergnügt und wohlgelaunt aus, daß ich das Büro betrat und eine Fahrkarte nach dem Escorial löste.

Ich geriet in eine sehr unterschiedliche Gesellschaft. Sie bestand aus ein paar Engländern, einigen Franzosen und Amerikanern aus dem Süden und Norden und zwei fröhlichen, redelustigen kleinen Nonnen mit einem spanischen Priester mit bläulichem Kinn, der offenbar den Auftrag hatte, sich ihrer anzunehmen, und dieser Aufgabe sichtlich nur ungern nachkam. Torquemada hätte in Gesellschaft von ein paar lutherischen Tänzerinnen nicht düsterer dreinsehen können. Ich weiß nicht, warum es mich so überraschte, die Nonnen mit deutlichem amerikanischem Akzent sprechen zu hören. Zweifellos klang es ziemlich komisch, eine Nonne, mit begeistertem Blitzen ihrer Brille, sagen zu hören: »Na, ich wette, wir sterben noch vor Aufregung darüber, daß wir in Spanien sind!« und: »Oh, Padre, Padre, wir können es gar nicht erwarten, den Escorial zu sehen!«

Dem Priester war ihre backfischhafte Begeisterung peinlich, und er erwiderte zwar einige höfliche Worte, aber in seinem Blick lag etwas Ätzendes.

Ich saß neben einem schweren, wohlhabend aussehenden Amerikaner, der bereits die erste Zigarre an diesem Tag rauchte. Wie er mir sagte, war er eben aus Sevilla zurückgekehrt und ziemlich weit herumgekommen. Er war freundlich, scharfsinnig und neugierig. Er gestand mir, daß er sich von den Fremdenverkehrsplakaten ziemlich genasführt vorkomme und sich Spanien ganz anders vorgestellt habe. Er hatte eine fortwährende »Carmen«-Aufführung mit wirbelnden, getupften Kleidern, Mantillas

und Kastagnetten erwartet und hatte feststellen müssen, daß es das nur in den Nachtlokalen und Kabaretten gab.
»Wo bleiben die vielen schönen *señoritas*, von denen man hört?« fragte er. »Haben Sie welche gesehen?«
Ich deutete auf ein paar adrette Stenotypistinnen, die unterwegs ins Büro waren.
»Ach, Nieten!« sagte er gelangweilt und warf seine Zigarre aus dem Fenster.
»Waren Sie in Sevilla bei einem Stierkampf?« fragte ich.
»Ach was! Ein Haufen Dummköpfe in bunten Hosen«, antwortete er. Er war anscheinend nicht leicht zufriedenzustellen. Mit dem Bruch zwischen der Wirklichkeit und den Idealen muß sich jeder auf seine Weise abfinden, dachte ich philosophisch, und was war dieser New Yorker Geschäftsmann sonst als ein Don Quijote, der ein süßliches, veraltetes Plakat für das Leben hielt? Niemand hatte ihm eine Nelke zugeworfen. Ein echter Don Quijote hätte allerdings in jedem Wurfgeschoß eine Nelke gesehen, die im Flug verwandelt worden war.
Ein dunkler kleiner Fremdenführer stieg ein, zählte uns ab wie Schulkinder, und dann rollte der Autobus majestätisch durch den frühen Morgen, das prächtigste Fahrzeug in ganz Madrid. Wir saßen in angenehmer Anonymität da, mußten uns nicht anstrengen und nicht versuchen, Spanisch zu sprechen, und hatten nichts zu tun als einfach auf erstklassigen Schaumgummisitzen zu ruhen und, wie mein Nachbar es ausgedrückt hätte, uns herumführen zu lassen.
Die Sierra de Guadarrama, der wir zusteuerten, wurde fünfundvierzig Kilometer weiter nördlich als eine Kette dunkler Gipfel vor dem Himmel sichtbar. Das Land, durch das wir fuhren, war flach, dürr und baumlos, aber der Himmel war köstlich blau und von einzelnen Federwölkchen gestrichelt. Nach ein paar Kilometern erreichten wir die Straße, die zum Schloß El Pardo abzweigt, in dem General Franco zwischen Wandteppichen aus dem siebzehnten Jahrhundert, Gemälden und freskengeschmückten Plafonds haust. Dort stehen auch die Kasernen seiner berühmten marokkanischen Garde.
Sobald die Straße anzusteigen begann, wurde sie abwechslungsreicher. Im Winter soll man, zur Verblüffung jener, die, wie mein amerikanischer Freund, dazu verführt wurden, sich Spanien als das Land der Gitarren und Kastagnetten vorzustellen, hier junge Spanier mit Skiern und Rodeln antreffen, die den Schneefeldern der Guadarrama zustreben; und auf dem Pico de Peñalara, der eine Höhe von fast 2500 Metern über dem Meeresspiegel erreicht, liegt oft bis in den Juni hinein Schnee. Wir glitten durch eine großartige Gebirgslandschaft, deren Vorberge von Föhren und Kiefern bewachsen waren, und blickten bald in düstere Täler, bald zu den

granitenen Gipfeln empor, deren gen Himmel gerichtete Zacken selbst an schönen Tagen dramatisch und drohend aussehen.
Das Dörfchen Galapagar war die letzte Raststation der königlichen Särge auf ihrem Weg zur Krypta im Escorial gewesen. Am Morgen, wenn das Gefolge aufbruchbereit war, pflegte ein hoher Staatsbeamter an den Sarg zu treten, um zu fragen, ob Seine Majestät zum Aufbruch bereit sei. Nach ein paar weiteren Kilometern auf der Bergstraße gelangten wir in ein Dorf, in dem kleine Jungen Postkarten des gewaltigen, grauen und drohenden Gebäudes feilboten, das vor uns lag. Es war der Escorial.

Der Escorial wird in seiner Großartigkeit seinem Ruf durchaus gerecht; er ist wirklich so, wie von ihm behauptet worden ist – düster, majestätisch, traurig, streng, kalt und erhaben. Er steht in kalvinistischer Strenge auf dem Berghang, und seine vielen hundert Fenster sehen aus wie lauter prüfende, stechende Augen. Es gibt kaum ein zweites imposantes Bauwerk, das so deutlich das Wesen seines Erbauers zum Ausdruck bringt. Es dürfte nicht schwerfallen, das Leben Heinrichs VIII. zu schreiben, ohne Hampton Court besucht zu haben, oder das Ludwigs XIV., ohne Versailles gesehen zu haben; der Biograph Philipps II. jedoch muß den Escorial, diesen zu Stein erstarrten Ausdruck einer Persönlichkeit, von der weder ein Bild noch ein Photo einen wahrheitsgetreuen Eindruck zu geben vermöchte, gesehen haben. Der Anblick des Gebäudes ließ uns erschauern.
Das fröhliche Geplauder, das den Autobus erfüllt hatte, erstarb, und wir standen, ein verlorenes kleines Häuflein, in dem grauen Vorhof, während der Führer – ein durchaus kompetenter Führer – die Englisch-Sprechenden auf einer Seite, die Französisch-Sprechenden auf der anderen zusammenstellte, und, zuerst englisch, dann französisch, seine Erklärungen gab. Er erzählte, Philipp II. habe sich entschlossen, dieses klösterliche Schloß als Grabdenkmal für seinen Vater, den großen Karl I. von Spanien und Karl V. des Heiligen Römischen Reiches, zu errichten. Dabei war er zugleich von dem Wunsch beseelt, den heiligen Laurentius zu versöhnen, weil spanische Truppen, anläßlich der Plünderung St. Quentins in Frankreich, das Sakrileg begangen hatten, eine Kirche niederzubrennen, die diesem Heiligen geweiht war. Wir erinnerten uns wohl, daß der heilige Laurentius auf einem glühenden Rost gemartert worden war? Wir nickten. Nun, Philipp II. gab dem Escorial die Form eines Rostes: Die vier Ecktürmchen stellen die Ständer dar – es handelt sich um einen umgedrehten Rost –, die Schloßgebäude sind der Griff, und die parallel verlaufenden, rechteckigen Höfe und Gebäude stellen die Gitterstäbe dar. Ich glaube, es handelt sich hier um eine nachträgliche Interpretation, aber diese Geschichte wird allen erzählt.

Der Granit stammt aus den benachbarten Bergen, und die Träume Philipps II. kreisten zwanzig Jahre lang um das große Kloster-Grabmal, in das er sich zurückzuziehen gedachte, um einst seine Tage dort zu beschließen. Er pflegte, an einem Fenster des alten Alcázar in Madrid sitzend, den Bau durch ein Fernglas zu beobachten. Hinter dem Dorf führt ein Weg zu einem Granitstein empor, in den ein Sitz gemeißelt ist, der Philipps II. Sessel genannt wird. Dort saß der König und sah zu, wie der Escorial allmählich Gestalt annahm. Das hörten wir von unserem Führer, der, so erstaunlich es klingt, diese Dinge lebhaft und voll Begeisterung vorbrachte, obgleich er sie wahrscheinlich täglich wiederholen mußte.
In meinen Augen bedeutete es eine ungeheure Leistung, daß ein einzelner Mann es zuwegegebracht hatte, seiner Frömmigkeit und seinem unbeugsamen Willen, den Glauben Europas zu bestimmen, eine so großartige und gültige Form zu finden, und daß er dies außerdem noch zu seinen Lebzeiten auszuführen vermochte. Der Bau besitzt Kraft und Hoheit, auch Schönheit der Proportionen, doch ist seine Anmut so gering, daß man sie in eine Teeschale fassen könnte. Man meint, von einer solchen Anhäufung von Granit auch etwas Charme verlangen zu dürfen, aber Philipp hatte in dieser Hinsicht wohl nichts zu geben.
Der spanische Schüler hat eine viel kompliziertere Geschichte zu lernen als jeder andere Europäer, und der englische Schuljunge ahnt nicht, wie glücklich er ist, weil er nur eine völlig geradlinige Geschichte zu lernen hat, mit Königen, deren Herkunft sich aus einer einzigen Linie ableiten läßt, und einem Land, das von früh an als England bezeichnet werden kann. Von dem Augenblick an, da die Araber Spanien eroberten, dem Jahr 711, hörte das Land auf, jenes Spanien zu sein, das die Römer und Westgoten kannten, und auch in den folgenden fast achthundert Jahren konnte man es nicht mehr Spanien nennen. In diesen acht Jahrhunderten war das Land in einen christlichen Norden und einen mohammedanischen Süden geteilt, die unter ständigen Grenzverletzungen und Guerillakriegen nebeneinander existierten, bis ein christlicher König die übrigen christlichen Könige dazu bringen konnte, sich mit ihm zu verbünden, und der Kreuzzug aufflammte. Kaum war ein Kreuzzug vorüber, sank alles in den früheren Zustand zurück, bis zum nächsten Aufflackern, etwa ein Jahrhundert später. In diesen langen Intervallen hatten die spanischen Christen und die spanischen Mohammedaner vieles gemeinsam, nahezu alles, außer der Religion.
So entwickelten sich während einer Epoche, da in der englischen Geschichte die Tudors die Sachsen ablösten, in Spanien nicht nur zwei Weltanschauungen nebeneinander, die christliche und die mohammedanische, sondern es regierten überdies im christlichen Spanien verschiedene Könige über die zahlreichen Staaten des Nordens, aus denen sich

zuletzt zwei herausbildeten: Kastilien und Aragonien. Das wichtigste Ereignis erfolgte im Jahr 1469, als Isabella von Kastilien Ferdinand von Aragonien heiratete und das christliche Spanien somit endlich geeint war. Dies waren die »katholischen Könige« – *los Reyes Católicos* –, deren Namen dem Fremden überall in Spanien entgegentreten. Mit den konzentrierten Kräften ihrer vereinigten Reiche eröffneten Ferdinand und Isabella den zehnjährigen Kreuzzug, der die Mauren tatsächlich aus Spanien vertrieb. Als die Nachricht bekanntgegeben wurde, daß Granada, die letzte Festung der Mauren, sich Ferdinand und Isabella ergeben und diese das Kreuz auf den Wällen aufgerichtet hatten, läuteten die Glocken überall in Europa, und in allen Kirchen und Kathedralen der europäischen Hauptstädte wurde das Tedeum gesungen. Das geschah am 2. Januar 1492, und unter denen, die das erregende Geschehen miterlebten, war auch Christoph Kolumbus.

Nun begann Spaniens goldenes Jahrhundert, das Spanien der Habsburger. Ferdinand und Isabella hatten die Politik verfolgt, einen starken Machtblock gegen Frankreich zu bilden, indem sie ihre Töchter mit den richtigen Familien verheirateten. Eine wurde Königin von Portugal; die zweite, Katharina von Aragonien, Königin von England, als erste Frau Heinrichs VIII.; und die dritte, Johanna die Wahnsinnige, wurde mit Philipp dem Schönen von Burgund verheiratet, dem Nachfahren des habsburgischen Maximilian I., Kaiser des Heiligen Römischen Reiches. Diese bedauernswerte Frau war vom Schicksal dazu ausersehen, als vergiftete Quelle die alte Habsburgerlinie fortzusetzen und zu verseuchen.

Die Söhne Philipps I. und Johannas teilten sich in das mächtige habsburgische Erbe. Karl I. von Spanien, der später der Römische Kaiser Karl V. wurde, begründete die spanische Linie der Habsburger, die nach zweihundert Jahren mit Karl II. von Spanien im Wahnsinn endete, während Ferdinand, der Karl V. als Kaiser nachfolgte, die österreichische Linie weiter fortpflanzte, die bis zum Ende des ersten Weltkriegs, 1918, am Ruder blieb.

Die unselige Johanna weist die vorstehende Habsburgerlippe und noch andere unheilvolle Merkmale der Familie auf. Um die abgehärmten Gesichter der spanischen Habsburger, die von den Wänden des Prado starren, zu begreifen, muß man einiges aus Johannas schrecklicher Lebensgeschichte wissen. Sie war siebzehn, als sie nach Flandern geschickt wurde, um den achtzehnjährigen Philipp I. von Burgund zu heiraten, und soll eine sympathische und schöne junge Frau gewesen sein. Er heuchelte keine Liebe, doch sie verliebte sich leidenschaftlich in ihn. Sie war eigenwillig, besitzgierig und hysterisch, und die wiederholte Untreue ihres Gatten rief bei ihr schreckliche Ausbrüche von Zorn und

Verzweiflung hervor, die ein flämischer Chronist als »amouröses Delirium« bezeichnet hat. Sie sperrte sich ein und trat in den Hungerstreik; sie wurde gewalttätig und unkontrollierbar und verfiel in einen solchen Haß auf ihr eigenes Geschlecht, daß sie alle Frauen aus ihrem Haus trieb und sogar darauf bestand, Philipp auf die Schlachtfelder zu folgen – als einzige Frau unter zehntausend Männern. Sie tat nichts, um ihre Eifersucht im Zaum zu halten, und war nach ein paar Ehejahren an der Grenze geistiger Zerrüttung angelangt, wenn sie diese Grenze nicht schon überschritten hatte.

Ihre Mutter Isabella starb, als Johanna fünfundzwanzig Jahre alt war, und hinterließ ihr die Krone Kastiliens. Zu diesem Zeitpunkt befanden sich Philipp und Johanna in Flandern. Sie fuhren mit dem Schiff nach Spanien, um das Erbe anzutreten. Unterwegs brach ein Sturm los, die Flotte wurde zerstreut und man gab das Schiff bereits verloren. Johannas Verhalten angesichts des Todes war bezeichnend. Philipp knöpfte und schnürte sich in einen Lederanzug ein, der sodann mit Luft aufgeblasen wurde, und kniete betend vor einem Heiligenbild. Johanna zeigte keine Spur von Angst, sondern zog ihr schönstes Kleid an, hielt sich an Philipp fest und äußerte, sie werde sich nur um so fester anklammern, wenn das Schiff untergehe. Als die Seeleute in einem Beutel Spenden sammelten, um die Jungfrau von Guadalupe günstig zu stimmen, suchte Johanna seelenruhig so lange, bis sie die kleinste Münze gefunden hatte, und sagte, sie sei nicht im geringsten beunruhigt, weil Könige nie ertränken. Sie überlebten den Sturm, doch die angeschlagene Flotte mußte zur Reparatur Weymouth anlaufen.

Als Heinrich VIII., der mit Johannas Schwester Katharina verheiratet war, von den vornehmen Besuchern hörte, lud er sie ein, in Windsor seine Gäste zu sein, und da Johanna krank war, begab sich Philipp allein dorthin. Er wurde in feierlichem Zug durch London geleitet und bei Hof empfangen. Nachdem Johanna sich ein wenig erholt hatte, kam auch sie nach Windsor, wo die beiden Schwestern einander trafen.

Als Philipp und Johanna endlich in Spanien ankamen, versuchte Philipp, seine Frau als geistig unzurechnungsfähig in den Hintergrund zu schieben. Das gefiel weder den Kastiliern noch Johannas Vater, Ferdinand von Aragonien, der noch lebte und durch Isabellas Testament zum Regenten eingesetzt war für den Fall, daß Johanna sich als des Regierens unfähig erweisen sollte. Ein Jahr, nachdem er in Spanien gelandet war, starb Philipp der Schöne plötzlich, vielleicht an einem typhösen Fieber, vielleicht auch durch Gift, und sein Tod stürzte Johanna in dauernde geistige Umnachtung. In ihrem Wahn weigerte sie sich, den Leib ihres Gatten begraben zu lassen, und duldete nicht, daß ein weibliches Wesen in seine Nähe kam. Sie bahrte den Leichnam auf einem Thron auf, in

Brokat und Hermelin gekleidet, und nachdem er einbalsamiert war, wich sie nicht von seinem Sarg, der allabendlich auf ihr Geheiß geöffnet werden mußte, damit sie das Antlitz des Toten küssen konnte. Mitten im tiefsten Winter, als der Schnee auf den Ebenen Kastiliens lag, beschloß sie, den Leichnam von Burgos nach Süden bis Granada zu transportieren, und als sie eines Nachts unterwegs in einem Gebäude Rast hielten und sie herausfand, daß es sich um ein Nonnenkloster handelte, befahl sie sogleich, den Leichnam aus der Kirche zu holen und auf das freie Feld zu führen, wo sie mit ihren Begleitern die Nacht in Wind und Regen zubrachte. Zu allem Überfluß war die arme Frau schwanger, und der Leichenzug hielt in der kleinen Stadt Torquemada an, wo sie eine Tochter zur Welt brachte. Ihre beiden berühmten Söhne, Karl V. und Ferdinand, der ihm als Römischer Kaiser nachfolgen sollte, waren damals kleine Jungen und lebten in Flandern. Karl war sieben und Ferdinand vier Jahre alt.

Einige Jahre lang durchstreifte die wahnsinnige Königin das Land in Begleitung eines Leichenwagens mit dem Sarg ihres Gatten. Sie reiste nachts und mit verhülltem Gesicht. Endlich gelang es ihrem Vater Ferdinand, sie zu überreden, daß sie, immer noch mit dem Leichnam Philipps, den befestigten Herrensitz in Tordesillas betrat, und dort wurde sie schließlich siebenundvierzig Jahre lang gefangengehalten. Sie verließ ihn nicht mehr, bis der Tod sie im Alter von sechsundsiebzig Jahren erlöste.

Dies war die Mutter des großen Kaisers Karl V. und die Großmutter Philipps II. Als ihr Vater Ferdinand starb, fiel die Regentschaft über Spanien an ihren Sohn Karl, der damals ein sechzehnjähriger Jüngling und noch nicht zum Römischen Kaiser gewählt worden war. Er besuchte sie in ihrer von Grauen erfüllten Zelle, wo sie tagelang in Lumpen, zwischen Tellern voll unberührter Speisen, auf dem Boden kauerte. Bis an sein Ende verfolgte Karl V., der als Herrscher über halb Europa und die neuen Länder Amerikas den Augen der Welt so herrlich und mächtig erschien, die grauenhafte Vision des Zimmers, in dem seine Mutter auf dem Boden lag oder tobte und raste und angeblich sogar die Tröstungen der Religion zurückwies. Wie eine Art Untier zeigte Karl die wahnsinnige Königin Spaniens seinem Sohn Philipp, sobald der Knabe alt genug war, um zu begreifen, was er sah. Philipp besuchte seine Großmutter, als er mit großem Pomp nach La Coruña reiste, um sich zu seiner Hochzeit mit Mary Tudor nach England einzuschiffen. Damals sah er die Stammutter der Habsburger zum letztenmal lebend.

Sobald Johanna tot war und Karl folglich die Krone Spaniens an Philipp weitergeben konnte, setzte er einen Plan ins Werk, den er jahrelang gehegt hatte. Obwohl erst fünfundfünfzig, war er vorzeitig senil, fast zahnlos und litt an der Gicht und anderen Unpäßlichkeiten. Seine Mutter starb im April 1554. Im Oktober 1555 rief Karl seinen Sohn Philipp von London nach Brüssel und machte ihn zum Zeugen einer der dramatischsten Szenen der europäischen Geschichte. Im altehrwürdigen Schloß der Herzöge von Brabant, in einem Saal, der mit kostbaren Wandteppichen behängt und von Hellebardieren und Bogenschützen der Garde bewacht war, nahmen die Deputierten der Niederlande im Halbkreis vor einer Estrade ihre Plätze ein, auf der unter einem Baldachin drei Sessel standen. Dann erschien der Kaiser, auf einen Stock und auf die Schulter Wilhelms, des Prinzen von Oranien, gestützt. Hinter ihm schritt Philipp, gefolgt von den Mitgliedern seiner Familie und einem glänzenden Gefolge von Kardinälen, Botschaftern, Edelleuten und Rittern vom Goldenen Vlies. Der Augenblick war von äußerster Spannung erfüllt, denn alle wußten, daß der Kaiser beschlossen hatte, abzudanken und seine Tage im Kloster zu beschließen. Er hielt eine kurze, feierliche Abschiedsrede und bat alle, denen er je Unrecht getan hatte, ihm zu verzeihen, und noch ehe er geendigt hatte, schwammen seine Zuhörer in Tränen. Auch der Kaiser weinte und mußte sich erschöpft niedersetzen und rasten. Dann erhob er sich wieder und sprach, an seinen vor ihm knienden Sohn Philipp gewendet, von dem schönen Erbtum, dessen Nachfolge er nun antreten sollte, und gebot ihm, »ein eifriger Verteidiger des katholischen Glaubens, des Rechtes und der Gerechtigkeit zu sein, welche die Bollwerke jedes Reiches sind.« Vor allen Versammelten umarmte er seinen Sohn. So wurde Philipp II. mit achtundzwanzig Jahren zum mächtigsten Monarchen der Welt.

Im nächsten Jahr ließ sich der Kaiser in dem kleinen Kloster San Just in Estremadura nieder, mit seinem sprechenden Papagei und seiner Lieblingskatze, seinen Uhren und Pendulen, die er so gerne reparierte, und einem Garten, in dem er Blumen und Gemüse zog. Er hatte allem entsagt, bis auf seinen Appetit. Seine Ärzte suchten ihn zu überwachen, doch er ließ nicht ab, zahnlos Speisen zu verschlingen, die er nicht verdauen konnte. Aus allen Teilen des Reiches trafen die üppigsten Leckerbissen als Geschenke ein, und sein ergebener Haushofmeister betrachtete die langen Mauleselzüge, die sich, sozusagen »mit Gicht und Galle beladen«, auf das Kloster zu bewegten, voller Mißvergnügen. Dieser getreue Hofmeister hielt zwar Wachteln für harmlos, doch warf er sich nun »zwischen seinen Herrn und eine Aalpastete, etwa so, wie er sich zu anderen Zeiten zwischen die Person seines Königs und die Spitze einer maurischen Lanze geworfen hätte.« Karl war bald so sehr von der Gicht verkrümmt, daß er nicht einmal einen Briefumschlag öffnen konnte. Er, der einst durch ganz Europa geritten war, vermochte nicht einmal mehr auf einem Pony zu sitzen. Natürlich kann sich ein Mann von seiner

Position nicht wirklich zurückziehen, und so wurde sein Quartier in San Just, wenn auch nicht für lange Zeit, zur Flüstergalerie der Welt. Eines Tages hatte er den Einfall, eine Generalprobe seines eigenen Begräbnisses zu veranstalten. In Trauerkleidung wohnte er dem feierlichen Requiem bei, indes ein Katafalk vor dem Altar stand und die Kirche im Schimmer der Kerzen erglänzte. Nachmittags kehrte er in Gedanken versunken in sein Gärtchen zurück. Dort erkältete er sich und bekam hohes Fieber. Er ließ sich das Kruzifix seiner Frau reichen und starb, mit dem Namen »Jesus« auf den Lippen.

Als sein letzter Wille verlesen wurde, entdeckte man zwei persönliche Schriftstücke. In dem einen gebot er Philipp, ein würdiges Grabmal für seine sterblichen Überreste zu errichten, in dem zweiten bekannte er sich zur Vaterschaft an einem kleinen Knaben namens Jerome, der von seinem Hofmeister heimlich aufgezogen worden war. Der Kaiser hoffte, daß dieser Knabe Mönch werden würde, aber er wuchs heran als der berühmte Don Juan d'Austria.

Philipp verehrte seinen Vater und lebte treulich nach dessen Geboten. Selbstverständlich waren die letzten Wünsche des Kaisers für ihn Befehl. Das würdige Grabdenkmal, das Philipp errichtete, war der Escorial, Grabstätte, Kloster und Palast in einem, und darüber hinaus noch ein Refugium, von dem aus Philipp, der die Melancholie aller Habsburger geerbt hatte, die Welt regierte. Auch kann man mit Recht sagen, daß er eine Zusammenfassung der spanischen Geschichte darstellt. Achthundert Jahre christlicher Standhaftigkeit liegen dahinter. Auf den Bergen Spaniens stehen allenthalben die verwitterten Ruinen der Burgen, von denen aus der Kampf gegen den Islam geführt wurde. Der Escorial ist die Burg des neuen Kreuzzugs, des Kreuzzugs gegen den Protestantismus. So scheinen alle Elemente der spanischen Geschichte in diesem granitenen Hauptquartier der Gegenreformation zusammengeballt zu sein.

Hinter unserem kleinen Führer, dessen Fähigkeit, lebhaft und anregend zu erzählen, erstaunlich war, trotteten wir durch endlose Korridore und Säulengänge, stiegen Granitstufen empor und betraten weite Gemächer, die mit Wandteppichen behängt waren. Überall begegnete uns die Gestalt des blassen, adretten Habsburgers in schwarzem Wams und schwarzen Hosen, um den Hals das Goldene Vlies, als sei er soeben in seinen schwarzen Samtschuhen um die nächste Ecke aufgetaucht.

Was mich am Escorial faszinierte, war der deutlich fühlbare Kontrast zwischen dem siebzehnten und dem achtzehnten Jahrhundert, zwischen den Habsburgern und den Bourbonen, die ihnen nachfolgten. Die französischen Könige bemühten sich, das Unmögliche möglich zu machen und eine fröhliche und heitere Note in den Escorial zu bringen, doch dem setzte das alte Gebäude den stärksten Widerstand entgegen. Der Unterschied zwischen dem starren, feierlichen siebzehnten Jahrhundert und dem frivolen, spielerischen achtzehnten ist unbeschreiblich. Ohne Übergang befindet man sich plötzlich in Räumen, in denen Goyas leuchtende Tapisserien die Wände schmücken, französische Uhren auf den Kaminsimsen ticken und zierliche vergoldete Sesselchen und Diwane, die aus einer Auktion in der Salle Drouot zu stammen scheinen, die Wände entlang aufgereiht stehen; im Vorübergehen setzt ein Aufseher zur Freude der Touristen eine Spieldose in Gang, und klimpernde Tanzweisen perlen durch die Räume wie ein Geist, der verschreckt hinter einen Vorhang flattert. Wieder eine Stiege und ein Korridor, und schon ist man mitten im siebzehnten Jahrhundert, umgeben von harten Stühlen aus Kastanien- und Walnußholz, und statt der kleinen Seidendiwane stehen hier steife Bänke und Sessel. Das Ticken der Uhren verklingt, und die Spieldosen sind vergessen. Flämische Städte stehen in Brand, der Herzog von Alba befindet sich im Anmarsch, und in diesen schweigenden Räumen wühlt der Mann im schwarzen Wams, das Band des Goldenen Vlieses um den Hals geschlungen, mit seinen weißen Fingern in Papieren und liest den Bericht eines Spitzels aus London oder Paris. Hier gelingt es erstmalig, sich Philipp II. etwas näher zu fühlen. Durch glückliche Fügungen sind seine Arbeitsräume und das Schlafzimmer, in dem er starb und das kaum größer ist als eine Schiffskajüte, erhalten geblieben, und zwar in fast demselben Zustand wie zu seinen Lebzeiten. Sie könnten gar nicht schlichter sein: ein Kruzifix zum Beten, ein Stuhl, um darauf zu sitzen, ein Schreibtisch und ein Schemel als Stütze für sein gichtisches Bein. Das war alles, dessen Philipp, der Eigentümer eines Großteils von Europa und Amerika, bedurfte, wenn es ihm freistand, seine Umgebung selbst zu bestimmen. Im großen und ganzen wirkte es wie eine Mönchszelle, ein Gegenstück zu dem Raum in San Just, in dem sein Vater starb.

So sieht das Zimmer aus, von dem er zu sagen liebte, hier regiere er die Welt mit einem Blatt Papier. Außer seinem Stuhl und Schreibtisch findet sich hier noch eine Metallkassette, die seinem Vater gehört hatte, ein Bücherschrank, ein vergoldetes, ringförmiges Planetarium und ein Magnetstein, der ein Gewicht von fünf Kilogramm tragen kann und neben dem Kloster gefunden wurde. Da Philipp vom Magnetismus nichts wußte, hielt er ihn als ein großes Wunder in Ehren. Die Macht seiner Persönlichkeit ist so zwingend, daß das Zimmer auch nach so langen Jahren nicht unbewohnt wirkt. Es ist ein inquisitorisches, wachsames Zimmer, und ist das schließlich zu verwundern? Wie viele Menschen, wie viele Länder sind von hier aus überwacht worden! Philipps Spitzel waren überall. Meist wußte er mehr über private Vorfälle in fremden Ländern als seine eigenen Botschafter. Die Geheimnisse Europas kamen auf den

Zehenspitzen in dieses Zimmer geschlichen und wurden emsig in Karteien eingetragen. Philipp war jederzeit imstande, einen Dossier aufzuschlagen. Als ihm einmal ein hoher kirchlicher Würdenträger empfohlen wurde, lauschte der König schweigend der Aufzählung der Vorzüge des Betreffenden, dann öffnete er seine Privatkartei und bemerkte ruhig: »Aber Sie haben mir nichts über seine Liebesaffären erzählt.« Im Gegensatz zu seinem Vater, den man stets zu Pferde sah, war Philipp ein großer Beamter, und wenn ihn das Leben an einen anderen Platz gestellt hätte, wäre er ein ausgezeichneter Staatsangestellter geworden. Er brütete gern über seinen Papieren und liebte es, Informationen zu vermerken. Er war der Junior-Teilhaber Spaniens, der Senior jedoch war Gott.

Neu eintreffende Gesandtschaften wurden nicht in diesem Privatzimmer empfangen, sondern in dem angrenzenden Thronsaal, dessen Einfachheit wohl alle, die an die Prachtentfaltung weit geringerer Herrscher gewöhnt waren, in Erstaunen gesetzt haben wird. Flämische Tapisserien bedeckten die Wände, auf dem Boden lag ein riesiger Lederteppich, und unter einem Baldachin, dessen Rückwand ein Schild mit dem Wappen des Königs bildete, saß Philipp II. von Spanien, einen hohen, schmalkrempigen Hut auf dem Kopf, das Gesicht von der Halskrause umrahmt, einen Stock in der Hand und das linke Bein auf den zusammenklappbaren Gichtschemel gebettet. So haben ihn die Besucher aus allen Weltgegenden gesehen.

Sein Anblick erregte Furcht. Er hatte eine Mauer aus orientalischer Bewegungslosigkeit um sich her aufgerichtet, die die meisten Besucher in Verlegenheit setzte. Seine Gewohnheit, ihnen direkt in die Augen zu starren, brachte so manchen aus der Fassung, sogar die heilige Theresia. Er sprach mit leiser Stimme, die manchmal fast unhörbar wurde, und im Verein mit der absoluten Macht, die er repräsentierte, bewirkte sein Verhalten, daß selbst die abgebrühtesten Diplomaten in seiner Gegenwart erzitterten. Er war sich völlig klar über den Eindruck, den er hervorrief und der ein Teil der Schutzschicht war, die er um sich selber gezogen hatte. »Beruhigen Sie sich«, pflegte er zu seinen Besuchern zu sagen – »*Sosegáos!*« –, was natürlich die entgegengesetzte Wirkung erzielte. Einmal, so wird erzählt, begann ein päpstlicher Nuntius, der entweder von der eisigen Atmosphäre überwältigt oder aber ein Stotterer war, seine Rede, hielt dann inne und rang nach Worten. »Wenn Sie es schriftlich bei sich haben«, sagte Philipp freundlich in seinem *sosegáos*-Tonfall, »werde ich es lesen, um Zeit zu sparen.«

So war Philipp in späteren Jahren. In der Jugend liebte er Tanz, Maskeraden und Liebesabenteuer. Seine Zuneigungen waren herzlich, und jede seiner vier Frauen hatte an ihm einen guten Ehemann. Er schrieb die reizendsten und väterlichsten Briefe an seine Töchter, und obwohl zu

seiner Zeit behauptet wurde, daß seine trockenen Aussprüche Bände füllen könnten, gibt es über ihn weniger Anekdoten als über die meisten anderen ranggleichen historischen Persönlichkeiten.
Eine Geschichte, aus der hervorgeht, daß er Sinn für Humor besaß, ist von Kate O'Brien wiedergegeben worden:
»Der Erzbischof von Toledo weilte in der Kirche zur Firmung einiger der königlichen Kinder und zugleich, wie Philipp es gerne sah, einiger Dorfkinder von den umliegenden Höfen, die ebenfalls darauf vorbereitet waren, das Sakrament zu empfangen. Die Angelegenheit ging unter ungeheurer Prachtentfaltung und rituellem Pomp vor sich, wie Philipp es bei solchen Anlässen liebte. Der Chor waltete seines Amts mit einer Vollendung, die selbst Rom übertraf, aller Glanz der spanischen Hierarchie hatte sich in den Chorherrenstühlen versammelt. Weihrauch, Blumen, Kerzen, Stille – und eben war der Erzbischof dabei, den Kindern den Backenstreich zu erteilen. Aber ein kleiner Bauernjunge war anscheinend nicht darüber unterrichtet, was ihn bei der Vollziehung des Sakraments erwartete, und als ihm der Erzbischof, der hohe Kirchenfürst, den rituellen Backenstreich verabreichte – der vielleicht etwas zu kräftig ausgefallen sein mochte –, sprang der kleine Junge als echter Spanier auf und rief dem Prälaten zu: ›Du Hundesohn!‹ Die Situation war ungeheuerlich, und der Hof sowie die Geistlichkeit knieten wie versteinert. (Wie sich der Erzbischof verhielt, ist anscheinend nicht bekannt.) Aber Philipp II., der wie kein anderer auf Ritual und Dekorum sah, brach in Lachen aus. Und die Zeremonie wurde ohne weitere Unterbrechungen fortgesetzt.«
Als Vater und Gatte zeigte sich Philipp von seiner besten Seite. Da ließ er die Maske fallen, die er in der Öffentlichkeit trug, und war nur ein schlichter, wohlwollender und liebenswerter Mensch, wie die reizenden Briefe bezeugen, die er aus Lissabon an seine jungen Töchter richtete. In einem Brief fragt er, ob sie in Madrid vom Alcázar aus den Escorial sehen können. »Ich weiß nicht, ob Ihr ihn von Euren Fenstern aus sehen könnt, ich glaube schon. Ja, ich denke, Euer Bruder würde in einem kurzen Wams sehr gut aussehen, aber er sollte darin die übliche Mode nicht übertreiben.« Anscheinend wollten die kleinen Prinzessinnen, die eine dreizehn, die andere vierzehn Jahre alt, ihrem vierjährigen Bruder Philipp (dem späteren Philipp III.) die Babykleidung ausziehen.
Im Familienkreis kann Philipp nichts Furchteinflößendes gehabt haben, denn die zwei mutterlosen jungen Prinzessinnen zogen ihn wiederholt in Kleiderfragen zu Rate. Das eine Mal äußert er sich beifällig dazu, daß sie keine Toque tragen werden, ein anderes Mal erteilt er ihnen die Erlaubnis, Gold für ihre Kleider zu verwenden, wenn sie einer Hochzeit beiwohnen, aber nicht allzuviel. Vergeblich sucht man in diesen Briefen nach dem

finsteren Philipp aus dem Escorial. Mit trockenem Humor berichtet er über die Streiche einer ältlichen, betrunkenen Zwergin, Madalena Ruiz; er erzählt, sie habe so gerne Erdbeeren gegessen, daß sie eines Tages an Bord eines Ruderbootes seekrank wurde, und sei sehr böse geworden, als Philipp sie deshalb ausschalt. Es sind Briefe, wie sie jeder liebevolle Vater an seine Töchter schreiben würde. Übrigens gibt es im Prado ein bezauberndes Porträt der einen Prinzessin mit der Zwergin Madalena Ruiz, die durchaus nicht wie eine Säuferin aussieht; eher gleicht sie einem ernsthaften, alten Nönnchen. Sie hält ein Paar Seidenaffen im Arm, und die Prinzessin steht schön gekleidet neben ihr und legt zärtlich die Hand auf Madalenas Kopf.
Einmal sandte Philipp seinen Töchtern ein Kästchen.
»Ich habe das, was in dem Kästchen liegt, gestern von jemandem bekommen«, schreibt er, »und der Betreffende sagte, es sei eine Limone. Meiner Meinung nach ist es ganz einfach eine Zitrone, trotzdem habe ich beschlossen, sie Euch zu schicken. Wenn es wirklich eine Limone ist, so habe ich noch keine so große gesehen. Ich weiß nicht, ob sie in gutem Zustand bei Euch eintreffen wird. Wenn ja, so kostet sie und schreibt mir, was es ist, denn ich kann nicht glauben, daß Limonen so groß werden können. Die kleine Zitrone, die ich beilege, dient nur dazu, das Kistchen auszufüllen. Ich sende Euch auch ein paar Rosen und Orangenblüten, damit Ihr seht, wie sie hier aussehen; so habe ich an allen diesen Tagen durch den Kalabrier Sträuße von diesem und jenem holen lassen, und manchmal waren auch Veilchen dabei. Es gibt hier keine Jonquillen. Wenn es welche gäbe, müßten sie jetzt schon aufgeblüht sein, denn andere Blumen sind bereits da.«
Von dieser Seite kennt die Geschichte Philipp nicht, diesen Mann, der die Blumen liebt, sich am Gesang der Nachtigallen, die er von seinem Fenster aus hört, entzückt, der besorgt ist um das Wohlergehen seiner Kinder und aufgeregt, als er erfährt, daß der kleine Philipp seine ersten Zähnchen bekommen hat. Aber nichts mehr wird das traditionelle Bild des engherzig Bigotten aus dem Escorial vertreiben, des Mannes, der zu niemandem Vertrauen hatte, der nie seine wahren Gefühle verriet, und dessen ganzes Leben von der Überzeugung geleitet wurde, er sei der von Gott erwählte Kämpfer für den katholischen Glauben, ob mit oder ohne Papst. Schon zu seinen Lebzeiten war seine Kaltblütigkeit sprichwörtlich. Der französische Botschafter bemerkte einmal zum venezianischen Gesandten: »Der König würde sich auch dann nicht bewegen oder im geringsten die Miene verziehen, wenn er eine Katze in seiner Hose hätte.«
Die neueste Darstellung Dr. Marañóns – eines der bekanntesten Historiker des heutigen Spanien – trägt nichts dazu bei, das düstere Bild zu zerstören. Wie alle übrigen Herrscher und Prinzen dieser Epoche gab er

Vollmacht zu politischen Morden, die offiziell Hinrichtungen genannt wurden; das sollte uns jedoch nicht im selben Maß überraschen und empören wie die Generationen vor uns, denn heutzutage werden dieselben Morde unter dem Titel »Säuberung« oder »Eliminierung« vollbracht.

Mir selbst wollte es nicht gelingen, in diesen Räumen das Bildnis eines Unholds heraufzubeschwören, wie das so manche andere Besucher taten. Ich glaube fast, manche Menschen kommen hierher wie zum Besuch eines Schreckenskabinetts, mit dem festen Vorsatz, sich Schauder über den Rücken jagen zu lassen. Hingegen empfand ich, daß unsere eigene Zeit mit ihren Hexenverfolgungen, ihren weitverbreiteten Spionagenetzen, ihrer Melodramatik und Propaganda und der Teilung der Welt in zwei Lager besser imstande sein sollte, die Zeit und die Probleme Philipps II. zu begreifen, als die meisten anderen Generationen.

Von dem Zimmer, in dem Philipp an seinem Schreibtisch saß und die Welt mit Hilfe kleiner Papierblätter regierte, wendet man sich dem engen Alkoven zu, in dem er wie ein christlicher Märtyrer starb. Die schmale, düstere Nische ist kaum groß genug, um das Lager mit den vier Säulen zu fassen, das darin steht. Im Bett liegend, konnte er durch das Fenster den Priester sehen, der drüben in der Kirche vor dem Hochaltar zelebrierte. Wie so vieles in seinem Leben wies auch dies eine Parallele zu seinem Vater auf. Das Zimmer des Kaisers in San Just bot ebenfalls den Ausblick in die Kirche.

Als er fühlte, daß er sterben müsse, dankte Philipp Gott und befahl, einen Totenkopf mit einer goldenen Krone so aufzustellen, daß er ihn sehen konnte. Obwohl er über einen Monat lang fast unerträgliche körperliche Schmerzen litt, fuhr er fort, umständlich alle Vorkehrungen für seinen Tod und sein Begräbnis zu treffen, und bestellte sogar Ballen schwarzen Tuches für die Drapierungen in der Kirche. Seine Gewohnheit, sich um alles und jedes selber zu kümmern, gab er bis zuletzt nicht auf. Seinen äußeren Sarg hatte er aus den Spanten einer aus den Fugen gegangenen alten Galione namens *Cinco Llagas* (Die fünf Wundmale), eines Schiffes, das gegen die Türken gekämpft hatte, herstellen lassen. Das Holz, eine südamerikanische Sorte Nußholz, *angelin* genannt, war so verwittert und salzgebeizt, daß es hart wie Stahl geworden war. Nun ließ er den inneren Bleisarg in den Escorial schaffen und so aufstellen, daß er ihn anschauen konnte.

Seine Qualen und Prüfungen zogen sich lange hin und waren so arg, daß er sich weder zu bewegen noch das Gewicht der Decke auf seinem schwärenbedeckten Leib zu ertragen vermochte. Manchmal lasen ihm die Mönche die ganze Nacht vor, während in der Kirche pausenlos Gottesdienste abgehalten wurden. Als die Schmerzen und das Fieber stiegen,

reichte man ihm die Wegzehrung und wenige Tage später, als der Tod nahe schien, die Letzte Ölung. Staunend vernimmt man, daß Philipp, dieser Kenner der Liturgie, dem, solange er lebte, der Gedanke an seinen Tod stets gegenwärtig war, nichts über die Letzte Ölung wußte, nie dabei gewesen war, wenn dieses Sakrament gespendet wurde, und auch den Wortlaut des Rituals nie gelesen hatte. Nun würde es ihm selbst gespendet, und die letzten Riten wurden in seinem Beisein sorgfältig geprobt, damit er wisse, was ihn erwartete. Diesem traurigen und schmerzlichen Schauspiel wohnte, auf Philipps Bitte, sein Sohn bei.
»Sieh mich an«, sagte der sterbende König. »Dahin führt die Welt und alle ihre Königreiche zuletzt. Eines Tages wirst auch du liegen, wo ich jetzt liege.«
Seine Qualen verlängerten sich bis an die Grenze des Erträglichen. Manchmal lächelte er unter Schmerzen und betete oder zitierte den zweiundvierzigsten Psalm. Zuletzt bat er, als er für kurze Zeit bei Bewußtsein war, um das alte, hölzerne Kruzifix, das Kaiser Karl auf dem Sterbebett umklammert hatte, und um ein Kistchen Kerzen vom Schrein der Jungfrau von Montserrat, welche er für diese Stunde aufbewahrt hatte. Der Erzbischof von Toledo half ihm, eine brennende Kerze zu halten, während er mit der anderen Hand das Kruzifix seines Vaters umklammerte. Er starb, als die Mönche in der großen Kirche gegenüber seiner Zelle den Altar zur Frühmesse bereitmachten.

Die Bibliothek mit ihrer gewölbten, freskenverzierten Decke kann es mit den Galerien im Vatikan aufnehmen. Die Inschrift über der Tür ist der einschüchterndste literarische Bannfluch: Sie bedroht jeden, der ohne Erlaubnis ein Buch entfernt, mit Exkommunikation, und zwar durch den Papst persönlich. Merkwürdig, wie leidenschaftlich Bannflüche, die sich auf Bücher beziehen, zu allen Zeiten gewesen sind, angefangen von den Flüchen auf klösterlichen Handschriften bis zu dem »Stiehl dieses Buch nicht!« der Schuljungen. Philipp II. lieh Bücher nicht gerne aus und haßte es, wenn sie aus der Bibliothek entfernt wurden, nicht etwa weil er ein Bücherliebhaber gewesen wäre, sondern weil er ein Büchersammler war. Vermutlich sammelte er sie, weil das unter Königen Mode war, doch bekam er Büchereien gerne wohlfeil in die Hand. Obgleich er zauderte, für ein seltenes und wichtiges Buch Geld auszugeben, kaufte er Prunkausgaben oder pompöse Chorwerke auf und sah sie gerne auf den Musikpulten aufliegen.
Die Bücher in der Bibliothek sind so aufgestellt, daß die Buchtitel der Wand zugekehrt sind und der vergoldete Schnitt sichtbar ist. Wie man mir versicherte, besteht diese Art der Aufstellung schon, seit der Escorial erbaut wurde. Sie wirkten dadurch wie eine Mauer mit Goldlinien. Für die

meisten Menchen ist jedoch diese Anordnung qualvoll, denn sie macht es nicht nur unmöglich, ein Buch anders als mit Hilfe einer Liste zu finden, indem man dessen numerierten Platz auf der Stellage sucht, sondern erleichtert es auch einem Dieb, ein Buch herauszunehmen und durch ein beliebiges anderes mit Goldschnitt zu ersetzen. Der Diebstahl würde kaum bemerkt werden. So schön es auch aussieht, scheinen mir doch die Bücher irgendwie entehrt, wenn sie mit dem Rücken zur Wand stehen.

In den Schaukasten in der Mitte des Raumes sind ein Menge schöner Dinge zu sehen: die Meßbücher Philipps II. und Karls V., einige herrliche bebilderte Handschriften und, vielleicht das Interessanteste, die Originalmanuskripte einiger Schriften der heiligen Theresia und die kleine Holzschatulle mit ihrem Schreibzeug.

In der Taufkapelle sah ich den berühmten St. Mauritius von El Greco, den der Kunstkritiker Julius Meier-Graefe zum »schönsten Bild der Menschheit« erklärt hat. Sein Buch stellt die erste leichtfaßliche Würdigung dieses Malers dar und hat dazu beigetragen, den Kult zu verbreiten, der seither beachtliche Ausmaße angenommen hat. Meier-Graefe fuhr nach Spanien, um sich mit Studien über Velázquez zu befassen, statt dessen verliebte er sich in El Greco, und sein Buch ist ein faszinierender Bericht über eine künstlerische Bekehrung. Er schildert die gemischten Gefühle, die El Grecos Werke anfangs in allen erregen, die sie das erste Mal sehen, mit den treffenden Worten: »Das Bild stand da wie ein Geist, den man mit einer Pistole zu töten versucht.« Man nimmt an, El Greco sei in der Hoffnung nach Spanien gekommen, im Escorial Arbeit zu finden; Philipp II. sagten jedoch seine Bilder nicht zu. Es ist merkwürdig, daß Philipp einerseits von Märtyrern und Heiligen träumte und den Wegen des Geistes aufgeschlossen war, andererseits El Greco verkannte, obwohl kaum ein anderer Maler so auf die Seele Spaniens zur Zeit der großen Mystiker abgestimmt war.

In der großen Basilika, die, wie alles im Escorial, einer granitenen Festung gleicht, dazu geschaffen, bis zum Jüngsten Tage zu stehen, entzifferte ich auf einer in das Pflaster eingelassenen Grabplatte den Namen, auf den man in Spanien immer wieder stößt – José Antonio Primo de Rivera. Größere Ehre als ihm ist keinem Spanier zuteil geworden.

Die knienden Gruppen unter den Bogen zu Seiten des Hochaltars wirken so lebensecht, daß man bei ihrem Anblick unwillkürlich stehenbleibt, um sie nicht in ihrer Andacht zu stören. Die eine zeigt Kaiser Karl V., in den Königsmantel gehüllt, mit Gattin und Tochter und seinen Schwestern, die andere Philipp II. mit dreien von seinen vier Frauen. Nur Mary Tudor von England fehlt; doch meine Frage, warum sie übergangen wurde, konnte niemand beantworten.

Als Lady Holland im Jahre 1804 die Kirche besichtigte, sah sie im Chor zwei Mönche im Gebet und erfuhr, daß für die Seele Philipps II., seit er vor zweihundert Jahren gestorben war, Tag und Nacht ununterbrochen gebetet wurde, wobei die Mönche einander in einem Zeitraum von sechs Stunden ablösten.

Eine Marmorstiege führt zur Königsgruft hinunter, und wir betraten eine achteckige unterirdische Kapelle, die mit schwarzem Marmor verkleidet und von Pfeilern mit vergoldeten Kapitellen getragen ist. Die beiden amerikanischen Nönnchen schlugen ein Kreuz, der mürrische Priester schaute noch düsterer als zuvor, und die übrigen blickten fröstelnd und ziemlich betroffen auf die wuchtigen Marmorsarkophage mit den Resten der Könige und Königinnen Spaniens, die auf Regalen aufgereiht standen.

Das Gewölbe liegt unter dem Hochaltar der Kirche, so daß der Priester gerade über den toten Monarchen die Messe liest. In Viererreihen übereinander ruhen sie in der marmornen Pracht ihres letzten Hofes.

Von der Zeit Karls V. bis heute fehlen hier nur drei Könige, nämlich Philipp V., der erste französische Bourbone, der den Escorial und seine Königskrypta nicht mochte und bei Segovia beigesetzt wurde; sein Sohn, Ferdinand VI., der in Madrid begraben wurde; und Alfons XIII., der in Rom liegt.

Die anderen waren alle vorhanden, und wir zählten eifrig nach: Kaiser Karl V., sein Sohn Philipp II. und Philipps schwacher und unwürdiger Sohn Philipp III., der bleiche Philipp IV. mit dem hinaufgezwirbelten Schnurrbart und dessen armer, wahnsinniger Sohn Karl II., mit dem die habsburgische Linie erlosch. Dann begannen wir die Bourbonen zu zählen. Als wir bei den Namen Karl III., Karl IV. und Ferdinand VII. angelangt waren, belebten sich die Wölbungen der Krypta mit Erinnerungen an Goya, und ich sah im Geist Männer auf tänzelnden Pferden sitzen und solche, die gewichtig dastanden, mit Ordensbändern quer über seidenen Westen.

In der Anordnung der Särge drückt sich das spanische Anstandsgefühl aus: Die Könige liegen auf der einen Seite der Krypta, die Königinnen auf der anderen; doch durften nur jene Frauen hier Aufnahme finden, die männliche Thronerben geboren hatten. Das war ihre letzte Belohnung. Isabella II., die 1904 starb, liegt bei den Königen begraben, weil sie eine regierende Königin war, während ihr Gatte, nur ein Prinzgemahl, sich über dem Eingang befindet.

Diese grausige Stätte lag den spanischen Königen ständig im Sinn, seit Philipp IV. als erster die Gewohnheit annahm, sich hierher zurückziehen und neben seinem eigenen Grab zu beten. Dieser schwermütige König, in dessen Seele sich Lasterhaftigkeit und Frömmigkeit auf eine nicht ungewohnte Weise verbanden, hat in dieser Grabkammer die absurdesten

Dinge getan. Einmal ließ er den Sarg seines Ahnen Kaiser Karl öffnen, weil er ihn ansehen wollte, und er hat dieses Erlebnis Schwester María von Agreda, einer Nonne, die seine Vertraute war, folgendermaßen beschrieben:

»Ich sah die Leiche des Kaisers, dessen Leib noch unverwest ist, obgleich er seit sechsundneunzig Jahren tot ist. Daraus kann man ersehen, wie reich der Herr ihm alles, was er in seinem Leben für den Glauben getan, vergolten hat. Das tröstete mich sehr, ganz besonders, als ich mich in die Betrachtung des Ortes versenkte, an dem ich einst liegen werde, wenn Gott mich von hinnen genommen hat. Ich betete zu Ihm, daß Er mich nie wieder vergessen lasse, was ich dort sah.«

Als der König nach zwei Stunden noch immer nicht zurückgekehrt war, schlichen seine Begleiter auf den Zehenspitzen in das Pantheon und sahen ihn auf den Marmorfliesen betend vor seinem eigenen Sarkophag auf den Knien liegen, das Gesicht von Tränen überströmt.

Noch grauenhafter und makabrer gestaltete sich der Aufenthalt seines schwachsinnigen Sohnes, Karls II., als dieser in seinem neununddreißigsten Lebensjahr, dem Jahr seines Todes, hier Trost bei den Geistern seiner Ahnen suchte. Dieser letzte Habsburger war das Ergebnis einer langen Reihe von Heiraten, die beinahe als Inzest zu bezeichnen sind. Seine jämmerliche Regierungszeit ging hin unter Intrigen Frankreichs und Österreichs wegen der Erbfolge auf den spanischen Thron. Der Geisteszustand des Bedauernswerten verschlimmerte sich als Folge der schändlichen Einflüsterung, daß er behext sei, wobei sein Beichtvater zu den Hauptschuldigen zählte. Alles Grauen seines schwankenden Schicksals erreichte den Höhepunkt, als er darauf bestand, in der königlichen Krypta die Särge seiner Vorfahren zu öffnen. Beim Anblick des Leichnams der einst schönen Marie-Louise, der Gattin seiner Jugendjahre, brach er zusammen, und mit dem Schwur, ihr bald zu folgen, taumelte der wahnsinnige König die Marmorstufen hinauf. Dann siechte er nur noch wenige Monate in Umnachtung und Melancholie dahin.

Dieser letzte Audienzsaal der Habsburger und Bourbonen verfehlte seine läuternde Wirkung auf uns nicht. Oben hatten wir die Uhren ticken hören, während die Sonne schräg durchs Fenster fiel, wir hatten die Tapisserien betrachtet, zwischen denen sie gewohnt hatten und herumgegangen waren, die Stühle, auf denen sie gesessen, die Kamine, um die sie sich geschart hatten, um sich zu wärmen, wenn Schnee auf der Sierra lag. Wir hatten sie auch im Prado gesehen, und sie hatten für uns eine so eindringliche Lebendigkeit besessen, daß wir sie auf der Straße erkannt hätten. Im Prado erschien ihre Existenz glaubhafter als in dem pompösen unterirdischen Gewölbe, in dem Marmor und Jaspis vergeblich den Staub des Todes zu verbergen suchen.

Als echter Spanier war der kleine Führer keineswegs gesonnen, uns auszulassen, ehe wir nicht noch der letzten Morbidität teilhaft geworden waren. Während wir ihm die Stufen hinauf folgten, blieb er vor einem Gitter auf der linken Seite stehen und berührte es mit dem Finger. »Das ist der Fäulnisplatz«, sagte er, »spanisch heißt er *pudridero*. Hier liegen die Körper der Könige zehn bis zwölf Jahre . . .« Dann wandte er sich um und setzte flüsternd hinzu: »María Christina ist noch drinnen!«

Wer darauf gehofft hatte, daß unsere Prüfung jetzt überstanden sei und daß wir unsere gute Stimmung bald wiederfinden und im Hotel bei *langostinos* sitzen würden, der mußte zu seinem Leidwesen erkennen, daß wir erst den Anfang unseres Rundganges zu den toten Majestäten hinter uns hatten. Gleich nach dem ersten Treppenabsatz, den wir erstiegen hatten, ging der Weg wieder hinunter, zu einer Reihe von Grüften, die auch nicht viel erfreulicher anzusehen waren. Dort hatten die Künstler in ihren Todesphantasien aus weißem Marmor schwelgen dürfen. Nach der monotonen, finsteren Erhabenheit des königlichen Mausoleums empfand man einen weinenden, weißen Engel oder eine gebeugte Allegorie des Schmerzes als wahre Nervenberuhigung. Grab hinter Grab gereiht, lagen hier die Königinnen Spaniens, die es verabsäumt hatten, ihre dynastischen Pflichten zu erfüllen oder nur Töchter zustandegebracht hatten, und daneben unzählige Prinzen und Prinzessinnen. Dann folgte eine stattliche Versammlung natürlicher Söhne und Töchter von Königen, die sogenannten »Bastarde Spaniens«.
In einem Alkoven lag ganz allein einer der bestaussehenden Männer seiner Zeit, der illegitime Bruder Philipps II., Don Juan d'Austria. Sein schöngeformtes Gesicht, die edle Stirn und die gerade Nase sind in einem Marmor von fast natürlicher Tönung nachgebildet, eine kleine Halskrause umschließt das bärtige Kinn, und er liegt in seiner Rüstung, das Schwert in den Händen, als ob er schliefe. Als wir vorbeidefilierten, hörte ich, wie eine Frau einer anderen zuflüsterte: »Was für ein prachtvoller Mann!« So vermochte also das Antlitz, das im Leben das Wohlgefallen vieler Frauen erregt hatte, auch heute noch den Blick einer Frau zu fesseln und sie zu einem Kompliment hinzureißen, das Don Juan sicher mit Vergnügen vernommen hätte. Der Führer wußte nichts über ihn zu erzählen, sondern trieb uns weiter, und ich hörte die Menschen einander leise fragen, wer seine Mutter gewesen und wie er gestorben sei.
Sie war ein deutsches Mädchen, die Tochter eines Kaufmannes, und hieß Barbara Blomberg. Karl V. lernte sie in Regensburg kennen. Der Kaiser war nicht stolz auf die Affäre und ließ das Kind so bald als möglich nach Spanien bringen, wo es von seinem Lieblingsdiener Quixada heimlich großgezogen wurde. Der kleine Jerome, wie er damals genannt wurde,

ward wie ein Bauernkind erzogen, er suchte nach Vogelnestern und plünderte mit den übrigen Jungen die Obstgärten, und bis nach dem Tod des Kaisers kannte, außer Quixada, niemand seine Herkunft. Es spricht für Philipp II., daß er ein Zusammentreffen herbeiführte, nachdem er von der Existenz des kleinen Halbbruders erfahren hatte. Zwischen den beiden bestand ein Altersunterschied von zwanzig Jahren, doch Philipp fand Gefallen an dem hübschen Burschen, der hell und blond war wie er selber, und der im Gegensatz zu seinem eigenen, unglücklichen Nachkommen, Don Carlos, einen geradegewachsenen Körper hatte. Philipp klärte den Jungen über seine Herkunft auf, nahm ihn an den Hof und gab ihm den Rahmen, der seinem Rang entsprach. Er nannte ihn Don Juan d'Austria.

Don Juan wuchs zu einem schönen, vielbewunderten Mann heran, er war fröhlich, draufgängerisch, ein großer Hofmacher und ein kühner, vom Glück begünstigter Soldat. Die Beimischung unedlen Blutes hatte die habsburgische Melancholie, die zwar trotzdem unter der lächelnden Oberfläche vorhanden war, gemildert. Der Höhepunkt seines Daseins war gekommen, als ihm mit vierundzwanzig Jahren der Oberbefehl über die Flotte der Heiligen Allianz anvertraut wurde, die der Papst zusammen mit Spanien und Venedig zum Kampf gegen die Türken ausgerüstet hatte. Als sie die Mole von Messina passierten, gab der päpstliche Nuntius in vollem Ornat jedem der Schiffe seinen Segen mit auf die Fahrt. Es waren zweihundert Kriegsschiffe und sechs der schwerfälligen, venezianischen Galeassen, der größten Kampfschiffe dieser Zeit. Der Papst hatte Späne vom wahren Kreuz geschickt, und auf jedem Schiff befand sich eine dieser heiligen Reliquien. Auf Don Juans Flaggschiff, der *Real*, flatterte das blaue Banner Unserer Lieben Frau von Guadalupe, während die Fahne der Heiligen Allianz, die vom Papst geweiht worden war, erst gehißt werden sollte, wenn die Schlacht begann.

Wochenlang kreuzte die Flotte zwischen den griechischen Inseln, bis sie endlich, an einem Sonntag, dem 7. Oktober 1571, im Golf von Patras vor Lepanto – das ist der italienische Name für das griechische Naupaktos – Fühlung mit der türkischen Flotte bekam. Die Türken waren in großer Übermacht, und manche christliche Kommandanten rieten zur Vorsicht, aber das war nicht nach Don Juans Geschmack. Er entschloß sich, den Kampf aufzunehmen. Am Vormittag wurden die Türken gesichtet, die sich, gegen die Sonne und einen leichten Wind, der ihnen entgegenblies, langsam vorwärts bewegten. Sie formierten sich zu einem gewaltigen Halbmond oder krummen Türkensäbel aus Schiffen, von denen schmale Fähnchen flatterten, ihre Ruder hoben und senkten sich, die Sonne blitzte auf Bronze und Stahl. Don Juan bestieg eine leichte Brigantine und jagte darin neben seiner Flotte hin und her, um die Mannschaft anzuspornen.

Den Worten eines anderen Seemannes in ferner Zukunft vorgreifend – oder hat dieser spätere Seemann sich seiner erinnert? – rief er aus: »Ob ihr sterben oder siegen werdet, tut heute eure Pflicht, und eine ruhmreiche Unsterblichkeit ist euch gewiß!«
Dann kehrte Don Juan auf sein Flaggschiff im Zentrum einer drei Seemeilen lang aufgerollten Reihe von Kriegsschiffen, die sich auf gleicher Höhe hielten, zurück, um den herannahenden Feind im Auge zu behalten. Zuerst begannen die Kanonen der schweren Kampfschiffe, die er vorausgeschickt hatte, um die türkische Linie breitseits aufzubrechen, zu donnern. Als die Türken in Rufweite gekommen waren, stießen sie ein Kriegsgeschrei aus, welches das Blut gerinnen ließ, die christliche Flotte hingegen bewegte sich in tiefem Schweigen vorwärts, denn alle Offiziere und Männer waren niedergekniet, als das Banner des Papstes, mit dem Bild des Gekreuzigten, sich am Hauptmast der *Real* entrollte. Die Mönche, die jedes Boot begleiteten, erteilten die Absolution, dann erhoben sich die Mannschaften und erwarteten den Zusammenstoß. Während die beiden Flotten einander immer näher kamen, erhob sich in der genuesischen Galeere *Marquesa* ein Soldat vom Krankenbett, um seinen Platz einzunehmen. Sein Name war Miguel Cervantes, und wenn er auch noch vor Sonnenuntergang den Gebrauch seiner linken Hand einbüßen sollte, so brachte er doch die Rechte, mit der er später den *»Don Quijote«* geschrieben hat, heil aus dem Kampfe heim. Das Flaggschiff schaukelte rhythmisch vorwärts, und das päpstliche Banner flatterte hoch oben im Wind, als lechze es nach einem Zusammenstoß mit den Ungläubigen. In diesem Augenblick sah einer der Anwesenden, wie Don Juan d'Austria in seiner goldenen Rüstung mit zweien seiner Offiziere auf der Geschützbettung zum Klang der Querpfeifen die Gaillarde tanzte.
Drei Stunden lang war das Meer vom Rauch verdunkelt. Die Bauern in den Bergen hinter Patras hörten das Donnern der Geschütze. Als sich der Rauch hob, war die türkische Flotte vernichtet. Nur vierzig Schiffe entkamen, die übrigen brannten, waren untergegangen oder trieben kampfunfähig auf den Wogen. Das war Lepanto, einer der entscheidendsten Seesiege der Geschichte. Es wird berichtet, daß Papst Pius V. während des Gefechts seinen Schatzmeister, der finanzielle Schwierigkeiten mit ihm besprach, plötzlich unterbrach, das Fenster öffnete und in tiefer Verwunderung zum Himmel blickte. Dann wandte er sich mit leuchtendem Gesicht um und sprach: »Jetzt ist nicht die Zeit für Geschäfte, sondern um Christus zu danken; denn eben hat unsere Flotte gesiegt.« Damit eilte er in seine Privatkapelle. Die Nachricht traf erst zwei Wochen später tatsächlich in Rom ein.
Dem strahlenden jungen Sieger von Lepanto waren jedoch nur noch

sieben Lebensjahre beschieden. Die ganze Welt lag ihm zu Füßen. Er war jünger als Alexander der Große zur Zeit seiner Eroberungen in Asien, und der Papst bewunderte ihn grenzenlos und bemühte sich, ihm zu einem Königreich und einer Gattin zu verhelfen. Doch ohne Philipps Zustimmung konnte nichts unternommen werden. Es ist möglich, daß Philipp seinen Bruder beneidete, weil dieser alles verkörperte, was Philipp selber gerne gewesen wäre; denn nun machte er von seinem Arbeitszimmer im Escorial aus methodisch und unbarmherzig Don Juans Träume, einen nach dem anderen, zunichte. Der romantischste dieser Träume war die Landung der spanischen Armee in England, von den Niederlanden aus, die gewaltsame Befreiung Maria Stuarts, der schottischen Königin, aus dem Gefängnis, der Marsch auf London, wo Königin Elisabeth vom Thron gestürzt werden sollte, die Hochzeit Don Juans mit Maria Stuart und die Krönung beider zum König und zur Königin von England! Don Juans donquijotesker Traum fand im Vatikan Zustimmung, im Escorial jedoch keineswegs.

Statt dessen sah sich der »Letzte aller Ritter« mit der undankbarsten Aufgabe in den spanischen Verwaltungsgebieten betraut, mit der Statthalterschaft der Niederlande. Zwei Jahre lang schmachtete er im Feldlager und im Ratssaal, indes seine Bitten um Geld und Unterstützung im Escorial bedächtig abgelegt wurden. Eines Tages im Herbst befiel ihn ein Fieber. Seine Leute trugen ihn auf den Schultern zu dem unbenützten Taubenhaus eines Bauerngehöftes, das rasch gereinigt und mit Teppichen ausgelegt und so in ein notdürftiges Krankenzimmer verwandelt wurde. Sein Zustand verschlimmerte sich, und im Delirium glaubte er sich auf dem Hinterdeck seines Flaggschiffes bei Lepanto. In einem klaren Augenblick sagte er zu seinem Beichtvater, er nenne nichts auf der Welt sein eigen, nicht einmal eine Handbreit Erde. »Wie sollte mich da nicht nach den weiten Gefilden des Himmels verlangen, Pater?« fragte er. Als er die Sterbesakramente empfing, war er halb bewußtlos, und sein Beichtvater berichtete Philipp brieflich: »Er entglitt unseren Händen fast unmerklich, wie ein Vogel, der im Himmel verschwindet.«

Als man seinen Leichnam in voller Rüstung, mit einer Krone auf dem hellen Haar und dem Goldenen Vlies auf der Brust, zwischen strammstehenden Regimentern auf dem kilometerlangen Weg zur Kathedrale von Namur dahintrug, schluchzten selbst die ältesten Soldaten. Man munkelte, daß er vergiftet worden und daß sein Bruder der Mörder sei, aber die Geschichte spricht Philipp von diesem Verbrechen frei. Man nimmt ein typhöses Fieber als Todesursache an. Als Philipp von dem Wunsch seines Bruders, im Escorial begraben zu werden, Kenntnis erhielt, gab er den Auftrag, den Leichnam nach Spanien zu senden. Dies wurde in einer empörenden Weise durchgeführt. Der Körper wurde in drei Teile geschnitten, in drei lederne Satteltaschen verpackt und von einer Gruppe heimkehrender Spanier quer durch Frankreich geschmuggelt. Manche Historiker vertreten die Ansicht, dies sei nicht zu umgehen gewesen, wollte man die Kosten und Schwierigkeiten vermeiden, die es mit sich gebracht hätte, den Leichnam eines Mannes aus königlichem Geschlecht auf offiziellem Weg durch Europa zu transportieren; aber man hätte doch wohl ein Schiff zur Verfügung stellen können, um den Sieger von Lepanto heimzutragen.

Unser Rundgang durch die Grabstätten war zu Ende. Mit Freuden eilten wir in ein erstklassiges Hotel und bestellten Sherry und trockene Martinis. Wir gebärdeten uns jetzt unnatürlich lebhaft und munter, wie eine Pilgerschar, die aus einem dunklen, gefährlichen Wald herausgelangt ist. Die kleinen Nonnen hatten die Englischkenntnisse ihres Priesters über Gebühr in Anspruch genommen; nun saß er da, ohne sie eines Blickes zu würdigen, die Serviette in den Kragen gestopft, und machte sich mit der Freude eines Menschen, der seine Buße verrichtet hat, über Vorspeisen, Meerbarben, Kalbfleisch, Käse und Früchte her. Zu meiner nicht geringen Überraschung hatte es meinem New Yorker Bekannten gut gefallen. Er erklärte, der Escorial sei das Großartigste, was er bisher in Spanien zu sehen bekommen habe.
Den Kaffee nahmen wir auf der Terrasse, von der aus man den Escorial überblicken konnte. Unzerstörbar und grau sahen wir ihn unten liegen, und seine Kirchenkuppel und die Pfefferstreuer-Türmchen reckten sich ins Nachmittagslicht.

Die Spanier sind auffallend korrekt in der Kleidung, im Auftreten und in ihrer berühmten Ritterlichkeit. Diese Ordnung und Pedanterie erstreckt sich sogar auf die Straßenmärkte, wo man sie eigentlich nicht erwarten würde. In den meisten Ländern sind die Märkte ein schmutziges, lärmendes Gewühl, wo die Lebensmittel auf den Ständen hochaufgeschichtet liegen und unter Geschrei und Ausrufen verkauft werden. Doch in den Seitengassen Madrids verborgen, entdeckt man die dekorativsten und wohlgeordnetsten Märkte der Welt, sozusagen Idealmärkte, die man sonst höchstens im Ballett oder auf einer Operettenbühne zu sehen bekommt.
Immer wieder suchte ich zeitig am Morgen einen solchen Markt auf, der zwischen der Calle de Velázquez und der Calle de Goya gelegen ist. Es war ein kleiner, gedeckter Markt mit abschließbaren Buden, die quadratisch ringsum liefen und sich in einer Zeile durch die Mitte zogen. Haushälterinnen mit Körben, Diener mit Einkaufslisten und sogar eine *señora* persönlich pflegten dort hin und her zu gehen und an den Buden ihren

Tagesbedarf an Lebensmitteln einzukaufen. Die Eigentümer der Buden wetteiferten miteinander, wer die hübschesten Stilleben zusammenstellen könne. Noch nie habe ich Fische, Obst, Gemüse und Fleisch mit einem feineren Empfinden für den Reiz alltäglicher Dinge angeordnet gesehen. Sooft ich wieder hierherkam, war ich aufs neue betroffen von der Schönheit des Bildes, dessen Farben sich mit den gastronomischen Jahreszeiten wandelten. Selbst die Fleischerstände, die sonst allerorten ein schlagendes Argument zugunsten des Vegetariertums darstellen, waren nicht beleidigend für das Auge. Da näherte sich kein blutverschmierter Mann mit dem Messer einem aufgehängten Kadaver, und das Bein eines Lammes etwa sah fast so aus, als sei es auf einem Baum gewachsen.

Diese Marktkunst dürfte eine Spezialität Spaniens sein, denn ich konnte sie nirgends sonst entdecken, obwohl ich regelmäßig in fremden Städten die Märkte zu besuchen pflege. Das Obst sah so appetitlich aus wie das kalte Büfett in einem Restaurant. Die Kirschen, die gerade reif waren, wurden in tiefen Weidenkörben feilgeboten, Herzkirschen und schwarze Kirschen waren je nach Größe sortiert, sämtliche Stiele entfernt, und jede einzelne Kirsche schien poliert zu sein. Es gab Tablette voll Walderdbeeren aus Aranjuez, auch sah und erstand ich hier zum erstenmal einige der köstlichen, aber fremdartig wirkenden flachen kleinen Pfirsiche, die *paraguayos* heißen und in der Umgebung von Madrid wachsen. Es war geradezu eine Offenbarung, wie vielfältig und hübsch Gemüse aussehen kann, wenn es mit einem Sinn für seine Formen und Farben zusammengestellt wird; aus dem leuchtendgrünen Paprika, dem blassen Spargel mit seinen lila Stielen, den Pfefferschoten, so rot wie der Waffenrock eines Gardeoffiziers, und den bronzenen, metallischen Eierfrüchten war hier, zusammen mit dem hausbackeneren Kohl, dem Lauchgemüse und einem Beet aus Spinat ein Gesamtbild komponiert, das ebenso schön war wie ein Blumenstück.

Die Fischstände waren genauso prächtig in den Farben und so hübsch hergerichtet wie die Obststände, ja, die Früchte der Obstplantagen, der Gärten und des Meeres wetteiferten miteinander an Buntheit. In flachen Tragkörben aus Weidengeflecht lagen die Fische auf einem Bett aus Weinlaub, meist eingesäumt von einem rosa Randbesatz aus Krevetten, darum schloß sich ein silberner Kranz aus Sardinen, der zu einem Turm aus Meerbarben, Hechten und Kabeljau emporstieg und in einer Spitze aus Flußkrebsen endigte. Mit den Mitteln der Farbe und der Komposition wird hier sogleich die Erinnerung an das sorgfältig ausgeführte Zuckerwerk wachgerufen, das bei unseren Vorfahren, mehr für das Auge als für den Magen bestimmt, bei mittelalterlichen Festen als Abschluß in der Mitte der Tafel aufgebaut war.

Es scheint, daß in Spanien mehr Schaltiere verspeist werden als sonstwo auf der Welt; der Fischtransport von der Küste zu allen Orten des Landes ist aufs beste organisiert; Madrid, eine weitab vom Meer liegende Hauptstadt im Gebirge, wird täglich mit frischen Fischen beliefert, und die nächtlichen Wettfahrten der Kühlwagen von der Küste funktionieren fast wie ein öffentliches Unternehmen, nur sind sie vermutlich viel populärer. Selbst im Hochsommer ißt man in Madrid Muscheln, die erst am Tag vorher in einem der Küstenhäfen an Land gebracht wurden. Es ist amüsant zu beobachten, mit welchem Mißtrauen die Fremden die Venusmuscheln und Flußaustern aus ihrem Gehäuse lösen, in der Befürchtung, es könne nicht ganz geheuer sein, so weitab vom Meer Muscheln zu essen.

Manche Kolonialwarengeschäfte Spaniens sehen wie mittelalterliche Gewürzläden aus und fallen durch die ungewöhnliche Bezeichnung *ultramarinos* auf. Welch ein Wort! Wie phantasielos klingt dagegen die bei uns hierfür gebräuchliche Bezeichnung! Sooft man die Aufschrift *ultramarinos* über einem kleinen Laden liest, meint man Schiffe zu sehen, die an grünen Inseln anlegen, auf denen Pfeffer und Gewürznelken zur smaragdenen Bucht heruntergeschafft werden. In Madrigal de las altas Torres Gemischtwarenhändler zu sein – in »Madrigal der hohen Türme«, einer Stadt unweit Madrids – und dort ein Geschäft mit dem Namen *ultramarinos* zu betreiben, das heißt wahrlich in der Poesie der Sprache leben. Daran kann auch die ernüchternde Aufklärung Professor Trends, daß *madrigal* hier nicht ein Lied bedeutet, sondern ein Dickicht aus Büschen und Dornhecken, nichts Wesentliches ändern.

Wenn man in Madrid die Auslagen der Konditoreien bestaunt, wüßte man gerne, welche der orientalischen Näschereien, die dort zur Schau gestellt sind, Erbstücke des arabischen Spanien sind. Von Stambul aus zieht sich die Kochkunst byzantinischer Art wie ein Gürtel, in den man, meiner Meinung nach, auch Spanien miteinbeziehen muß, über Kleinasien hin bis in die Speisehäuser von Aleppo und Damaskus und von dort dann westwärts über Mazedonien, Griechenland und den Balkan. Das honigsüße Zuckerzeug, mit dem der Sultan seine Lieblingsfrauen fütterte, war weder türkisch noch arabisch, denn diese Völker haben nicht einmal eine verzuckerte Mandel erfunden, sondern griechisch oder byzantinisch. Ich habe in Madrid Schaufenster von Konditoreien gesehen, die zweifellos die Süßwarengeschäfte Konstantinopels in den Tagen des Altertums widerspiegeln.

Ich glaube, die Araber haben die byzantinischen Delikatessen mitgebracht, als sie nach Spanien kamen, und der Geschmack daran hat sich bis heute erhalten. Der Konvent und das Kloster sind wahre Fundgruben für Rezepte, und es ist interessant, daß einige der beliebtesten Nougat- und

Marzipansorten noch heute von den Nonnen zubereitet und vertrieben werden. Wer aber kauft die tägliche Menge an Süßigkeiten, die Honigkuchen, kandierten Kirschen, all die in Sirup gekochten Orangen, die verzuckerten Reineclauden, die kleinen von Sahne triefenden Kuchen, den Nougat, den Marzipan? Was in den Auslagen in Madrid tagtäglich an frischer Ware angeboten wird, dürfte ausreichen, um ein paar hundert Harems zu mästen.
Schon war ich selber unversehens der spanischen Gewohnheit verfallen, vormittags Krevetten zu essen. Im Geschäftsviertel Madrids gab es ein reizendes Café mit bunten Schirmen, die in einem Garten aufgestellt waren. Auf der einen Seite rasselten die kleinen Straßenbahnwagen vorüber, auf der anderen türmte sich kathedralenhaft das Hauptpostamt von Madrid, das auch scherzhaft »Unsere Liebe Frau von den Verbindungen« heißt. Es gibt kaum etwas Schöneres, als in einer fremden Stadt sich dem Nichtstun hinzugeben und genügend Geld zu haben, um dies auf angenehme Weise tun zu können, nichts Vergnüglicheres, als einfach herumzusitzen, den Menschen zuzusehen, über sie nachzugrübeln und sich von einem jungen Murillo dabei die Schuhe putzen zu lassen. Die Spanier sind imstande, stundenlang einfach dazusitzen und zu plaudern oder, wenn sie allein sind, nichts zu tun; sie können die Maschinerie des Geistes einfach abstellen und sich wohlig gehenlassen. Ihr Müßiggang ist eine glückliche Gabe, so wie die Fähigkeit eines Hundes oder eine Katze, jederzeit zu schlafen.
Als ich immer häufiger denselben Leuten begegnete, wurde mir bewußt, wie klein Madrid eigentlich ist. Während ich in jenem Café saß, gingen wieder die beiden Plaudertaschen-Nönnchen vorüber, eifriger und aufgeregter denn je, und diesmal hatte man ihnen, wie ich zu meiner Freude feststellte, einen hübschen und höflichen Priester als Führer mitgegeben, der mit einer Miene unpersönlicher Galanterie auf sie herunterlächelte.

Ich ging sehr oft in den Prado, um mir die Könige und Königinnen anzusehen, von denen ich gelesen hatte: Philipp II. und seine Zeitgenossen, von Tizian und Coello gemalt, Philipp IV., von Velázquez, und die Bourbonen, von Goya gemalt.
Das Porträt Karls V. von Tizian scheint mir eines der großartigsten Bilder zu sein, die je gemalt wurden. Der Kaiser trägt dieselbe Rüstung wie bei der Schlacht zu Mühlberg. Der Künstler hat gar nicht versucht, seine kränkliche Magerkeit zu verschleiern. Am Morgen der Schlacht war er so schwach und von der Gicht zerquält, daß ihn seine Feinde höhnisch Karl den Moribunden tauften. Trotzdem fand dieser Invalide die Kraft, sich zu wappnen und seine Truppen zum Sieg zu führen, ja sogar die Elbe zu durchqueren. Als Tizian dieses Meisterstück malte, war er ein siebzigjäh-

riger Jüngling, indes sein Modell mit siebenundvierzig Jahren schon alt und verbraucht war. Welch ein Bild! Eben taucht der Reiter aus einem dunklen Wald unter dem streifigen und dräuenden Himmel hervor, den Speer fest in der Faust. Das Antlitz unter dem Helm ist alt und müde, und da einem sein Schicksal bekannt ist, entdeckt man, daß es von der Sehnsucht gezeichnet ist, sich aus der Welt zurückzuziehen und seinen Frieden mit Gott zu machen.

Man sollte ein Buch über die großen Kranken schreiben, über jene Männer und Frauen, bei denen der Geist den Körper beherrschte, und in einem solchen Werk dürfte Kaiser Karl V. nicht fehlen. Man sagt, daß dieser kühne Streiter vor Leidenschaft zitterte, wenn ihm vor dem Kampf die Rüstung umgeschnallt wurde. Ein Blick auf sein Antlitz offenbart sein warmherziges und menschliches Wesen, das er an Philipp nicht weiterzugeben vermochte, das jedoch durch eine Laune des Geschicks unvermindert in Don Juan d'Austria fortlebte.

Philipp II. sah als junger Mann gut aus; wenn auch ziemlich hochmütig und selbstgefällig, war er doch eine fürstliche Erscheinung. Gerne schenkt man der Geschichte Glauben, daß Mary Tudor sich in sein Porträt von Tizian verliebt habe. In diesem Alter hatte er auch etwas Ausschweifendes an sich, das Glitzern seiner Augen etwa, das Marys sprödes Zögern bei dem Gedanken, einen Mann von so gefährlichen Möglichkeiten zu heiraten, der außerdem um elf Jahre jünger war als sie, recht begreiflich erscheinen läßt. Die arme Frau muß qualvoll unter ihrer Unentschlossenheit gelitten haben, bis diese schließlich in einer ungewöhnlichen und ergreifenden Szene ein Ende fand: Der kaiserliche Botschafter hatte ihr wieder und wieder versichert, Philipp sei ein gutveranlagter junger Mann und keineswegs imstande, sie mit anderen Frauen zu betrügen; eines Nachts nun wurde er plötzlich in die Gemächer der Königin befohlen – dort fand er Mary mit verweinten Augen, allein mit ihrer alten Amme, vor einem Altar, auf dem das Sakrament ausgesetzt war. Sie teilte ihm mit, daß sie sich mit Hilfe Gottes entschlossen habe, Philipp zu heiraten, und schwur in Gegenwart des heiligsten Sakraments, ihm eine gute und treue Frau zu sein. Dann knieten die Königin, der Botschafter und die Amme nieder und beteten, und darauf eilte der Botschafter fort und sandte Boten aus, die die Nachricht im Galopp Karl V. überbrachten.

Ein wunderbares Gegenstück zu Tizians Philipp II. ist das berühmte Bildnis Marys von Moro. Es flößt sofort Mitleid mit ihr ein. Sie war nicht hübsch; hier aber ist ihre Jugend bereits verblüht und ihr Gesicht erstarrt und spitzig und widerspenstig geworden. Die langen Jahre voller Demütigungen und Enttäuschungen, in denen sie und ihre Mutter Katharina von Aragonien von Anna Boleyn in den Hintergrund gedrängt wurden, haben ihre Spuren darauf hinterlassen. Äußerlich ist sie eine Königin in kostbaren Brokaten, im Herzen aber ein ängstliches, verletztes und säuerliches altes Jüngferchen, dessen Glückschancen immer wieder der Politik geopfert wurden. Die Spanier haben eine lichte Haut immer bewundert und rühmten ihren Teint, der von jenem milchweißen Typ war, der im Verein mit rotem Haar und Sommersprossen häufig auftritt. Sonst gab es an ihr jedoch nichts, das man hätte loben können. Ihre Augenbrauen waren fast unsichtbar und erinnern an ihren Vater Heinrich VIII., und ihr braunrotes Haar mit dem Mittelscheitel war glanzlos. Sie hat den stechenden Blick der Kurzsichtigen, denn ihre Augen waren so schwach, daß sie ein Buch bis auf wenige Zentimeter vors Gesicht halten mußte. Und hat je eine Frau eine Rose widerwilliger angefaßt und den Stengel umklammert, als habe sie Angst, sich zu stechen? Man betrachtet Mary Tudor mit dem Gefühl, sie schon einmal irgendwo gesehen zu haben. Ist das nicht die spitzige und recht gefürchtete Tante aus der Kinderzeit, deren Leben durch eine unglückliche Liebesgeschichte oder durch eine selbstsüchtige Mutter zerstört wurde, und die, als sie älter wurde, ihre verdrängten Gefühle auf eine stattliche Gesellschaft von Patenkindern, Katzen, Hunden, Lieblingsvögeln und philanthropischen Vereinen losließ?

Kehrt man danach zu Philipps Porträt zurück, so fühlt man Mitleid mit diesem siebenundzwanzigjährigen jungen Mann, der um der Pflicht und des katholischen Bekenntnisses willen die schwierige, fast vierzigjährige Frau heiratete, die obendrein seine Cousine zweiten Grades war. Sein Benehmen ihr gegenüber in der kurzen Zeit ihrer Ehe gereicht ihm zur Ehre. Nie ließ er sie durch einen Blick oder ein Wort fühlen, daß er diese Heirat als Martyrium empfand, von dem er einmal einem Freund unter vier Augen gestand, er müsse den Kelch bis zur Neige leeren. Im Gegenteil, er gab ihr zum ersten und einzigen Mal in ihrem Leben die Illusion der Liebe, der Zuneigung und Sicherheit. Wenn man den ernsten jungen Mann mit dem Ausdruck einer gewohnheitsmäßigen Melancholie ansieht, muß man lächeln, weil man sich erinnert, daß sein Vater sowie der spanische Botschafter ihm eingeprägt hatten, wie wichtig es sei, sich unter Engländern äußerlich frisch und fröhlich zu zeigen, so daß er mit gezwungenem Lächeln herumging, alle Leute auf den Rücken klopfte und ein flotter Kerl zu sein versuchte. Eines Tages tauchte er sogar nach dem Essen vor seinen erschreckten Granden auf und lud sie ein, mit ihm eine Kanne Bier zu leeren.

Von Bild zu Bild schreitend, sieht man deutlich, wie die Habsburger nach jeder Cousinen-Heirat bleicher und abwegiger werden, bis man endlich vor Philipp IV. mit dem vorstehenden Kiefer, dem aufgezwirbelten Schnurrbart und den elenden, heimgesuchten Augen hält. Die Wiedergabe des dekadenten spanischen Hofes, die Velázquez vermittelt, ist nicht

weniger lebensnah als die Sprachbilder, mit denen zur gleichen Zeit Evelyn und Pepys das Whitehall Karls II. beschrieben. Im Lauf seiner Karriere als Hofmaler verfertigte Velázquez mindestens vierzig Porträts seines Protektors, also mehr als ein Bildnis pro Jahr, und daneben noch die Porträts von Königinnen, Prinzen, Prinzessinnen, Edelleuten und die Bildnisse der Hofzwerge und Possenreißer, die wohl zu seinen reizvollsten Werken zählen. Betritt man den kleinen Saal, in dem das Gemälde *Las Meninas*, die Hofdamen, ganz für sich allein zu sehen ist, so hält man überrascht inne: Man steht nämlich einem Spiegel gegenüber, der das Bild zurückwirft. Die Gestalten scheinen zu leben. Man erwartet, daß sie sich bewegen, und bekommt das Gefühl, das Atelier des Malers im alten Schloß zu belauschen, während er gerade dabei ist, den König und die Königin zu malen. Um die regungslos dastehenden Majestäten zu zerstreuen, ist ihre kleine Tochter, Prinzessin Margarita, hereingebracht worden, und ihre kleine Gestalt steht seltsam fremd in einem knappen weißen Satinmieder und Reifrock da, das blasse Haar auf einer Seite hochgesteckt. Eine Hofdame bietet ihr kniend auf goldenem Tablett eine Schale an, und auf ihrer anderen Seite knickst eine zweite Hofdame. Weiters sieht man zwei ziemlich würdevolle Zwerge mit einer Bulldogge, die in der Lautlosigkeit des Ateliers gerade eingeschlummert ist. Velázquez steht vor seiner riesigen Leinwand, den Kopf leicht geneigt, den Pinsel erhoben, nachdem er gerade einen Strich getan hat, und studiert irgendein Detail des Herrscherpaares. Diese Szene ist Hunderte Male von Höflingen miterlebt worden. Ein Augenblick, der Ewigkeit geraubt.
Die Selbstdarstellung des Velázquez auf diesem Gemälde gehört zu den großartigsten Dingen, die der Prado zu bieten hat. Beim Anblick dieses Mannes voll tiefer Empfindsamkeit, gepaart mit unbeugsamem Charakter, begreift man, warum der bleiche, schwächliche König die Gesellschaft seines Hofmalers suchte und ihm die für einen Künstler ungewöhnliche Auszeichnung zuteil werden ließ, ihn zum Ritter von Santiago zu ernennen. Die Kunstgeschichte bietet kein besseres Beispiel völliger Zurückgezogenheit als das Leben Velázquez'. Er war zufrieden, sein Leben in seinem Arbeitszimmer zuzubringen und mit dem Licht und dem Raum zu experimentieren, er liebte seine Frau, war mit seinem Gehalt zufrieden und ging ganz in der Arbeit auf. Es ist bedrückend, sich diesen bedeutenden Mann als königlichen Hofdekorateur vorzustellen, zu dessen Pflichten die Ausschmückung des Schlosses bei öffentlichen Anlässen gehörte, was allerdings als angesehene Hofanstellung galt. Bei einer solchen Arbeit zog sich Velázquez ein Fieber zu, das einen bösen Ausgang nahm.
Das nächste Bild zeigt die liebliche Isabella von Bourbon, die Schwester Henrietta Marias und erste Frau Philipps IV. Er liebte sie zärtlich, obwohl

er ihr um keinen Preis treu bleiben konnte. Sie war die Mutter des anbetungswürdigen kleinen Jungen, dessen Bild vielleicht das bekannteste Bild der Kunstgeschichte ist, des Don Balthasar Carlos, der, als kleiner General verkleidet, mit einem Feldherrnstab in der Hand und einer Feder auf dem Hut auf seinem fetten Pony herangesprengt kommt. Wie ernst und wichtig er dreinschaut auf »diesem kleinen Teufel von einem Ponyhengst«, einem Geschenk seines Onkels, des Kaisers Ferdinand. Der kleine Prinz wurde von seinen Eltern vergöttert; doch war es ihm leider nicht beschieden, die Habsburgerkrone zu erben. Er starb mit fünfundzwanzig Jahren, vermutlich an Gehirnhautentzündung.
Philipp schrieb alle Prüfungen, die ihm auferlegt wurden, seinen eigenen Sünden zu. Sein bleiches Antlitz mit dem schütteren Blondhaar hat längst nichts mehr gemein mit dem jungen Fürsten, der Charles, den Prinzen von Wales, in Madrid empfing, und nur dieses resignierte, kraftlose Gesicht eines sinnlichen und zugleich schuldbeladenen Mystikers hat sich der Nachwelt eingeprägt. Es gibt kaum einen absurderen Briefwechsel zwischen einem König und einem seiner Untertanen als den zwischen Philipp und Schwester María, der Nonne von Agreda, der er seine Fehler enthüllte und der er alle seine Versuchungen rückhaltlos beichtete. Diese äußerst unziemlichen Episteln trafen regelmäßig im Kloster ein, und die Nonne beantwortete sie, indem sie ihn mitunter wegen seiner Verderbtheit tadelte, aber immer wieder versuchte, ihm Kraft einzuflößen. Es ist seltsam, sich auszumalen, daß derselbe Monarch, der in der Öffentlichkeit, von Pomp und Zeremonien umgeben, oft stundenlang wie ein Standbild ausharren konnte, ohne die Spur eines Lächelns oder ein Zeichen menschlicher Schwäche, sich vor einer gewöhnlichen Nonne derart erniedrigte.
Nun kommt man zu der seltsamen kleinen Mariana von Österreich, der Nichte und zugleich zweiten Frau Philipps IV. Zur Zeit der Hochzeit war sie fünfzehn und er zweiundvierzig. Als Velázquez sie in ihrer phantastischen Perücke, mit den lachsfarbenen Schleifchen und der weitausladenden Krinoline malte, kündigte sich in ihren harten kleinen Augen und dem festen Mund bereits die zähe, tüchtige Frau an, die später aus ihr geworden ist. Anläßlich seiner Heirat ermahnte die Nonne den König, »seine ganze Aufmerksamkeit und seinen guten Willen auf die Königin zu richten und die Augen nicht nach sonstigen fremden und merkwürdigen Dingen zu wenden«. Und Philipp gehorchte der Nonne eine Zeitlang; jedoch ein Mann wie er, der mindestens dreißig illegitime Kinder gezeugt hatte, war zu sehr in seinen Gewohnheiten festgefahren, und so dauerte es nicht lange, und er weinte wieder über seine Sünden.
So kommt man zum letzten Habsburger, dem schwachsinnigen Karl II., dem Sohn Philipps IV. mit seiner Nichte Mariana. Obwohl sich der

Künstler hier sichtlich bemüht hat zu schmeicheln, zeigen seine Bildnisse ein Gesicht, das degeneriert, unharmonisch und schiefgezogen ist und bei dem das vorstehende Kinn nicht mehr nur ein Familienmerkmal, sondern schon eine körperliche Deformierung darstellt. Seine Zähne bissen nicht aufeinander, daher mußte er seine Nahrung wie ein Hund hinunterschlingen. In der geistigen Entwicklung war er zurückgeblieben und pflegte noch, als er schon fast erwachsen war, wie ein Kind durch den Palast zu tollen und zu spielen. Das war die letzte Folge der Verwandten-Ehen, die im Haus Österreich an der Tagesordnung waren.

Obwohl anzunehmen war, daß er nicht zeugungsfähig sei, wurde ihm, und der Politik, eine lebenslustige französische Prinzessin geopfert, und nach ihrem Tod teilte eine sanftmütige junge Deutsche den Thron mit ihm. Sie beherrschte ihn völlig, was keine schwierige Aufgabe war. Dreißig furchtbare Jahre lang war der Hof des halbverrückten Karl II. der Schauplatz verwickelter Intrigen, mit denen die verschiedensten Mächte die Krone an sich zu reißen trachteten. Dabei versank ganz Spanien in Verdorbenheit und Mißwirtschaft. Der König trieb haltlos durchs Leben, mit einem Paket Karten, ein paar Zwergen und einem Gefolge von Mönchen, von denen nachts zwei in seinem Zimmer schlafen mußten. Als er mit neununddreißig Jahren starb, soll er wie ein Achtzigjähriger ausgesehen haben. Sein Schlafzimmer war mit den Gerippen von Heiligen, mit ihren Armen, Beinen, Schädeln und Händen in Gold- und Silberschreinen vollgeräumt, und immer noch hatte er, mit der Widerspenstigkeit des Schwachsinnigen, das Problem seiner Nachfolge nicht gelöst. Zuletzt sprach der Erzbischof von Spanien, der die französische Partei begünstigte, ein Machtwort, indem er dem verschreckten König bedeutete, er werde im Stande der Sünde sterben und zur Hölle fahren, falls er nicht Philipp, den Herzog von Anjou und Enkel Ludwigs XIV., als König nominiere. Daraufhin kroch Karl zu Kreuze und diktierte seinen letzten Willen, und als das überstanden war, brach er in Tränen aus und setzte in seiner krakeligen Kinderschrift: *Yo el Rey* darunter. Damit übergaben die Habsburger, die seit dem Tod Ferdinands und Isabellas über Spanien geherrscht hatten, das Zepter dem Haus Bourbon.

Philipp V., der erste französische Bourbone, der Spanien in Besitz nahm, erbte es, als wäre es ein silberner Kandelaber, und Europa erbte den Spanischen Erbfolgekrieg. Hier ist eine neue Epoche im Heraufdämmern, mit der strahlenden Seidenwelt Goyas, mit einem bourbonischen Herrscherhaus, dessen Mitglieder fast so melancholisch und schwermütig waren wie die Habsburger, und einem Spanien, das einerseits französische Schlösser, Wasserkünste, Sitten und Moden nachahmte und andererseits spanische Volkstypen wie den *majo* und die *maja* zum Ideal erhob, sich einen spanischen Mantel überwarf und das restliche Europa in unbekümmerter Weise nicht zur Kenntnis nahm.

Die leuchtenden Farben großer Maler lassen diese Welt strahlend und bunt erscheinen, tagtäglich gehen Menschen an diesen Figuren der Vergangenheit vorüber, sehen von ihren Katalogen auf und gehen weiter, ohne auch nur im entferntesten zu ahnen, daß sie hier wahren Tragödien menschlicher Unzulänglichkeit ins Auge geblickt haben.

III. Kapitel

Alcalá de Henares, der Geburtsort Miguel Cervantes' · Die Wandteppiche von Pastrana · Prinzessin Eboli und Antonio Pérez · Goya und seine Königsbildnisse · Die Tragikomödie der »Irdischen Trinität« · Das Schloß von Aranjuez

Die alte Stadt Pastrana, etwa sechzig Kilometer östlich von Madrid, ist wegen ihrer Wandteppiche, die zu den schönsten Spaniens zählen, berühmt und zugleich als der Ort in die Geschichte eingegangen, wo die einäugige Prinzessin Eboli auf Befehl Philipps II. in ihrem eigenen Schloß gefangengehalten wurde.

Diese Dame war intrigant und gesprächig gewesen, außerdem wußte sie zuviel über einen gewissen Staatsmord.

Eines Morgens beschloß ich, mit dem Wagen dorthin zu fahren und mir Pastrana anzusehen. Ich verließ Madrid zu der frühen Stunde, die die meisten *madrileños* noch im Bett zubringen. Nur ein paar Frauen gingen schon zur Messe. Die Milchmänner lieferten ihre Milch in Kannen, die beiderseits an den Flanken ihrer Maultiere oder Ponys festgeschnallt baumelten, und die Morgenluft duftete köstlich nach frischen Broten. Die Straße führte bald aus der Stadt hinaus und querfeldein nach Alcalá de Henares. Ich kam an einer Kaserne vorbei, über deren Haupttor ich Francos Slogan: »*Todo por Patria* (Alles fürs Vaterland)« entzifferte, und sah im Vorüberflitzen auf dem Kasernenhof Rekruten in Hemdsärmeln; ein eleganter junger Offizier, der gestiefelt und gespornt war und einen Säbel umgeschnallt trug, weckte in mir Reminiszenzen an längst vergangene Tage, die einer anderen Welt anzugehören schienen.

Die Straße nach Alcalá de Henares ist nicht eben die schönste Spaniens. Rechts und links erstreckt sich baumloses, steiniges Hochland mit in der Ferne verschwimmenden Dörfern. Ein paar Lastautos sausten in Richtung Madrid vorüber, einzelne Radfahrer und hie und da ein Mann auf einem Maultier oder einem Esel belebten die Straße. Obgleich die letzten Mauren vor Jahrhunderten aus Spanien vertrieben wurden, hat sich doch die maurische Gewohnheit erhalten, so auf den Hinterbacken der Esel zu sitzen, daß die Füße fast den Boden streifen. Diese *caballeros* kehrten manchmal unvermittelt, als folgten sie einer plötzlichen Eingebung, der Hauptstraße den Rücken und ritten quer über das Gelände, das keinerlei Merkzeichen aufwies, davon, in eine Welt, in die ihnen die Phantasie des Fremdlings nicht zu folgen vermochte. Sie verschwanden in Bodensenkungen und tauchten dahinter, kleiner geworden, wieder auf, um weiterzureiten, auf eine Gruppe steinerner Häuser oder eine Kirche zu. Dort mochte wohl der Geruch von Holzfeuern und bratenden *churros* in der Luft liegen, Hühner, Gänse und Ziegen trieben sich herum, und Frauen mit dunklen, stechenden Augen warteten nur darauf, den Männern zu beweisen, daß sie sich von ihnen nichts gefallen ließen.

Dann erreichte ich die alte Universitätsstadt Alcalá de Henares, in der Don Juan d'Austria erzogen worden war. Hier wurde nicht nur Cervantes geboren, sondern auch eine der unglücklichen Königinnen Englands, Katharina von Aragonien. Prinzessinnen kommen meist in Schlössern zur Welt, doch die Kinder der Isabella von Kastilien wurden dort geboren, wo sich ihre kreuzfahrende Mutter zur Zeit gerade aufhielt. Ich sah Cervantes gedankenvoll auf einem Sockel auf dem Hauptplatz stehen, und im Weiterfahren streifte mich der Gedanke, daß er, wie die meisten Unsterblichen, für ein wenig Bargeld zu seinen Lebzeiten gerne auf seinen Nachruhm verzichtet hätte.

So unvermittelt, daß ich nicht sagen kann, wo es begann, fuhr ich wieder mitten durch fettes Land, golden erglänzte die Landschaft von Weizen und Gerste, und die Felder breiteten sich in schöne, grüne Täler hernieder, in denen die Windungen der Flüsse von Pappelzeilen gesäumt waren. Ich zog die Landkarte zu Rate und stellte fest, daß ich mich ungefähr hundertzwanzig Kilometer weit vom Ursprung des Tajo befand, in den hier, am Beginn seines langen Laufs zum Atlantik, ein paar kleine Flüßchen münden. Wasser ist die wahre Quelle des Lebens, das wußten schon die Römer und, nach ihnen, die Mauren. Wo Regen fällt und Ströme fließen, wogen solch üppige Felder im Winde wie der goldene See, den die Spanier fernab von ihrer Heimat suchten, außerdem gibt es Kaninchen und Rebhühner, und die Menschen sehen wohlgenährter aus. Obwohl es noch früh im Juni war, wurde bereits die Ernte geborgen. Zunächst erregten zehn Getreidehaufen, die einer hinter dem anderen auf dem schmalen Feldpfad auf mich zukamen, meine Aufmerksamkeit, dann erspähte ich unter jeder der goldenen Massen die Beine eines Esels, und zuletzt bemerkte ich einen kleinen Jungen mit einem Strohhut auf dem Kopf und einem Stock in der Hand, der barfuß hinterhertrottete. Als er an mir vorüberging, starrte er mich nicht an wie ein Bauerntölpel, auch prüften mich seine Blicke nicht mit Hinsicht darauf, ob aus mir etwas herauszuschlagen sei, vielmehr sah er mich an, als könnte in meiner Gestalt ein Engel oder ein Teufel verborgen sein, und indem er seinen Zweifel zu meinen Gunsten entschied, wünschte er mir ernsthaft guten Tag.

Die Sonne brannte bereits mit ziemlicher Kraft herunter, und über den welligen Weizenfeldern begann die Luft in der Hitze zu flimmern. Die

ungepflasterte Straße führte bergauf und bergab und bot überall reizvolle Ausblicke. Ich hielt an, um einer Gruppe Erntender zuzuschauen, die sich in einer Reihe, mit Sicheln in den Händen, durch ein Kornfeld auf mich zu bewegten. Ich sah, wie die gefiederten Ähren ihre Häupter zu ihnen hinüberneigten und dann niedersanken, indes sie weiterschritten, und wenn das auch vielleicht nur meiner Einbildungskraft zuzuschreiben ist, dünkte mich doch ein Land wie Spanien, das mit der Hand betreut, mit Ochsen gepflügt und mit der Sichel geschnitten wird, hübscher, irgendwie zufriedener und gepflegter als eine Landschaft, über die Traktoren hinwegfahren. Freilich mag dies nur eine sentimentale Auffassung sein; die Spanier würden für ein paar Tonnen landwirtschaftlicher Maschinen gerne auf ihre sämtlichen biblischen Gesten verzichten.
Das erste, was ich von Pastrana zu sehen bekam, war eine Gruppe von Dächern, die in einiger Entfernung unten auftauchten, stumpfe und spitzige, hohe und flache Dächer, die aber alle mit jenen ovalen Kacheln gedeckt waren, die in allen Schattierungen zwischen Rot und Schwarz schillern und ein gemeinsames Merkmal der Länder sind, die früher zum Römischen Reich gehörten. Man findet sie in Südfrankreich, in ganz Italien, Griechenland und drüben in Kleinasien, und wenn man bei Ausgrabungen in Sussex auf solche Kachelziegel stößt, werden sie vorsichtig gesäubert, mit Schildchen versehen und in Museen aufbewahrt. Die Dächer drängten sich um die alte Kirche, deren Mittel- und Seitenschiffe mit denselben Kacheln gedeckt waren und die allmählich zu wachsen schien, solange ich bergab fuhr, bis sich ihr Turm, mit der großen Glocke darin, frei sichtbar gegen den Himmel abhob. Am Fuße des Hügels drängten sich Hunderte Schafe lautlos durch einen alten Torweg, unter dessen Wölbung wie in einem Rahmen Steinhäuser sichtbar wurden, die alle mit eisernen Balkons ausgestattet waren und sich über die gepflasterte Straße hinweg einander zuzuneigen schienen. Der kleine Marktplatz ist auf einer Seite, gegen einen Abhang zu, von einer niedrigen Mauer abgegrenzt; gegenüber sah ich das imposante Renaissancetor des Schlosses von Pastrana mit dem in Stein geschnittenen Herzogswappen. Eine schmale Straße führte in die Stadt hinauf, und dort tauchten nochmals alte Häuser und Balkons auf. Die überraschende Einführung des Telephons hat den Spalt Himmel über diesen Straßen mit einem schwankenden Netzwerk dünner Drähte überzogen, und auf manchen Balkons kauern die Porzellan-Isolatoren in einer Reihe wie Schwalben, die sich zum Abflug sammeln. Dann gibt es noch einen kleinen Renaissancebrunnen, der aus Rom stammen könnte und wie eh und je Wasser spendet, wenn er auch längst verwittert und brüchig geworden ist. Aus der Mitte des Brunnens erhebt sich eine Steinsäule, auf der das breite Becken von der Form einer Melone aufgesetzt ist, und daran

sind vier menschliche Köpfe angebracht, aus deren Mündern Wasserstrahlen sprühen und in anmutigem Bogen in das Steinbecken fallen. So lange ich mich dort aufhielt, drängten sich ununterbrochen Frauen und Mädchen mit Wasserkrügen um den Brunnen. Während sie diese vollaufen ließen, führten auch Maultiertreiber ihre Tiere zur Tränke herbei, und Esel mit Holzsätteln auf dem Rücken kamen und neigten ihre sanften Gesichter über den Wasserspiegel.
Die Torflügel des Schlosses hängen immer noch in ihren ursprünglichen Angeln und sind mit riesigen Nägeln beschlagen. Die Anzeichen des Verfalles draußen bereiteten mich auf die Trostlosigkeit vor, die ich innen sehen sollte. Der geräumige Innenhof, in dem sich einst vor einer Reise die herzogliche Dienerschaft, die Sänften, Wagen und Reisekutschen versammelten, ist jetzt ein Kehrichthaufen. Die Schloßfenster, deren Fensterladen heute zum Teil fehlen, zum Teil zerbrochen sind, eröffnen den Ausblick auf eine Bühne, auf welcher die Zeit Regie geführt hat. Der Gestank nach Fledermäusen und Ziegen im Schloß war so fürchterlich, daß ich die dunkle Stiege zu den Obergeschossen gar nicht erst hinaufstieg.
Ich wandte mich zur Kirche, von der jeder flüchtig Durchreisende angenommen hätte, daß sie Don José Antonio geweiht sei, so groß steht sein Name auf ihrer Mauer. In ihrem dunklen Innenraum traf ich einen Priester an, der über die Geschichte der Stadt Bescheid wußte. Er erklärte, ihre wichtigste historische Epoche sei vor vierhundert Jahren gewesen, als Ruy Gómez de Silva, Prinz von Eboli, sich entschloß, hier Industrien anzusiedeln. Er sammelte die verschiedensten maurischen Handwerker, Nachfahren jener Mauren, die sich nach dem Fall Granadas überallhin zerstreut hatten, und siedelte sie in einem eigenen Stadtteil an. Es waren Seidenweber, Goldschmiede, Silberschmiede und Teppichknüpfer. Kaum jedoch war Pastrana durch seine herrlichen Erzeugnisse zu Ruhm gelangt, als unter der Regierung Philipps III. das Edikt erlassen wurde, daß alle das Land verlassen müßten, die maurisches Blut in den Adern hatten.
»Sie müssen die Wandteppiche von Pastrana sehen«, sagte der Priester. »Es gibt in Spanien nicht ihresgleichen.«
Also folgte ich ihm in die Sakristei.

Ich fand mich mitten in eine altertümliche Schlachtenszene versetzt. Eben war das Heer der Ritter und Mannen mit seiner Flotte aus Karavellen vor den Mauern einer befestigten Stadt gelandet. Das Schiff des Königs befand sich im Vordergrund. Ich hätte nur die Hand auszustrecken brauchen, um die Taue zu berühren, die in einer V-Kurve vom Schanzdeck zur Kommandobrücke hinaufliefen. Daß es das Schiff des Königs war, war leicht zu erraten, denn es war größer und stattlicher als die

übrigen, und die königliche Standarte wehte von der Marsstenge, und das Großmarssegel war mit des Königs persönlichem Lanzenfähnchen, der *pennoncelle*, beflaggt, einem schmalen, etwa zehn Meter langen Wimpel, der wie der Schweif eines Drachens im Wind auf und nieder flatterte. Ringsum herrschte ein wirres Getümmel Bewaffneter, die in kleinen Booten an Land gingen. Der Lärm war grauenerregend; Trompeter in roten Mützen und blauen Wämsern richteten dünne Silberposaunen zum Himmel und bliesen Fanfaren, Ritter in metallenen Rüstungen gingen mit gezückten Schwertern vor, Schützen spannten die Armbrust, Lanzenspitzen starrten angriffslustig, schräg nach oben gewandt, und im Zentrum war der König selbst in voller Rüstung, von florentinischem Brokat umwallt, ein Diadem umgab seinen federnumbuschten Helm, er hielt eine Lanze in der Hand und ritt auf einem mächtigen, schwer gewappneten Schlachtroß, von dessen Kopf eine Feder nickte, die mit der des Reiters übereinstimmte. Entsetzte Gesichter unter Turbanen schauten diesem klirrenden Wald aus Speeren und Lanzen, der auf die Stadt zukam, von den Mauern her entgegen, und Wurfspeere schwirrten gegen die eisernen Helme.
Der Priester lächelte über mein Erstaunen. Waren das wahrhaftig Teppiche? Mit welchen Zauberkünsten war es möglich gewesen, aus bunter Seide und Wolle diese alte Schlachtenszene zu neuem Leben zu erwecken, so daß der heutige Betrachter förmlich fühlte, wie es war, sich in einer starren Rüstung zu bewegen, das Schwert in der wie ein Gürteltier gepanzerten Faust, und daß er den Klang der Trompeten zu hören und einen wirklichen, gewappneten König in den Kampf reiten zu sehen meinte, dem sein Banner vorangetragen wurde? Doch das war noch nicht alles. Als ich mich umdrehte, gewahrte ich, daß die Sakristei über und über mit solchen Wirkteppichen behängt war. Jeder zeigte die Ereignisse in einem weiteren Stadium.
Der Priester erzählte, diese Teppiche bildeten die Expedition ab, die Alfons V. von Portugal im Jahre 1471 nach Marokko unternommen hatte. Die Teppiche waren wahrscheinlich auf den Webstühlen des Paschia Grenier in Tournai hergestellt worden, und zwar nach Entwürfen von Nuño Gonzálvez, der damals portugiesischer Hofmaler war. Vermutlich sind sie unmittelbar nach Beendigung des Feldzuges von 1471 nach Schilderungen von Augenzeugen angefertigt worden. Wie sie von Portugal nach Pastrana gelangt sind, ist nicht mit Sicherheit bekannt, doch wird angenommen, daß sie das Kriegszelt des Königs von Portugal schmückten und im Verlauf eines Krieges zwischen Portugal und Spanien als Beute in die Hände der Familie Mendoza und dadurch nach Pastrana kamen.
Zwei der Teppiche scheinen von einem anderen Künstler und aus anderen Webereien zu stammen; sie sind Abbildungen der Belagerung des

Alcázars von Segour an der marokkanischen Küste, und obwohl sie überall anderswo hervorstechen würden, sind sie den übrigen meiner Ansicht nach nicht ebenbürtig.
Der Priester holte noch einige der größten Schätze der Kirche hervor; doch so prunkvoll die goldenen Reliquienschreine und Prozessionskreuze auch waren, meine Blicke kehrten doch immer wieder zurück zu dem Kampfgetümmel und Geschrei, zu den fanfarenschmetternden Posaunen und zu dem König, der auf seinem Schlachtroß ritt.
»Wollen Sie auch die Krypta sehen?« fragte der Priester und führte mich in die Kirche zurück.

Links neben dem Altar stiegen wir eine Treppe hinunter und betraten eine weißgetünchte Gruft. Der grelle Schein unabgeschirmter elektrischer Birnen fiel auf all die irdische Herrlichkeit, die hier ihre letzte Ruhe gefunden hatte. Auf einer Stellage standen kleine, alte Särge, die mit angelaufenen Metallbändern beschlagen waren, und an jedem Sarg war ein Schlüsselloch angebracht wie bei einem Reisekoffer. Sie umschlossen die Gebeine von Kindern, die auf ihrem Weg zum Grandentum schon nach den ersten Schritten gestrauchelt und dahingesunken waren. Den Rest der Gruft füllten, in zwei gegenüberliegenden Reihen angeordnet, die Grabstätten der Familien Mendoza und Pastrana. Ich blieb vor dem Grab der Doña Ana Mendoza y de la Cerda, der einäugigen Prinzessin von Eboli, stehen.
Natürlich wußte der Priester von den Gerüchten, die ihren Namen mit dem Philipps II. verknüpften, doch er hielt sie für Tratsch und sprach wohlwollend und voll Güte von ihr als von einer großen und gebieterischen Frau, die ihre Sünden längst vor einer höheren Instanz verantwortet habe und der irdischen Kritik entzogen sei.
Auf einem Bild in Pastrana sieht man die Prinzessin fromm neben ihrem Gatten knien, während die heilige Theresia zwei Karmelitermönche in ihre Kutten einkleidet, und dort ist sie eine junge Frau von unleugbarem Charme und großer Schönheit. Sie trägt die neueste Mode jener Zeit, eng tailliert, mit Puffärmeln und hochgeschlossen, und ihre anliegende, gefältelte Halskrause umrahmt ein ovales Gesicht von ebenmäßiger Vollkommenheit, bis auf das schwarze Pflaster über dem rechten Auge.
Ich fragte den Priester, ob man wisse, auf welche Weise sie das Auge eingebüßt habe. Er sagte, darüber seien in Spanien seit Jahrhunderten verschiedene Geschichten im Umlauf, denen zufolge sie einen Jagdunfall gehabt oder das Auge beim Fechten mit einem ihrer Pagen eingebüßt habe. Ihr letzter Biograph, Dr. Gregorio Marañón, glaubt an keine der beiden Versionen und spricht den Verdacht aus, sie habe vielleicht nur geschielt.

Schon in jungen Jahren mit Ruy Gómez de Silva, dem Favoriten Philipps II., vermählt, wurde sie im Lauf von vierzehn Ehejahren die Mutter einer zahlreichen Familie. Gómez vermochte seine herrische Frau mit ungewöhnlichem Taktgefühl im Zaum zu halten, aber manchmal kam es doch vor, daß ihr Temperament mit ihr durchging, besonders bei ihren Streitigkeiten mit der heiligen Theresia, die in ihrer Art ebenso selbstherrlich war wie sie.

Die Heilige hat es selber geschildert, wie sie nach Pastrana fuhr, um dort ein Karmeliterkloster zu gründen. Die Prinzessin gab sich liebenswürdig und überredete die heilige Theresia, ihr, natürlich streng vertraulich, ein handgeschriebenes Exemplar ihrer Selbstbiographie zum Lesen zu geben. Das Buch wurde dann im ganzen Schloß herumgereicht, und weil einige Erlebnisse der Heiligen für Leute, die dem geistigen Leben ganz unerfahren gegenüberstanden, phantastisch erschienen, machte man sich hinter ihrem Rücken über sie lustig, und jemand benachrichtigte sogar die Inquisition, daß das Buch überprüft werden müsse. Die Inquisition, stets bereit, wie ein Schmiedehammer auf falsche Heilige und hysterische Nonnen niederzusausen, griff die Angelegenheit auf, und hie und da hörte man fälschlich die Behauptung, dadurch sei die Veröffentlichung des berühmten Werkes zehn Jahre lang hinausgeschoben worden. Tatsächlich aber konnte die Inquisition an dem Buch kein Fehl finden, und die heilige Theresia selbst ließ das Manuskript in sicherem Gewahrsam dort, solange sie es nicht brauchte, um es zur Verwendung in anderen Klöstern abzuschreiben.

Wie dem immer sei, dieser Vorfall schuf ein ungutes Verhältnis zwischen den beiden Frauen, und als die Prinzessin anfing, die Karmeliterinnen von Pastrana zu quälen und herumzukommandieren, war die heilige Theresia sehr aufgebracht. Wenn die Prinzessin etwas haben wollte, schreckte sie vor nichts zurück. Da sie ein nachweislich wundertätiges Standbild für das Kloster haben wollte, soll sie, Berichten zufolge, die allgemein verehrte Statue der *Nuestra Señora del Soterraño* – Unsere Liebe Frau vom unterirdischen Durchgang – aus der Kapelle im Schloß Zorita, in Estremadura, geraubt haben. Sie wickelte sie in ein weißes Tuch, steckte sie in eine Tasche und machte sich damit aus dem Staub. Ein solches Vorgehen mußte schließlich zu einem Zusammenstoß zwischen der Heiligen und der Prinzessin führen, und das geschah, als Prinz Eboli starb und die Prinzessin, vom ersten Schmerz überwältigt, den Entschluß faßte, in ihrem eigenen Kloster Nonne zu werden. Die Karmeliterinnen waren entsetzt bei dem Gedanken an diese vornehme Novizin. »Die Prinzessin eine Nonne!« rief die Priorin. »Ich fürchte, dann ist dieses Haus dem Untergang geweiht!« Und sie erwies sich als gute Prophetin: Die Prinzessin stellte das ganze Kloster auf den Kopf. Sie bestand darauf,

weiterhin mit ihrem vollen Titel angeredet zu werden, und erwartete von den Nonnen, daß sie vor ihr das Knie beugten und sie bedienten. Nach einigen tumultuarischen Wochen sandte die heilige Theresia zwei Mönche nach Pastrana, mit der Weisung, das Kloster zu schließen und die Nonnen nach Segovia zu bringen. Die Wut der Prinzessin war so verheerend, daß sich ein Zug aus fünf Wagen voll Nonnen um Mitternacht aus Pastrana fortstehlen mußte, um ihrem Grimm zu entgehen.
Darauf kehrte die Prinzessin in die Welt zurück, um sich mit frischen Kräften in politische Ränke zu stürzen. Dr. Gregorio Marañón drückt in seinem Buch »*Antonio Pérez*« seinen Zweifel über die Gerüchte von ihren Liebschaften aus, die noch heute in Spanien kursieren, und betrachtet sie einfach als eine Frau von hitzigem Temperament, die von dem unersättlichen Wunsch, zu herrschen und zu kommandieren, besessen war. Ihre Verbindung zu Philipps oberstem Staatssekretär Antonio Pérez dürfte rein geschäftlicher Natur gewesen sein. Er war ein Emporkömmling aus eigener Kraft, ein Mensch von ungewöhnlichen Fähigkeiten und mangelhaft entwickeltem moralischem Bewußtsein, ein parfümierter Dandy, der alle finsteren Geheimnisse im Escorial kannte. Er war der Mann, der eigentlich für den König Entscheidungen traf. Er und die Prinzessin verstrickten sich so rettungslos in politische Intrigen, daß sie plötzlich erkannten, um sich selber zu retten, müßten sie eine Person beseitigen, die zuviel von ihren Plänen wußte, nämlich Juan de Escobedo, den Vertreter Don Juan d'Austrias. Pérez machte sich des Königs mißtrauische Veranlagung geschickt zunutze und brachte ihn dazu, aus Gründen der Staatssicherheit die Exekution Escobedos anzuordnen.
Es ist verblüffend, mit welcher Umständlichkeit die Ermordung Escobedos durchgeführt wurde. Ich habe immer geglaubt, das Gift, das in einen Weinbecher geträufelt oder in eine Orange injiziert werden konnte, sei im sechzehnten Jahrhundert so leicht zu beschaffen gewesen wie heutzutage Aspirin; dem war aber nicht so.
Zunächst sandten die Mörder einen Mann nach Murcia, um giftige Kräuter zu sammeln; daraus wurde ein Trunk gebraut und an einem jungen Hahn ausprobiert. Das Tier sprach nicht darauf an. Nun flößten die Mörder Escobedo »ein bestimmtes Wasser« ein, aber das griff ihn, genau wie den Hahn, überhaupt nicht an. Sie versuchten es mit einem Pulver, worauf ihm jedoch nur übel wurde. Nun verloren sie die Geduld und entschlossen sich, ein Stilett zu verwenden. Man sollte meinen, im damaligen Madrid hätte man ein Stilett und einen Bravo, der es handhabte, an jeder Straßenecke finden können, doch wie man sieht, war das nicht so einfach. Einer der Verschwörer begab sich in »sein Heimatland«, um dort einen Freund ausfindig zu machen, der ein Stilett mit »einer sehr guten Klinge« besaß, und andere machten sich indessen auf,

um in Aragonien Desperados anzuwerben. So geschah es, daß Juan de Escobedo eines Nachts auf dem Heimweg in den Straßen Madrids erdolcht wurde.
Sogleich entstand das Gerücht, Pérez und die Prinzessin hätten bei dem Verbrechen die Hände im Spiel gehabt. Und bald dämmerte dem König, daß Pérez Escobedo bei ihm verleumdet hatte, um seine Erlaubnis zur »Exekution« eines Unschuldigen zu erlangen. Sofort ließ er Pérez und die Prinzessin gefangennehmen. Pérez wurde des Mordes schuldig gesprochen, doch gelang es ihm, nach Frankreich zu flüchten; später ging er nach England und schloß dort Freundschaft mit Roger Bacon und dem Herzog von Essex. Er machte eine blendende Karriere und war außerdem, so sonderbar es klingt, der erste Vorkämpfer der Zahnhygiene, zu einer Zeit, in der, laut Dr. Marañón, fast alle Leute über vierzig zahnlos waren. Er hatte für Wohlgerüche und Schönheitswässer stets viel übrig gehabt und sie auch selbst gemacht. Bei der französischen Aristokratie waren seine Mundwässer und die Meerzwiebeln und Federn, mit denen er seine Zähne reinigte, sehr gefragt. »Ein Zahn ist mehr wert als ein Diamant«, pflegte er zu sagen, und diesen Ausspruch würde auch ein heutiger Zahnpasta-Fabrikant nicht ablehnen. Pérez starb zuletzt einsam und vergessen im Exil, wie so viele andere Spanier.
Die Prinzessin Eboli erlebte die Schande, die letzten dreizehn Jahre ihres Lebens in einem Zimmer ihres Schlosses, in dem sie einst in fürstlicher Pracht gelebt hatte, zubringen zu müssen. Das Zimmer war mit Schlössern und Bohlen gesichert, das Fenster mit Eisenstäben vergittert, und die arme Frau verkehrte mit ihren Kerkermeistern durch Gitter wie im Kloster. Man kann sich des Verdachtes nicht erwehren, daß sie viel mehr auf dem Kerbholz gehabt haben muß, als aus den vorhandenen Überlieferungen hervorgeht. Ihr Mann war der beste Freund des Königs gewesen und sie selbst Hofdame Elisabeth von Valois', der sanften und schönen jungen Königin von Spanien. Aber keine dieser alten Erinnerungen vermochte das Herz des Königs zu erweichen. Er blieb all ihren Klagen gegenüber taub. Nicht einmal ihre mächtigen Verwandten konnten ihr helfen, sie wurde grauenhaft bestraft.
Ich teilte diese Gedanken dem Priester mit. Er zuckte die Achseln. Er war es gewohnt, Sünden mitanzuhören und Bußen aufzuerlegen, und würde, wie ein tüchtiger Anwalt, keine Meinung äußern, solange er nicht alle Einzelheiten, die wohl niemand je erfahren wird, genau wußte. Abschiednehmend glitt mein Blick über das Gewölbe, in dem die stürmische Doña Ana neben ihrem bejahrten, taktvollen Gatten ruht, dem einzigen Mann, den sie vielleicht wirklich geliebt hat, und jedenfalls dem einzigen Mann, der ihre feudale Wildheit zu bändigen wußte. Als der Priester das Licht löschte und wir in die Kirche hinaufstiegen, überlegte ich, wie seltsam es

war, daß diese große Dame, ein Abkömmling von Herrschern (wie sie sich in ihrer Widmungsschrift ans Kloster selber hochfahrend nannte), Beziehungen zu dem parfümierten Parvenü Antonio Pérez unterhalten hatte. Wir verabschiedeten uns voneinander, und ich ging nochmals zurück, um das Schloß zu besichtigen. Wiederhergestellt, wäre es ein schöner Aufenthaltsort gewesen und der geeignetste Rahmen für die Teppiche von Pastrana. Ich fragte einen Einheimischen, ob man noch wisse, in welchem Zimmer die Prinzessin gefangengehalten wurde. Er führte mich zur Vorderfront des Schlosses und wies zu einem Turm rechts neben dem Eingangstor hinauf, und ich konnte dort oben ein vergittertes Fenster ausnehmen.

Dann betrat ich eine kleine Bar, zu der vom Marktplatz aus ein paar Stufen hinaufführten. Der Eigentümer stand, äußerst großstädtisch, in einer weißen Schürze hinter der Theke. Er gab mir ein eisgekühltes Bier, und da ich ein Fremder war, fischte er ein paar Anschovis aus einer Dose und reichte sie mir, samt Zahnstochern, auf einem Tellerchen. Wie er erzählte, gab es zwei Getreidemühlen und drei Olivenmühlen in der Stadt, und die Menschen aus den Weilern der Umgebung kamen kilometerweit zum Einkaufen nach Pastrana. Die Haupternte bestand aus Oliven. Er fragte, ob ich eigens von Madrid hierhergekommen sei, um die Teppiche zu besichtigen. Sein Gesichtsausdruck verriet, daß er dachte: ›Komisch ist die Welt!‹ Also setzte ich hinzu, ich habe auch das Schloß der Doña Ana sehen wollen.

»Oh, *la Canela*!« sagte er.

Das ist ein spanischer Ausdruck für Zimt und wird auch heute noch als Bezeichnung für eine besonders anziehende Dame gebraucht.

Ich fuhr zur Hauptstraße zurück und erreichte Alcalá de Henares bei Einbruch der Dunkelheit. In der *Hostería del Estudiante* aß ich in einer Halle mit nachgedunkeltem altem Gebälk, die ungemein stimmungsvoll wirkte, zu Abend. Auf einem Gestell hingen einige Schweinehautschläuche nebeneinander, fettig, schwarz und prall gefüllt mit Wein. Der Besitzer knüpfte gemächlich einen der Hälse auf und ließ geschickt einen Weinstrahl in den Krug rinnen, den er sodann an meinen Tisch trug. Ich aß *moje*, eine Suppe, die in La Mancha beliebt ist und mit Tomaten und Nelkenpfeffer gewürzt wird, danach erhielt ich ein großes Stück knusprig-braun gebratenes Lämmernes. Ein Mädchen, das gut Dulcineas Schwester hätte sein können, legte einen Käse auf den Tisch und stellte einen Teller Orangen vor mich hin.

Auf dem Rückweg nach Madrid dachte ich unausgesetzt an die alte kastilische Stadt, in der die Größen ihrer Zeit unter der Kirche in ihrem weißen Gruftgewölbe ruhen.

Es war Nachmittag, und ich ging die schattigen Avenuen des Paseo del Prado hinunter, um eine Stunde mit Francisco Goya y Lucientes zu verbringen. In England und Frankreich hat man keine Gelegenheit, sich einen richtigen Begriff von der Größe des Malers Goya zu verschaffen, denn weder die National Gallery noch der Louvre besitzen eines von seinen wichtigen Bildern, und ich kann mir gut vorstellen, daß sich seine Werke in Farben schlecht reproduzieren lassen. Wer seine Bilder nur von Photographien her kennt, ist einfach überwältigt vor Staunen und Begeisterung, wenn er vor den Originalen steht. Das erfuhr ich an mir selber.

Goya wurde 1746 geboren. Er war ein Bauernkind aus Aragonien und wuchs zu einem zwar ungewöhnlich häßlichen – einem Ochsenfrosch ähnlichen – Mann heran, doch besaß er jene Mischung aus Häßlichkeit und Vitalität, die auf manche Frauen einen besonderen Reiz ausübt. Auch hatte er eine gute Stimme und verstand die Gitarre zu spielen. Als junger Mann hielt er es sehr bald für klüger, aus Madrid zu flüchten. Da er keinen Groschen besaß, schloß er sich einer *cuadrilla* an, einer Stierkämpfertruppe, mit der er von Stadt zu Stadt zog und bis zum Mittelmeer gelangte. Irgendwie verschlug es ihn nach Rom, wo er Malerei studierte, aber auch dort soll er wieder in eine fatale Situation geraten sein – man munkelt etwas von einer Klostermauer –, und so kehrte er nach Spanien zurück. Er heiratete die Tochter des Hofmalers, und schon um die Dreißig stand er als Künstler so hoch im Kurs, daß König Karl IV., seine unmögliche Gattin Marie-Louise, ihr böser, unangenehmer Erbe Ferdinand und Manuel Godoy, der Geliebte der Königin, nebst vielen spanischen Granden und ihren Frauen es sich zur Ehre anrechneten, von ihm gemalt zu werden. Über eine Liebesaffäre, die er mit über vierzig mit der reichen jungen Herzogin von Alba gehabt haben soll, wurde viel geschrieben, doch stützt man sich dabei nur auf verschiedene unklare Anspielungen, Vermutungen und Gerüchte. Ihr plötzlicher, unaufgeklärter Tod soll bei ihm an Wahnsinn grenzende Depressionszustände ausgelöst haben, an denen er für den Rest seines Lebens litt. Ehe er fünfzig war, wurde er stocktaub; trotzdem malte er um diese Zeit ein paar der schreiendsten Szenen, die es gibt, nämlich die gräßlichen Ereignisse am *Dos de Mayo* (am zweiten Mai), als sich der Mob von Madrid gegen die französischen Truppen erhob und den Freiheitskrieg begann. Ich frage mich, ob Goyas Taubheit etwas mit den geradezu frenetischen Versuchen zu tun hat, seine Farben zum Schreien zu bringen, wie auf diesen Bildern des Grauens etwa das Gelb und Weiß der Kleidung des knienden Spaniers, der von einer feuernden Rotte französischer Soldaten erschossen wird. Der Taube sah diese Szenen, für uns jedoch wußte er sie hörbar zu machen.

Man wartet förmlich auf das Losprasseln des Musketenfeuers, das in diesem Bild ertönen wird.
Im Alter lebte Goya mit einer Verwandten in einem hübschen Haus außerhalb Madrids, dessen Wände er über und über mit gespenstischen und furchterregenden Bildern in Weiß, Grau und Schwarz bemalt hat, mit Bildern von Hexen, Geistererscheinungen, gräßlichen Spukgestalten und Gespenstern, einem Riesen, der einen nackten Menschen verschlingt, nachdem er ihm den Kopf abgebissen hat, und ähnlichen Sujets, die den Visionen eines hysterischen Kindes gleichen, das sich im Dunkel fürchtet. Das hat viele veranlaßt zu glauben, daß er im Wahnsinn endete.
»Manchmal bin ich so wütend auf alles, daß ich sogar mich selber hasse«, schrieb er damals. Seine gräßlichen Phantasien sind sorgfältig von den Wänden des alten Hauses gelöst worden und füllen jetzt im Prado einen ganzen Saal. Sie scheinen in einem jener Haßausbrüche gegen alles und jedes an die Mauern gespritzt zu sein. Er starb im Alter von zweiundachtzig Jahren in seinem freiwilligen Exil in Bordeaux.
Goya hatte ein leidenschaftliches Temperament. Sein Altersporträt zeigt einen furchtgebietenden alten Mann in einem Bolivarhut. Die Geschichte, daß er bei einer Sitzung in Madrid einen Gipsabguß nach Wellington geschleudert haben soll, ist zwar nicht ganz erwiesen, erscheint aber durchaus glaubhaft. Wellington ließ sich nicht gern malen, weil man sich, seiner Ansicht nach, in militärischen Details nicht auf die Künstler verlassen konnte, und so hat er einmal sogar Sir Thomas Lawrence zurückgerufen und ihn schroff aufgefordert, einen Säbel zu korrigieren. Sollte er sich Goya gegenüber etwas Ähnliches erlaubt haben, so ist wohl anzunehmen, daß der bejahrte Griesgram, der seinerzeit die Bourbonen in all ihrer verfallenden Pracht gemalt hatte, eine abschätzige Bemerkung von solch einem lumpigen ausländischen General nicht ergeben hingenommen hat. Diese Anekdote ist jedoch widerlegt, denn eine Notiz in der Handschrift eines Familienmitgliedes der Goya auf der Rückseite des seltsam ätherischen Wellington im British Museum weist darauf hin, daß diese Skizze als Grundlage für die drei Ölporträts Wellingtons von Goya diente: für das Reiterbildnis, das in Apsley House, Piccadilly, zu sehen ist; für das Porträt mit Hut, das sich jetzt in den Vereinigten Staaten befindet, und für das hutlose Porträt, das als Leihgabe in der National Portrait Gallery hängt. Auf allen dreien sieht man einen auf eine entzückende Art ungewohnten Wellington, der eine spanische Großmutter hätte haben können.
Ich suchte die Räume auf, in denen die Königsbildnisse, Goyas frühe Werke, ausgestellt sind. Hier dringt der Donner des neunzehnten Jahrhunderts noch nicht ein. In Aranjuez singen die Nachtigallen, und das

Klingeln der Menuette mischt sich mit dem Geflüster der Brunnen, denn noch hat das achtzehnte Jahrhundert einige Jahre vor sich. Der gemütliche Karl IV. schießt hinter einer Hecke in San Ildefonso auf die Spatzen, Marie-Louise hängt ein weiteres Großkreuz um den Stiernacken ihres Helden, der junge Ferdinand verzehrt sich vor Haß auf seine Mutter und ihren Liebhaber, und weitab von diesem häuslichen Idyll hat soeben ein mittelloser junger korsischer Artillerieleutnant eine Betrachtung über das Glück geschrieben, in welcher er sich ziemlich überheblich über die Gefahren des Ehrgeizes verbreitet. 1791 war Napoleon, der den Kriegsgott Mars auf seiner Seite hatte, erst Leutnant, Manuel Godoy hingegen hatte mit Amor mehr Glück gehabt – er war damals schon General.

Beim Betrachten der Bilder Karls IV. und seiner Familie wunderte ich mich, wieso gerade Goya, als einziger Hofmaler, von dem Zwang zu idealisieren und zu schmeicheln ausgenommen war. Derlei Bilder malt der Künstler ja immer im Auftrag der Modelle und mit einem Seitenblick auf die Nachwelt, daher ist es nur natürlich, sich an eine bestimmte Pose zu halten, eine fette, unsoldatische Hand gebieterisch über imaginäre Brigaden hinzurecken, und wo die Stirne einer Königin nicht gerade mit Schönheit gesegnet ist, läßt es sich zumindest so einrichten, daß bis zu einem gewissen Grad ein königlicher Charme von ihr ausgeht. Nicht so bei Goya. Er malte, was er sah; demzufolge sieht die Herrscherfamilie, mit den Worten Gautiers gesprochen, wie eine Krämerfamilie aus, die einen Haupttreffer gemacht hat. Karl IV. schneidet bei dieser Feuerprobe noch am besten ab als derber, dummer, aber gutmütiger alter Landjunker, der nach allen hergebrachten Regeln auf die Jagd hätte gehen können; was aber soll man zu dieser verblühten Aphrodite Marie-Louise sagen! Sie sieht aus wie eine der häßlichen Schwestern Aschenputtels, ein zänkisches Weib, dessen bis an die Schultern entblößte feiste Arme von einer Besucherin des Prado doch immerhin als unwiderstehlich bezeichnet wurden. »Ich kann nicht umhin, die Schönheit der Arme der Königin zu preisen, die wirklich vollkommen waren«, schrieb Madame Junot, deren Gatte eine Zeitlang französischer Gesandter war. Ferner rief ich mir die Worte Napoleons ins Gedächtnis, der, nachdem er Marie-Louise zum erstenmal gesehen hatte, an Talleyrand schrieb: »Der Königin ist ihre Geschichte ins Gesicht geschrieben. Brauche ich mehr zu sagen?«

Nur eines vermißt man im Prado. Wo bleibt der »unvergleichliche Manuel«, der Günstling, welcher der wahre König Spaniens war und dessen skandalöse Beziehung zur Königin nach der Abdankung Karls IV. einen Aufruhr hervorrief? Wie schade, daß Goyas ausgezeichnete und unverschämte Studie Godoys nicht aus der *Real Academia de Bellas Artes* in den Prado überstellt werden konnte! Sie hätte dort die »Irdische Trinität« vervollständigt. Es ist der Mühe wert, dorthin zu gehen und ihn in seiner Marschallsuniform zu sehen, nicht etwa stehend, wie es sich für einen Krieger geziemte, sondern, allzu typisch, auf einen *dos-à-dos*, einen Liebes-Fauteuil, hingerekelt, die prallen Beine weit von sich gestreckt, als seien die Reithosen und Stiefel ihm zu eng. Die fleischige Hand, die über die Sessellehne herunterbaumelt, erinnert nicht an die Säbel, die sie gezückt, sondern an die Wangen, die sie getätschelt hat, und sein Gehaben ist das eines verfetteten, verwöhnten Paschas. Godoy stammte aus einer verarmten Kleinadelsfamilie von Badajoz und mag mit achtzehn Jahren, als die Königin zum erstenmal seine gewaltigen Schenkel in Lederbreeches und seine breite Brust im Waffenrock des Gardisten sah, eine imponierende Erscheinung gewesen sein. Marie-Louise war damals vierunddreißig. Im Lauf von zwölf Jahren wurde Godoy nicht nur einer der reichsten Männer in Spanien, sondern auch Premierminister und, wie sich von selbst versteht, damit der mächtigste und der bestgehaßte Mann im Lande. Der König war ihm ebenso zugetan wie die Königin, und die gegenseitige Sympathie erhielt sich, ungebrochen von Mißgeschick, Exil und Armut. Natürlich war Godoy ein Abenteurer, zugleich aber erledigte er seine Affären mit Geschick und besaß einen gewissen Anflug von Genialität und eine überschäumende Vitalität, deren Abglanz auf den düsteren bourbonischen Hof fiel, als sei er der Bacchusknabe persönlich. Französische und spanische Schriftsteller haben sich immer wieder den Kopf darüber zerbrochen, wie weit Karl IV. eigentlich mit ehelicher Blindheit geschlagen war. Es scheint, daß er die abwegige und zugleich originelle Theorie vertrat, Könige seien zum Glück frei von den Besorgnissen, die manche gewöhnliche Ehemänner quälen, denn einer Königin sei es unmöglich, sich zu Männern herabzulassen, die von niedrigerem Rang seien als sie selbst. Seine Majestät wußte offenbar in der Jagd besser Bescheid als in der Geschichte. Nichts konnte diesen Standpunkt ins Wanken bringen, und alle Versuche, ihm die Augen zu öffnen, wurden sofort schroff abgeschnitten, obwohl sich ganz Europa über das Verhalten seiner Frau den Mund zerriß.

In den Waldungen und Parks des Sommerpalastes brach schließlich das Unheil über sie herein. Als Godoy den französischen Armeen das Durchmarschrecht nach Portugal einräumte und sie 1808 unter Führung Murats nach Madrid hereinrasselten, geriet Godoy in ein gefährliches Dilemma. Der Pöbel war vor Freude außer sich, denn man glaubte allgemein, die Franzosen seien gekommen, um Godoy zu stürzen und Ferdinand zum König zu machen. Die Massen brandeten nach dem fünfundvierzig Kilometer entfernten Aranjuez hinaus, wo sich der Hof gerade aufhielt, und schrien nach Godoys Blut. Bei Einbruch der Nacht wurde Godoys Schloß gestürmt. Der stattliche Günstling suchte unter einem Stapel Decken in einem Dachgeschoß Zuflucht und blieb dort ein, zwei Tage, bis er von Durst und Erschöpfung hinausgetrieben wurde und sich dem erschrockenen Posten stellte. Zwischen zwei gemeinen Soldaten, die ihn vor jenen zu schützen suchten, die ihn lynchen wollten, rannte er, blutend und die Kleider in Fetzen, um sein Leben und wurde auf das Stroh eines Stalles geworfen. Dann eilte schadenfroh und rachsüchtig der junge Ferdinand herbei, der ihn jahrelang gehaßt und es hatte mitansehen müssen, wie seine Mutter den Reichtum und die Ehre Spaniens an ihn vergeudete, und der nun seinen Triumph auszukosten gedachte. Inzwischen hatte sich der König entschlossen abzudanken, seine größte Sorge blieb jedoch, ob dem lieben Manuel nichts zugestoßen sei. Hier indes scheint die Geschichte eine verkehrte Richtung eingeschlagen zu haben: Godoy hätte von Rechts wegen in den Händen Ferdinands und seiner Partei umkommen müssen, und das wäre auch nicht zu verhindern gewesen, hätte nicht plötzlich Murat eingegriffen und ihn befreit. Denn eine Stimme hatte gesprochen: Von jenseits der Pyrenäen ertönte ein knapper Befehl von einem kleinen Mann in grünem Mantel, mit einer Haarsträhne, die ihm schräg in die Stirne fiel: Der König und die Königin, Godoy und Ferdinand sollten sofort nach Bayonne geschickt werden!

Noch nie hatte diese zynische Stimme Menschen unter solchen Umständen etwas Gutes verheißen, und der Besitzer der Stimme wäre erstaunt gewesen, wenn man ihm gesagt hätte, daß er Manuel Godoy zu weiteren dreiundvierzig Lebensjahren begnadigt hatte! Der Günstling war damals einundvierzig. Dreißig Jahre nachdem Napoleon auf St. Helena gestorben war und ein Vierteljahrhundert nach dem Tod Karls und Marie-Louisens sollte er immer noch am Leben sein und selbst den jungen Ferdinand noch um zehn Jahre überleben. Es war ihm bestimmt, weiter zu existieren in einer Welt, die seinen Namen längst vergessen hatte, ein kurioser alter Überlebender aus den Zeiten der Kerzenbeleuchtung und der Menuette. Als er starb, waren die Straßen bereits mit Gas beleuchtet, überall pafften Lokomotiven ihre steilen Rauchfahnen – er war vierundachtzig Jahre alt geworden, und man schrieb bereits das vierzehnte Regierungsjahr Königin Viktorias, das Jahr 1851.

Solche Gedanken lagen jedoch am 30. April des Jahres 1808 noch in ferner Zukunft. Da rollten ein paar altertümliche spanische Kutschen staubbedeckt nach Bayonne hinein, während die französischen Truppen die Waffen präsentierten und die Kanonen der Festung einen königlichen Salut schossen. Heraus stieg der alte Karl IV., grauhaarig, rheumatisch, aber selbst in der Erniedrigung noch majestätisch und zuversichtlich, ihm folgte mit ängstlichen Blicken Marie-Louise; kaum aber erkannten die beiden unter den Würdenträgern, die sich zu ihrer Begrüßung eingefunden hatten, den »unvergleichlichen Manuel«, als sie sich in seine Arme

warfen. Es gab noch einen Gott im Himmel – die drei waren wieder vereint!
Den letzten Akt bildete die Rückgabe der Krone Spaniens und der beiden Indien durch Ferdinand an seinen alten Vater, und dieser gab sie mit einer höfischen Geste an Napoleon weiter, der rasch zugriff, denn er hatte bereits verfügt, daß sein Bruder Joseph sie tragen werde.
Die Pensionen, die übrigens nie voll ausbezahlt werden sollten, wurden festgesetzt und die Residenz bestimmt. Dann rollten die alten Kutschen mit einem langen Train von Gepäckwagen und Kaleschen gen Norden, um Karl IV., Marie-Louise und Godoy in ihr lebenslängliches Exil zu befördern. Nur der finstere und verstimmte Ferdinand, den sein tapferes, loyales Land acht Jahre später zurückholte, damit er es als Ferdinand VII. regiere, fehlte damals. Aber noch ehe sie sich getrennt hatten und der Vorhang sich nach dieser traurigen Farce niedersenkte, hob er sich schon wieder vor einem Epos. Ein Bote galoppierte staubbedeckt nach Bayonne und überbrachte die Nachricht, daß sich die Bevölkerung Madrids im Aufruhr befinde und gegen die Truppen Murats vorgehe. Der *Dos de Mayo* war angebrochen. Blitzartig hatte das Volk von Madrid begriffen, daß man seine Herrscher geprellt hatte. Bewaffnet mit eisernen Spießen, Messern, Feuerhaken, Stierbrandeisen und was ihnen sonst noch in die Hände kam, strömten die Einwohner der Stadt durch die Puerta del Sol und die angrenzenden Straßen und erschlugen alle Franzosen, deren sie habhaft werden konnten. Murat setzte seine Kavallerie ein, die zum Teil aus Mamelucken bestand, aber deren krumme Schwerter und gewundene Turbane weckten zweifellos die verjährte Erinnerung an die Mauren und vermehrten noch die Wut des Pöbels. Goya erlebte das alles mit, und sein Zeugnis über die Ereignisse liegt im Prado auf. Der Punkt war erreicht, da der Stolz der Spanier sich verletzt fühlte und ihr Haß aufloderte, und niemand, am allerwenigsten Napoleon selber, ahnte, wie bedeutsam das werden sollte. In Madrid waren die ersten Schüsse der Befreiungskriege gefallen, und sie wuchsen und schwollen zu einer gewaltigen Kanonade an, die auf dem Schlachtfeld zu Waterloo endete.
Die »Irdische Trinität« aber lebte noch weiter mitsammen in aufrichtiger und treuer Freundschaft bis ins hohe Alter. Immer wieder tauchen in Memoiren und Tagebüchern aus dieser Zeit kleine Szenen aus ihrem Leben im Exil auf. Darin trifft man die drei alternden Unzertrennlichen unter dem französischen oder italienischen Himmel. Man erfährt, daß sich der alte König im Exil die Zeit mit dem Sammeln und Reparieren von Uhren und mit seinem Geigenspiel vertrieben hat. Baron de Bausset berichtet, daß Karl einmal abends mit vier Italienern das Boccherini-Quintett spielte und bedeutend früher fertig wurde als diese. Er betrat das Zimmer, von dem aus die Königin und Godoy das Wettrennen mitange-

hört hatten, und wischte sich mit einem roten Baumwolltaschentuch den Kopf: »Seht ihr, seht ihr, hört ihr!« rief er aus. »Sie kommen mir nicht nach. Ah, wenn ich meinen Cellisten Dupont hier hätte! Der konnte mit mir Schritt halten. Aber diese Römer bringen das nicht fertig; es ist zuviel verlangt von ihnen.« Für ihn, der sich wie eh und je ganz als König fühlte, gab es auch in der Musik so etwas wie den Vortritt. Als er ein anderes Mal ein paar Takte voraus war, äußerte er: »Könige warten nicht.«
Godoy pflegte die alte Königin auf einen kleinen Teich im Park der Villa Mattei hinauszurudern, während der König am Ufer stand und vor Freude strahlte. Und einmal wurde ein französischer Adeliger, der sie besuchte, als sie in Rom in der Villa Borghese wohnten, von Marie-Louise gefragt, ob er Godoy jemals in der Uniform eines Prinzen des Friedens gesehen habe. Als er erwiderte, er habe noch nicht das Vergnügen gehabt, rief die Königin: »Oh, Sie müssen ihn in seinen schönen Kleidern sehen! Sie werden staunen, wie gut er aussieht!« – »Ja, ja!« rief auch der König, von dem Einfall entzückt. Uniformen wurden hereingebracht, und der alternde Günstling kostümierte sich gemessen und ohne jede Verlegenheit. »Geh auf und ab, Manuel«, sagte die Königin. »Ja«, sagte der König, »geh auf und ab!« Und Godoy paradierte stolz im Zimmer umher. »*Qu'il est beau!*« sagte die Königin. »*Qu'il est beau!*« sagte der König. »*Mon Dieu, qu'il est beau!*« echoten die Anwesenden. Und dann wurde Godoy der Reihe nach als Großadmiral, Generalissimus und Oberbefehlshaber verkleidet, und es war kaum zu sagen, wem das mehr Freude machte, dem König, der Königin oder Godoy selber.
Als die Königin starb, war niemand bei ihr als Godoy. Der König befand sich auf einem Jagdausflug. Es war ein strenger Winter, und die Marmorsäle des Palazzo Barberini, den sie bewohnten, ließen sich nicht heizen. Die eisige Tramontana drang in das Schlafzimmer der Königin und sogar durch die Damastvorhänge des Bettes, in dem sie mit Lungenentzündung im Sterben lag. Godoy sandte in aller Eile nach dem König, und an ihrem Todestag schrieb er: »Ich habe meine Freundespflicht erfüllt, und sie hat ihren Frieden gemacht mit unserem Erlöser.« Der König erhielt die Nachricht von ihrem Tod einige Tage später und antwortete: »Freund Manuel, ich kann dir nicht sagen, wie ich den furchtbaren Schlag, meine geliebte Frau nach dreiundfünfzig glücklichen Ehejahren zu verlieren, überlebt habe.« Marie-Louise war achtundsechzig Jahre alt geworden und Godoy, der zweiundfünfzig war, hatte noch zweiunddreißig Lebensjahre vor sich.
Bei den überaus pompösen Trauerfeierlichkeiten in Santa Maria Maggiore war Godoy anwesend. Einundzwanzig Kardinäle waren zugegen, denn Marie-Louise war eine treue Tochter der Kirche gewesen und wurde in Rom mit allen Ehren behandelt, die einer Königin gebühren. So unglaub-

lich es klingt: Ihr Leichnam wurde auf Anforderung des Papstes in der Gruft zu Sankt Peter beigesetzt, um dort die Überführung nach dem Escorial abzuwarten. Sicherlich ist sie die einzige Frau, die je dort inmitten der Päpste geruht hat. Das hätte sie königlich amüsiert.

Mein Wagen rollte über die kleine Hängebrücke, die nach Aranjuez hineinführt, einer Stadt, fünfundvierzig Kilometer südlich von Madrid, die durch den Sommerpalast, ihre Nachtigallen, ihre Erdbeeren und ihren Spargel berühmt ist. Sie liegt an den Ufern des trüben Tajo. Der Fluß gleitet im Schatten der Ulmen dahin, die Philipp II. vor vierhundert Jahren aus England mitgebracht hatte, und unter den mächtigsten Platanen, die ich je gesehen habe. Außerdem wachsen dort Eichen und Sykomoren, und Gärten, Wälder und Obstplantagen bedecken kilometerweite Flächen. Kastilier, die nie gereist sind, halten Aranjuez für die fruchtbarste Gegend unseres Planeten und für ein getreues Abbild des Paradieses auf Erden. Es wirkt im großen und ganzen wie ein kleiner Ausschnitt Frankreichs am Tajo. Hier erbauten die Bourbonen in Nachahmung von Versailles ein Schloß, das mit seinen Grotten und Springbrunnen, seinen endlosen Alleen und schattigen Winkeln aussieht, als sei hier soeben die Musik der letzten *fête champêtre* verklungen. Man kann sich dem Eindruck nicht entziehen, daß noch die Reste kalten Rebhuhns von den Lakaien abserviert werden und die Musiker gerade ihre Flöten abgesetzt haben. Sogar eine kostbare Miniaturnachahmung des Petit Trianon ist vorhanden, in welcher Prinzessinnen mit silbernen Eimern Milchmädchen spielen könnten.
Es war reizvoll, dieses skurrile Überbleibsel des achtzehnten Jahrhunderts an diesem frischen Morgen ganz für mich allein zu genießen. Das Schloß erhob sich hinter seiner Einfriedung zwischen den Bäumen und Fontänen mit heruntergelassenen Gardinen, als schlummere der Hof nach einem Maskenball bis tief in den Morgen hinein. Die lange Flucht der Stallgebäude lag schweigend da, und doch so, als könnten sich jeden Augenblick ihre Tore öffnen, das Schnalzen und Pfeifen der Stallburschen die Luft erfüllen und die Kutscher vergoldete Karossen auf die Pflastersteine herausrollen. Wieso sterben die Dinge in Spanien niemals? Etwas Undefinierbares in der Atmosphäre dieses Landes gestattet es der Vergangenheit, sich hier nicht als Mumie, sondern als etwas unmittelbar Lebendiges weiter zu erhalten. In Aranjuez erlag ich der Illusion, daß man noch das Jahr 1754 schreibe und die Bewohner sich nur versteckt hätten oder schliefen.
Vor den Toren des Schlosses begegnete ich einem kleinen Mädchen von zwölf oder dreizehn Jahren, das einen breiten Strohhut trug und beim Lächeln alle Zähne entblößte. Es bot mir ein Körbchen Erdbeeren an, die

ich natürlich kaufte. Goya, der Männer wie Frauen gleich erbarmungslos sah, malte Kinder voll Liebe und Zärtlichkeit, und dieses Gesichtchen mit den dunklen, mandelförmigen Augen und den elfenbeinernen Zähnen hätte von ihm in einem seiner weichen Augenblicke gemalt sein können. Ich sagte, hier sei es sehr still, da lächelte sie wieder über das ganze Gesicht und antwortete, sobald die Wagen aus Madrid ankämen, werde es *muy ruidoso* sein. Täglich kämen Touristen, erklärte sie, besichtigten das Schloß und nähmen dann am Fluß ihr Mittagessen ein. Als ich ihr Adieu sagte, neigte sie den Kopf schräg und blitzte mich aus den Augenwinkeln an, und im Weitergehen mußte ich denken, daß manche solche Kinder im Mittelalter schon regierende Königinnen waren, während gleichaltrige heutige Mädchen noch nicht einmal dem Hockeyteam der Sekunda angehören.

Ich schritt durch Alleen mit riesigen Bäumen, deren Zweige sich über meinem Kopf ineinander verflochten, und folgte kleinen Wegen, die in Gärten und Gebüschgruppen eintauchten. Am Fluß entdeckte ich ein altes Bootshaus, zu dem vorzeiten Prinzen und Prinzessinnen gekommen waren, um auf dem Tajo zu rudern, vielleicht auch um ein Picknick zu halten oder auf irgendeinem von Blättern bedeckten Wasserarm Rousseau zu lesen. Hohe Hecken und Brunnen lagen still im grünen Schatten. Kein Laut war zu vernehmen, nur das Pfeifen der Vögel in den Zweigen, und wieder beschlich mich das Gefühl, daß die eigentlichen Bewohner dieses Ortes, die ihn vor langen Zeiten erschaffen hatten, mit mir Verstecken spielten, und wenn ich unvermittelt um die Ecke bog, könnte ich vielleicht ihr mutwilliges Gelächter hören und ein Flirren von seidenen Unterröcken und von Schuhen mit roten Absätzen erhaschen. So kam ich zuletzt zu einem kleinen Schloß, das ernsthaft, mit fast römischem Air, in völliger Einsamkeit im Sonnenlicht dalag. Es hieß *Casita del Labrador.*

Das Wort Labrador ruft im Geist des fremden Beschauers sofort das Bild einer unabsehbaren eisigen Ebene hervor, mit Schlittenhunden, die sich durch den Schneesturm vorwärtskämpfen, oder mit Rentieren, die mit gestreckten Häuptern die gefrorene Birkenrinde knabbern. Im Spanischen hat das Wort aber keine topographische Bedeutung, sondern heißt einfach Bauer oder Landarbeiter. Dieses sogenannte »Bauernhaus« verdankt seine unzutreffende Bezeichnung einer Modekrankheit der Zeit und wurde von Karl IV. in einem jener Augenblicke ungehemmten Drauflosphantasierens erbaut, die der Welt einige der skurrilsten Gebilde beschert haben. Im Inneren weist es ein unbeschreibliches Kunterbunt von kostspieligem Kram auf, der auf dem für ein Schloß verhältnismäßig engen Raum zusammengedrängt ist. Das Stiegenhaus strotzt von vergoldeter Bronze, hier ist Marmor, wohin man sich wendet, ein Tisch aus

Onyx, Fresken, Wandbehänge, Emailarbeiten, Glasluster, Zimmerchen wie goldene Vogelkäfige und überall Uhren, meist keine besonderen Stücke, und nirgends eine Möglichkeit, sich frei zu bewegen oder sich auch nur hinzusetzen. Was hatten sie in diesen Räumen getan, ja was konnte man hier schon tun, außer in Samt und Seide eine Pose einnehmen, aus winzigen Schälchen Schokolade nippen oder süßen Champagner trinken? Der Aufwand ist durch nichts gerechtfertigt. Nur zwei Dinge vermochten mich zu fesseln. Das eine war ein exquisites Fresko von Zacharías Velázquez, der auf einem Treppenabsatz seine charmante Frau und seine ganze, höchst attraktive Familie, über eine Balustrade geneigt, abgebildet hat. Er tat dies so realistisch, daß ich erwartete, sie werde lächeln oder mit der Hand winken, oder eines der entzückenden Kinder werde im nächsten Augenblick die Stiege heruntergelaufen kommen. Das zweite war ein transportabler Altar, ebenfalls in einem der Hinterzimmer im Oberstock, und zwar ein riesiges, zusammenklappbares Triptychon, das geschlossen mit Pferden oder Maultieren befördert werden konnte. Einen solchen Altar pflegten Könige und große Lehensherren von Schloß zu Schloß mit sich zu führen.

Der Keller des Hauses diente keinerlei vernünftigem Zweck, und man hatte sich alle Mühe gegeben, ihn wie einen Bauernkeller herzurichten; der Bewurf wurde sorgsam von den Wänden gelöst, und so war es gelungen, unter großen Kosten eine Atmosphäre von bedrückender Armut zu erzeugen. In der Gefühlsseligkeit seiner Zeit schwelgend, geruhte wohl der Monarch, aus der künstlichen Pracht, die oben herrschte, ab und zu in dieses ärmliche Gelaß herabzusteigen, und nachdem er die bäuerliche *olla,* die ihm mit gebeugten Knien dargereicht wurde, verzehrt hatte, stellte er vielleicht Betrachtungen darüber an, wieviel glücklicher er als schlichter Bauer gewesen wäre.

Ich ging zum Eingang des Schlosses zurück und sah, daß die Rundreisewagen aus Madrid bereits eingetroffen waren. Aranjuez schlief nicht mehr. Meine kleine Range mit ihren Erdbeerenschachteln lächelte in ein Dutzend Kameras, und die Kellner standen bereit und prüften die versammelten Bäuche dieses Tages mit den Blicken. Ich betrat das Schloß als Letzter einer Gruppe. Im Sturmschritt schwärmten wir die geräumigen Stiegenhäuser hinauf und wanderten durch die Zimmer voller Wandbehänge, Lüster und goldener Putten. Wir betrachteten Plafonds, die man nicht recht zu würdigen vermochte, wenn man kein Feldbett zur Verfügung hatte; wir durften prunkvolle Uhren bewundern, aber wiederum nur solche, die einen echten Sammler kalt gelassen hätten. Wir waren flüchtig bezaubert, als der Führer eine Spieldose aufzog und abschnurren ließ: Ein feines, berückendes Geklingel ertönte und tanzte unter den bemalten Zimmerdecken dahin, als sei eine unsichtbare Schafhirtin von

Watteau hereingehuscht und umwirble uns auf den Zehenspitzen, um sich dann hinter den seidenen Vorhängen zu verstecken.
Der Führer berichtete von dem Aufstand in Aranjuez, der Karl IV. zur Abdankung veranlaßt und Godoy ins Unglück gebracht hatte. Die Touristen lauschten aufmerksam und waren sichtlich bemüht, etwas zu lernen. Ich trennte mich von ihnen und ging voraus, denn ich verspürte Hunger und hielt es für ratsam, das Restaurant am Fluß vor der Schar zu erreichen. Ich wählte einen Tisch auf der Veranda mit dem Ausblick auf den Tajo. Dann bestellte ich kalten Spargel mit Mayonnaise, eine gegrillte Seezunge, nochmals Spargel, diesmal aber heiß und mit zerlassener Butter, und zum Abschluß die kleinen wildwachsenden Erdbeeren aus den Wäldern. Ich trank einen Weißwein aus La Rioja und ließ dabei das Bild des Tajo auf mich wirken, der majestätisch gen Portugal strömte. Am Nebentisch sprach ein Franzose über Godoy, den armen, der dazu verdammt gewesen war, endlos zu leben wie der ewige Jude und einsam und verarmt in seinem Pariser Quartier dahinzusiechen, in den Augen seiner Nachbarn, die ihn für einen alten Schauspieler hielten und damit vielleicht nicht ganz unrecht hatten, von Geheimnis umwittert. Die Kinder im Park liebten ihn und nannten ihn Monsieur Manuel. Er kostete die Bitterkeit jener, die ihre Zeitgenossen überleben, bis zur Neige aus. Selbst seine Memoiren, mit denen er die Welt zu erschüttern gedachte, erregten nur geringes Aufsehen, denn alles, was ihm so wichtig schien, interessierte niemanden mehr, es gehörte einer toten Welt an. Flüchtig erwog ich, den Franzosen darauf aufmerksam zu machen, er möge – falls ihm das wichtig sei – sich nach seiner Rückkehr nach Paris in jenem Teil des Père Lachaise, der *Ilôt des Espagnols* heißt, umsehen: Dort werde er das bescheidene Grab des Mannes finden, der einst über Spanien geherrscht hatte.
Nachdenklich fuhr ich am späten Nachmittag nach Madrid zurück.

IV. Kapitel

Mit dem Autobus nach Toledo · Spanier auf Reisen · Die Kathedrale von Toledo · La Virgen del Sagrario · Gigantones und cabezudos · Toledoklingen · Die arabische Invasion in Spanien · Messe in mozarabischem Ritus

Auf meinen Füßen stand ein Spanier, und ich hielt ein kleines Kind im Arm, mit einem Wort, der Autobus war fast voll. Auf unerfindliche Weise brachten es noch ein paar Menschen fertig, sich hereinzuzwängen, und preßten damit die bereits drinnen Stehenden noch enger aneinander. Der kleine Bruder des Kindes, das ich hielt, war zuerst neben mir im Mittelgang gestanden, inzwischen hatte es ihn weiter nach vorn gefegt, und ich konnte sein bekümmertes kleines Gesicht in einem Meer von Sergestoff untergehen sehen.

Vor mir saßen zwei Nonnen mit riesigen Kopfschleiern aus gesteiftem Leinen, die jedoch eher an architektonische Gebilde als an Schleier erinnerten. Sie waren die letzten, echten Nachkommen der zierlich ausgeführten und geplätteten Hauben des Mittelalters, der *hennin,* die in den verschiedenartigst aufgetürmten, schiefsitzenden oder herunterhängenden Formen das ganze fünfzehnte Jahrhundert hindurch getragen wurden und so manchen Vorwurf von der Kanzel herunter erdulden mußten, aber auch so manches Kompliment von seiten der Minnesänger einheimsten. Sie waren nicht für einen kleinen Autobus gemacht, sondern für eine Welt hochgewölbter Einfahrten, und ich bewunderte die durch Zwang und Gewöhnung erworbene Geschicklichkeit, mit der die Nonnen sie zu tragen wußten. Wie Katzen, die um die genaue Breite ihrer Barthaare wissen, waren sie sich bis auf Bruchteile von Millimetern im klaren, wieweit sie den Kopf drehen durften, ohne eine Leinenkollision anzurichten. Es war paradox, daß ein gewagter Kopfputz, der ursprünglich herausfordernde Koketterie bedeutete, sich zuletzt ausgerechnet auf den Köpfen von Nonnen seßhaft gemacht hatte.

Als ein Mann von dem Umfang einer riesigen Tonne mit einem Korb, aus dem der Kopf eines jungen Hahnes mit dem Ausdruck brennenden Zornes herauslugte, noch den Autobus zu besteigen versuchte, gerieten sogar die guten Manieren des spanischen Reisepublikums ins Wanken, und einzelne Proteste wurden laut. Alle Heiligen! Sah er denn nicht, daß hier nicht einmal mehr Platz für ein *langostino* war? Doch, aber vielleicht – nur vielleicht, *señores*! – wäre doch noch Platz für eine Sardine! Der

Scherz brachte ihm die Sympathien der Leute ein, sie hielten den Atem an und rückten noch dichter zusammen, damit der lustige *hombre* mit seinem Vogel einsteigen konnte, und bald brachte er das Publikum hinten im Autobus durch seine Witze zum Lachen.
Endlich begann der Autobus zu zittern, es knallte ein paarmal wie Pistolenschüsse. Ein Mädchen bekreuzigte sich. Ein Lautsprecher im Dach kündigte an, daß wir den »Kaiserwalzer« hören würden, und zu den munteren Weisen von Johann Strauß gewannen wir die Straße nach Toledo.
Selbst in die abgeschiedensten Winkel Spaniens dringen die motorisierten Fahrzeuge ein, und je weiter man sich von den Hauptstraßen entfernt, desto kleiner und altertümlicher werden diese Vehikel. Es gibt erstklassige Reiseautobusse, die mit neunzig Kilometer pro Stunde dahinbrausen, aber auch bescheidenere Autobusse mit und ohne Radio, und in einem von diesen war ich zur Zeit unterwegs. Wie alles in Spanien, ruft auch der Autodienst eine vergangene Zeit wach. So mag man zur Zeit Dickens' in Postkutschen gereist sein. Die Gegenstände, die auf dem Dach angeseilt waren, sahen aus wie das Gepäck bei Reiseszenen auf alten Stichen, und irgendwie ging von den Reisegefährten ein Fluidum aus, das ansteckend wirkte. Man empfand sich nicht als isoliertes Einzelwesen, das von hier nach dort befördert wurde, sondern als Mitglied einer Pilgerschar, die im Begriff stand, das Abenteuer einer Weltreise anzutreten, mit einem Vorrat an Lebensmitteln, der ebenso allen gemeinsam gehörte wie die Weltanschauung im allgemeinen. Sooft der Autobus dampfend in einem Dorf stehenblieb, hatte man Zeit genug, um auszusteigen und eine Zigarette zu rauchen oder das Dorfwirtshaus aufzusuchen.
Die Mutter, deren Kind ich hielt, war eine hübsche junge Frau, schwarz gekleidet, eine Schnur Majorkaperlen um den elfenbeinblassen Hals. Ihr jüngstes Kind trug sie selbst, das mittlere hielt ich, und das älteste stand, wie ich bereits erwähnt habe. Es seien lauter Knaben, erklärte sie im zufriedenen Tonfall eines erfüllten und erfolgreichen Frauendaseins, dann fügte sie mit einem kleinen Lächeln, das dem Widerspruchsgeist der Männer galt, hinzu, ihr Gatte hoffe, daß das nächste ein Mädchen sein werde. Ich fragte, ob sie schon einen Namen für dieses erträumte Kind ausgesucht habe, das, wie mich dünkte, nicht nur im Geiste unter uns war, und sie sagte, ja, sie hätten vor, es so zu taufen, wie viele Tausende Spanierinnen hießen, nämlich Pilar, zu Ehren von *Nuestra Señora del Pilar* in Saragossa. Sie hielt mich für einen Amerikaner. Da es in Europa nicht viele britische Reisende gibt, werden die Engländer meist irrtümlich für Amerikaner angesehen. Sie erzählte, einer ihrer Cousins sei nach Amerika ausgewandert und lebe in Rio de Janeiro. Mit Amerika meinte sie, wie die meisten Spanier, Südamerika. Ihr Mann war ein kleiner

Beamter im *ayuntamiento* (Rathaus) von Madrid, und sie fuhr nach Toledo, weil ihre alten Eltern dort wohnten und ihre Enkelkinder sehen wollten. Ich konnte mir das Geküsse und die Umarmungen ausmalen, mit der *los niños* begrüßt werden würden, denn bei derartigen familiären Anlässen läßt den Spanier seine Gemessenheit im Stich.

Die Straße nach Toledo ist nicht besonders abwechslungsreich. Nur einmal gestaltete sich unsere Fahrt aufregend und gefährlich. Unser Chauffeur betrachtete es nämlich als Ehrensache, einen kleinen Wagen zu überholen, der sich hartnäckig vor uns auf der Straße behauptete. Er hupte herausfordernd und damit war das Duell eröffnet, mit Scheinangriffen nach dem Straßenrand hin, vorstoßend und wieder zurückbleibend, und der Motor heulte und dröhnte, bis wir mit einem letzten Schwung siegreich vorüberspurten und einen flüchtigen, zufriedenstellenden Schimmer unseres Gegners erhaschten, der anscheinend unbewegt, den Fuß auf das Gaspedal gestemmt, über das Lenkrad gekrümmt saß.

In Illescas wurde der Autobus halb leer, und wir konnten wieder frei atmen. Hier wachen weißgekleidete Nonnen über einige herrliche frühe El Grecos. Ich bedauerte es, keine Zeit zu haben – was der Fremde in Spanien immer bedauert –, doch schon hupte der Chauffeur, und die Fahrgäste tauchten aus den *ventas, posadas* und *caballeros* auf und liefen zum Autobus.

Eine bräunliche Landschaft tat sich vor uns auf, und am Himmelsrand waren noch braunere Hügel zu erahnen. Am Straßensaum ritten Männer auf Maultieren, auf den Feldern wurde das Getreide, das zu kleinen Haufen gebunden war, auf die Rücken der Esel geladen oder auf Wagen aufgetürmt, die mit schwarzen Ochsen bespannt waren. Wir glitten durch weiße Dörfer, deren große Kirchen über die niedrigen Hütten hinausragten, und dort erwarteten uns an den Haltestellen Männer in Hemdsärmeln. Wir warfen ihnen einen Sack oder ein geheimnisvolles, in Sackleinen eingenähtes Bündel zu; damit war unsere zivilisatorische Mission erfüllt und wir fuhren weiter. Auf niedrigen Stühlchen saßen die Frauen neben den Haustoren, nähten oder fertigten Spitzen an und hoben ernsthaft die Augen, wenn wir vorüberfuhren.

Zuletzt hielten wir am Fuß eines mächtigen Hügels, und ich stieg aus und blickte hinauf. In der Feierlichkeit des späten Nachmittags sah ich die Stadt Toledo wie einen alten Ritter dasitzen, der sein Schwert auf den Knien ruhen läßt. Die Stadt war in Stufen angelegt, ein emporwachsendes Gewirr von Ziegeldächern, über die hinaus Kirchtürme zum blauen Himmel strebten. Sie glich den italienischen Hügelstädten, nur war sie viel kahler, denn auf ihren Terrassen wuchsen keine Zypressen. Der Autobus schien alle Kräfte für den Höhepunkt der Fahrt zu sammeln; er

umfuhr einen maurischen Torbogen, und dann keuchte er mühsam die Steigung nach Toledo hinauf.
Auf einer uralten Plaza hielten wir an. In den Cafés unter den Arkaden schlürften die Toledaner Kaffee und löffelten Eis. Glückliches, beneidenswertes Spanien, wo man immer Zeit hat, Kaffee zu trinken, und wo es nicht als Tugend gilt, beschäftigt zu sein! Am Randstein entlang standen mehrere Autobusse in einer Reihe, darunter einer aus Sevilla, und alle sahen aus wie Kutschen von einst, die bereitstünden, bis der Hausknecht das nächste Pferdegespann herausführen würde. Und hier warteten, unverkennbar, Großpapa und Großmama in ihren besten schwarzen Kleidern und winkten in jäh ausbrechendem Familiensinn mit ihren Taschentüchern zu den Wagenfenstern hinauf, und als *los niños* ausstiegen, umarmten die alten Leute ihre kleine Nachkommenschaft mit Schreien des Entzückens.
Den Unsinn der Taxis gab es hier nicht. Der Hausknecht des Hotels schulterte meine Reisetasche und ging quer über die Plaza voraus und eine Straße hinab, die so schmal war wie ein Messerrücken, so daß die Balkons über unseren Köpfen fast aneinanderstießen. Von da führte mich der Bursche weiter, über das Kopfsteinpflaster aufwärts zum Hotel, in einer Straße, die ebenso schmal war wie die anderen. Stöhnend erkletterte ich fünf Stockwerke, fühlte mich jedoch reichlich entschädigt, als ich vom Balkon meines Zimmers und über das Dach des gegenüberliegenden Mietshauses hinweg den freien Ausblick auf ein großes, braunes Stück von Toledo genoß, dessen Türme und Dome von der sinkenden Sonne vergoldet waren. Nun begannen die Glocken zu läuten, keine süß und verspielt klingenden Glocken, sondern dunkeltönende, zornige katholische Glocken. In der Mansarde gegenüber zog gerade ein Mädchen, dessen jettschwarze, glänzende Locken bis über die Schultern herabhingen, den Vorhang vor, lächelte mich an und zog kokett den Vorhang wieder zurück. Irgendwo unten hörte ich einen Naturlaut, der mich in Toledo seltsam berührte: Es war der unverwechselbare Schrei einer Siamkatze. Schließlich entdeckte ich, daß sie auf einem der Balkons links saß und ihren mißtönenden, infantilen Schrei ertönen ließ. Und immer noch dröhnte der Klang zorniger Glocken über Toledo, als schwellender, eindringlicher Strom widerhallte er in den Cañons der Straßen und mahnte unmißverständlich: »Seid wachsam, ihr elenden Sünder, gedenket der Glorie Gottes!«

Es war dunkel geworden, und ich beschloß, zur Plaza de Zocodover hinaufzugehen und Kaffee zu trinken. Am Rand des Gehsteiges war ein Tisch frei, von dem aus ich die Menge, die im nächtlichen *paseo* kreiste, gut beobachten konnte. Wer hätte sich träumen lassen, daß es in Toledo so viele dunkle, feurige kleine Mädchen in lichten Sommerkleidern gab, mit sorgfältig gekämmtem Haar und modischem Schuhwerk, und so viele hutlose Jünglinge und junge Männer? Sie spazierten zu zweit, zu dritt und zu viert, die Mädchen gemeinsam, die Jungen gemeinsam, und manchmal bemerkte ich auch ein Mädchen mit einem Jüngling, die bereits *novios* waren – *novio* heißt soviel wie Liebchen, Schatz – und mitsammen gingen, natürlich nicht Arm in Arm, sondern nebeneinander, sie mit dem Ausdruck bescheidener Unterwürfigkeit und er voll männlichen Besitzerstolzes.

Die gesamte Bevölkerung Toledos schien sich auf der Plaza eingefunden zu haben. Ab und zu mischten sich ein paar Soldaten oder ein Zivilgardist unter die Menge, oder einzelne der pelzigen Schaufelhüte, welche die spanischen Priester tragen, segelten langsam und majestätisch vorüber wie schwarze Prunkschiffe, die auf einem Meer von glänzenden Haaren dahingleiten. Es ist unterhaltsam, Spanier zu beobachten, die auf der Straße miteinander plaudern. Sie sind unfähig, einfach weiterzugehen und sich beim Sprechen nicht anzusehen. Sie bleiben alle paar Schritte stehen und blicken einander ins Gesicht. Sie müssen den Gesprächspartner an der Schulter berühren oder ihn leicht am Rockaufschlag zupfen. Doch das wichtigste ist für sie, zu beobachten, welchen Eindruck ihre Worte auf den anderen machen. Der allen Spaniern innewohnende Sinn für Dramatik verlangt ein Publikum, und zwar tauschen sie alle paar Minuten die Rollen.

Dann bekam ich Lust, zur Kathedrale hinunterzuschlendern. Schon wenige Meter von dem erhellten Platz entfernt, auf dem sich das ganze Leben abspielte, geriet ich in bergab führende finstere Schächte, die nur an den Straßenkreuzungen von Wandarmen ungewiß erleuchtet wurden. Streifiges Licht fiel über einige Meter des steinernen Pflasters, und ein paar Katzen, die wie Dynamos schnurrten, hielten dort ihren ständigen, aber ungebundeneren *paseo* ab. Hohe Mauern aus massivem Gestein umschlossen mich, und dazwischen leuchtete, nicht viel heller als die Dunkelheit auf dem Grund, der Himmel nur wenige Fingerbreit herein. Die Traulichkeit erleuchteter Fenster fehlte, denn diese alten Gebäude sind einem Innenhof zugekehrt. Zwar erinnert Toledo an Damaskus oder Aleppo, aber im Mittelalter sahen auch die europäischen Städte meistens so ähnlich aus. Es war unvorstellbar, daß hinter diesen mächtigen, mit rostigen Nägeln beschlagenen Toren ein lichter *patio* lag, in dessen Zentrum der Brunnen sprang, mit Geranien in Blumentöpfen, mit ein paar Palmen und vielleicht auch der bei uns so vertrauten Aspidistra.

Ich war schon ziemlich weit gegangen, als mir klar wurde, daß ich mich verirrt hatte. Ringsum war niemand zu sehen, den ich hätte um den Weg fragen können. So blieb mir nichts übrig, als weiterzugehen und mich an die breiteren Straßen zu halten. Am Eingang in eine nach Mord und Totschlag aussehende Allee stand plötzlich ein Mann dicht neben dem Lichtkreis einer Lampe, aber irgend etwas in seiner Haltung oder im Geruch des Ortes und im Anblick der alten Häuser, die sich schlafend zu stellen schienen, verbot jedes Gespräch. Also ging ich weiter, aber ich fühlte bald, daß dieser Mensch hinter mir herging, und zu dieser Stunde der Nacht und an einem solchen Orte verursachte mir das ein Gruseln, was selbstverständlich lächerlich war. Jedenfalls trat ich unvermittelt unter einen Torbogen und zündete mir eine Zigarette an, um ihn vorgehen zu lassen. Dann schritt auch ich wieder weiter, bis ich an ein großes, düsteres Gebäude mit offenem Tor kam. Matter Lichtschein drang aus dem Hof. Ich betrat ihn, in der Hoffnung, dort einen Nachtwächter anzutreffen, aber es war niemand da. Endlich entdeckte ich neben der Tür einen Glockenstrang und zog leicht daran. Sogleich schmetterte drinnen eine tiefe, zornige Glocke los. Auf eine so heftige Reaktion war ich nicht gefaßt gewesen, auch begriff ich erst jetzt, daß das ein Kloster war. Neben der Tür befand sich eine jener drehbaren Nischen für Briefe oder Lebensmittel, die nach innen geschoben werden können, ohne daß die Insassen dabei sichtbar werden. Es war ärgerlich, daß ich es nicht rechtzeitig bemerkt hatte. Nun hatte ich voraussichtlich ein Nonnenkloster aus dem Schlaf gestört.

Die Situation war peinlich, aber es wäre feig gewesen, sich wie ein kleiner Junge, der einen Streich verübt hat, auf den Zehenspitzen davonzuschleichen. Auch lehrt uns das Leben, daß wir für unsere Dummheiten einstehen sollen. Minuten vergingen, und schon hoffte ich, gegen alle Wahrscheinlichkeit, daß die frommen Frauen nicht aufgewacht seien; gleich darauf aber hörte ich bereits das Schlurfen von Hausschuhen, die auf einem Steinkorridor näherkamen, und dann wurde ein Gitter zurückgeschoben. Eine Stimme fragte, wer ich sei und was ich wolle. Ich entschuldigte mich vielmals für mein Läuten und erklärte, so gut ich konnte, daß ich ein Reisender sei und den Weg zum Dom verfehlt habe. Die unsichtbare Nonne überlegte einen Augenblick und prüfte mein Spanisch, dann sagte sie in erträglichem Englisch: »Sie sind ihm ganz nahe. Gehen Sie nur um die Ecke und dann die zweite Straße links, und Sie werden den Turm sehen.«

Auf einem kleinen Platz neben der Kathedrale breitete ein Baum seine Äste aus, und unter ihnen war ein alter Bauer damit beschäftigt, aus Hunderten von Wassermelonen eine grüne Pyramide aufzutürmen. Er hatte sie vom Land hereingebracht und richtete sie für den Frühmarkt her. Um sie am Wegrollen zu hindern, stellte er rundherum Bretter auf, und nachdem er sie so für die Nacht gesichert wußte, breitete er stillzufrieden einen Kotzen auf den Boden, kroch unter eine Decke und rollte sich im Lampenlicht zum Schlafen zusammen. Ich kehrte zur Plaza de Zocodover zurück; dort war der *paseo* noch immer im Gang. Ich trank noch etwas Kaltes, und dann ging ich schlafen.

Die Entstehung der Kathedrale von Toledo reicht bis in jene sagenhaften Zeiten zurück, in denen jedermann plötzlich die seltsamsten und wunderbarsten Dinge begegnen konnten. Damals waren in Spanien die römischen Städte noch unversehrt, und die Gotenkönige ritten juwelenbehangen und prächtig gekleidet wie byzantinische Kaiser durch den letzten Schein des hinabsinkenden oströmischen Reiches.

In Toledo stand um dieselbe Zeit eine jener kleinen Kirchen, die man noch da und dort im Norden Spaniens an verborgenen Plätzen finden kann – massive Gebilde mit Rundbogenarkaden, mit den starren Figuren gotischer Heiliger bedeckt. Im Jahr 666 war der heilige Ildefonso Bischof in dieser Kirche. Es wird erzählt, daß dem Bischof eines Nachts um die Stunde der Matutin – denn damals wurde die Matutin um Mitternacht gesungen – plötzlich eine Frau erschien, und er erkannte in ihr sogleich die seligste Jungfrau, die vom Himmel herabgestiegen war. Der heilige Ildefonso hatte kurz vorher ein mächtiges Traktat geschrieben, das alle jene brandmarkte, die die Jungfräulichkeit der Himmelskönigin bezweifelten, und alle waren nun darin einig, daß sie sich herabgelassen hatte, ihren Streiter persönlich zu segnen und zu belohnen. Im selben Augenblick, da vor der neunten Lesung die Lichter angezündet werden und der zelebrierende Priester die Meßgewänder anlegen muß, erhob sich die Jungfrau von ihrem Platz und warf dem Heiligen ein kostbares Meßgewand um. Dazu sagte sie, es stamme aus der Schatzkammer ihres Sohnes.

Manche, die diese Geschichte nicht glauben, haben darauf hingewiesen, daß auch die antiken Götter und Göttinnen häufig mitten unter ihren Anbetern erschienen sind und ihnen wiederholt Gewänder als Geschenk hinterlassen haben, wie zum Beispiel das *peplum* der Minerva und den *cestus* der Venus, also läge der Gedanke nahe, daß die seligste Jungfrau hier nur einem abgedroschenen Brauch gefolgt sei. Die aber an die Legende glauben, und das sind auch heute noch viele, pilgern zur Kathedrale von Toledo und berühren dort eine umzäunte Marmorsäule, die auf derselben Stelle steht, auf der sich vor dreizehn Jahrhunderten der Hochaltar der ersten Kirche befand. Millionen gläubiger Finger haben eine schwärzliche Mulde in den Marmor gegraben, und während man dort steht und den Stein besichtigt, kommt gewiß wieder jemand, kniet nieder, berührt den Marmor, bekreuzt sich und taucht in der Weiträumigkeit des Domes unter. In all diesen Jahrhunderten ist die Erinnerung an den kleinen Platz auf den Fliesen nicht untergegangen, obwohl die ursprüngliche Kirche im Jahr 712 von den Mauren niedergerissen und an ihrer Statt eine Moschee errichtet wurde, obwohl diese Moschee 1086 niedergerissen und eine neue Kirche erbaut und auch diese wieder 1227 zerstört wurde, um dem heutigen Dom zu weichen. Schwindel erfaßt den Geist angesichts dieser weitausholenden Flügelschläge der Zeit, und Staunen ergreift ihn ob der Zähigkeit, mit der das Christentum an seinen Überlieferungen festhält.

Ich besuchte die Frühmesse in der Kathedrale. In altehrwürdiger Weise wurde an einem Seitenaltar, der in der gewaltigen Leere der schweigenden Kirche von Gold strotzte, das heilige Opfer begangen. An einem der folgenden Tage ging ich zum Hochamt. Aus der Sakristei bewegte sich eine Prozession; voran schritt der Zeremoniär mit dem Stab, in roter Soutane, mit wolliger weißer Perücke, ihm folgte, zwischen zwei Akolythen, der Kreuzträger, dahinter der Chor und paarweise schreitend die Domherren, dann der Subdiakon, der Diakon und der zelebrierende Geistliche im gestickten Rauchmantel. Der Chor und die Domherren wandten sich rechts, betraten den *coro* und nahmen ihre Chorstühle ein, deren zeitgenössische Schnitzereien den Fall Granadas darstellten. Der zelebrierende Geistliche wandte sich links zum Hochaltar und durchschritt die herrliche, schmiedeeiserne Chorschranke mit reicher Versilberung, die im Jahr 1548 von Francisco de Villalpando geschaffen wurde. Der Sakristan hatte mir erzählt, daß sie seinerzeit schwarz angestrichen worden sei, um sie vor Napoleon zu retten. Und das Hochamt begann.

Durch genaueste Einhaltung der Zeit endet die Messe immer, kurz ehe das durchdringende Knarren des großen Tores ankündigt, daß der erste Schwarm eifriger Madrider Besucher, die Köpfe neugierig gereckt, in die Dunkelheit hereindrängt. Neben dem Tor steht ein höflicher, doch unerbittlicher Aufseher und wacht darüber, daß der Kopf, die Arme und Beine der Frauen sittsam verhüllt sind. Offiziell heißt er *silenciario,* im Volksmund wird er *azotaperros* oder Hunde-Schläger genannt, doch die Zensur der Kleidung ist seine weitaus anstrengendste Funktion. Mindestens zwanzigmal täglich müssen Frauen sich den Rock ihres Gatten ausborgen, um ihre Arme zu bedecken, oder aus einem Schal oder Taschentuch einen Kirchenschleier improvisieren.

»Was fangen Sie aber mit den Beinen an?« fragte ich, indes ich mit dem *silenciario* eine Prise Schnupftabak nahm. Er hob die Schultern, bis sein Hals unsichtbar wurde, breitete in der apostolischen Gebetshaltung die Arme aus und stand so sekundenlang, wie festgenagelt. »Bei den Beinen kann man nichts machen«, erwiderte er, »außer das Betreten der Kathedrale verbieten.« Es wird manchen überraschen, daß es nicht die Protestanten, sondern die französischen Katholiken sind, die hier das größte Ärgernis geben.

Die spanischen Kirchen sind von düsterem Dämmerlicht erfüllt, das sich in manchen bis zu nächtlicher Dunkelheit vertieft. Die Kathedrale Toledos gehört zu den helleren, und um die Mittagszeit wirkt sie fast so licht wie etwa Westminster Abbey. Mit der *capilla mayor* am Ostende und den rund zwanzig Seitenkapellen – fast ohne Zwischenräume drei Seiten des Kirchenschiffs entlang, jede eine komplette kleine Kirche für sich – wirkt sie derartig überladen mit Schnitzwerk und Gedenksteinen aus den verschiedensten Zeiten, daß man kaum weiß, wohin man zuerst schauen soll. Gewiß war es nicht mangelnde Ehrerbietung, daß sich mir hier der Gedanke aufdrängte, eine große, mittelalterliche Kirche mit ihrem Überschwang und den Doppelbögen funkelnder Seitenkapellen gleiche fast einem himmlischen Marktplatz, dessen Ware die Unsterblichkeit und dessen Münze der Glaube sei. Wer nur jene gotischen Dome kennt, über welche die Zeit der Reformation und der Französischen Revolution dahingegangen ist, würde staunen, wenn er in Spanien plötzlich vor diesen intakten Denkmälern aus dem Zeitalter der Gläubigkeit stünde. Am Dom Toledos haben Künstler aus ganz Europa mitgewirkt: französische, flämische, deutsche, italienische und sogar englische, denn wie man mir versichert hat, wurden die sechs prachtvollen Kerzenleuchter auf dem Hochaltar im achtzehnten Jahrhundert im protestantischen London angefertigt.

Täglich saß ich zehn Minuten lang zwischen dem *coro* und dem Hochaltar und betrachtete den kolossalen *retablo*, den stufenförmig aufgebauten Altaraufsatz mit seinem Überfluß an vergoldeten gotischen Fialen, deren Gliederung je eine Szene aus der Passion einrahmt. Auf diesen erlesenen Werken – in Spanien gibt es hundert gleichwertige – haben die Schnitzer, Maler und Vergolder meist ihre in der Stadt wohnenden Zeitgenossen vollzählig in Gruppen auf den sakralen Reliefs angeordnet, und dadurch ist es ziemlich anstrengend, sie genau zu betrachten. Kurzsichtigkeit könnte hier einige Vorteile bieten, denn sie würde etwa die Gesamtwirkung eines üppigen Gobelins erzeugen. Doch ist andererseits auch der kleinste Ausschnitt und jede einzelne Szene ein so hinreißendes Sujet aus dem Mittelalter, daß man sitzen bleibt und keine Mühe scheut, um diesen Kunststil zu enträtseln, dessen Versuche zur erzählenden Schilderung von Begebenheiten erst durch die Erfindung des Films ihre letzte Vervollkommnung erfahren haben. Im Mittelalter mochten Leute, die nicht lesen konnten, einen *retablo* vielleicht genauso angeschaut haben wie wir eine Illustrierte.

In dem Heiligtum sind drei frühe spanische Könige und der berühmte Kardinal Mendoza beigesetzt, der sogenannte »dritte König« zur Zeit Ferdinands und Isabellas. Doch fällt es einem schwer, Seiner Eminenz zu verzeihen, daß er in seinem Testament darauf bestand, hier begraben zu werden, denn zu diesem Zweck mußte die herrliche Nordwand eingerissen werden, und wahrscheinlich ist dabei ein Orchester musizierender Engel zugrunde gegangen. Zum Glück steht das halbe Orchester noch, es krönt die Fialen der noch existierenden Südwand und ist wahrhaft reizend! Die kleinen, bemalten Engelsfiguren sind ungefähr einen halben Meter groß und tragen weiße Gewänder, die bis zu den engelhaften Zehenspitzen reichen, ihre Flügel sind säuberlich gefaltet, und sie warten, daß ein himmlischer Dirigent den Takt schlägt, damit sie endlich ihre Flöten und Trompeten blasen können, die sie bereits an die Lippen gehoben haben, daß sie ihre Zymbeln schlagen und über die Saiten der Harfen streichen oder an einem Instrument zupfen dürfen, das ich für eine Viola da Gamba halte.

Unter den Statuen der Heiligen und Bischöfe auf dem Hochaltar steht ein fremdartiger Eindringling, und es ist ganz unerklärlich, wie er überhaupt dort hingeraten ist. Es ist ein Maure, ein verhaßter Ungläubiger, der aufrecht zwischen den Männern Gottes steht, noch dazu auf einem der Ehrenplätze im Dom. Ein Kirchendiener erklärte mir seine Anwesenheit mit folgender reizender Geschichte:

Als Alfons VI. im Jahre 1085 die Übergabe Toledos entgegennahm, ging diese Nachricht wie ein Lauffeuer durch die gesamte Christenheit und alles frohlockte, weil die altehrwürdige Hauptstadt des gotischen Spanien wieder eine christliche Stadt sein werde, nachdem dreihundertsiebzig Jahre maurischer Geschichte über sie hingegangen waren. Ihre Bevölkerung war aus Arabern, Christen und Juden gemischt, und um Unfrieden mit den Arabern zu vermeiden, schloß König Alfons mit dem maurischen Potentaten ein Abkommen und sicherte ihm zu, daß die große maurische Moschee geschont und es den Mohammedanern weiterhin erlaubt sein werde, dort zu beten. König Alfons mußte sich bald darauf anderen Geschäften widmen, und kaum hatte er den Rücken gedreht, als zwei mächtige Verbündete, eine französische Königin und ein französischer Bischof, des Königs Versprechen widerriefen. Die Königin war Konstanze, die Tochter Herzog Roberts von Burgund, und der Bischof Bernard, jener Franzose, der der erste Erzbischof Toledos wurde. Als der König zurückkehrte und sah, daß Soldaten die Moschee in Besitz genommen hatten, wurde er zornig und drohte, den Bischof auf dem Scheiterhaufen zu verbrennen, und wie es heißt, hätte er dies ohne die beredte Fürsprache des gelehrten *faqîr* Abû Walîd, der mit Erfolg für das Leben des Bischofs bat, auch ausgeführt. Aber der königliche Grimm ging dann doch nicht so weit, daß er dem Islam die Moschee zurückgegeben hätte, und als sie abgerissen und an ihrer Stelle die Kathedrale von Toledo errichtet wurde, stellte man eine Statue des humanen und hochherzigen Abû Walîd mitten unter den Heiligen auf.

Er ist wohl der einzige Ungläubige in Spanien, dem solche Ehre widerfuhr.

Unter den zahllosen Statuen der seligsten Jungfrau in Toledo befindet sich eine wirklich liebreizende mittelalterliche französische Marmorstatue, bekannt als *Nuestra Señora la Blanca,* die Weiße Jungfrau. Sie steht in Lebensgröße da und trägt eine Krone und die Gewänder einer Dame aus dem vierzehnten Jahrhundert. In der Beuge ihres linken Armes hält sie das Jesuskind, dessen zierlichen Körper sie mit der Rechten stützt, indem sie die gespreizten Finger gegen seine Brust legt, eine Haltung, die man ganz automatisch einnimmt, wenn man ein Kind trägt. Das Kind berührt die Mutter mit der rechten Hand unterm Kinn, und diese Bewegung ist vollends bezaubernd. Die erste Messe des Tages wird stets vor dieser Madonna vor ihrem Altar im *coro* gelesen. Doch die am meisten verehrte seligste Jungfrau, geradezu *die* Muttergottes von Toledo, ist nicht die herrliche Weiße Madonna in der *capilla mayor,* sondern *La Virgen del Sagrario,* die Jungfrau vom Heiligtum, der im Nordschiff eine eigene Kapelle geweiht ist.

Sie steht über dem Altar, in steife, juwelenbesetzte Gewänder aus altem Brokat gehüllt, eine gewölbte Silberkrone auf dem Haupt, das Kind trägt ein kurzes Brokatmäntelchen und eine kleinere Krone. Von der Statue selbst, die eine der berühmten wundertätigen Madonnen Spaniens ist, sieht man nur das winzige Oval des Gesichtes, vom jahrhundertealten Weihrauch nachgedunkelt. Ich habe eine Photographie der Statue ohne ihre Gewänder gesehen; es handelt sich da um eine außerordentlich alte Arbeit, das Christuskind mit seinem kurzen Haar, in Toga und Sandalen, könnte beinahe römisch sein.

Die *Virgen del Sagrario* ist wahrscheinlich die erste in der traditionellen Weise gekleidete und gekrönte, echt spanische Madonna. Die meisten Reisenden bekommen sie zu Gesicht; und je weiter sie in Spanien herumkommen, desto häufiger treffen sie in Städten und Marktflecken, manchmal sogar in Dorfkirchen, ähnliche Madonnen, alle in den gleichen starren Gewändern, die in einer breiten, konischen Form von den Schultern herabfallen. Alle Städte Spaniens würden am liebsten behaupten, ihre Muttergottes sei schöner gekleidet als alle übrigen im Land. Voll Stolz ziehen die Mönche oder Priester eine Schublade nach der anderen heraus, um den Fremden die in den Schränken aufbewahrte Ausstattung zu zeigen. In Toledo hörte ich einen Priester einer Gruppe Touristen feierlich erklären, die Mäntel der *Virgen del Sagrario* seien die kostbarsten und schönsten des Landes, nirgends existiere etwas gleich Herrliches – außer, so fügte er nach kurzem Zögern bedauernd hinzu, vielleicht im Kloster von Guadalupe.

»Merkwürdig!« hörte ich eine Engländerin ihrer Begleiterin zuflüstern, »all diese gestickten Kleider für eine Statue!«
Es entging mir nicht, daß die spanische Sitte, Unsere Liebe Frau wie eine Puppe auszustaffieren, viele englische Katholiken peinlich berührt; wenn man es jedoch als den Sinn einer Heiligenstatue betrachtet, Ehrfurcht und Verehrung anzuregen, so erscheint dieser Brauch durchaus gerechtfertigt, denn diese geheimnisvollen Madonnen zählen gewiß zu den eindrucksvollsten und unvergeßlichsten Erlebnissen in Spanien. Auch ist der Brauch schon durch sein Alter geheiligt, das sich kaum mehr errechnen läßt. Die alten Ägypter bekleideten nicht nur die Statuen ihrer Gottheiten, sondern schminkten und bemalten auch deren Gesichter, und wir wissen, daß die griechischen Göttinnen eine Ausstattung herrlicher Staatsroben besaßen. Es gab sogar eigens bestellte Personen, deren Amt es war, die geheiligte Statue der Athene Polias auf der Akropolis zu kleiden. Die Statue der Hera in Samos besaß eine reichhaltige Garderobe aus vielerlei bunten Gewändern – weiße, blaue, karminrote, violette und mehrfarbige –, deren Namen und Farben durch Inschriften auf uns gekommen sind. Hier darf nicht unerwähnt bleiben, daß die spanischen Königinnen, wenn sie aus ihren eigenen Staatsroben Mäntel für die Muttergottes anfertigten, damit auch nur einer Sitte gehorchten, die schon im Altertum geübt wurde. Nicht umsonst empfindet man beim Anblick der bekleideten Madonnen Spaniens, daß die starren, byzantinisch anmutenden Mäntel und Kronen ihnen etwas Zeitloses verleihen, und es fällt nicht leicht, den Geist, der dabei gern in die Tiefe der vergangenen Jahrhunderte abschweift, auf die christliche Epoche zu beschränken.
Ich besuchte die Schatzkammer voll Gold und Silber, mit ihrem El Greco und Goya und den gotischen Truhen, die mit riesigen ungeschliffenen Steinen beschlagen sind, und wurde, wie alle anderen, belehrt, daß die große, 140 Kilogramm schwere Monstranz aus dem ersten Gold bestehe, das Kolumbus aus Amerika gebracht und Königin Isabella überreicht habe. Doch das ist eine irreführende Geschichte. In der großen Monstranz steckt eine kleinere, gerade groß genug, um die Hostie zu umfassen, und diese wird wahrscheinlich aus dem Gold der amerikanischen Goldminen hergestellt worden sein; jedenfalls stammt es aus der Schatzkammer der Königin und aus der Zeit, da das erste Gold nach Spanien hereinzuströmen begann. Ein Domherr erzählte mir, im Bürgerkrieg seien die unersetzlichen Kostbarkeiten des Domschatzes unter strengster Geheimhaltung fortgeschafft und in Felsenhöhlen verborgen worden, die sich unter dem sogenannten »Haus El Grecos« zu einem Labyrinth erweitern. In diesen nicht ganz geheuren Gewölben – einer der vielen berüchtigten Zauberer von Toledo hatte im Mittelalter die Höhlen für seine Experi-

mente benützt – wurden die Schätze so gut versteckt, daß immer noch einiges davon dort unter der Erde liegen dürfte.
Im oberen Teil des Kreuzganges fragte ich eine alte Frau, die in der Sonne saß und strickte, wo ich die *gigantones* sehen könne. Sie schrie so laut sie konnte den Namen: »Amelia!« und sogleich kam eine munter blickende Frau mit einem Schlüsselbund um die Ecke. Sie sperrte einen Raum auf, eine Art Abstellraum, wie sie von den Zimmerleuten zur Aufbewahrung von Kulissen verwendet werden, und darin lehnten die Figuren nebeneinander an der Wand. Manche dieser Riesen und Riesinnen, die zu volkstümlichen Kirchenfesten, etwa zu Fronleichnam, herumgetragen werden, sind an die sieben Meter hoch. Die Haupttypen sind Ferdinand und Isabella, gekrönt und in fürstlichem Gewand, sowie einige Mauren mit Turban, die ungeheure Türkensäbel tragen. Manche Figuren sind herrlich modelliert. Ihre Körper bestehen aus leichtem Rohr- oder Korbgeflecht, damit sie von einem Menschen, der in dem Rahmen steckt, durch die Straßen getragen werden können. Die alten Gog- und Magogfiguren in London, die zur Zeit der Luftangriffe, als die Guildhall in Brand gesteckt wurde, verbrannten, hatten ebenfalls Körper aus Flechtwerk, damit sie bei Prozessionen »mitgehen« konnten; die neuen Gog und Magog jedoch sind aus gediegenem Holz angefertigt. Die Riesen von Toledo haben ein Gefolge, das aus den sogenannten *cabezudos* (Riesenköpfen) besteht, gewaltigen Papiermaché-Masken, die man über die Schultern stülpt. Meist sind sie Karikaturen von Typen oder Menschen, alle grellbemalt, mit einem furchterregenden Grinsen. Die zum Teil wunderschönen Gewänder und Hüllen, die zu den Masken gehören, bestehen aus Brokatseide aus dem achtzehnten Jahrhundert. Während des Festes gehen die Riesenköpfe unter den Zuschauern um und jagen sie, manche tragen dabei Schwimmblasen, mit denen sie die Mädchen schlagen. Ihre grauenhafte Natürlichkeit und ihr erbarmungsloses Grinsen macht diese *cabezudos* zu Schreckgebilden, die jeden Gruselfilm übertreffen.
Zu Beginn der Reformation sind wohl in den meisten Ländern Tausende dieser leicht brennbaren Figuren in Flammen aufgegangen, denn Fronleichnam war eines der Kirchenfeste, die Luther sofort in Acht und Bann tat. Hie und da findet man in einem protestantischen Land noch einzelne aus dem Mittelalter übriggebliebene Riesen, die wohl nur deshalb verschont wurden, weil sie sich nicht in der Kirche, sondern im Rathaus befanden. So erinnere ich mich eines besonders schönen Riesen vom heroischen Typ im alten Eichamt zu Amsterdam.
Amelia erwies sich als redelustige und wohlunterrichtete Führerin und nannte mir die Namen der Riesen und ihrer Frauen. Ich fragte, ob sie je etwas von Anna Boleyn gehört habe. Sie schüttelte den Kopf. Ich

versuchte es nochmals, doch nun sprach ich den Namen spanisch aus: Ana Bolena. Aber natürlich! Ana Bolena war ihr bekannt! Jedes Kind in Toledo kannte Ana Bolena! Wenn es mich interessiere, würde sie mir Ana Bolena zeigen, dort ganz hinten im Zimmer. Sie führte mich zu einem Drachen aus Segeltuch, und auf dem Rücken dieser Kreatur saß eine garstige kleine Puppe mit zerzaustem Haar, in irgendeinen geblümten alten Fetzen gehüllt. Das also war Anna Boleyn. Um mir vorzuführen, wie sich der Drache mit Anna Boleyn in der Prozession bewegte, schlüpfte Amelia unter das Segeltuch in den Rahmen. Mit lautem Knarren streckte der Drache plötzlich den Hals, und eine flackrige Zunge schoß züngelnd aus seinem Maul, dazu wackelte Ana Bolena auf dem Rücken des Tieres hin und her. Ich fragte Amelia, ob sie wisse, wer Ana Bolena gewesen sei. Sie antwortete, sie habe immer gehört, das sei eine böse Frau gewesen, die auf dem Höllendrachen reiten müsse, weil sie so viele Todsünden begangen habe. So hat sich die Erinnerung an die Scheidung Katharinas von Aragonien und an die Reformation in Gestalt dieser häßlichen kleinen Puppe in Toledo erhalten! Das sei aber nicht die ursprüngliche Ana Bolena, erzählte Amelia weiter. Die frühere Ana Bolena war nicht häßlich, sie hatte sogar ein sehr hübsches Gesicht, aber bei einer Prozession riß ihr Kopf ab, und während er auf einem Regal lag, bis er repariert werden sollte, wurde er gestohlen, wahrscheinlich von einem Ausländer. Auf einmal war er nicht mehr zu finden gewesen. Die arme Ana Bolena hatte ihren Kopf verloren, und so setzten sie ihr statt dessen einen häßlichen Kopf auf, den sie irgendwo gefunden hatten.
Calderón hat Anna Boleyn in seinem Stück »*La cisma de Inglaterra*« als Schurkin gezeichnet, und als ich einmal mit einigen Spaniern darüber sprach, ob die Erinnerung an ihren Namen in Spanien noch lebendig sei, äußerten sie die Ansicht, daß er in manchen Gebieten immer noch als Schimpfname für eine mürrische Frau gebraucht werde, und einer erzählte mir, daß er in der Puebla de Sanabria, in Galicien, soviel wie Hexe bedeute. Das heutige Spanien hat diese verjährten, schmerzlichen Erinnerungen entweder vergessen, oder es gedenkt der zweiten Frau Heinrichs VIII. nur in ihrer Eigenschaft als verführerische Frau, denn als ich einmal in Madrid im Kino saß, wurde auf der Leinwand eine Reklame aufgeblendet, welche versicherte, man müsse »Ana-Bolena-Lippenstifte und -Hautcremes« benützen, wenn man schön sein wolle.

In den Straßen von Toledo vernimmt man öfters ein beharrliches Hämmern, und wenn man dem Ton nachgeht, kommt man zu einer Werkstätte, in der ein Mann, mit einer Lederschürze bekleidet, mit einer Zange vor dem Schmiedeherd steht. Er zieht eine rotglühende Degenklinge heraus und trägt sie zum Amboß, wo ein Geselle anfängt, sie flachzuhämmern. Das Niedersausen der Hämmer auf die Klingen erzeugt jenen Ton, der in Toledo seit den Tagen der Römer ohne Unterlaß erklungen ist.

Eines Nachmittags leitete mich dieser Klang zur Stadtmauer. Dort führten Stufen zu einem kleinen Haus und einem Garten voll Ringelblumen und Geranien hinauf. Gleich nebenan lag die Klingenerzeugung des Vicente Martin Bermejo, der zufällig daheim und entzückt war, daß ich bei der Herstellung der Klingen zuschauen wollte. Zuerst führte er mich in einen kleinen Raum, in dem die Erzeugnisse seiner Werkstatt für die Kunden zur Auswahl ausgelegt waren. Vom Degen bis zur Nagelschere war alles in der Werkstatt selbst angefertigt und damasziert worden. Es gab neuzeitliche Militärsäbel, Rapiere, Repräsentationsdegen, antike Schwerter, die die Touristen gerne kauften und irgendwie auch geschickt in ihre Länder einschmuggelten; ferner gab es natürlich die *estoque* der Stierkämpfer, einen Degen, dessen Griff von einer roten Kordel umwunden ist und dessen Klinge sich von den letzten vier Zoll an in einer Abwärtskurve verjüngt.

Um mir die Geschmeidigkeit der Toledoklingen zu beweisen, bog *señor* Bermejo eine zum Kreis, bis die Spitze den Griff berührte. Diese guten Klingen seien aus Bilbao-Stahl gemacht, sagte er. Genau das habe Falstaff in den »Lustigen Weibern von Windsor« gemeint, als er sich selbst, im Waschkorb zusammengekrümmt, beschrieb: »Eine edle *bilbo* im Kreisumfang von zwei Gallonen, den Griff bei der Spitze, die Fersen beim Kopf«. In alten Zeiten wurden die Toledoklingen meist in dieser Form exportiert, und Shakespeare habe sie wohl so zu sehen bekommen. Der spanische Dichter Martial, aus Bilbilis in Aragonien gebürtig, einer römischen Siedlung, von der heute nur Überreste bei Catalayud künden, verstand etwas vom Schwerterschmieden, denn das war eine der Industrien seines Geburtsortes. In einem seiner Epigramme berichtet er, daß zu seiner Zeit die Schmiede die zischenden Klingen direkt aus der Esse in das eiskalte Wasser des Jalón tauchten. Davon läßt sich wahrscheinlich der Shakespeare-Vers ableiten: »ein spanisch Schwert, in Eis gehärtet«, den er Othello, der eine solche Waffe in seinem Schlafzimmer aufbewahrt, in den Mund legt. Noch an einer anderen Stelle bezieht sich Martial auf die biegsam machende Kraft des Jalónwassers, und zwar in dem beschreibenden Epigramm, das an seinen spanischen Landsmann Licinianus gerichtet ist, und in dem er der Bilder seiner Kindheit und der heiteren Landschaft des römischen Spanien gedenkt.

Wir betraten die Schmiede. An den Wänden lagen ganze Stöße von guten *bilbos* wie Stäbe gebündelt und aufgestapelt, zum Ausglühen bereit. Mit unnachahmlicher Geschicklichkeit schnappten die Schmiede die Degen geradezu aus dem Feuer, und ich bin überzeugt, sie hätten sie hochwerfen und im Herabfallen mit den Zangen in der Luft wieder auffangen können. Es überraschte mich nicht zu hören, daß die Waffenschmiedekunst in Toledo zu den erblichen Handwerken zählt und in manchen Familien seit Menschengedenken ausgeübt wird. Nachdem die Schmiede die glühendheißen Klingen aufgeschnappt hatten, trugen sie sie zu den Ambossen und begannen draufloszuhämmmern, wobei die Wucht der Schläge dem Gefühl überlassen blieb. Sie wußten, wie stark die Klingen gehämmert werden müssen, und konnten auch an der Farbe des rotglühenden Materials den richtigen Augenblick abschätzen, um sie aus dem Feuer zu holen. Sie behaupten vom Tajo das gleiche, was Martial über den Jalón schrieb, und sagen, einzig das Wasser des Tajo verleihe der Toledoklinge ihre ungewöhnliche Geschmeidigkeit, aber es ist bekannt, daß nur die in langer Tradition erworbene außerordentliche handwerkliche Erfahrung die Toledaner Klingen zu den besten ihrer Art macht. Die Tradition dieses Handwerks reicht weiter zurück als die älteste gotische Kirche Spaniens, und es war bereits ein alteingesessenes Handwerk, als die Römer das Theater in Mérida erbauten. Die Klingen wären sicherlich genauso gut, wenn man den Tajo durch ein paar Liter Themsewasser ersetzte. Das einfachste Verfahren ist, die Klingen in Öl zu härten, aber es ist nicht eben das beste und vor allem nicht das altgewohnte Verfahren. Heißer Stahl und kaltes Wasser, so lautet das Rezept, und so wird es in Toledo noch heute gemacht. Hier werden die Degen für die Stierkämpfe oder für die amerikanischen Andenkenjäger und die Mitglieder des diplomatischen Korps, zum Abendanzug, so bearbeitet, als seien sie für den Cid bestimmt.

Im nächsten Zimmer saßen junge Frauen in Reihen nebeneinander und damaszierten Scheren, Papiermesser, Manschettenknöpfe, Krawattennadeln und was die moderne Stahlindustrie Toledos sonst noch für die Touristen erzeugt, denn irgendwie müssen die Menschen leben. Diese Art des Damaszierens schätze ich nicht hoch ein, sie wurde 711 durch die Mauren in Toledo eingeführt, und es ist mir unbegreiflich, warum sie immer noch ausgeübt wird. Was man davon heute zu sehen bekommt, ist die billigste und wertloseste Form dieses Kunsthandwerks. Ein Muster wird in das Metall eingeritzt und dann schwarzer Farbstoff darauf verrieben, bis das Muster auf schwarzem Grund hervortritt. Das richtige Damaszieren, das auch im Mittelalter in hohem Ansehen stand, besteht darin, daß Gold- und Silberdraht in das Metall eingehämmert wird.

Als ich mich von *señor* Bermejo verabschiedete, sah ich eine amerikanische Luxuslimousine, die es auf unerfindliche Weise zustandegebracht hatte, durch die engen Gassen hierher zu gelangen. Eine schaulustige

Menge war zusammengelaufen, um einen bleichen, überelegant gekleideten jungen Mann mit eng am Schädel klebendem, rabenschwarzem Haar und rudimentären Bartstreifen auf den bräunlichen Wangen zu bestaunen. Er stieg aus dem Wagen und nahm das allgemeine, ehrfürchtige Schweigen mit einem lässigen Kopfnicken zur Kenntnis, dann schritt er langsam die Stufen zur Klingenfabrik hinauf. Wie man mir sagte, war er ein berühmter *matador.*

Die alte Stadtmauer von Toledo ist teilweise noch erhalten. Sie stammt aus dem Mittelalter, doch enthält sie auch römische, gotische und maurische Steine, so daß sie in Wahrheit eine bildhafte Darstellung der Geschichte der Stadt, in gekürzter Form, gibt. Als ich an einem brennendheißen Nachmittag ein Stück weit an ihr entlangspazierte, fiel mir auf, daß sie genau die gleiche Farbe hat wie die Tempel, Kirchen und Burgen in Syrien. Baalbek hat denselben goldigen Schimmer, gelblichbraun wie die Wüste, und das gleiche gilt für Kala'at Sim'ân, die Kirche, in der der heilige Simeon auf seiner Säule stand, und ebenso für die große Kreuzfahrerburg Craq des Chevaliers. Die Mauer Toledos ist, soweit sie noch steht, unvermindert wehrhaft und trutzig. Da und dort sah ich die Einschnitte, aus denen die Bogenschützen ihre Pfeile losschnellten, um sich dann rasch hinter die Brustwehren zu ducken. Mein Weg führte zum Tajo hinunter, der Toledo, bis auf die Nordseite, ringsum mit seinem braunen Arm umfaßt. Im Südwesten passiert er eine romantische Schlucht, die von einer schmalen Zufahrtsstraße aus goldgelben Steinen überbrückt wird, vom Puente de Alcántara, dessen Bogen sich anmutig dreißig Meter hoch über dem Wasser wölben.
Von dieser Brücke aus sah ich tief unter mir die rosigen Leiber nackter Knaben, die sich immer wieder wie Frösche von den Felstrümmern in den Tajo stürzten, während die kleineren Kinder ihnen neiderfüllt von oben zusahen und ihrem Schreien und Planschen lauschten. Jenseits der Brücke stieg das Land in heißen, bräunlichen Hügelrücken auf, und neben dem Fluß standen Zeilen weißer Bauernhäuser. Nicht weit von hier hat El Greco seine Ansicht von Toledo gemalt, so wie er es sah – zur Zeit hängt sie im Museum in New York –, ein, wie mir scheinen will, merkwürdig grünes Toledo, während hier ja im Juni alles braungebrannt ist, und dazu ein wolkenverhangenes Toledo. Der Sturm, den El Greco malte, scheint von einem Hexenmeister heraufbeschworen zu sein; weißlich liegt die Stadt in seinem unheimlichen Licht wie eine Stätte für Heilige und Zauberer.
Vor einem Bauernhaus saß eine fröhliche Gruppe auf Stühlen um vereinzelte Tische, eine Gruppe von Sancho Pansas, die mit den Metallverschlüssen von Mineralwasserflaschen irgendein Glücksspiel spielten.

Ich fand einen leeren Tisch und bekam einen Krug Weißwein, der nur fünf Pesetas kostete. Im Schatten sitzend, betrachtete ich die Stadt, die in allen Schattierungen von Rosa, Braun und Gold den Hügel hinanklettert; die stolzen Ruinen des Alcázar, wo während des Bürgerkrieges ein christlicher Soldat den Kommunisten Widerstand bot, obgleich er wußte, daß sein Sohn sich als Geisel in Feindeshand befand und dafür sein Leben lassen mußte; die Fialen der Kirche San Juan de los Reyes, an deren Mauern Fesseln aufgehängt sind, die man von den Gliedmaßen christlicher Sklaven gelöst hat; und die schlanke Brücke, deren Legende jeder Fremde in Toledo sogleich zu hören bekommt. Die Legende handelt von Frauentreue und Frauenlist und lautet folgendermaßen:

Ehe die Brücke fertig war, wurde ihr Erbauer plötzlich krank und gestand seiner Frau, daß er die Belastung der Bogen falsch berechnet habe und daher befürchten müsse, die ganze Konstruktion werde, wenn man die Gerüste entferne, zusammenbrechen, und sein Ruf mit ihr. Die Frau bat ihn, sich keine Sorgen zu machen, alles werde gut enden. Eines Nachts, vielleicht im Schutze eines El-Greco-Sturmes, schlich sie hinaus und steckte das Gebälk in Brand, und die Brücke stürzte ein, was man allgemein für einen Unglücksfall hielt. Der Baumeister korrigierte seine Berechnungen, und die neuaufgebaute Brücke wurde der Stolz Toledos. Aber nun drückte die Frau des Baumeisters das Gewissen, und sie beichtete ihr Vergehen dem Erzbischof Tenerio. Statt sie zu verurteilen, pries dieser ihren Gatten wegen der Ergebenheit und Schlauheit seiner Frau glücklich.

Über einen Haufen Trümmer, unweit der Brücke, ist ebenfalls eine Geschichte im Umlauf. Hier pflegte die vornehme Jungfrau Florinda zur Zeit des letzten Gotenkönigs Roderich zu baden. Ihr Vater war Graf Julian, der Regent von Ceuta, an der gegenüberliegenden afrikanischen Küste, sie aber wurde, wie es Brauch war, herüben am Hof der Königin erzogen. Eines Tages überraschte der König sie beim Baden und nahm sie mit Gewalt. In seiner Not sandte das Mädchen Boten aus, die seinen Vater herbeirufen sollten. Julian kam sogleich, doch ließ er sich vor dem König nicht anmerken, daß er auf Rache sann. Als er mit Florinda zur Abreise rüstete, bat ihn der König, ihm aus Afrika eine besondere Sorte von Falken zu schicken. Das versprach Julian bereitwillig mit den Worten, er werde Falken senden, von denen sich der König niemals habe träumen lassen. Nach Ceuta zurückgekehrt, faßte er den Plan, einen Raubzug nach Spanien zu unternehmen, und für diesen Plan gewann er den arabischen Statthalter in Afrika, indem er ihm etwas in Aussicht stellte, dem kein Araber widerstehen kann: leichte Beute. Unter dem Kommando des arabischen Heerführers Tarik kamen im Jahre 711 die versprochenen »Falken« in Spanien an, und Roderich fiel im Kampf und ward nicht mehr gesehen. Auf diese romantische Weise, so sagt die Legende, nahmen die achthundert Jahre arabischer und maurischer Kultur ihren Anfang, die Spanien zu einer in ganz Europa einzig dastehenden Erfahrung verhalfen.

Dieses Schicksal unterscheidet die frühe Geschichte Spaniens von der aller anderen europäischen Länder, es hat den Augen der dortigen Frauen einen dunklen, leidvollen Glanz und der Musik den klagenden, orientalischen Unterton verliehen, und vielleicht auch jene gewisse Grausamkeit in den Herzen der Spanier keimen lassen, die an Sonntagnachmittagen regelmäßig ihre Befriedigung sucht.

Heute glauben nur noch wenige Studenten der spanischen Geschichte an die Legende von Florinda und König Roderich. Wahr bleibt jedoch, daß Roderichs Verhalten, als er die Krone an sich riß, einen Teil der westgotischen Fürsten dazu bewog, die Araber als Verbündete herbeizuholen, um ihn vom Thron zu vertreiben, natürlich unter der Voraussetzung, daß diese nachher, mit reicher Beute als Lohn, nach Afrika zurückkehren würden. Die Westgoten, rauhe teutonische Krieger, waren stolz auf ihr langes Haar und hatten eine Vorliebe für massiven Schmuck, der mit haselnußgroßen Steinen besetzt war. Wie die Angelsachsen lebten sie lieber auf dem Land als in Städten. Sie bildeten eine Adelsschicht, die ein Fremdkörper blieb, sich mit den romanisierten Spaniern nur wenig vermischte und befestigte Gehöfte und Anwesen als Wohnsitz vorzog. Die große Masse der Bevölkerung lebte weiterhin in den großen Städten und spazierte auf den Straßen herum, wie das die Spanier seit eh und je gewohnt waren, obwohl das römische Spanien, wie man sich vorstellen kann, damals schon recht böse Erfahrungen hinter sich gebracht hatte. Ein bedeutender Experte sagt, es habe sich in einem Zustand des geistigen Niederganges befunden, »fast niemand konnte lesen und schreiben, es gab nicht einmal die dazu notwendigen Behelfe. Pergament war zu teuer, Schiefer zu schwierig zu bearbeiten, und die Einfuhr von Papyrus war unterbrochen worden, als die Moslems im Jahr 639 Ägypten eroberten«.

So enttäuschend aber auch der Eindruck war, den das westgotische Spanien auf Martial und Seneca, die sich noch an eine zivilisierte Epoche erinnern konnten, hinterließ, die alte Legende vom goldenen Spanien, der reichen Provinz, lebte noch fort; jedenfalls besaß sie noch genügend Glanz, um in den Köpfen der eindringenden Araber die lebhaftesten Erwartungen zu erregen, wie die Ansprache an die Truppen, am Abend vor dem Handstreich, bezeugt:

»Seid dessen eingedenk«, sagte der arabische Heerführer, »daß euch griechische Mädchen erwarten, schön wie Huris, um deren Hals Perlen und Edelsteine glitzern, deren Leib in Tuniken aus feinster, golddurchwirkter Seide gehüllt ist, und die auf weichen Lagern in den üppigen Schlössern gekrönter Fürsten und Prinzen ruhen. Wisset, daß die großen Fürsten der Insel bereit sind, euch durch Heirat zu ihren Söhnen und Brüdern zu erheben.«

Es ist ein weitverbreiteter Irrglaube, daß die Mohammedaner gekommen waren, um Spanien das Licht einer überlegenen Kultur zu bringen; im Gegenteil, sie waren offenbar von der Vorstellung eingeschüchtert, ein reiches und luxuriöses Land zu betreten. Die Tatsache, daß die Araber die Spanier als »Griechen« bezeichneten, beweist, daß sie die spanische Bevölkerung mit den byzantinischen Griechen gleichsetzten, deren luxuriöse Städte ihre Vorfahren, am Beginn ihrer erfolgreichen Eroberungs- und Beutezüge, in Erstaunen gesetzt hatten.

Derselbe ehrfürchtige Ton klingt in dem Bericht über die große Schlacht auf, die das Schicksal Spaniens besiegelte und in deren Verlauf Roderich, der letzte westgotische Fürst, wie erwähnt, spurlos verschwand, so daß niemand zu sagen vermochte, was mit ihm geschehen war. »Die Mohammedaner«, schrieb Ibn el Athir, »fanden sein weißes Pferd in einen Morast gestürzt, samt seinem mit Rubinen und Smaragden verzierten vergoldeten Wildledersattel, sowie seinen Goldstoffmantel, mit Perlen und Rubinen besetzt ...« Ein Stück weiter fanden sie einen seiner Schuhe aus Silberstoff. Die Genauigkeit, mit der alle kostbaren Einzeldinge aufgezählt werden, scheint Beweis genug dafür, daß sich die Araber, deren Vorfahren in Ziegenhaarzelten gewohnt hatten, deutlich bewußt waren, in eine Welt der Reichtümer geraten zu sein, die ihre kühnsten Träume übertraf. Das war alles, was vom westgotischen Spanien übrigblieb: ein König, der weiß Gott wohin verschwunden war, ein edelsteingeschmückter Sattel, ein goldener Mantel, ein silberner Schuh und ein reiterloses Pferd am Rand des Sumpfes.

Als die Araber in Spanien einfielen, war die Dynastie der Omaijaden an der Macht und die Hauptstadt Damaskus der Sitz des Kalifen. Das Wort Kalif wird oft wie ein gewöhnlicher Titel gebraucht, wie etwa der Titel Sultan. Theoretisch gibt es jedoch jeweils immer nur einen einzigen Kalifen, das Oberhaupt des Islams, den Nachfolger des Propheten. In der Praxis hat es zeitweise mehrere gleichzeitig gegeben, die sich diesen Anspruch streitig machten, so wie es etwa auch Gegenpäpste gab. Nun fiel Spanien unter die Herrschaft dieses mächtigen Potentaten; die arabischen Heerführer waren dem Kalifen von Damaskus Rechenschaft schuldig und mußten ihm ein Fünftel der Beute abliefern. Unwillkürlich denkt man hier an die Eroberung Mexikos und Perus durch die Spanier, für die das gleiche galt, denn auch Cortez und Pizarro legten stets getreulich das »königliche Fünftel« allen erbeuteten Goldes für Karl V. zur Seite, ehe sie den Rest untereinander aufteilten, und auch Cortez sandte regelmäßig

Berichte an den Monarchen nach Spanien, wie die arabischen Emire an den Kalifen nach Damaskus.

Die arabischen Heerführer waren etwa fünfundvierzig Jahre lang von Damaskus abhängig, bis die Omaijaden durch einen wilden Aufstand von den Abbasiden gestürzt und der Sitz des Kalifats von Damaskus nach Bagdad verlegt wurde. Aus dieser berühmten Dynastie ist Hârûn al-Raschîd hervorgegangen, der aus Tausendundeiner Nacht hinreichend bekannt ist. Die Abbasiden töteten alle Angehörigen der Familie Omaijad, mit Ausnahme eines Jünglings namens Abd ar-Rahmân, dem es gelang zu fliehen, und der nach vielen romantischen Abenteuern das Wagnis unternahm, nach Spanien überzusetzen, in der Hoffnung, dort noch ein paar Anhänger der gestürzten Dynastie zu finden. Er hatte Glück. Er fand Helfer und stürzte den regierenden Emir im Verlauf eines Kampfes, bei dem er das letzte noch diensttaugliche Pferd ritt und einen entrollten grünen Turban auf der Spitze einer Lanze als Banner schwang. Als er dann Emir von Córdoba war, dachte er natürlich nicht daran, den Abbasiden, den Mördern seiner Angehörigen, weiterhin den Zehnten zu entrichten, und das mosleminische Spanien wurde von Bagdad unabhängig. Der einzige Versuch der Abbasiden, Abd ar-Rahmân zum Gehorsam zu zwingen, wurde vereitelt, die Rebellen wurden enthauptet und ihre Köpfe in Kisten, mit Salz und Kampfer eingelegt, an den Kalifen von Bagdad geschickt. Im Lauf der nächsten hundertsechsundfünfzig Jahre folgten ihm sechs unabhängige Emire, dann ernannte sich der bedeutendste seiner Nachfolger, Abd ar-Rahmân III., auf Grund seiner Abstammung von den Omaijaden zum Kalifen, und von da an hieß der mohammedanische Teil Spaniens das Kalifat von Córdoba. Damit begann eine Zeit des größten Glanzes, denn auf der römischen Grundlage Spaniens, welche die Araber vorgefunden hatten, entwickelte sich nun die glänzende Kultur des byzantinischen und mohammedanischen Orients. Das goldene Zeitalter des Islams war angebrochen. Die Kalifen lebten in verschwenderischer Pracht, unter dem Schutz einer Leibgarde aus fünfhundert Lanzenträgern. Sie kleideten sich in seidene Gewänder, in die ihr Name und Titel mit Goldbuchstaben eingewoben war, und wohnten in Palästen und Gärten, die direkt aus dem Bagdad von Tausendundeiner Nacht nach Spanien versetzt zu sein schienen. Jedes Schiff, das Sevilla anlief, brachte ihnen etwas Neues, einen Künstler, einen Dichter, eine Schatulle voll Manuskripten, einen Gelehrten aus Bagdad, eine Sängertruppe, ausgesuchte koptische Stickereien aus Ägypten, einen goldenen Brunnen aus Konstantinopel; und die europäischen Pilger, die zu dieser Zeit nach Córdoba kamen, priesen es als das größte Wunder der Welt – »die Perle des Universums«.

Doch wieviel Glanz die arabische Welt auch in Spanien oder sonstwo äußerlich verbreitete, innerlich war sie doch angefault von Schismen und Fehden, und wenn man von manchen Menschen sagt, sie seien ihre eigenen schlimmsten Feinde, so läßt sich das zweifellos auch von den Arabern behaupten. Die Blütezeit des Kalifats von Córdoba währte nicht viel länger als hundert Jahre, dann zerfiel alles wieder in ein Chaos leidenschaftlicher Feindseligkeiten. Es gab nie wieder einen Kalifen in Spanien. Statt dessen herrschten die Sultane von Córdoba, aus zwei verschiedenen Dynastien, bis zum Jahr 1225.

Als Ferdinand III. die Stadt eroberte, fand er nur noch einen Schatten der einst strahlenden Hauptstadt der Kalifen. Die Macht der Moslems verlagerte sich nun nach Granada, wo etwa zweihundertfünfzig Jahre hindurch ein Sultan den anderen ablöste, bis sie im Jahr 1492 endgültig durch Ferdinand und Isabella geschlagen wurden.

Parallel zur Geschichte des mohammedanischen Goliath muß man die des christlichen David betrachten. Eine Zeitlang lebte der Gedanke des Widerstandes nur noch in einer Handvoll in Höhlen hausender Unentwegter fort. Nach deren erstem Erfolg wuchs die Bewegung, im Norden entstanden die christlichen Königreiche Asturien, León, Navarra, Aragonien und die Grafschaften Barcelona und Kastilien. Sie wurden von Königen und Fürsten regiert, die meist Arabisch sprachen, Turbane trugen und mit Mohammedanerinnen verheiratet waren; sooft sie sich jedoch auch verbrüderten, hinter ihnen stand die Kirche, ein Gesetz sowie eine Sprache, die sich von Rom herleiteten, und die Zugehörigkeit zu Europa. Dank interner Zwistigkeiten ihrer Feinde waren diese ihnen in die Hände gefallen, aber fast ebenso groß war die innere Zwietracht, welche die Christen daran hinderte, eine Handvoll isolierter, verweichlichter Islamiten schon ein paar Jahrhunderte früher wegzufegen, als dies tatsächlich geschah.

Die Araber haben sich in Spanien anscheinend als höchst angenehme und tolerante Eroberer gezeigt. Zwar waren sie zur Wildheit und Grausamkeit fähig, besonders wenn es gegen die eigenen Leute ging. Sie schmückten ihre Terrassen mit Blumen, die in den Schädeln ihrer Feinde gepflanzt waren, und ließen den Muezzin auf einem »Minarett« aus aufgetürmten Leichen zum Gebet rufen – in León zum Beispiel –, aber sie versuchten nicht, das Christentum systematisch auszurotten, sie zwangen die Christen nicht, erniedrigende und kennzeichnende Kleidung zu tragen, noch verboten sie Kirchenglocken und Kreuze, wie sie es in anderen Teilen der Welt getan hatten. Sie erlaubten ihren christlichen Widersachern sogar, die Gebeine ihrer Heiligen auszugraben, die auf ihrem Grund und Boden lagen.

Die Araber waren ohne Frauen gekommen, und die spanischen Frauen waren für sie die Erfüllung all ihrer Hoffnungen, und soweit mir bekannt ist, weiß die Geschichte von keiner einzigen Frau zu berichten, die lieber aus dem Fenster gesprungen wäre, als einen Araber oder Mauren zu heiraten. Ein Beispiel, das sogleich Nachahmung fand, gab der erste Emir, Abd ul-Azíz, als er Egilona, die Witwe König Roderichs, heiratete. Sie soll ihrem Gatten einmal vorgeworfen haben, daß man ihm zu wenig Ehrerbietung erweise; denn die Mohammedaner galten vor dem Gesetz alle gleich. »Warum beugen deine Untertanen sich nicht vor dir«, fragte sie, »wie die Goten vor meinem früheren Mann, König Roderich?« Der Emir erwiderte: »Weil solche Praktiken unserer Religion widersprechen.« Aber die Dame blieb hartnäckig, und um sie zufriedenzustellen, ohne dabei die Bräuche ändern zu müssen, ließ er gegenüber seinem Thron eine ganz niedrige Tür einsetzen, damit sich seine Besucher beugen mußten, bevor sie sich ihm näherten.

Nach wenigen Generationen hatten die Sultane, in deren Harems sich galicische Frauen befanden, eine Rasse hellhaariger und blauäugiger Araber gezeugt, und einigen dieser hellen Moslems soll ihr Äußeres so peinlich gewesen sein, daß sie sich die Haut braun färbten. Es ist selbstverständlich, daß die arabischen Herrscher jeweils von ihren christlichen Frauen oder Konkubinen beeinflußt wurden. Eine schöne Baskin namens Aurora beherrschte den Kalifen Hakam II. und hielt ihren Einfluß auf öffentliche Angelegenheiten auch noch nach seinem Tod mit Hilfe des berühmten Kriegers al-Mansûr aufrecht. Ein Duft aus Tausendundeiner Nacht umschwebt die Geschichte al-Mu'tamids, des Herrschers von Sevilla, der sich in eine junge Frau namens Romaiquia verliebt hatte. Arabische Annalenschreiber behaupten, daß die beiden einander ihr Leben lang die Treue hielten, und als al-Mu'tamid bei einer Palastrevolution gestürzt wurde, teilte sie sein Exil. Soviel man weiß, war sie eine christliche Sklavin, und der König sah sie zum erstenmal, als er mit einem Freund im Abend-*paseo* den Guadalquivir entlangschlenderte und sie im Wettstreit miteinander Verse über den Fluß dichteten. Romaiquia, die im Gedränge vorbeiging, hörte ihnen zu und schaltete sich so kunstvoll mit ein, daß der junge Prinz aufmerksam wurde. Er ließ sie ausfindig machen und als königliche Konkubine im Palast unterbringen; später machte er sie zu seiner Frau. Al-Mu'tamid war es ein Vergnügen, ihr jede Laune zu erfüllen. So wird folgende hübsche Geschichte über sie erzählt: Als im Winter einmal in der Ebene um Córdoba Schnee fiel, war Romaiquia davon so entzückt, daß sie ihrem Gatten das Versprechen abnahm, jedes Jahr Schnee fallen zu lassen. Um sein Wort halten zu können, bepflanzte er die Ebene mit Mandelbäumen. Eine andere Geschichte, die unserem Geschmack nicht so sehr entspricht wie dem arabischen, berichtet, daß Romaiquia einmal ein paar Frauen mit Milcheimern bis an die Knöchel durch den Morast waten sah. In den Palast zurückgekehrt, verlangte sie, daß sie und ihre Mädchen das gleiche tun dürften. Der nachsichtige al-Mu'tamid befahl, auf dem Innenhof des Palastes knöcheltief eine Salbe aus Ambra, Moschus und Kampfer, die in Rosenwasser gelöst waren, aufzuschütten; dann ließ er Romaiquia und ihre Mädchen, mit Milcheimern ausgestattet, die an Stricken aus feinster Seide hingen, sich darin ergehen.

Die arabische Lebensart mit ihrem Luxus und ihrer Vielweiberei übte auf viele Christen eine große Anziehungskraft aus. Die frühen Könige und Königinnen Spaniens trugen Gewänder, die auf den Webstühlen der Mohammedaner gewoben waren, und fanden nichts dabei, wenn deren Kanten mit arabischen Sprüchen eingefaßt waren. Spanien war zu einem zweisprachigen Lande geworden, und nicht nur die arabische Literatur wurde weit und breit von den Christen gelesen, sondern ihr Nationalheld, der Cid, trug meist arabische Tracht und sang arabische Lieder. Es gibt eine lustige Geschichte über einen harten normannischen Grafen, der nach Spanien ging, um die Ungläubigen zu bekämpfen, und der nach der Einnahme von Babastro im Jahr 1064 vermißt wurde. Man fand ihn schließlich in einem arabischen Haus, das er sich angeeignet hatte, in arabischer Tracht auf einem Diwan liegend, umgeben von singenden Mädchen. Schmuckschatullen lagen offen umher, die Möbel waren mit kostbaren Seiden und Brokaten behangen, und dem Grafen gefiel es großartig in dieser Umgebung, die man sich in der Normandie nicht einmal vorstellen konnte.

Die Wiedereroberung Spaniens entsprach durchaus nicht einer Schwarz-Weiß-Schablone eines Kampfes zwischen Kreuzrittern mit gestrengen Mienen, die sich um das Kreuz scharen, und den allzeit wachsamen Dienern des Propheten. Im allgemeinen kamen sie recht gut miteinander aus und befleißigten sich größter Höflichkeit. Sobald es jedoch Krieg gab, wurde dieser mit größter Leidenschaft geführt und sprengte alle Fesseln. Anfangs, und auch noch zur Zeit des Kalifats, hielten die Mohammedaner im Norden ihre Frühjahrs- und Herbstmanöver ab und zerstörten im Frühjahr die Saat und im Herbst die Ernte, sie plünderten Städte und Klöster und kehrten dann auf ihr eigenes Territorium zurück. Dazwischen durften die Christen wieder aufatmen und sich erholen, und beide Teile beruhigten sich bis zum nächsten Beutezug. Ein Krieg im Sinne eines Kreuzzuges oder einer konzentrierten Anstrengung mußte aufgeschoben werden, bis die jungen christlichen Reiche ihre internen Streitigkeiten beigelegt hatten und bereit waren, gemeinsam zu kämpfen.

In diesem seltsamen Land wurden die Juden, die, seitdem der Tempel im Jahre 70 n. Chr. von Titus zerstört worden war, einen beträchtlichen Teil der spanischen Bevölkerung bildeten, von den Arabern im allgemeinen geachtet und man brachte ihnen Vertrauen entgegen. Hochinteressant ist die spanische Menschengruppe, die, im besetzten Spanien lebend, an ihrem Glauben festhielt. Sie wurden Mozaraber genannt, was soviel heißt wie Scheinaraber, und die Mohammedaner nahmen Abstand davon, sie zu verfolgen, weil die ihnen auferlegte Kopfsteuer eine Haupteinnahmequelle darstellte. Diese Christen lebten im besetzten Spanien abgeschlossen und unberührt von äußeren Einflüssen und zelebrierten ein Ritual, das den Spaniern aus dem Norden, die unter dem Einfluß Clunys standen oder unter andere französische Einflüsse geraten waren, nahezu als Häresie erschien; und erst nach langen Kämpfen brachte man sie endlich dazu, ihre Liturgie aufzugeben. Die mozarabische Messe ist eine der größten liturgischen Kuriositäten der westlichen Kirche; es gibt in Spanien heute noch eine Kirche, in der sie jeden Morgen gelesen wird, weniger vielleicht wegen ihrer Andersartigkeit als zum Gedenken an die Christen, die sie in den längst entschwundenen Tagen der Emire und Kalifen zelebrierten. Diese Kirche ist die Kathedrale von Toledo.

Ich betrat die Kapelle in der Kathedrale, in der die Messe jeden Morgen um halb zehn im mozarabischen Ritus gelesen wird. Ein kleiner Ministrant in einem roten Chorhemd, das ihm viel zu groß war, stand an der Tür und sah, wie alle kleinen Murillo-Knaben in Spanien, engelhaft aus, bis er plötzlich sein Gewand bis zum Gürtel raffte und rasch in die Kapelle lief, wobei er geflickte Hosen zur Schau stellte. Außer mir waren nur fünf junge französische Geistliche da, die mir erzählten, sie studierten alte liturgische Bräuche und seien eigens nach Spanien gekommen, um den mozarabischen Ritus kennenzulernen. Für Franzosen sei er besonders interessant, sagten sie, weil er mit der gallikanischen Liturgie verwandt sei, die vor elfhundert Jahren von Karl dem Großen zugunsten des römischen Rituals in Frankreich abgeschafft wurde. Als der Enkel Karls des Großen, Karl der Kahle, einst den ehrwürdigen Ritus seiner Vorfahren sehen wollte, ließ er Priester aus Toledo kommen, die in seiner Gegenwart die mozarabische Messe zelebrierten.

Wir versammelten uns in einer Kapelle, die groß und finster war und ein wenig vernachlässigt wirkte. Sie wird nur eine Stunde lang allmorgendlich für die mozarabische Messe benützt und dann wieder abgesperrt. Die Teilnehmer an der Messe nehmen ein paar Schritte von den Altarstufen, den Wänden entlang, auf Bänken Platz, während der Chor hinter ihnen, auf der anderen Seite eines Eisengitters, steht. Ich fand diese allzu sichtbare Position für jemanden, der, wie ich, keine Ahnung hatte, wann man niederknien oder aufstehen mußte, peinlich, und nahm mir vor, die französischen Priester nachzuahmen, doch es zeigte sich, daß sie ebenso unwissend waren wie ich.

Ein Mesner kam herein, richtete den Altar her und zündete die Kerzen an.

Dann trat der Priester mit dem verhüllten Kelch und der Patene ein, und ein langes Wechselgebet zwischen ihm und dem Chor im Hintergrunde begann, das mich an die endlose Liturgie der Ostkirche erinnerte. Dann goß der Priester Wein und Wasser in den Kelch, sprach den Segen darüber, und es folgte ein Gebet, das ungefähr dem Staffelgebet der römischen Messe entspricht. Das Gloria entsprach genau dem lateinischen, dann aber verlor sich die Ähnlichkeit wieder in neuerlichen langen Gebeten. Nun opferte der Priester den Kelch, sprach noch einige Gebete und wusch seine Hände, und damit begann die Messe der Gläubigen. Nachher wurden die Diptychen verlesen, die in der lateinischen Messe zu einem einzigen Gebet gekürzt, hier jedoch so ausgedehnt sind wie in der östlichen Kirche und zahllose Heilige, Märtyrer und Erzbischöfe von Toledo namentlich anführen. Ich konnte Namen wie Saturninus und Raimundo verstehen, die den Geist in die Zeiten der Römer und Westgoten zurückversetzten. Im weiteren Verlauf der Messe fiel uns noch die Beibehaltung einer frühen Gewohnheit auf: das Pax (der Friedenskuß) erfolgte vor der Präfation, wie das in manchen orientalischen Kirchen heute noch üblich ist. Der Kanon begann mit den Worten, die in der römischen Messe am Anfang stehen: »Ich will hintreten zum Altare des Herrn, zu Gott, der meine Jugend erfreut«, und ging in ein Gebet über, das der Präfation der römischen Messe entsprach. Die Worte der Wandlung waren dieselben wie in der römischen Messe, doch brach der Priester die Hostie – genau wie im Ritus der Ostkirche – in neun kleine Stücke, von denen er sieben kreuzförmig auf der Patene anordnete, während er die letzten zwei unter den rechten Arm des Kreuzes legte. Damit näherte sich das alte Ritual seinem Ende. Es war schlicht und voll Schönheit, aber sehr lang. Den Mönchen von Cluny, die es kennenlernten, als Alfons VI. im Jahre 1085 Toledo den Mauren abgewann, mag es der byzantinischen Liturgie ähnlicher erschienen sein als irgendeinem Ritus des Westens, und man kann verstehen, daß sie darauf bedacht waren, die spanische Kirche Rom anzugleichen. Andererseits kann man auch die leidenschaftliche Anhänglichkeit der Mozaraber an ihren Ritus begreifen, nachdem sie ihn jahrhundertelang, unter fremder Besatzung, getreulich beibehalten hatten. Einem Gerücht zufolge wollten sie einer Änderung erst zustimmen, nachdem der römische und der mozarabische Ritus zuerst durch einen Zweikampf zwischen zwei ausersehenen Vertretern und durch ein Gottesurteil mit dem Feuer geprüft worden waren. Doch aus beiden Proben soll der mozarabische Ritus siegreich hervorgegangen sein, und der römische Ritus mußte durch einen königlichen Erlaß aufgezwungen werden.

Die französischen Priester waren nicht weniger hingerissen als ich. Als Dank für ihre Informationen konnte ich ihnen auch etwas mitteilen, das sie noch nicht gewußt hatten – meiner Ansicht nach die interessanteste Tatsache im Zusammenhang mit der mozarabischen Liturgie: daß nämlich der mozarabische Ritus im englischen »Book of Common Prayer« (dem offiziellen Gebetbuch der englischen Staatskirche) weiterlebt. Anscheinend hatte Kardinal Ximenes die mozarabische Liturgie zu eben der Zeit veröffentlicht, zu der unser Gebetbuch zusammengestellt wurde, und Cranmer bekam eine Kopie davon in die Hände und war von der Schönheit der Gebete ergriffen. Manche wurden von ihm oder seinen Mitarbeitern unverändert aus dem mozarabischen Ritus in das Gebetbuch aufgenommen. Die Ermahnungen mit dem Anfang: »Geliebte Brüder, die Schrift beweget uns ...« sind ganz und gar mozarabisch, und viele der kurzen Gebete pure Übersetzungen oder Bearbeitungen der mozarabischen, besonders die kurzen Gebete für den Christtag, den ersten Fastensonntag und den Andreastag. Die französischen Geistlichen waren überrascht und zückten ihre Notizbücher, als ich erzählte, wie diese alte, vielleicht sogar in apostolische Zeiten zurückreichende Liturgie durch die seltsamste Fügung in einem protestantischen Gebetbuch wieder aufgelebt und in das seelische und literarische Erbgut des englischen Volkes eingegangen war.

Nun ging ich zum letzten Mal in die Kathedrale, zum »Begräbnis des Conde de Orgaz« von El Greco in der Kirche Santo Tomé und in die Cafés auf der Plaza; ich kaufte rasch noch ein damasziertes Papiermesser, dann fuhr ich mit dem Zug nach Madrid zurück.

V. Kapitel

Besuch in Guadalupe · Das Gästehaus des Klosters · Johannis-Feuerwerk · Die Gnadenmutter von Guadalupe · Die Garderobe der Madonna · Estremadura · Erinnerungen an Hernando Cortez und die Pizarros · Das römische Mérida

Ohne Zäune und Einfriedungen erstreckte sich das felsige Land zu beiden Seiten. Wo es den Bauern gelungen war, in einer Handvoll erdigen Grundes etwas Weizen zu bauen, waren stoppelige Flecken eingesprengt. Die Luft war wie die griechische Luft, die Plutarch mit gesponnener Seide verglichen hat, und die weiße Straße lief weit hinaus und verlor sich im kastilischen Himmel. Plötzlich meinte ich in dieser Straße die Verkörperung Spaniens zu erblicken. In dem Mann auf dem Maultier, dessen Gesicht von einem breitkrempigen Hut beschattet war, waren alle Spanier aller Zeiten enthalten und in der Frau, die in der Tür des weißen Hauses stand und mit ihm, als er vorüberritt, ein paar Worte tauschte, alle Frauen Spaniens. Ich hatte das Gefühl, schon einmal hier gewesen zu sein und den Mann auf dem Maultier und die Frau an dieser Stelle schon einmal gesehen zu haben – dann verblaßte die Erinnerung, die kurz aufgeblitzt war, wieder, und nichts blieb zurück als die weiße Straße, die auf den Himmel zuführte. Seltsam, wie sich der Geist eines Landes, vielleicht nur bei besonderer Beleuchtung oder wenn man in der geeigneten Stimmung ist, plötzlich in einem alltäglichen Bild offenbart, sich gleichsam leicht wie ein Vogel einen Augenblick lang niederläßt und schon wieder auf und davon geflogen ist, ehe man ihn fassen kann.
Fern tauchte der hohe Turm einer bräunlichen Kirche auf, und als ich näherkam, zeichnete sich darin eine große Glocke gegen das Himmelsblau ab. Da standen Lehmwände, alte Gassen wanden sich krumm zur Kirche hinauf, dann war da plötzlich das lautlose Gewimmel schwarzer Ziegen, die ihre Bärte schüttelten wie eine Gruppe von Predigern; ein Mädchen, das an einem verfallenden Brunnen den braunen Krug füllte, ein alter Pfarrer in staubiger Soutane und zwei Maulesel, die mit hölzernen Sätteln auf dem Rücken unter einem Torbogen standen. Und dahinter wieder die weiße Straße, weiter, quer über die Ebene hin.
In den Vororten von Talavera de la Reina hielt ich an und betrachtete eine Kirche, die neben einer Stierkampfarena stand. In der Kirche war nur ein alter Mann, der sich an der Tür nochmals umwandte, vor dem Sakrament das Knie beugte und beim Aufstehen seine Finger in das Weihwasser

tauchte. Er erzählte, mit einer Kopfbewegung nach der Arena hin, daß dort in den zwanziger Jahren der berühmte Joselito getötet worden sei. Er war dabeigewesen und hatte es mit eigenen Augen gesehen. Seine alten Augen heischten Teilnahme für die schreckliche Tragödie, deren Zeuge er geworden und die wohl die bedeutsamste Erinnerung seines Lebens war.

Ich ertappte mich bei dem Gedanken, daß er an jenem Tag wenigstens auf seine Kosten gekommen sein mochte. Einen Joselito hatte es nur einmal gegeben, und es muß einen ungeheuren Eindruck auf ihn gemacht haben, mitanzusehen, wie der Tod an einem sonnigen Sonntagnachmittag die Knochenhand nach ihm ausstreckte. Ein Spanier wird so etwas nie wieder vergessen können.

Auf der anderen Straßenseite genoß ich auf der weiten, ebenen Fläche einen Anblick, der schon uralt gewesen sein mag, als die Pyramiden erbaut wurden. Es war eine Tenne, wie man sie auf den Wandbildern in thebanischen Grabstätten sieht, oder wie sie im Alten Testament und bei Homer beschrieben werden. Ein paar Bauern hatten ihre Feldfrucht zur Tenne gebracht, ringsum war das Korn zum Dreschen aufgestapelt. Das wurde mit Dreschschlitten besorgt, die sich langsam im Kreis bewegten, während die Knaben und Männer, aufrecht und leicht zurückgelehnt, die Zügel hielten. Die Dreschschlitten wurden von Maultieren gezogen. Als sie so ihre langsamen Kreise beschrieben, die Körner herausschleuderten und das Stroh zu Häcksel zermahlten, sahen ihre Antreiber, von einer Staubwolke eingehüllt, wie Wagenlenker aus. In Spanien sind diese Dreschböden ein so alltäglicher Anblick wie im Alten Testament; sie werden jedes Jahr zur Erntezeit benützt und haben sogar Ortsnamen, die im ganzen Land bekannt sind, so wie der Dreschboden Ornans, des Jebusiters, bei dem der Herr einer Seuche Einhalt gebot. Ich ließ mir den Dreschschlitten zeigen, und er glich bis ins kleinste dem primitiven Ackerbaugerät, das im Buch Hiob als Dreschwagen bezeichnet wird. Er bestand einfach aus einem massiven Brett, dessen eine Seite mit Kieseln oder Eisenzähnen beschlagen war. »Siehe, ich will dich zum Dreschwagen machen, geschärft und neu, der Zacken hat«, steht bei Isaias geschrieben, »daß du Berge zerdreschen und zermalmen und Hügel in Spreu verwandeln kannst.« Das biblische Gerät hieß *morag,* in Spanien heißt es *trillo.* Ich fragte einen alten Knecht, ob sie je einen *trillo* mit Rollen verwendet hätten, aber ich glaube, er verstand mich nicht. Er erwiderte, daß in Estremadura so etwas Ähnliches gebraucht werde, vielleicht aber wollte er mir damit nur eine Freude machen. Aber es wäre nicht weiter überraschend, wenn eine ehemals römische Provinz immer noch das römische *tribulum* verwendete, wie der lateinische Ausdruck für den verbesserten, auf Rollen laufenden, primitiven Dreschschlitten lautet. Ich schätzte mich glücklich, dieses homerische Schauspiel erlebt zu haben, denn wer weiß wie bald der *trillo* durch die hohen, vibrierenden Türme ersetzt sein wird, die eine ganze Ernte wie ausgehungerte Riesen verschlingen können.

Bei einer Garage blieb ich stehen, um Benzin zu kaufen. Aus der Reparaturwerkstätte kam ein ölbeschmierter Mann und bediente eine Handpumpe. Sein Äußeres zeugte von allen Schrecken der Entrußung alter Kolben und einem hartnäckigen Kampf mit den Eingeweiden antiquierter Motoren. Die Garagen haben in Spanien noch nicht die Stromlinienform, und das Benzin wird nicht von Leuten in fleckenlosen Overalls verkauft, sondern von einem Mechaniker, der im Augenblick gerade nicht auf dem Rücken unter einem sterbenden Wagen liegt. Ich fragte den Mann nach dem Weg zum Kloster Unserer Lieben Frau von Guadalupe, und er streckte seinen schwarzen Zeigefinger aus und sagte, ich müsse durch Oropesa nach Navalmoral de la Mata fahren und mich dann links halten, auf der Landstraße quer durch das Gebirge, die im Sommer in ganz erträglichem Zustand sei. Er sagte, er hätte gerne eine amerikanische Zigarette, und so schob ich ihm eine zwischen die Lippen, und als ich abfuhr, lächelte er mich an wie ein Cherub.

Und wieder führte mich die weiße Straße, mit der Sierra de Gredos zur Rechten, bis nach Oropesa. Ich blickte zu einem Bergkamm auf und wähnte mich jählings in die Artussage versetzt, als ich die hingelagerten Mauern, Türme, Wälle und Tore erblickte, die anscheinend gänzlich unversehrt waren. Das war die alte Burg der Herzöge von Frias, jetzt ist sie einer der *paradores* der staatlichen Fremdenverkehrsdirektion.

Kurz danach fuhr ich aus Kastilien nach Estremadura hinüber, in jenes uralte Gebiet, das einst zum römischen Lusitanien gehört hat. Aus dieser Provinz, die seit der Vertreibung der Mauren in ununterbrochener Armut und landwirtschaftlichem Verfall dahinsiechte, rekrutierten sich die Mannschaften des Kolumbus und die Konquistadoren, denn die verarmten Bewohner dieser Gegend tauschten ihre heimatliche Umgebung mit Freuden gegen den goldenen Traum von Indien ein.

Der Landstraße folgend, wandte ich mich nach Süden und mußte in den nächsten ein bis zwei Stunden unzählige Kurven und Sackgassen bewältigen. Die Landschaft war von Ölbäumen und Korkeichen übersät, und jedes Fleckchen Boden war bebaut. Von der hochgelegenen Bergstraße überblickte ich ein großartiges Panorama von Bergzügen, die sich einander zuneigten und sich einer hinter dem anderen auftürmten, indes die buschigen, niedrigen Ölbäume, in ihrem eigenen Schatten wie in einem Tümpel stehend, stellenweise bis zu den Steilhängen hinaufwuchsen. Die Berg-und-Tal-Bahn war unbeschreiblich. Mit echt spanischer Höflichkeit kochte das Kühlwasser rücksichtsvollerweise gerade bei

einem dünnen Wasserstrahl, der aus dem Gestein auf die Straße hinuntersickerte.
Die Landschaft wies die Spuren menschlicher Arbeit auf, aber ich konnte nirgends ein menschliches Wesen erspähen. Um die Fleckchen von goldenem Weizen und den Olivenbestand abzuernten, mußten wohl gewaltige Entfernungen mit Maultieren und Eseln zurückgelegt werden.
Die seligste Jungfrau von Guadalupe, deren Heiligtum ich zustrebte, ist die Schutzpatronin von Estremadura, eine Madonna, deren Fürbitte am Throne Gottes ungeheure Wirksamkeit zugeschrieben wird. Sie nimmt unter den vielen hundert spanischen Madonnen eine Ausnahmestellung ein, als die erste spanische Muttergottes, die in der Geschichte der Neuen Welt aufscheint. Viele Jahre bevor Cortez und Pizarro die Meere befuhren, taufte Kolumbus die Insel Guadeloupe nach ihr, ein sicherer Beweis, daß seine Matrosen aus Estremadura stammten, falls es eines solchen bedarf. Als er nach seiner ersten Fahrt in Spanien landete, begab sich Kolumbus persönlich mit einer fünf Pfund schweren Wachskerze zu ihrem Heiligtum, zum Dank für die Errettung aus dem schrecklichen Seesturm, der seine brüchige Karavelle auf der Rückfahrt beinahe zerstört hätte. In seinem Tagebuch hat er das Ereignis unter dem 14. Februar 1493 aufgezeichnet. Sie befanden sich anscheinend nicht weit von den Azoren, genau konnten sie ihren Standort jedoch nicht bestimmen. Die Wogen schlugen über dem Schiff zusammen, der Wind nahm zu, und Kolumbus überließ das Steuer dem Sturm. Die ganze Nacht trieben sie vor dem Wind, und als die Sonne aufging, drohten der Sturm und die Wildheit der Wellen noch zuzunehmen. In diesem Augenblick, als der Tod all ihren Abenteuern ein unvermeidliches Ende zu setzen schien, ließ Kolumbus die Besatzung antreten und befahl, eine Pilgerfahrt zu Unserer Lieben Frau von Guadalupe zu geloben, und zwar so, daß ein durch das Los bestimmtes Mitglied der Besatzung eine fünf Pfund schwere Wachskerze zum Schrein Unserer Lieben Frau tragen sollte. Er ließ Kichererbsen bringen, eine für jeden Mann, und in eine davon ließ er mit einem Messer das Zeichen des Kreuzes ritzen. Bei heftigem Sturm wurden nun die Erbsen in eine Kappe gelegt und geschüttelt. Kolumbus war der erste, der hineingriff. Er zog die kenntlich gemachte Erbse heraus, »und von diesem Augenblick an betrachtete er sich als Pilger, mit der Verpflichtung, das Gelöbnis zu erfüllen«. Das Gelübde wurde an einem Donnerstag abgelegt, und der Sturm trieb das Schiff noch diesen und zwei weitere Tage umher, bis sie am Samstagabend, nach Dunkelwerden, eine unbekannte Insel erreichten, die, wie sich später herausstellte, Santa Maria in den Azoren war.
Mit der Zeit bürgerte sich der Brauch ein, einen Anteil von der Beute aus Amerika Unserer Lieben Frau zuzuteilen. Ihr Name wurde von Cortez

und seinen *extremeños* in ganz Mexiko und von dort über ganz Südamerika verbreitet. Als Cortez von seinen Eroberungszügen heimkehrte, begab er sich nach Guadalupe und betete neun Tage lang vor dem Bildnis der Madonna. Auch Don Juan d'Austria stattete dort seinen Dank ab für den Sieg bei Lepanto und verehrte Unserer Lieben Frau von Guadalupe ein paar Schlachttrophäen.
Der erste Anblick Guadalupes wurde mir von der Höhe eines Berges aus zuteil. Unter mir nahm ich auf den Hängen etwas aus, das einer wehrhaften Burg glich, um welche sich ein Dorf drängte. Die Landschaft war fast bis zu den Mauern des Klosters hinauf von Olivenbäumen gesprenkelt. Die Größe des Baues überraschte mich, sie kam so unerwartet, als stünde man inmitten einer freien Landschaft unvermittelt der St.-Pauls-Kathedrale gegenüber.
Ich mußte an das St.-Katharinen-Kloster in Sinai denken oder an die Klöster des Wadi Natrûn in Ägypten. Obwohl Guadalupe erst viel später entstanden ist, wurde es sichtlich auch im Hinblick auf seine Verteidigungsmöglichkeiten gebaut.
Eine halbe Stunde später stand ich auf einer winzigen Plaza, im Herzen eines vollkommen mittelalterlichen Dorfes. Eine melonenförmige Brunnenschale spie vier Wasserstrahlen in ein rundes Becken, an dem Mädchen ihre Wasserkannen vollaufen ließen, und gleich daneben führte eine schöngeschwungene Treppe zur Kirche Unserer Lieben Frau von Guadalupe hinauf. Über einem mittelalterlichen Torbogen hingen vergitterte Balkons, deren Türen zu Wohnzimmern führten, denn die Kirche war von vielen Klostergebäuden umgeben, die sich von allen Seiten dicht herandrängten. Auf ihren Türmen nisteten Habichte, und die Luft war von ihrem Kreisen und Dahingleiten durchzackt.

Zuerst läutete ich an der Klosterpforte, als sich jedoch dahinter nichts regte, betätigte ich den schweren Türklopfer, dessen Erschütterung in der gepflasterten Einfahrt widerhallte. Ich läutete noch einmal und hörte endlich jemanden in Sandalen herankommen. Bolzen wurden zurückgestoßen, Schlüssel knarrten, und dann stand ein Franziskaner mittleren Alters vor mir. Er schien es sehr eilig zu haben und warf immer wieder einen Blick hinter sich. Ich fragte, ob ich im Kloster logieren könne. *Si, si,* natürlich könne ich hier wohnen, erwiderte er ungeduldig und warf wieder einen hastigen Blick in den Korridor hinter ihm, aber vorher müsse ich den Wagen in die Garage fahren, das erste Tor links, hinter der Ecke, dann solle ich zurückkommen. Er lauschte, blickte nochmals über die Schulter zurück und schloß dann das Tor. Ich fragte mich, was in aller Welt ihn so beunruhigte.
Die Garage wird mir immer unvergeßlich bleiben. Sie war eine unbenütz-

te Renaissancekirche, in der Staub und Schutt aus mindestens zwei Jahrhunderten herumlagen. Ich steuerte meinen Wagen durch das westliche Tor und parkte ihn unter der Wölbung des nördlichen Kirchenschiffes. Die Fliesen waren herausgerissen, der Altar war entfernt und an seiner Stelle eine Bühne aufgebaut worden! Wer, so fragte ich mich, mochte an diesem abgelegenen Ort theaterspielen? Dann ging ich zum Kloster zurück und zog am Glockenstrang. Derselbe Franziskaner schob die Riegel zurück und öffnete. Er lud mich ein, näherzutreten und meinen Koffer in der Einfahrt abzustellen, dann sauste er mit gehetztem Ausdruck wieder davon, mit dem Versprechen, in einem *momentito* zurückzukommen. Dieses köstliche Wort bedeutet einen »kleinen Moment«. Jedoch der *momentito* wuchs sich zu einem vollen Moment aus, dann zu fünf Minuten, und ich begann, die Geduld zu verlieren. Ich stand in der steinernen Einfahrt, die sich links zu einem Vorraum erweiterte, aus dem ein paar Stufen vermutlich in die Kirche hinaufführten. Ich ging weiter und sah mich ein wenig um, dabei stieß ich fast mit einem jungen Mann im Cut zusammen, der eine weiße Nelke im Knopfloch und einen Zylinder in der Hand trug und, ohne von mir Notiz zu nehmen, immer zwei Stufen auf einmal, die Stiege hinaufeilte und verschwand.
Er benahm sich wie in »Alice im Wunderland« und bestärkte mich in der Meinung, in Guadalupe könne ich mich über gar nichts mehr wundern, doch das erwies sich als irrig. Ich hörte Stimmen aus dem Raum, vor dem die Stiege endete, schlich auf den Zehenspitzen näher und spähte hinein. Dort saß eine junge Frau im Brautkleid, einen Strauß weißer Blumen, die von einer Seidenschleife gehalten waren, im Arm. Der Schleier war zurückgeschlagen und einige elegant gekleidete Frauen mit lackierten Fingernägeln machten sich an ihr zu schaffen. Daß sie den vornehmsten Kreisen Madrids entstammte, ließ sich auf den ersten Blick feststellen. Hier also war die Ursache der Aufregung zu suchen! Offensichtlich war ich knapp nach einer Trauung hereingeschneit.
Hinter dem Zimmer, in dem die Braut saß, eröffnete sich ein kleiner Innenhof, in dessen einer Ecke eine Palme grünte. Hier tranken die männlichen Mitglieder der Hochzeitsgesellschaft, ihre Zylinder neben sich auf Stühle gelegt, ein Glas Klosterwein. Einer davon sah sich verstohlen um, ob er von dem Pater, der den Gastgeber machte, nicht gesehen werde, dann zog er eine Flasche heraus und schüttete etwas Stärkeres in sein Glas. Er wurde gerade noch rechtzeitig damit fertig, als auch schon Padre Jeronimo Bonilla zurückkehrte, jetzt nicht mehr fahrig, und mich bat, ihm zu folgen. Er führte mich eine Holztreppe hinauf, und ich ging mit meiner Reisetasche hinterdrein. Auf den Treppenabsätzen standen Bambustischchen mit frommen kleinen Stickereideckchen, die von roten Fransen gesäumt waren, vermutlich Geschenke ehrwürdiger

Schwestern. Weiter oben gelangten wir in einen langen Korridor, von dem links Türen abzweigten. Vor einer blieb er stehen und betrat gleich darauf vor mir einen riesigen Raum, in dem aber nur vier Betten standen. Ich war neugierig, wer meine Schlafgenossen sein würden. Eines der Betten war sittsam in eine Mauernische gerückt und mit einem Streifen pompösen Brokats verhängt. Die Bodenbretter waren weißgescheuert, es gab Waschtische und -becken, einen Hutständer, einen wenig schmeichelhaften Öldruck der seligsten Jungfrau und einen kleinen schmiedeeisernen Balkon, von dem aus man auf die purpurnen Dachziegel Guadalupes hinuntersah.

Padre Bonilla machte mich mit den Regeln vertraut und bedeutete mir in ziemlich strengem Ton, daß um zehn Uhr Sperrstunde sei. Ich fragte ihn über die Hochzeit aus, und er antwortete, es sei ein besonderes Privileg, in der Kirche Unserer Lieben Frau von Guadalupe getraut zu werden. Aus allen Teilen des Landes, ganz besonders aber aus Madrid und den Städten Estremaduras strömten Menschen herbei, um hier zu heiraten. Die beiden, die ich gesehen hatte, seien *madrileños.* Sie waren am vorigen Nachmittag angekommen und hatten die Nacht im Kloster verbracht. Sie hatten gebeichtet, hatten der Messe beigewohnt und sich trauen lassen. Heute abend kehrten sie nach Madrid zurück. Er unterbrach sich und sagte, es sei jetzt halb vier und ich könne in dem kleinen Zimmer neben dem Hof mittagessen. Der Speisesaal für Gäste sei heute von der Hochzeitsgesellschaft belegt.

Ich wusch mich und beobachtete einen Augenblick lang, von meinem Balkon aus, das Kreisen und Gleiten der Falken, dann ging ich hinunter in das kleine Zimmer. Eine alte Bäuerin brachte mir einen Krug herben Rotwein, ein Eier-*flamenco,* ein scharf gewürztes Gericht aus Bohnen, Knoblauchwurst und Fleisch, das von Olivenöl troff, und einen Teller Kirschen. Im Schatten der Palme rauchte ich eine Zigarette und beschloß dann, jemanden nach dem Weg zur Kirche zu fragen, aber es ließ sich niemand blicken. Das Kloster lag in tiefstem Schweigen. Sogar die alte Bäuerin war verschwunden. Ich durchforschte die tunnelartigen Steinkorridore und gelangte durch puren Zufall, auf dem Weg durch die Sakristei, in die Kirche.

Es war eine der dunklen spanischen Kirchen, die kleiner erscheinen, als sie sind, weil der riesige *coro* die Mitte des Gebäudes einnimmt, wie eine Kirche innerhalb der Kirche. Nachdem sich meine Augen an die Dunkelheit gewöhnt hatten, sah ich Unsere Liebe Frau von Guadalupe auf dem Hochaltar, in ihrer silbernen Krone und einem Überwurf aus funkelndem Brokat. Stufen führten in den *coro,* und dort setzte ich mich für ein Weilchen und blätterte in den gewaltigen Chorbüchern auf kolossalen, drehbaren Pulten. Da bemerkte ich, daß jemand die Kirche betreten hatte.

Zum Hochaltar hinspähend, nahm ich zwei Gestalten aus, einen Mann und eine Frau, die auf den Altarstufen knieten. Nun erhob sich die Frau und schritt mit etwas scheuen Schritten die Stufen empor, beugte das Knie vor der Madonna und legte einen Strauß weißer Blumen, die mit einem Seidenband umwunden waren, auf dem Altar nieder. Dann kniete sie nieder und sprach ein kurzes Gebet, ehe sie zu ihrem Mann zurückging. Braut und Bräutigam standen auf und verließen leise die Kirche. Sie ahnten nicht, daß jemand den rührenden und schönen Anfang ihres gemeinsamen Lebens belauscht hatte, und plötzlich ertappte ich mich dabei, daß ich selber für sie betete, daß die Fallstricke und Irrtümer, die den heiligen Stand der Ehe immerdar bedrohen, sie nicht zu Fall bringen und ihnen kein Leid tun sollten; und daß sie einander immer so anblicken möchten wie in dem Augenblick, da sie sich von den Altarstufen der Gnadenmutter von Guadalupe erhoben.

Das Dorf Guadalupe lebt und arbeitet nach den Regeln einer mittelalterlichen Gemeinschaft. Nie hat jemand dort etwas zu verbessern oder zu ändern, geschweige denn die Einwohner darüber aufzuklären versucht, daß sie mit heißem und kaltem Fließwasser, sanitären Anlagen innerhalb der Häuser, mit Elektrizität und Radio viel glücklicher wären. Daher machen die Menschen einen heiteren und zufriedenen Eindruck. Hühner, Küchlein und die kleinen, schwärzlichen Schweine leben im besten Einvernehmen mit den Besitzern der Bauernhäuser zusammen und wirken ebenfalls zufrieden. Die meisten Häuser haben Balkone aus Holz oder Eisen, manche davon sind von blauen Winden und scharlachroten Geranien überwachsen, bei anderen sind die oberen Stockwerke überhängend gebaut, und die Straßen sind meistens nur wenige Meter breit und winden sich bergauf und bergab. All das verbindet sich zu einem Gesamtbild von unübertrefflich malerischer Wirkung. Abends tragen die Frauen und Mädchen Stühle vors Haus und sitzen nähend beisammen; sie verfertigen auf runden Holzrahmen Spitzen, erzählen einander Geschichten, klatschen und lassen sich nichts von dem entgehen, was um sie her vorgeht. Es ist ein reizvoller Anblick, einen grauen und einen glänzenden jungen Scheitel gemeinsam über dieselbe Arbeit geneigt zu sehen, und hie und da sind in einer solchen plaudernden Gruppe vier weibliche Generationen vereinigt.
In einer Gasse waren ein paar Frauen und Mädchen dabei, einen Altar vor einem Haus zu errichten. Sie hatten ihn mit Korngarben geschmückt und versuchten eben, einige billige Zelluloidpüppchen als Englein herauszustaffieren. Sie hatten prächtige Kleidchen für sie genäht und Flügel und Heiligenscheine ausgeschnitten. Alles war gut gelungen, bis auf den Ausdruck der pausbäckigen Zelluloidgesichter, die alles andere als heilig

wirkten. Aus Zweigen war ein Wäldchen gemacht worden, und in Krügen und Flaschen standen wildwachsende Blumen. Ich fragte, wozu sie das täten, und eine alte Frau erklärte mir, daß heute der Vorabend von St. Johannes sei, und da fiel es mir selbst ein: Heute war ja der 23. Juni.
Als die alte Frau mein Interesse sah – sie hatte wirklich in mir Erinnerungen wachgerufen und zum Klingen gebracht wie ein Dutzend Glöckchen –, lud sie mich ein, zur *fiesta* zu kommen, und weil ich sie nicht sofort verstand, legte sie los wie eine bejahrte Mänade und vollführte ein paar Tanzschritte, dabei wiederholte sie ein paarmal: »*música . . . música . . .*« und hielt eine imaginäre Flöte an die Lippen. »*Flauta . . . flauta!*« rief sie, immer noch mit einer Hand die Flöte andeutend, während die andere eine unsichtbare Trommel schlug. »*Bum-bum-bum!*« so ahmte sie dann die Trommel nach. Diese prächtige Alte wäre die Seele und der Mittelpunkt einer Gesellschaft gewesen. Als ich jedoch erfuhr, daß die *fiesta* nicht vor elf Uhr beginnen sollte, dachte ich an Padre Bonillas gestrenge Ermahnung bezüglich der Sperrstunde und sagte mit ehrlichem Bedauern, daß ich die Einladung nicht annehmen könne. Es wäre herrlich gewesen, diese noch fortlebenden Riten der Johannisnacht mitanzusehen, und ich erwog ernstlich meine Chancen, aus dem Kloster zu entwischen.
Das Nachtmahl wurde im Refektorium des Gästehauses eingenommen, und der Padre führte den Vorsitz zu Häupten der Tafel. Die Wände des langgestreckten Saales waren behängt mit den schönen keramischen Erzeugnissen aus Talavera, mit hübschbemalten Tellern und Schüsseln, die Tier- oder Blumenmuster aufwiesen und dick glasiert waren wie die byzantinischen und arabischen Töpferwaren. Außerdem stand hier eine wunderhübsche sitzende Figur Unserer Lieben Frau von Guadalupe. Ich nahm mir vor, falls ich noch einmal durch Talavera kommen sollte, mir dort in der Fabrik eine solche zu kaufen. Außer mir waren noch sechs Gäste anwesend, ein mürrisches französisches Paar, drei Spanier unbestimmbaren Alters, die sich auf einer Wallfahrt befanden, und ein gesprächiger junger Mann, der bald herausfand, daß das französische Paar und ich selber kein dankbares Publikum seien, und sich daher ausschließlich an den Padre wandte. Seine Geschichten waren sicher nicht schlecht, denn der Padre, der zu Beginn des Nachtmahls wie ein Bild von Zurbarán dreingeschaut hatte, sah am Ende eher aus wie ein Bruder Lustig, so schüttelte es ihn vor Lachen. Wir aßen Nudelsuppe, Lammkoteletts und eine Schüssel Kirschen zum Nachtisch, und dazu tranken wir den einheimischen Wein, den ich schon mittags probiert hatte. Mir schmeckte er ausgezeichnet, das französische Paar jedoch rümpfte die Nase und verdünnte ihn mit Wasser.
Ich mußte immerzu an die nur oberflächlich in ein christliches Fest

umgewandelte heidnische Feier denken, die heute im Dorf begangen wurde, und je mehr ich darüber nachdachte, desto heidnischer erschien sie mir, und desto mehr sank mir der Mut, um Erlaubnis zum Ausbleiben zu ersuchen. Es handelte sich natürlich um eine Sonnwendfeier alten Stils, um die Nacht, in der einst überall in Europa Holzstöße brannten, Jungfrauen die Gesichter ihrer künftigen Gatten schauten und die Lauscher neben den Kirchentüren Menschen kommen und anklopfen sahen, die in den nächsten zwölf Monaten sterben mußten; die Nacht, in der das Vieh zum Schutz gegen die Hexen besprochen wurde, und – wie ich in Irland einmal gehört zu haben glaube – die Nacht, in der die Seelen der Schlafenden deren Leiber verlassen und den Ort, zu Wasser oder zu Lande, aufsuchen, an dem sie dereinst sterben sollen.
Das Essen ging zu Ende, der Padre gebrauchte einen Zahnstocher mit echt spanischer Gründlichkeit und versank dann in Melancholie. Ich wußte, ich würde es nicht wagen, ihn darum zu bitten, daß das Tor offen bliebe. Wir wünschten einander gute Nacht, und bald war ich in meinem geräumigen Zimmer und hatte vier Betten zur Auswahl. Da die Nacht warm war, trug ich einen Stuhl auf den Balkon hinaus und schaute in die Sterne. Unten lag das Dorf, dicht gemustert von den Dachziegeln. Ich hörte das Wasser auf der Plaza in das Brunnenbecken rieseln. Fledermäuse umflügelten den Balkon. Aus einzelnen Fenstern drang Kerzenschimmer, hie und da bellte ein Hund irgendwo. Ein Mann ging über die Plaza und rief einem Bekannten einen Gutenachtgruß zu, dann senkte sich Stille über das Dorf. Wie seltsam, keine mechanischen Geräusche zu hören, nirgends das Anspringen eines Wagens, kein Radio, kein Grammophon, nichts als die erhabene Stille und die Schönheit nördlicher Sternbilder, die in der Nacht aufglühten. Plötzlich schoß ein rascher Feuerfaden hinauf ins Dunkel, und über Guadalupe explodierte eine Rakete. Dann eine zweite und noch eine, alle aus der Richtung des kleinen Altars. Die Mittsommernacht hatte begonnen. Neiderfüllt stellte ich mir die Bauern mit ihren Weizengarben und grünenden Zweigen vor, die ein Ritual vollzogen, das älter war als das Christentum, und es lockte mich, doch noch fortzugehen und mitanzusehen, was geschah. Lächelnd dachte ich an die alte Mänade, die mir vorgeführt hatte, wie die Flöten geblasen wurden, und mir *música* versprochen hatte, als sei ich ein Priester des Pan. Ich wollte, ich könnte nun erzählen, daß ich aus den Leintüchern der vier Betten ein Seil gedreht und mich daran über die steile Klostermauer hinuntergelassen hätte, wie mutigere Männer als ich dies bei geheiligten oder profanen Anlässen taten. Doch die Kirche hielt mich in sicherem Gewahrsam, und so wandte ich mit flüchtigem Bedauern dem Sternenlicht den Rücken und ging zu Bett. Ich wählte das neben dem Fenster und schlief bald ein.

Lärm weckte mich, und ich warf einen Blick auf die Uhr. Es war drei Uhr. Alle Hunde bellten. Ich ging auf den Balkon hinaus und sah Guadalupe in einem Meer von Mondlicht daliegen. Die Ziegel der Dächer waren deutlich zu unterscheiden. Dann erklangen die schrillen Töne einer Querpfeife – davon war ich wahrscheinlich aufgewacht –, ein rasches Auf- und Abtrillern der Notenskala, laut und kräftig: die Stimme der heidnischen Welt. Es kam näher, und schließlich trat der Musikant auf die Plaza ins Mondlicht hinaus. Um seinen Hals baumelte die Trommel und er hielt im Gehen die Pfeife an die Lippen und sandte ab und zu ein paar Töne in den Mond, um sich den Heimweg zu verkürzen.

Die Geschichte von der Auffindung der Statue der Madonna von Guadalupe ist keineswegs originell. Sie wurde während des arabischen Einfalls vergraben und erst nach Jahrhunderten aufgefunden, wie man überall in Spanien Statuen gefunden hat. Die Sage berichtet, daß zur Zeit Alfons' des Weisen, im dreizehnten Jahrhundert, ein paar Hirten ihr Vieh bei Alia auf die Weide trieben; dabei verlief sich eine Kuh, die einem Hirten aus Cáceres gehörte. Er suchte sie drei Tage lang vergeblich und beschloß dann, auf dem Platz nach ihr zu suchen, auf dem heute das Kloster steht. Dort fand er den Kadaver der toten Kuh.
Er zog das Messer heraus und begann das Tier abzuhäuten. Wie das in Estremadura üblich ist, zog er den ersten Schnitt auf der Brust in Form eines Kreuzes, kaum aber hatte er dies getan, als sich das Tier, zu seinem Schrecken und Erstaunen, heil und lebend aufrichtete. Als er noch starr vor Verwunderung verharrte, stand plötzlich die seligste Jungfrau vor ihm und sprach: »Fürchte dich nicht. Ich bin die Mutter des Heilands.« Sie befahl ihm, die Kuh nach Cáceres zurückzutreiben und den Pfarrer zu bitten, er möge herkommen und an der Stelle graben, auf der die Kuh gelegen war, denn dort liege ihre Statue in der Erde verborgen. Sie sagte, das Bildwerk müsse dort bleiben, wo es gefunden werde, denn es werde hinfort ein wundertätiges Bildwerk sein, auf das sie Gnade und Erbarmen ausgießen werde. Damit verschwand sie.
Der Kuhhirt eilte nach Cáceres zurück, wo er seine Frau tiefbetrübt vorfand. Einer ihrer Söhne war gestorben. Der Mann betete unter Tränen voll Demut zur Jungfrau, sie möge seinem Sohn das Leben wiedergeben, wie sie auch der Kuh wieder Leben eingeflößt hatte, und dies solle ein Zeichen sein, das ihm Kraft geben werde, den von ihr erteilten Auftrag zu erfüllen. Er ließ den Knaben in der Nähe des Ortes, an dem er die Erscheinung gehabt hatte, begraben, doch während die Priester noch mit der Einsegnung beschäftigt waren, erwachte

der Knabe wie aus tiefem Schlaf und bat seinen Vater, ihm zu zeigen, wo ihm die Madonna erschienen sei. Die Priester waren durch dieses Wunder sogleich überzeugt und begannen an der Stelle nachzugraben, die der Hirt ihnen bezeichnete, und dort fanden sie, in einer alten Grabstätte, die Statue Unserer Lieben Frau von Guadalupe.

Zuerst wurde über dem Standbild eine bescheidene kleine Kapelle errichtet, doch bald verbreitete sich der Ruhm der Madonna im ganzen Land, und unzählige Pilger von fern und nah kamen herbei, um da zu beten. Unter jenen, die zu dem Heiligtum wallfahrteten, war auch Alfons XI., und er ließ dort ein Kloster und eine Kirche erbauen, deren Grund und Boden er als Schenkung stiftete. Im Jahre 1340, nach seinem Sieg über die Ungläubigen bei Salado, kehrte er im Triumph zum Heiligtum zurück und brachte einen Teil der Beute und der Trophäen als Weihegaben dar. So entstand die Verbundenheit zwischen dem Herrscherhaus und Guadalupe, die sich durch die ganze spanische Geschichte hinzog.

Während der wenigen Tage, die ich im Kloster verlebte, hatte ich Gelegenheit, die berühmte Statue aus größter Nähe zu betrachten. Der Körper ist aus Holz geschnitzt, jedoch so dicht von Gewändern umhüllt, daß ich nur das fast schwarze Oval des Gesichts und eine wundervoll geschnitzte Hand mit dem Zepter zu sehen bekam. Die Statue ist etwa einen Meter hoch, und aus dem Faltenwurf der Gewänder, in die sie gehüllt ist, ließe sich schließen, daß sie steht. Tatsächlich sitzt sie jedoch und trägt das Jesuskind auf dem linken Arm. Unter dem konischen Mantel, der von Perlen und Diamanten starrt, trug sie einen juwelenbesetzten Rock, der in der traditionellen spanischen Weise die Füße bedeckte. Der Kopfputz bestand aus zwei Reihen riesiger Perlen, an einem Rahmen aus goldenen Rosen und Diamanten befestigt, der aus einem Halsschmuck der Gräfin de la Roca im siebzehnten Jahrhundert hergestellt wurde. Archäologen, die die Statue unbekleidet gesehen haben, sind der Ansicht, daß sie römischen Ursprungs ist, und manche halten es für wahrscheinlich, daß es sich um ein Geschenk von Papst Gregor dem Großen an den Erzbischof Leander von Sevilla, im sechsten Jahrhundert, handle.

Die Jungfrau thront in ziemlicher Höhe über dem Hochaltar; hinter ihr tut sich ein prächtiger barocker Raum aus Jaspis, Marmor, Walnuß- und Zypressenholz auf, in den man die Statue von ihrem Sockel hineinholt, falls sie bei einer Prozession gebraucht wird oder frisch eingekleidet werden soll. Dieser Raum, der sogenannte *camarín*, ist eine typisch barocke Nachbildung, und als er im siebzehnten Jahrhundert geplant wurde, brach man eine Öffnung in die Mauer über dem Altar und baute eine reichverzierte kleine Nische an mit einer Glastür, damit man die

Statue jederzeit aus der Kirche in den *camarín* hineinheben konnte. In vielen Kirchen dient das luxuriöse kleine Gemach als Ankleideraum für die Madonna. Vor einem Fest wird sie dort geschmückt.
Der *camarín* in Guadalupe dient offenbar als Garderobe der Muttergottes, denn von dort führt eine Tür in ihre Schatzkammer. Diese ist mit Sesseln, Tischen und Schränken aus dem siebzehnten Jahrhundert ausgestattet, und die Wände sind mit karmesinroter Seide bespannt. Hier gibt es eine erstaunliche Menge Edelsteine und Kronen, Diademe und sonstige Kostbarkeiten, die der Madonna im Lauf der Zeit geweiht wurden. Die Wichtigkeit, die ihrer Garderobe beigemessen wird, und die vielen Schmuckstücke, mit denen sie behängt werden kann, werden manchen befremden oder aber ihm als Bindeglied zum Altertum erscheinen. Mich faszinierte daran die seltsame Form, die die Frömmigkeit angenommen hatte, und ich hätte den Mönchen stundenlang zuschauen mögen, wie sie liebevoll die Schubladen der Schränke herauszogen und, mit den Augen des Kenners für Stickereien und Handarbeiten, die Schönheiten der reichen Gewänder priesen. Der Mönch, der in Guadalupe die Ausstattung der Madonna vor mir ausbreitete, war ein solcher Enthusiast, und seine rauhe Kutte und die Sandalen kontrastierten seltsam mit dem fast sinnlichen Entzücken, mit dem er die Damastseiden glättete oder sich in Schilderungen erging, was für Kleider die seligste Jungfrau zu Fronleichnam oder an anderen hohen Feiertagen trug. Die auffallendsten und wertvollsten Gewänder haben Namen. Eines, das ganz aus prachtvollen Stickereien besteht, heißt: »Das von der Infantin«. Doña Clara Eugenia, die Tochter Philipps II., hatte es 1629 aus Flandern gesandt. Ein anderes heißt: »Das erste der Kommunität« und ein drittes: »Das Prunkgewand der Kommunität«; beide wurden von Mönchen des achtzehnten Jahrhunderts gestickt und mit Tausenden von Perlen benäht. Welch seltsame Beschäftigung für Männer, die sich von allem Weiblichen abgewandt haben, jahrelang an der Herstellung glanzvoller Galakleider für die Himmelskönigin zu arbeiten! Der Mönch lenkte meine Aufmerksamkeit auf eine Robe, deren gezackter Saum aus Wappenschildern aus Email und Gold, mit Diamanten und Perlen in der Mitte jedes Zackens, bestand, und auf einen weiten Umhang, auf dem unzählige Perlen so aufgenäht waren, daß sie, von allen Seiten her gelesen, die Worte: »Ave Maria« ergaben.
»Es gibt auf der ganzen Welt nichts Wertvolleres«, flüsterte der Mönch, als er den Schrank schloß.
Ich wurde durch einen langen Gang geführt, in dem in Glaskästen Hunderte von Gewändern und Altartüchern zur Schau gestellt waren. Auf einem hing ein Schildchen: »Altartuch der Königin von England, im Jahre 1621 dem Kloster zugeeignet«. Das war etwas rätselhaft, denn damals war Jakob I. König, und es gab gar keine englische Königin: Anna

von Dänemark war 1619 gestorben. Aber vielleicht hat es ein paar Jahre gedauert, bis das Geschenk in Guadalupe eintraf? Dann wäre es ein interessantes Beweisstück für Annas langjähriges Liebäugeln mit Rom.
Man zeigte mir dann die Bibliothek, die, wie ich erfuhr, die umfassendste Chorgesangsbücher-Sammlung Spaniens enthielt, und hier konnte man wahrhaftig spanische Illuminationen aus der Zeit vom fünfzehnten bis zum achtzehnten Jahrhundert in schön gebundenen, tadellos erhaltenen Büchern studieren. Zu den größten Schätzen Guadalupes zählen acht Bilder von Zurbarán, die das Leben des heiligen Hieronymus darstellen und nebeneinander an der langen Sakristeiwand hängen. Über dem Altar schwebt eine türkische Ampel. Es ist die Hecklaterne des Flaggschiffes Ali Paschas, die Don Juan d'Austria nach der Schlacht von Lepanto der Madonna von Guadalupe geweiht hat.
Ich freute mich schon auf Estremadura, denn ich war begierig darauf, die Gegend zu sehen, die einen Cortez und einen Pizarro hervorgebracht hat. Padre Bonilla schüttelte mir die Hand und lud mich ein, bestimmt wiederzukommen. Ich fuhr den Wagen aus dem Mittelschiff der verlassenen Kirche und schlug den Weg nach Trujillo ein.
Die Landschaft, die ich durchquerte, war grüner und weniger herb als Kastilien, aber menschenleerer und auch ärmlicher, denn die Dörfer lagen weit auseinander und das Getreide stand beängstigend schütter. Kilometerweit war der nackte Boden von gigantischen Felsbrocken übersät, nur da und dort wuchsen ein paar Morgen Weizen oder Gerste auf den Hügelflanken, dann folgten wieder Eichen und Korkeichenbestände. Überall gab es die kleinen, beweglichen Schweine von der Farbe blauschwarzer Tinte. Sie liefen in den Dörfern herum und schienen mit den Bewohnern durchaus vertraut, sie wühlten unter den Eichen und trieben sich, unter der Aufsicht kleiner Jungen mit langen Stöcken, eifrig auf den Hügeln herum. Meine Blicke schweiften von den granitenen Gipfeln zu einem sanften Tal, und ich malte mir das Staunen der Männer aus dieser spanischen Landschaft aus, als sie sich plötzlich in Urwäldern befanden, deren Bäume von Lianen übersponnen waren, wo Kolibris über Hibiskusblüten schwebten und die bunten Aras kreischend zwischen den Ästen herumflatterten. Die Entdeckung und Eroberung Südamerikas, besonders Mexikos und Perus, ist wohl die fesselndste Abenteuergeschichte der Welt. Ich bezweifle ernstlich, ob die Nachricht, daß ein Raumschiff auf dem Mond gelandet sei, für die heutige Menschheit ebenso sensationell wäre wie für das fünfzehnte Jahrhundert die Erkenntnis, daß die bis dahin bekannt gewesene Welt kaum die Hälfte des Planeten umfaßte und jenseits des westlichen Meeres eine zweite Hemisphäre lag, ein neues Land, fremdartige Menschen, andere Blumen, Früchte und Tiere, und überdies große Städte, deren Kalksteinmauern wie Silbertafeln schim-

merten, als die Eroberer aus den grünen Wäldern tauchten und in ehrfürchtigem Staunen zu ihnen emporblickten. Heute fällt es schwer, sich in diese Zeit zu versetzen, in der ein Wunder immer größer war als das andere. Ich glaube jedenfalls kaum, daß es uns ebenso wundersam erschiene, eines Tages einen Bericht darüber zu lesen, wie einem zumute sei, wenn man auf dem Rand des Tycho stehe, oder wie tief der Staub auf dem Mare Imbrium liege.

Durch einen seltenen Zufall bot sich diese Neue Welt Spanien gerade an, als der lange Kampf gegen die Mauren vorüber war. Männer, deren Vorfahren in den maurischen Kriegen gestählt worden waren, überquerten nun den Atlantik und spornten ihre Rösser *a la gineta* mit dem alten Kampfruf: »*Santiago y cierra España!*« gegen die Azteken und Inkas. Sie eroberten die Seestadt Tenochtitlán, wie ihre Väter vor nicht allzu langer Zeit Granada zu Fall gebracht hatten. Nur neunundzwanzig Jahre waren zwischen dem Fall Granadas und dem Fall Tenochtitláns, des heutigen Mexico City, vergangen.

Zum erstenmal seit meiner Knabenzeit nahm ich die beiden Bücher des amerikanischen Historikers Prescott, »Die Eroberung Mexikos« und »Die Eroberung Perus«, wieder zur Hand und stellte mit Freuden fest, daß sie mir noch genauso gut gefielen wie als Schuljunge. Erstaunlicherweise wurde dieses umfassende Werk von einem Mann geschaffen, der nahezu blind war.

Wenn Prescott einen Nachteil hat, so den, daß er die Kulturen der Azteken und Inkas idealisiert. Mancher Leser wird seine Bücher mit dem Gefühl aus der Hand legen, daß die Konquistadoren Bösewichte und die untergegangenen Kulturen die letzten Ausläufer eines goldenen Zeitalters und weit besser gewesen seien als das Christentum, das sie ablöste. Manchmal erscheint uns Montezuma tatsächlich als der einzige christliche Charakter, während man nur schwer begreifen kann, daß Cortez fromm die Messe anhören und dann ein ganzes Dorf mit dem Schwert ausrotten konnte; trotzdem läßt sich die Tatsache nicht leugnen, daß die Azteken, bei allem exotischen äußerlichen Glanz ihrer Kultur, in Wirklichkeit eine Rasse barbarischer Kannibalen waren. Wie immer man über die Konquistadoren denken mag, die Missionare, die mit ihnen gingen, waren sicherlich Männer von höchsten und vornehmsten Grundsätzen, und Spanien ist mit Recht stolz auf sie.

Bernal Díaz del Castillo, ein rauher Krieger und eine der meistzitierten Autoritäten Prescotts, ist der Autor des grandiosesten Abenteuerbuches, das je geschrieben wurde, nämlich der Geschichte der Eroberung Mexikos, gesehen von einem Mann, der den Kampf unter Cortez mitmachte, und der am Ende darüber schreiben durfte: »Auf dieser herrlichen Entdeckungsfahrt hatten wir uns ganz und gar verausgabt und kehrten wundenbedeckt und arm wie Bettler nach Kuba zurück.« So arm und verwundet sie auch waren, es war doch eine »herrliche Entdeckungsfahrt« gewesen.

Díaz wurde in dem Städtchen Medina del Campo, zwischen Valladolid und Salamanca, geboren. Dort steht noch das Schloß, in dem Isabella die Katholische starb. Als junger Mann brach er nach den beiden Indien auf. Als er sich der Expedition nach Mexiko anschloß, war er noch jung, und sein Name wäre nie bekannt geworden, wäre er nicht im Alter durch die Veröffentlichung einer Geschichte der Eroberung Mexikos im Innersten getroffen worden. Damals lebten nur mehr fünf der ursprünglichen Eroberer Mexikos, und Díaz, darauf bedacht, daß die Taten seiner Kameraden, wie auch seine eigenen, nicht vergessen würden, setzte sich auf seiner Farm in Guatemala hin, um die Geschichte wahrheitsgetreu – *historia verdadera* – zu erzählen, wie er sie selbst erlebt hatte. Er hatte ein ausgezeichnetes Gedächtnis und erinnerte sich sogar der Namen und Farben der achtzehn Pferde, die sie mitgeführt, und von deren Anblick die Eingeborenen, die noch nie ein Pferd gesehen hatten, in Furcht versetzt worden waren. Er entsann sich der Spitznamen seiner Genossen und schrieb über sie: »Wir lebten wie Brüder ... Ich erinnere mich so deutlich an alle, daß ich ihre Gesichter aufzeichnen könnte, wenn ich überhaupt zeichnen könnte.«

Von größtem Interesse ist seine Charakteristik des bedeutendsten der Konquistadoren, Hernando Cortez, eines Mannes, der zum Anführer geboren und überdies vom Glück besonders begünstigt war. Schon sein Name genügte, um die Leute zu befeuern. Mit einer Handvoll Abenteurer vom gleichen Schlag drang er in unerforschte Dschungelgebiete ein und zerstörte eine alte Kultur bis auf die Grundfesten.

Cortez stammte aus Medellín, aus der Gegend des römischen Mérida, in Estremadura, und war der Sohn eines verarmten *hidalgo*. Mit neunzehn Jahren landete er in Westindien und wurde Kolonial-Administrator. Als Díaz in Kuba zu ihm stieß, war er dreiunddreißig und »wie ein Teufel hinter den Frauen her«. Aber er hatte bereits seinen Meister gefunden in Gestalt einer auf Heiratskandidaten Jagd machenden Mutter, und so geriet Cortez bald unter die Knute einer reizenden jungen Frau, die er, wie er in der ersten Aufwallung des Besiegten erklärt haben soll, für eine Herzogin hielt. Ihr Name war Catalina Xuárez, und sie tauchte in der Geschichte nur noch einmal auf, als sie ihrem Gatten nach Mexiko nachreiste, um dort die große Dame zu spielen und ein paar Monate später in der phantastischen Hauptstadt Montezumas zu sterben.

1518 wurde Cortez zum Leiter einer Expedition ernannt, die der Gouverneur von Kuba aussandte, um die fast unerforschte Küste Mexikos zu erschließen. Obgleich seine Besitzungen einträglich waren, befand sich

Cortez in Geldnöten, weil er, wie Díaz behauptete, sein ganzes Geld »für sich selber und für die Kleider seiner jungen Frau« ausgab. Also verkaufte er seinen gesamten Besitz und erstand – typisch für seine Neigung zum Großtun und besonders typisch für das Gehaben eines Möchte-gern-Granden dieser Zeit – als wichtigste Voraussetzung für einen Einfall in wilde, unerforschte Landstriche der Erde, eine »Staatsrobe mit goldener Schleppe und Emblemen mit dem Wappen unseres Herrn, des Königs«. Das Ziel der Expedition war, die mexikanische Küste zu erforschen und von den Eingeborenen Gold und Silber gegen Glasperlen einzutauschen. Solche Expeditionen wurden nach dem Prinzip organisiert, das später bei den abenteuernden Händlern aller Länder in Übung kam: Ein paar Männer veräußerten ihre Habe oder beschafften sich sonstwie die Mittel, um Schiffe, Pferde, Waffen und eine reiche Auswahl an Krimskrams zu kaufen, und überredeten alles, was Rang und Namen hatte, zur Beteiligung, auf der Basis, daß die Handelsgewinne oder die Beute auf Grund vorher getroffener Vereinbarungen aufgeteilt würden. An Teilnehmern war kein Mangel, denn die Westindischen Inseln, Spaniens Absprungbasis für das Hauptland, waren voll unternehmungslustiger junger Männer, die Spanien verlassen hatten, um jenseits des Meeres ihr Glück zu machen. Daß der spanische König die Eroberung Südamerikas finanziert habe, ist eine gänzlich irrige Vorstellung; er beschränkte sich vielmehr darauf, den Banden privater Abenteurer die gesetzliche Sanktion zu erteilen, während der Papst seinen Segen dazu gab. Das Vorgehen der Konquistadoren bei der Eroberung setzt in Erstaunen: Sie versammelten die Eingeborenen und ließen ihnen zunächst feierlich durch einen Dolmetsch gesetzliche Proklamationen vorlesen, die mit *»Yo el Rey«* unterzeichnet waren, dann folgten Erklärungen über den Papst und den Kaiser. Man kann sich vorstellen, wie wenig die armen Eingeborenen damit anzufangen wußten! Jedenfalls aber hatten die Eindringlinge damit Gott und dem römischen Recht Genüge getan, und alle waren auf gesetzmäßige Weise gewarnt worden.

Bernal Díaz führt seine Leser mitten in diese Gemeinschaft von Abenteurern, die die absurdeste Mischung aus Frömmigkeit und Gewalttätigkeit darstellten, die die Welt je gesehen hat. Alle Konquistadoren waren entschlossen, genug Gold an sich zu raffen, um die vornehmen Herren spielen zu können. Also landeten im Februar 1519 etwa sechshundert Mann mit elf Schiffen, achtzehn Pferden und zehn kleinen Geschützen. Nachdem sie die Küstenbewohner unterworfen hatten, erfuhr Cortez, daß diese Stämme die in der Übermacht befindlichen Azteken haßten, und sogleich nahm er sie als Verbündete auf. Sie waren bereit, mit ihm zur sagenhaften Hauptstadt der Azteken zu marschieren und Montezuma den Krieg zu erklären. Unter den Friedensgeschenken, die die nunmehr befreundeten Häuptlinge Cortez darbrachten, befanden sich kleine, eßbare Hunde, Affen, Eidechsen und zwanzig Jungfrauen. Auf einer von Palmen umstandenen Waldlichtung, auf der Hütten aus luftgetrockneten Lehmziegeln im Sonnenlicht standen, wurden diese Jungfrauen feierlich getauft, während die Posten, die Musketen über die Schultern gehängt, am Waldrand patrouillierten. Ernsthaft und kupferhäutig standen die Mädchen in ihren Festkleidern da, Blumen im straffen, schwarzen Haar, und die Armreifen bebten an ihren schlanken Handgelenken, während der Mönch Pater Olmedo sie als die ersten amerikanischen Konvertiten in die christliche Kirche aufnahm. Sie erhielten neue Namen, die Namen von Müttern, Schwestern, Gattinnen und Geliebten in Spanien oder Kuba, und dann verteilte Cortez sie an seine Hauptleute, die sich nun berechtigt fühlten, mit ihnen in *barraganía* zu leben, in jener Abart der Ehe, die zwar keine kirchliche Eheschließung, jedoch in Spanien seit Jahrhunderten, als ein Abklatsch der mohammedanischen Welt, üblich war. Auf diese Weise kam auch Marína, ein junges Weib, das bei der Eroberung Mexikos eine große Rolle spielen sollte, zu den Konquistadoren. Sie sprach nicht nur den Küstendialekt, sondern auch die Sprache der Azteken, und Cortez hatte an ihr eine unschätzbare Dolmetscherin. Nur ihr ist es zu danken, daß er sich mit Montezuma verständigen konnte. Sie war »das schönste, vorlauteste und kühnste« der Mädchen, und wenn man den Ruf des Cortez bedenkt, erscheint es seltsam, daß er Marína einem seiner Kapitäne überließ. Später jedoch wurde sie seine Geliebte und gebar ihm einen Sohn, der zu einem spanischen Edelmann heranwuchs. Es ist typisch spanisch, daß all diese Abenteurer sich als strenge Verfechter der Etikette erwiesen. Als sie erfuhren, daß Marína eine Prinzessin war, die ihr böser Stiefvater als Kind verkauft hatte, und als sie ihr gebildetes Auftreten gewahrten, verliehen sie ihr den Titel *doña*, der damals nicht nur eine Anredeform bedeutete, sondern ein Vorrecht des Adels, auf das keiner von ihnen, nicht einmal Cortez, Anspruch erheben konnte. Auch hierin drückt sich ihr Wille aus, korrekt vorzugehen. Es war nicht Heuchelei, sondern spanisches Formgefühl in seiner extremsten Spielart.

Inzwischen hatten Montezumas Späher, im Schutze des Dschungels und des Waldes, alles beobachtet. Sie hatten in der aztekischen Bilderschrift Abbilder der Spanier gezeichnet und diese von Stafettenläufern durch Dickicht und Wald befördern lassen, über Berge und aus Fasern geflochtene Hängebrücken, die über Wildbächen und Schluchten schwankten, bis zur Ebene hinauf, wo Tenochtitlán auf seiner Lagune schimmerte. Grauenerregender als die bärtigen Männer waren für sie, die nie zuvor Pferde gesehen hatten und daher Roß und Reiter für ein einziges Geschöpf hielten, diese seltsamen Geschöpfe mit zwei Köpfen und vier

Beinen. Als Montezuma diese Bilder erblickte, erfaßte ihn Bestürzung. Er entsann sich einer Prophezeiung, der zufolge eines Tages die Kinder der Sonne von Osten her kommen und Mexiko regieren würden. Hier also waren diese Götter! In seiner Unschuld sandte er ihnen Geschenke aus massivem Gold und bat sie, zur Sonne zurückzukehren, denn er hoffte, den Gang des Geschicks auf diese Weise aufhalten zu können. Kaum hatten aber die Spanier das Gold erblickt, als sie sich sogleich entschlossen, nach Tenochtitlán aufzubrechen.

Zuvor gründete Cortez noch, feierlich wie ein Römer, die Stadt Vera Cruz, mit vollem Namen: La Villa Rica de Vera Cruz – die reiche Stadt des wahren Kreuzes –, und damit war auf eine angemessene und ehrenhafte Weise Gott und Gold auf einen gemeinsamen Nenner gebracht, der zugleich den Leitspruch für die ganze Eroberung enthielt. Dann verbrannte er die Schiffe. Wie es einem Cortez entsprach, sorgte er jedoch dafür, daß alles Metall und Takelwerk vorher in Sicherheit gebracht wurde. Das sollte ein paar Monate später seine Rettung sein. Nachdem er so ein Ausgangslager geschaffen und sich den Rückzug abgeschnitten hatte, ließ er eine kleine Besatzung zurück und brach auf. Seine Streitmacht umfaßte vierhundert Mann, dreizehn Pferde und sechs bis sieben leichte Geschütze. Die Hauptstadt Montezumas lag dreihundert Kilometer entfernt, und die Spanier mit ihren eingeborenen Verbündeten brauchten fast drei Monate, um sie zu erreichen. Sie schlugen sich durch dampfende Wälder und Dschungelgestrüpp, sie froren auf den Bergen, so daß Díaz die Kälte durch seinen Panzer hindurch fühlte. Sie durchquerten Kiefernwälder, in denen die Zaubermittel und Amulette der Medizinmänner Montezumas, die sie am Vordringen hindern sollten, dichter hingen als Spinnweben. Es kam zu Kämpfen, und viele wurden verwundet. Als die Eingeborenen das erste Pferd getötet hatten, schnitten sie ihm den Kopf ab und sandten ihn reihum, von einem Stamm zum anderen, als Beweis, daß es nicht unsterblich sei. Auf Schritt und Tritt standen die Eindringlinge den Wundern und Schrecken dieses fremden Landes gegenüber, das seit dem Anfang der Menschheitsgeschichte von jeder Berührung mit der ihnen bekannten Welt abgeschnitten gewesen war. Auf den Spitzen von Pyramiden fanden sie Tempel, deren Mauern mit Menschenblut beschmiert waren. Sie trafen Horden grausiger Priester in schwarzen Gewändern, deren Haar von eingetrocknetem Blut verfilzt und nie geschnitten worden war. Die Opfer wurden auf die Spitze der Pyramiden geschleppt und dort von diesen Blutgeiern festgehalten, während einer von ihnen, der ein rotes Gewand trug, mit einem Feuersteinmesser eine klaffende Wunde in die Brust des Todgeweihten schnitt und das noch klopfende Herz herausriß. Der Leichnam wurde vom *ziggurat* – dem Turmtempel – hinabgestürzt, und dort erwarteten ihn

Priester, die ihn zerstückelten. »Ich glaube sogar«, sagt Díaz, »daß sie auf den Märkten, den *tianges,* zerschnittenes Menschenfleisch feilbieten.« Sogar Díaz lebte in ständiger Angst, ihnen in die Hände zu fallen. Auch entsetzten sich die Spanier über die vielen jungen Männer, die in Frauenkleidern umhergingen, und verboten ihnen, »sich mit derlei fluchwürdiger Unzucht den Lebensunterhalt zu verdienen«. Das sind nur ein paar Züge der Kultur, deren Untergang von zahlreichen Schriftstellern beklagt wird.

Trotz ihres Goldes und Silbers und ihrer äußeren Prachtentfaltung waren die Azteken in Wirklichkeit Wilde. Eisen war ihnen unbekannt, Kupfer war selten, und dieses Volk, das ein System der Nachrichtenübermittlung ausgearbeitet hatte, das im Europa der gleichen Zeit als Wunder gegolten hätte, und das herrliche botanische Gärten und Tierparks angelegt hatte, kannte andererseits den Gebrauch des Rades nicht. Die ersten Räder, die in Amerika gesehen wurden, waren die von Cortez' Geschützen. Schafe, Rinder und Weizen waren ihnen fremd. Hingegen fanden die Spanier zwei Produkte vor, die bald die Alte Welt eroberten – so wie das Pferd, die Kuh, das Schaf und der Weizen die Neue Welt –: Tabak, den die Mexikaner in Pfeifen oder Zigarrenspitzen aus Schildkrot rauchten oder schnupften, und Kakao oder Schokolade, die die Azteken auf eine Weise zubereiteten, die heute in Vergessenheit geraten sein dürfte. Sie schlugen diese mit Vanille zu einem steifen Schaum und aßen sie kalt mit dem Löffel.

Die kleine Gruppe der Spanier erreichte das Flachland, mehr als zweitausend Meter über dem Meeresspiegel, das heute als Tal von Mexiko bezeichnet wird; einem mexikanischen Venedig zu vergleichen, hob sich dort die Stadt Tenochtitlán aus dem Wasserspiegel eines weiten Sees. Als die Spanier einen der künstlichen Steindämme betraten, die den einzigen Zugang zu der Inselfestung bildeten, kam ihnen ein glänzendes Gefolge entgegen. Montezuma eilte zu ihrem Empfang herbei, in einer mit poliertem Blattgold überzogenen Tragsänfte, deren Stangen auf den Schultern seiner Würdenträger ruhten. Sein Haupt war beschattet von einem silbernen Baldachin mit Fransen aus Kolibriflügeln und anderen schillernden Federn. Als er aus der Sänfte stieg, beugte sich sein Gefolge mit niedergeschlagenen Augen zu Boden, denn es war unzulässig, ihn anzublicken, und als er, von Prinzen des Königshauses gestützt, vorwärtsschritt, gingen Diener vor ihm her und breiteten baumwollene Teppichläufer vor ihm aus, damit seine goldenen Sandalen den gewöhnlichen Erdboden nicht berührten. Er war vierzig Jahre alt, hochgewachsen und schlank, hatte straffes, schwarzes Haar, und seine Haut war blasser als die seiner Untertanen. Bei jeder Bewegung blitzten an seinen Kleidern Perlen, Edelsteine und Smaragde auf, die bei den Azteken *chalcivitl* hießen, und zogen die Augen der Spanier auf sich. Seine Krone bestand aus grünen Federn. Cortez warf einem Pagen die Zügel seines Pferdes zu und stieg ab, um dem Kaiser entgegenzugehen. Montezuma schaute in das bärtige, feierliche Gesicht unter der Sturmhaube und meinte, es sei das Gesicht eines Gottes.

Was soll man von den folgenden Ereignissen halten? War es Betrug und Verbrechen niedrigster Art oder ein unvermeidlicher Akt der Selbsterhaltung? In Tenochtitlán stellte man den Spaniern einen der königlichen Paläste zur Verfügung, der groß genug war, um sie alle aufzunehmen. Montezuma behandelte sie ganz und gar als Götter. Er war glücklich, sie als Gäste bei sich zu sehen, und überhäufte sie mit Geschenken. Sie waren sich dessen bewußt, daß sie sich in einer fragwürdigen Position befanden. Sie waren mit Eroberungslust im Herzen hergekommen und wurden nun als geehrte Gäste behandelt. Nach vier Tagen erbat Cortez sich die Erlaubnis, die große Pyramide, die *teocallis*, zu ersteigen und die Tempel der mexikanischen Götter zu besichtigen. Montezuma zog mit großem Pomp voran, und Cortez folgte ihm zu Pferde, umgeben von seinen Reitern und einer Wache aus Fußvolk, unter der sich auch Bernal Díaz befand. Zum erstenmal bekamen sie die Stadt zu sehen, denn Cortez hatte ihre Bewegungsfreiheit auf die Räume und Gärten des Palastes beschränkt. Sie staunten über die dichtbevölkerten Straßen – die Einwohnerzahl soll dreihunderttausend gewesen sein –, über die Plätze, von denen einer größer war als die Plaza Mayor in Salamanca, und die Märkte, auf denen die Händler Gänsekiele voll Goldstaub, Pfeifenröhren aus Bernstein, Kakao, Schokolade, Mais, Pelze, Federn und die feinste Baumwolle, die so schön war wie die teuerste Seide, feilboten. Als sie die hundertvierzehn Stufen der Pyramide erklommen hatten, standen sie voll Entsetzen vor den gräßlichen Göttern und den Priestern mit ihrem blutverklebten Haar. »Dieser teuflische Tempel, dieser Höllentempel«, nennt ihn Díaz. Er sah den schrecklichen Kriegsgott Uitzilopochtli, ein Idol mit »sehr breitem Gesicht, vorquellenden, wild blickenden Augen, über und über mit Edelsteinen, Gold und Perlen bedeckt, die mit einem Klebemittel auf ihm befestigt waren«. Vor dem Gott sahen sie auf einer Pfanne die Herzen dreier Männer qualmen, die an diesem Morgen geschlachtet worden waren. Fußboden und Wände waren von eingetrocknetem Blut geschwärzt, »und es roch ärger als in einem kastilischen Schlachthaus«. Ferner sahen sie die große Trommel aus Schlangenhaut, die sie später Tag und Nacht ohne Unterlaß ertönen hören sollten. Trotz allem Abraten Pater Olmedos, der gleichfalls anwesend war, tadelte Cortez Montezuma offen wegen seiner Götzendienerei und ersuchte ihn um einen Altar, auf dem man die Statue der seligsten Jungfrau aufstellen könnte. Der Kaiser war betroffen und beleidigt. »In unseren Augen sind dies gute Gottheiten«, sagte er; »ich bitte euch, sie nicht zu beleidigen.« Cortez entschuldigte sich und führte seine Leute wieder die Pyramide hinunter, indes der Kaiser oben blieb, um die beleidigten Götzen zu versöhnen. Cortez handelte, wie ein Christ aus der frühchristlichen Ära in einem Heidentempel gehandelt hätte, und von diesem Augenblick an wurde der Kampf um Mexiko zum Kampf Christi gegen die blutbefleckten Götter aus den Anfängen der Zeit. Von der Pyramide hinabsteigend, sahen die Christen die Stadt unter sich liegen, von Kanälen durchzogen, sie sahen den See, auf dessen Wassern Blumeninseln schwammen, in morgendlicher Schönheit erstrahlen. Wie bei den meisten Dingen in Mexiko, ging die Schönheit Hand in Hand mit dem Dämonischen.

Díaz gehörte zu den Begleitern des Cortez bei dessen Besuch mit Marína im Palast, wo Kaiser Montezuma wie ein Halbgott wohnte. Ehe sie seiner Gegenwart teilhaft wurden, mußten die höchsten Würdenträger ein Gewand aus Sackleinen über ihre prächtigen Mäntel werfen, auch mußten sie ein kleines Paket, als Zeichen einer Bürde, auf dem Rücken tragen. In dieser symbolischen Erniedrigung traten sie mit niedergeschlagenen Augen näher. Für den Kaiser wurden täglich dreihundert Gerichte zur Auswahl zubereitet, und er speiste allein, hinter einem goldenen Wandschirm, von schönen Mädchen bedient, die ihn nie anblicken durften. Nach dem Essen wurde ihm die königliche Schokolade gereicht, und dann »brachten die Mädchen ihm drei herrlich bemalte, vergoldete Röhrchen, die mit flüssigem Bernstein und einem Kraut, das von den Indianern Tabak genannt wird, angefüllt waren. Eine dieser Röhren wurde angezündet und der Kaiser sog den Rauch in den Mund, und nachdem er dies eine Weile getan hatte, schlief er ein.«

Den Christen wurde erlaubt, in ihrem Quartier eine Kapelle für die seligste Jungfrau zu errichten. Dabei entdeckten sie eine zugemauerte Tür, nahmen ein paar Steine heraus und gelangten in einen großen Saal, in dem bis an die Decke Gold und Edelsteine gestapelt waren. Sie mauerten die Tür wieder zu. Allmählich fühlten sie, daß im Benehmen ihres Gastgebers eine Veränderung vor sich ging. Die frühere Herzlichkeit und Ehrerbietung hatte nachgelassen. Dann traf die Nachricht ein, Montezumas Leute hätten Vera Cruz an der Küste angegriffen und etliche Spanier getötet. Cortez und seine Leute fühlten sich in eine Falle gelockt und befürchteten, daß die Azteken sich erheben und sie abschlachten würden. Sie berieten untereinander und faßten einen Plan, der wohl der kühnste war, der je von einer kleinen Schar von Kriegern, mitten im Herzen einer kriegerischen Nation, ausgeführt worden ist. Sie beschlossen, Montezuma gefangenzunehmen, ihn blitzschnell aus seinem Palast zu entführen und als Geisel für das friedliche Verhalten seines Volkes zu benützen. »Die ganze Nacht«, erzählte Díaz, »verbrachten wir mit Pater

Olmedo im Gebet und erflehten die Hilfe des Allmächtigen für die heilige Sache.«
Am Morgen begab sich Cortez mit Doña Marína als Dolmetscherin und mit seinen bewaffneten Hauptleuten in den Palast, und nach etwa einer Stunde sah das Volk die kaiserliche Sänfte mit den weinenden Dienern des Kaisers auf die spanischen Quartiere zuschwanken. Es erscheint unglaublich, daß ein paar mutige Männer einen Herrscher aus seinem eigenen Palast entführen konnten, es sei denn, der Kaiser hätte sich freiwillig gefangen gegeben; vielleicht aber empfand Montezuma sich bereits als hilflose Marionette an den Schnüren des Schicksals. Cortez verneigte sich tief vor ihm, und die Soldaten nahmen in seiner Gegenwart die Kopfbedeckungen ab; trotzdem muß es auch dem dümmsten Mexikaner klar geworden sein, daß der Kaiser nicht mehr der wahre Machthaber in Mexiko war. Cortez hatte die Unverfrorenheit, die Auslieferung jenes hohen Würdenträgers zu fordern, der den Angriff auf Vera Cruz befohlen hatte. Dieser erschien in einer Sänfte, mit dem Gehaben eines hohen Militärs. Cortez ließ ihn auf dem Marktplatz bei lebendigem Leib verbrennen. Während die Hinrichtung stattfand, befestigte Cortez eigenhändig Fesseln an den Beinen Montezumas, vermutlich als Strafe. Als die Spanier zurückkamen, sahen sie, daß die Diener des Kaisers seine Fesseln in die Höhe hielten, damit sie die Glieder des Herrschers nicht wundscheuerten. Cortez kniete nieder und nahm sie ihm wieder ab. Trotz dieser Demütigungen blieben ihre Beziehungen ziemlich herzlich. Montezuma gewann die Herzen seiner Kerkermeister durch seine melancholische Ergebung und Freundlichkeit und durch die Bereitwilligkeit, sie mit Gold und Frauen zu belohnen. Der nächste Schritt war Montezumas formeller Untertaneneid an Karl V., der von einem Notar gesetzlich beglaubigt, unterzeichnet, versiegelt und nach Spanien geschickt wurde. Daraus ergab sich die Tributpflicht seinem Herrn gegenüber. Seit Jahrhunderten hatten die Azteken Gold gehortet, und ihr wertvoller Goldschatz wurde nun von den Spaniern beschlagnahmt und zu Barren eingeschmolzen. Ein Fünftel davon wurde für den König von Spanien beiseitegelegt, den Rest teilten die Konquistadoren untereinander auf. Für alle, die eine gleichmäßige Verteilung der Güter für möglich halten, ist es lehrreich zu hören, daß die meisten Soldaten ihren Anteil innerhalb weniger Tage verspielt hatten und manche nun wieder so arm waren wie zur Zeit ihres Aufbruchs, während andere reicher geworden waren.
Nachdem sie den Kaiser gefangengesetzt und seine Schätze beschlagnahmt hatten, forderte Cortez als nächstes die Erlaubnis, auf der Spitze der Pyramide neben den Idolen einen christlichen Altar zu errichten, und erhielt sie auch. Als er eines Tages die Pyramide erstieg, um die Reinigung des Heiligtums zu beaufsichtigen, verlor Cortez den Priestern

gegenüber plötzlich die Beherrschung, ergriff einen Metallbarren, sprang auf und schlug den Götzen Uitzilopochtli ins Gesicht, genau zwischen die Augen, so daß seine goldene Maske in Trümmer ging. Dabei schrie er: »Wir müssen etwas wagen für Gott!« Das erinnert an den heiligen Paulus. Doch nicht einmal Paulus zerschlug die Standbilder der Diana der Epheser. So mancher Christ ist für Geringeres, als es die Tat des Cortez auf dem Gipfel der Pyramide in Mexiko war, heiliggesprochen worden. Dieser bedeutsamste Augenblick der Eroberung Mexikos stellt Cortez turmhoch über die anderen Konquistadoren. Natürlich mußte er dafür büßen. Die krasse Beleidigung der Götter brachte den bereits seit langem schwelenden Aufstand zum Losbrechen. Montezuma bat seine Freunde, zu flüchten, solange das noch möglich sei; während sie aber noch über die Fluchtmöglichkeiten hin und her berieten, hörten sie, daß achtzehn spanische Schiffe Vera Cruz angelaufen hätten und ein Befehlshaber namens Narváez mit neunhundert Mann, samt achtzig Mann Reiterei, achtzig Musketieren, achtzig Bogenschützen und einer Menge mörderischer Geschütze dort gelandet sei. Die Mannschaft frohlockte und glaubte an Verstärkungen, einzig Cortez begriff, daß es sich um Feinde handelte, denen man sich unverzüglich zum Kampf stellen mußte. Er erriet, daß der Gouverneur von Kuba diese Streitmacht ausgesandt hatte, weil Cortez sich das Auftreten und die Autorität eines Eroberers angemaßt hatte. Ringsum von Feinden umstellt, handelte Cortez mit der ihm eigenen Schnelligkeit und Hitzigkeit. Er beließ eine geringe Streitmacht in Mexiko, um die Stadt inzwischen zu halten, und trat an der Spitze einer armseligen kleinen Armee von insgesamt zweihundertsechzig Mann, von denen nur fünf beritten waren, einen Gewaltmarsch an. Immerhin war seine Truppe gestählt und im Dschungelkrieg erprobt. Narváez und seine Spanier glaubten Cortez noch kilometerweit entfernt, als sie eines Nachts, unter Sturzbächen tropischen Regens, angegriffen und vollkommen aufgerieben wurden. Narváez verlor ein Auge, und seine Leute gaben sich gefangen. Díaz schildert ein reizvolles Detail: Ein Schwarm von Leuchtkäfern unterstützte die kleinere Streitmacht, denn die Feinde hielten sie für die brennenden Zündschnüre unzähliger Musketiere.

Kaum hatte Cortez Narváez geschlagen, da erhielt er die Nachricht, in Mexiko sei der Aufstand ausgebrochen. Er marschierte zurück, verstärkt durch die Neuangekommenen, die sich ihm, in der Hoffnung auf Beute, bereitwillig anschlossen. Als sie ankamen, fanden sie die zurückgebliebenen Truppen von den Mexikanern belagert. Die Wildheit der Azteken war unbeschreiblich und scheint sogar für Cortez überraschend gewesen zu sein. Montezuma war gekränkt, als Cortez seine Freundschaft zurückwies. Eines Tages legte der Kaiser seinen weißblauen Herrschermantel und seine goldenen Sandalen an und zeigte sich, das Diadem auf der Stirn, in königlicher Pracht auf dem Turm des Palastes. Als der wütende Pöbel den Kaiser erkannte, trat jählings Stille ein. Er befahl ihnen, den Kampf abzubrechen, und sicherte ihnen zu, die weißen Männer würden unter dieser Bedingung aus Mexiko abziehen. Als er die Spanier erwähnte, erhob sich zorniges Gemurmel. Jemand schoß einen Pfeil auf ihn ab, Steine flogen, und einer davon streckte ihn ohnmächtig zu Boden. Damit hatte Montezuma die tiefste Erniedrigung erreicht, und nach drei Tagen verschied er. Pater Olmedo kniete mit dem Kruzifix bei ihm, aber er wandte sich ab. »Mir sind nur noch wenige Augenblicke vergönnt«, sagte er, »und in diesen will ich die Götter meiner Väter nicht verlassen.« Die Spanier beweinten ihn. »Wir liebten ihn alle wie einen Vater«, sagt Díaz, »und das ist nicht verwunderlich, wenn man gesehen hat, wie gütig er war.« Ich habe mich oft darüber gewundert, wie es möglich war, daß der gräßliche Glaube, dem er anhing, der blutrünstigste und primitivste, seit die Welt besteht, einen Charakter von so christlicher Milde hervorbringen konnte.

Nun fand es Cortez ratsam, sich aus Mexiko zurückzuziehen. Er faßte den Plan, seine kleine Armee bei Nacht auf dem kürzesten der drei Dammwege über den See zu führen. Vorher spielte sich im Palast ein unbeschreibliches Schauspiel ab. Die paar Pferde, die durchwegs lahm und verwundet waren, wurden mit Gold beladen, mit einem Teil jenes Goldes, das man für den spanischen König aufgehoben hatte. Dann wurden die Soldaten in das Zimmer gelassen und ihnen gestattet, mitzunehmen, soviel sie wollten. Die bedächtigeren, wie Díaz, steckten eine Handvoll Edelsteine zu sich, jedoch die habgierigen und dummen beluden sich mit Goldklumpen, die ihnen zum Verderben gereichen sollten. Im Dunkel betraten sie den Damm. Plötzlich begann die große Schlangenhauttrommel auf der *teocallis* zu dröhnen, und die Spanier wurden von Tausenden von Kriegern in Kanus angegriffen. Von Pfeilen durchbohrt, von Steinen getroffen, von Speeren, die vom Wasser aus gegen sie geschleudert wurden, verwundet, stürzten sie in den See und wurden von den Azteken gefangen, während die Nachdrängenden in wilde Panik verfielen. Gold, Pferde, eine ganze Kette von Geschützen, das Gepäck Cortez', ein paar hundert Spanier und ein paar tausend einheimische Verbündete kamen in dem wilden Chaos dieser Nacht um. Als Cortez die armseligen Reste sah, die waffenlos das Festland gewannen, brach er in Tränen aus.

Sie zogen sich nach Süden zurück, in den mexikanischen Staat Tlaxcala, dessen Bewohner ihnen erstaunlicherweise die Treue hielten. Sie besaßen weder Gewehre noch Kanonen und Pulver. Fast alle waren verwundet. Sie hatten das furchtbare Rückzugsgefecht von Otumba geliefert, bei dem Cortez seine Leute vor der völligen Vernichtung zu bewahren vermochte, indem er geradewegs auf den feindlichen Anführer losritt und ihn niederhieb. Bei den eingeborenen Bundesgenossen heilte die kleine Schar ihre Wunden aus, und sogleich begann der unglaubliche Cortez wieder, die Rückeroberung Mexikos zu planen. Allmählich wandte sich ihm das Glück wieder zu. Die Regierung in Kuba hatte keine Ahnung, daß Narváez geschlagen war, und sandte Schiffe mit Verstärkungen für ihn. Diese wurden bestochen und traten in Cortez' Dienste. So erhielt er neue Geschütze, Pferde, Bogensehnen, Musketen und Schießpulver. Und sogleich heckte er einen Plan aus, der nicht weniger waghalsig war als die Gefangennahme Montezumas. Der Rückzug hatte ihn gelehrt, daß man in Mexiko nichts erreichen konnte, wenn man keine Schiffe hatte, um die verbindenden Wasserwege zu halten. Aber er besaß keine Schiffe. Also ließ er seine eingeborenen Helfer unter der Anleitung des Schiffszimmermanns Martin López Holz für dreizehn Brigantinen schlagen und verwendete die kompletten, in Sicherheit gebrachten Metallteile und Takelagen der Schiffe, die er kurz nach seiner Landung in Mexiko verbrannt hatte. Er ließ die Schiffe aus zerlegbaren Teilen herstellen, damit man sie über die Berge transportieren und an der Küste des Sees wieder zusammensetzen konnte. Sechs Monate nach seiner Niederlage war er wieder bereit, in Mexiko einzumarschieren. Seine Armee bestand nun aus fünfhundertfünfzig Soldaten, zweiundvierzig Reitern, acht leichten Geschützen und einer Hilfstruppe aus Tlaxcala, die darauf erpicht war, den Untergang der Erbfeinde mitzuerleben. Unter den Leuten, die an seiner Tafel speisten, war auch ein junger Aztekenprinz aus königlichem Blut, der Christ geworden war und einen spanischen Namen angenommen hatte. Denn Cortez hatte, wie stets, an alles gedacht.

Auf dem Rückmarsch nach Mexiko fanden die Spanier grauenhafte Spuren des Schicksals, das ihre Kameraden ereilt hatte, die in Feindeshand gefallen waren. In einer Eingeborenenstadt, schreibt Díaz, »klebte das Blut unserer unseligen Landsleute noch an den Mauern der Tempel. Auch fanden wir dort auf einem Altar die unversehrte Gesichtshaut zweier Spanier, an der noch der Bart haftete. Die Häute waren so präpariert wie das Leder, das wir zur Herstellung von Handschuhen verwenden.« In einem anderen Tempel entdeckte man die Haut von fünf Pferden, »kunstvoll ausgestopft, mitsamt den Beinen und Hufen.« Sie waren, ebenso wie die Kleider der geopferten Spanier, den Götzen geweiht worden.

Die Armee machte sich, »nachdem sie der Messe beigewohnt und sich Gott empfohlen hatte«, auf den schwierigen und steilen Weg nach Mexiko, und die halbfertigen Brigantinen folgten auf den Schultern von achttausend Eingeborenen. So kamen sie wieder in Sichtweite der Stadt, in der sie so kühne Taten vollbracht und so viel erlitten hatten. Die Belagerung dauerte fast drei Monate und zeugte für die kriegerischen

Eigenschaften der Azteken. Alle Straßen waren von Leichen übersät, und die hungernden Frauen und Kinder, die aus der Stadt wankten und sich, Baumrinde kauend, umhertrieben, erregten das Mitleid der Spanier und veranlaßten Cortez, immer wieder zur Übergabe aufzufordern, jedoch vergeblich. Pausenlos dröhnte die »Höllentrommel«, und auf der Pyramide beugten sich die Priester, weithin sichtbar, über ihre Opfer. Auch Cortez entging der Gefangennahme nur um Haaresbreite, und man pries jeden Spanier glücklich, der im Kampfe fiel. Wenn die Belagerer zu den Pyramiden hinaufstarrten, auf denen Tag und Nacht Feuer loderten, erblickten sie manchmal voll Entsetzen ihre gefangenen Gefährten, grotesk mit Federn geschmückt und vor den Götzenbildern zum Tanzen gezwungen, ehe man sie zum Opferstein schleppte, Schließlich befahl Cortez, die aztekische Hauptstadt niederzubrennen; er tat dies nur ungern, »denn sie war die schönste Stadt der Welt«; seine Armee ging nun hinter einer Flammenmauer vor. Da kapitulierte die ausgehungerte Stadt endlich in ihrer eigenen Asche, und Mexiko war unterworfen.

Kurz darauf begann Cortez, das spätere Mexico City zu erbauen. Das heutige Königsschloß auf der Plaza Mayor steht auf demselben Grund und Boden, auf dem er, in den Ruinen von Montezumas Palast, einst seine Residenz errichtete. Nicht weit von dort, wo die gräßliche *teocallis* stand, erhebt sich der neue Dom. Aber der Wasserspiegel des großen Sees ist stark gesunken, und wo die ersten Spanier Tausende von Kanus sahen, erstreckt sich jetzt trockenes Land.

Gleich nach der Unterwerfung traf Cortez' Gattin Catalina ein, um bei ihrem Mann zu bleiben. Sie war kein freudig begrüßter Gast, aber er vermochte ihr nun die Position und den Luxus einer Königin zu bieten. Sie soll äußerst eifersüchtig gewesen sein, und wenn auch Doña Marína keine Rivalin mehr darstellte, so gab es vermutlich genug andere. Ein paar Monate nach ihrem Eintreffen wurde sie in ihrem Bett tot aufgefunden, unter Umständen, welche die zahlreichen Feinde ihres Mannes schadenfroh zur Kenntnis nahmen.

Bei der Eroberung Mexikos war Cortez sechsunddreißig und vielleicht der größte Spanier der Epoche, ein König in allen Stücken, nur nicht dem Titel nach. Doch sein Untergang war bereits beschlossen, seine Erfolge hatten ihm zu viele Feindschaften eingetragen. In Spanien wurde er gefeiert und mit Ehrungen überhäuft. Er wurde zum Marquis von Oaxaca ernannt und heiratete die schöne, vornehme Doña Juana de Zúñiga; Mexiko jedoch wurde der Kolonialverwaltung überantwortet, und Cortez mußte, trotz seines Ruhmes und Adelstitels, hinter Vizekönigen aus Madrid zurückstehen. Seine letzten Jahre waren von Kämpfen gegen Widersacher, denen er nicht gewachsen war, ausgefüllt – gegen Bosheit, Neid und Eifersucht –, und schließlich wurde er nicht einmal mehr vom

König empfangen. Er starb in der Nähe von Sevilla, unglücklich und enttäuscht, im Alter von zweiundsechzig Jahren. Seine sterblichen Überreste wurden nach Mexiko überführt, jedoch am Abend des Nationalen Unabhängigkeitstages, 1823, heimlich wieder fortgeschafft. Man nimmt an, daß sie nach Sizilien eingeschifft wurden, denn dort lebte damals das Oberhaupt der Familie Cortez. Heute weiß niemand mehr, wo Cortez begraben liegt.

Als ich mich der Bergstadt Trujillo näherte, sah ich, daß ihre Wälle, die aus einiger Entfernung gut erhalten gewirkt hatten, nur noch brüchiges Mauerwerk und ihr maurischer *alcázar* ein leeres Gehäuse waren. Steil führen die Straßen, in denen so manches schöne, aber verfallene Renaissanceschloß steht, zum höchsten Punkt der Stadt hinauf. In der einst prunkvollen Einfahrt eines Schlosses lag ein Haufen Kohle, aus dem ein Kohlenhändler seine Säcke füllte. Ein zarter Duft von frischgebackenem Brot lockte mich weiter, in einen ehemals herrschaftlichen Hof, wo eine Frau im Glutschein eines Holzfeuers mit einem Eisenhaken Brotlaibe aus dem Ofen holte, der dort aufgestellt war.
Diese Schlösser waren sämtlich aus den Schätzen Perus erbaut worden. Ihren Grundstein hatte das Gold der Inkas gelegt, und der Mörtel, der ihre Steine bindet, war Blut und Glück. Aber nur die wenigsten Konquistadoren zogen Nutzen aus ihren Abenteuern. Die meisten fielen im Kampf oder fanden, nach der Aufteilung der Beute, daß sie sich für ihren Anteil nicht einmal ein neues Pferd oder ein Schwert kaufen konnten. Die Bauten Trujillos beweisen, daß es dennoch einzelnen vergönnt war, Gold zu erraffen, das ihnen nicht zwischen den Fingern zerrann.
Auf der herrlichen Plaza im tiefergelegenen Teil der Stadt steht eine Reihe wunderschöner mittelalterlicher Wohnhäuser auf einem Unterbau von steinernen Bogen, und gegenüber liegt das dekorativste Palais der Stadt, mit einem fast zwei Stock hohen, in die Fassade gemeißelten Wappenschild. Es ist, so sagte man mir, das Palais der Marquesa de la Conquista, der heutigen Trägerin des Titels Pizarros. Dieser Titel hatte eine ungewöhnliche Geschichte, denn Pizarro war unverheiratet, und der Titel erlosch mit seinem Tod. Aber er hatte mit einer Inka-Prinzessin, der Tochter eines von ihm ermordeten Inka-Fürsten, gelebt und eine Tochter gezeugt. Diese heiratete ihren Onkel, Hernando Pizarro, der Francisco überlebte, und dessen Nachkommen den Marquéstitel weiterführen durften. Fremden gegenüber wird das Palais fälschlich als das Haus Pizarros bezeichnet. Er hat jedoch nie in Trujillo gewohnt, sondern blieb in Peru und wurde dort ermordet.
Überall in Trujillo, auf dem Kirchturm, dem Kloster, dem Palais, nisten Störche. Die Luft ist erfüllt vom trockenen Klappern ihrer Schnäbel, das

von früheren Generationen *crotonasia* genannt wurde. Durch die Duldung, die die Störche seit Jahrhunderten genießen, fühlen sie sich sicher und äugen, auf einem ihrer roten Beine stehend, aufmerksam in die Straßen hinunter, wie die Geister der äußerst wohlwollenden Bürger der Stadt. Ich flüchtete vor der Hitze in das Café Victoria, gegenüber dem romantischen Pizarrodenkmal. In voller Rüstung sprengt er – eine Verkörperung edelsten Rittertums –, das gezückte Schwert in der Faust, dahin; Federn umwehen seinen Helm. Die Statue ist ein Werk der amerikanischen Bildhauerin Maria Harriman Rumsey; eine Kopie davon steht vor der Kathedrale in Lima. Bei einem Glas *manzanilla* überlegte ich, daß Trujillo sein Gepräge dem Bedürfnis der Neureichen verdankt, ihr Leben nach dem Vorbild des Adels zu gestalten. Die aus eigener Kraft hochgekommenen Konquistadoren und deren Nachkommen bauten sich aus dem Reichtum Perus Paläste im Stil der spanischen Ritterburgen. Man kann sich denken, wie stolz die emporgekommenen Bauern und Schweinehirten Estremaduras waren, wenn sie als reiche Edelleute in ihre Heimatorte zurückkehrten, und das Wappenschild über dem Tor bedeutete für sie ein noch größeres Wunder als ihre Erlebnisse bei den Indianern.

Die Ruine eines alten Schlosses auf dem Scheitel einer Erhebung inmitten der Altstadt wird gleichfalls fälschlich das Heim Pizarros genannt, der, im wahrsten Sinn des Wortes, nirgends ein Heim sein eigen nannte. Dieses Schloß eines Adeligen, mit einem Wappen über dem Tor, ist vielleicht das Haus seines Vaters, aber keinesfalls das seiner Mutter gewesen. Oberst Gonzalo Pizarro, ein pensionierter Offizier, machte sich eines *desuedo,* wie die Spanier das leichthin nennen, einer »Nachlässigkeit«, schuldig, und zwar mit einer jungen Frau aus der Stadt, die aus bescheidenen Verhältnissen stammte. Die Frucht der »Nachlässigkeit« war der künftige Eroberer Perus, Francisco Pizarro. Der Knabe erhielt keinerlei Schulbildung und konnte bis an sein Lebensende weder lesen noch schreiben. Wie die meisten Knaben in Estremadura, hütete er die Schweine; später ging er nach den beiden Indien, um dort, noch jung an Jahren, sein Glück zu machen. Der Oberst machte sich mindestens noch zweier solcher »Nachlässigkeiten« schuldig, die Gonzalo und Juan getauft wurden. Außerdem hatte er einen legitimen Sohn, Hernando Pizarro, der älter war als seine drei Halbbrüder. Hernando war ein hochfahrender Aristokrat und schaute auf Francisco herab, obwohl dieser der Begründer seines Reichtums war, indes Francisco voll Neid und Bewunderung zu ihm aufblickte. Das sind die vier Pizarros, die wie die vier Reiter der Apokalypse über Peru dahinbrausten und eine Kultur auslöschten, die gewiß vieles für sich hatte. Die Inkas waren nicht so grausam wie die Azteken, auch waren sie keine Kannibalen. Sie opferten ihren Götzen gebratene Lamas und

hatten, von ihrer klugen Bauernschicht unterstützt, eine frühe Form des Wohlfahrtsstaates entwickelt.
Bei allen Pizarros stellte sich merkwürdigerweise der Erfolg erst im vorgeschrittenen Alter ein. Cortez war dreiunddreißig, als er in Mexiko landete, Francisco Pizarro hingegen schon über fünfzig, als er Peru eroberte, und sein Halbbruder Hernando noch älter. Die peruanischen Konquistadoren waren nicht so sympathisch wie Cortez, im großen und ganzen waren sie eine brutale Gesellschaft, grausam, hinterlistig und rachsüchtig. Der Tod Montezumas ist eine ergreifende Tragödie, an der man Cortez zwar die Schuld zuschreiben darf, doch war er kein gemeines Verbrechen wie der Justizmord an dem Inka. Pizarro lud diesen Fürsten zum Essen ein, nahm ihn gefangen, erschlug seine waffenlosen Begleiter und erklärte sich nur dann bereit, ihn freizulassen, wenn er ein ganzes Zimmer mit Gold anfülle. Nachdem der Inka das getan hatte, verurteilte Pizarro ihn, auf Grund einer fingierten Anschuldigung, zum Tod durch Verbrennen und milderte das Urteil auf Erdrosseln, als der arme Teufel auf dem Scheiterhaufen zum Christentum übertrat – eine grauenhafte Parodie auf die Inquisition und jedenfalls die schändlichste Tat in der Geschichte der Neuen Welt.
Was die peruanischen Konquistadoren jedoch an Abenteuern erlebten, ist nur wenigen Sterblichen zuteil geworden: Staunend erschauten sie die Edelsteingärten der Inkas in Cuzco, in denen Blüten aus Smaragden und kostbaren Steinen zwischen goldenem Astwerk und silbernem Laub leuchteten, sie sahen die Königsmumien von Coricancha, die in juwelenbedeckten Gewändern auf Thronen aus getriebenem Gold saßen. Sie sahen den gigantischen Sonnentempel noch in unversehrtem Glanz, ehe sie siebenhundert Goldtafeln von seinen Wänden brachen und das rundum laufende Gesims aus purem Gold herunterholten. Diese Männer, die nie einen überflüssigen Groschen ihr eigen genannt hatten, verspielten nun Goldscheiben und Smaragde, und danach gingen sie, wie ein Rudel Wölfe, neuerlich auf Beute aus, ewig auf der Suche nach neuen Schätzen. Auch vernahmen sie als erste die phantastische Sage vom »Vergoldeten«, El Dorado, einem Wunschtraum, der auch Walter Raleigh in den Tod lockte. Der Sage nach war der »Vergoldete« König einer goldenen Stadt, die Manoa hieß. Jeden Tag entkleidete er sich, bestrich sich mit Gummi und wälzte sich dann in Goldstaub. Abends wurde er von seinen höchsten Würdenträgern auf den See hinausgerudert und stürzte sich ins Wasser, um den Goldstaub abzuwaschen. Der See sollte nicht nur voller Goldstaub sein, sondern auch voller Weihegaben aus Gold, die von den Gefolgsleuten El Dorados hineingeworfen wurden. Gonzalo Pizarro suchte, wie viele andere, nach der Goldenen Stadt und fand nur Enttäuschung und tiefstes Elend.

Die drei illegitimen Pizarros starben alle eines unnatürlichen Todes. Juan erlag den Verwundungen, die er im Kampf erhalten hatte. Francisco wurde, als alter Mann von fünfundsechzig oder siebzig Jahren, in seinem Haus in Lima von Bewaffneten überfallen und erschlagen. Gonzalo wurde bei einem Aufstand gegen den Vizekönig von Peru besiegt und enthauptet. Die drei Gewalttäter starben, wie sie gelebt hatten. Nur der hochfahrende und arrogante Hernando, der älteste und einzige legitime Pizarro, blieb am Leben, und das wahrscheinlich nur, weil er in einem spanischen Gefängnis in sicherem Gewahrsam saß und auf die Erledigung eines jener echt spanischen schwebenden Verfahren wartete, die alle Elemente der Ewigkeit in sich trugen. Er wurde zwanzig Jahre lang im Gefängnis festgehalten. Offenbar handelte es sich aber nur um eine technische Haft, denn während er im Kerker saß, wurde ihm gestattet, seine Nichte, die Tochter Franciscos aus seiner Verbindung mit der Inka-Prinzessin, zu heiraten, und so wurde die Pizarro-Linie, wie bereits gesagt, durch dieses ungleiche Paar weitergeführt. Als er endlich freigelassen wurde, war er ein Greis von über neunzig Jahren. Alle seine Zeitgenossen und Feinde waren von der Bühne des Lebens abgetreten, seine Nöte und Sorgen interessierten niemanden mehr, er gehörte der Vergangenheit an. Der alte Mann soll, heißt es, hundert Jahre alt geworden sein.
Durch die Straßen der alten Stadt streifend, entdeckte ich in der Kirche Santa María de la Concepción beim Schein eines Zündholzes die Figur eines knienden Ritters und darunter, in den Stein gemeißelt, den Namen Pizarro. Merkwürdigerweise glauben die meisten neueren Reisenden, wie auch die Handbücher irrtümlich anführen, daß dies das Grab Francisco Pizarros sei. Francisco ist in Wirklichkeit in der Kathedrale zu Lima begraben; in einem gläsernen Sarg sind dort seine grausigen Überreste ausgestellt. Nach seiner Ermordung wurde sein Leichnam von getreuen Hausdienern rasch in die alte Kathedrale gebracht und dort in einem Winkel eingescharrt. Beim Bau der neuen Kathedrale wurde er in eine prunkvolle Gruft übergeführt und neben den sterblichen Überresten des mächtigen Vizekönigs Mendoza bestattet.

Die Einwohner Méridas erzählten mir voll Stolz, die Stadt genieße den Ruf der heißesten Stadt Spaniens. Die meisten Fremden lagen erschöpft in der verdunkelten Wandelhalle des *parador* oder saßen lustlos im Innenhof herum, der von einer großen Markise beschattet wurde. Frühmorgens wurde sie mit Hilfe eines komplizierten Apparats aus Seilen und Rollen aufgespannt und erst nach Sonnenuntergang zurückgeschlagen, damit sich der Raum unter ihr mit Nachtluft füllen konnte. Hier hatte sich also, so stellte ich interessiert fest, die römische *valeria* erhalten, die im römischen Emerita (dem heutigen Mérida) ständig im

Gebrauch gewesen war; und ich sollte hier auch noch andere römische Relikte aufspüren.
Ich beschloß, die Hitze einfach zu negieren, und ging wie gewöhnlich auf Erkundung aus. Im gemächlichen Dahinschlendern, immer auf der Schattenseite der Straße, machte ich meine Beobachtungen. Zu den Sehenswürdigkeiten der Stadt gehört unter anderem die Eisenbahn. Große, schwarze Lokomotiven keuchen unter den Bogen eines römischen Aquädukts hindurch nach Westen, auf Badajoz und die portugiesische Grenze zu, und nachdenklich stehen oben die Störche und sehen auf sie hinab. Sie schauen aus wie Bahnbeamte, die Abfahrtszeiten kontrollieren, und kümmern sich nicht um die jähen Dampfstöße und Rauchwolken. Gleich daneben wölbt sich die schönste römische Brücke, die es in Spanien gibt, mit einer Reihe schöngerundeter Bogen fast einen Kilometer weit über den Guadiana. Die Sommerhitze hatte den Fluß stark ausgetrocknet. Vor der Brücke teilte er sich in zwei Arme, so daß inmitten seines Bettes Sandbänke und Inseln hervortraten, auf denen Herden von blauschwarzen Schweinen aus Estremadura emsig zwischen den Flußkieseln herumschnüffelten. Wenn man von der Wasserfläche aus durch die Bogen der Brücke schaute, erschienen dahinter, eingerahmt von altem Gemäuer, die türmchenbesetzten Mauern des römischen *castrum* und spiegelten sich im Fluß. Dieser Bau wurde von den Mauren zu einem *alcázar* umgestaltet, und nach der Rückeroberung in ein Kloster der Ritter von Santiago verwandelt.
Auch das römische Theater, das so gut erhalten ist, wie ich selten eines angetroffen habe, besuchte ich einige Male. Der Kreisbogen der Sitzreihen ist in sieben Felder geteilt und fast bis zu den obersten Reihen hinauf unversehrt, das Proszenium mit seinen stattlichen Säulen und Statuetten ist nahezu vollkommen. Wir neigen dazu, unsere heutige Zeit der Gleichmacherei zu zeihen, aber im Römischen Reich glichen die Städte einander fast so wie Wagen aus derselben Fabrik. Die Gleichförmigkeit der römischen Städtebaukunst, die sich mit starrer Monotonie in allen Provinzen wiederholt, muß ziemlich langweilig gewirkt haben. Aber man freut sich bei dem Gedanken, daß Seneca oder Martial, beides römische Spanier, vielleicht im Theater zu Mérida gesessen sind und einer Aufführung beigewohnt haben. Ich habe einmal irgendwo gelesen, die erste Stadt außerhalb Italiens, die das römische Recht und die lateinische Sprache angenommen habe, sei Cádiz gewesen, das zur Zeit der Römer Gades hieß. Die Tänzerinnen aus Gades waren nicht nur in Rom berühmt, sondern überall, wo Trimalchios Bankette abhielten, und manche meinen, daß noch heute in den Tänzen der andalusischen Zigeunerinnen etwas von ihren stampfenden Bewegungen und Gesten zu spüren sei.
Nur ein paar Schritte neben dem Theater liegt ein Amphitheater, in dem

Gladiatorenkämpfe abgehalten wurden. Die Arena konnte für Wasserkampfspiele unter Wasser gesetzt werden; die dazu nötigen Anlagen sind deutlich erkennbar. Im allgemeinen stellt man sich vor, daß solche Belustigungen auf einem künstlichen See stattgefunden haben, auf dem die Galeeren frei manövrieren und so den Eindruck einer Seeschlacht vermitteln konnten; in den Provinztheatern dürfte das Schauspiel jedoch nicht so aufregend gewesen sein. Aus den Anlagen in Mérida läßt sich entnehmen, daß das Wasser in Kanäle floß, und die Schiffe können sich nur in diesen Kanälen fortbewegt haben, etwa wie Fischerkähne, die durch eine Schleuse gestakt werden. Augenscheinlich war der Kampf die Hauptsache dabei. Weit interessanter waren die unterirdischen Raubtierzwinger. Mit einem Aufzug wurden die wilden Tiere in die Arena hinaufgebracht. Die Tore ihrer Zwinger führten zu einem massiven Gitterkäfig, der dann mittels einer Winde bis zur Höhe der Arena hinaufbefördert wurde. War diese erreicht, so öffnete sich das Dach des Käfigs, und die Löwen und Tiger sprangen ins Freie. Dieses römische Amphitheater erinnert an die Stierarenen Spaniens in der Provinz und hat auch ungefähr deren Größe, nur ist es oval statt kreisrund.
Das verblüffendste Relikt, das ich in Mérida in einer der Hauptstraßen entdeckte, ist wohl die Apsis der kleinen Kirche Santa Eulalia. An eine der Außenmauern ist eine Kapelle angebaut, die einem kleinen römischen Tempelchen zum Verwechseln ähnlich sieht; ihre Säulen, Architrave und Steine stammen alle aus den Ruinen der römischen Stadt. Am bemerkenswertesten ist aber, daß sie über und über mit Frauenhaaren behängt ist, als hätten sich einige Dutzend Mädchenschulen kahlscheren lassen und ihre schwarzen, braunen und roten Zöpfe um das Bildnis der jugendlichen Heiligen aufgehängt. Da gibt es Locken, die mit dem Staub der Straße bedeckt sind, lange und gekrauste, oder auch schüttere und glanzlose. Könnte sich der Geist des Heidentums deutlicher ausdrücken als in der Opferung des Haares für eine Göttin oder eine Heilige?
Die heilige Eulalia war ein zwölfjähriges Mädchen, dessen Eltern wohlhabende Bürger des römischen Emerita waren. Sie lebte unter Diokletian, in jenem bedauerlichen Abschnitt der Geschichte der Märtyrer, da die Christen in ihrer Sucht, Heilige zu werden, Selbstmord begingen. Sie beleidigten den Kaiser, die Götter und das Gesetz ganz öffentlich so lange, bis die Geduld der Obrigkeit erschöpft war und sie sich wider Willen gezwungen sah, ihre Hinrichtung anzuordnen, und dann gingen sie, Hymnen singend, den gräßlichsten Todesarten entgegen. Die Kirche vertrat die Ansicht, daß sie, so fromm und furchtlos sie auch seien, dennoch bei ihrer Ankunft im Himmel einen Tadel von allerhöchster Stelle zu erwarten hätten. Die kleine Eulalia war fest entschlossen, sich hinrichten zu lassen, deshalb benahm sie sich ungezogen gegen die

Obrigkeit, die sich bemühte, sie vor sich selbst zu retten. Prudentius, ein Spanier aus dem vierten Jahrhundert, der über die Märtyrer schrieb, hinterließ in seinem dritten »Kronengesang« eine Schilderung ihrer Taten. Nachdem er die Versuche der Obrigkeit, das Kind friedfertig zu stimmen, beschrieben hat, fährt er fort:

»Kein Wort entfuhr der Märtyrerin,
doch schrie sie laut vor Grimm.
Selbst dem Tyrannen auf dem Thron
Eulalia ins Auge spie,
dann stürzte sie die Götzen all
von ihrem Postament,
Rauchfässer warf sie auf die Erd'
und stieß sie mit dem Fuß.«

Eulalia wurde geröstet, und die Kapelle soll an der Stelle stehen, wo einst ihr Feuerofen stand.

Nachdem die Hitze tagelang nicht nachgelassen hatte, erwachte ich mit Kopfschmerzen und fühlte mich schwindlig und kraftlos. Daraus schloß ich, daß ich einen wohlverdienten Sonnenstich hatte. Zu deprimiert, um zu lesen, lag ich den ganzen Tag im *parador*, in meinem heißen, finsteren Zimmer, einen Krug eisgekühlter Limonade auf dem Nachttisch.

Damit trat nun ein dralles, junges Stubenmädchen – eines von der Art, die man gerne auf der Stiege im Vorübergehen anlächelt – mit vollen Suppenschüsseln in mein Leben. Um die Kleine nicht zu kränken, wankte ich ins Badezimmer und entledigte mich der Suppe, sobald sie mir den Rücken gekehrt hatte. Ein anderes Mal, als sie mir ein Steak gebracht hatte, lief glücklicherweise gerade im richtigen Augenblick ein Hund unter meinem Fenster vorbei, der gleich darauf erstaunt war, wie kein spanischer Hund es je gewesen ist. Es belustigte mich, wie dieses Mädchen mich immer mehr als sein Eigentum betrachtete, meine Kissen aufschüttelte, mein Leintuch glättete und wie mit einem Achtjährigen mit mir umging. Es war ein Bauernmädchen von mütterlichen Formen, ein stämmiges kleines Pony, und seine weiblichen Vorfahren hatten jahrhundertelang die Wasserkrüge auf dem Kopf getragen. Es watschelte nicht herum, sondern glitt dahin, wie man die Frauen auf den Pfaden des Kongo, riesige Körbe auf den Köpfen balancierend, dahingleiten sieht. Das Mädchen war nicht hübsch, doch anmutig, und es besaß den großäugigen Gleichmut seiner Rasse. Auch zeigte es jene Selbstsicherheit, die den Frauen in einem Land, in dem alle Frauen als schön gelten, eignet. Obwohl ich krank war, bereitete es mir Vergnügen, Betrachtungen darüber anzustellen, wieviel Freude es fast allen Frauen – welcher Nation sie auch angehören mögen – macht, einen Mann hilflos von sich abhängig zu wissen. Sobald es mir besser ging, brachte das Mädchen seine Freundin mit, um ihr den *americano* vorzuführen – ich war zu müde, um das richtigzustellen –, den es wieder gesundgepflegt habe. Es war reizend, dem Geschnatter der beiden zuzuhören, obwohl sie so schnell sprachen, daß ich ihnen nicht folgen konnte. Langsamer sprechend, als redeten sie mit einem kleinen Kind, berichteten sie mir auch, was es im *parador* Neues gab. Eine französische Familie war mit dem eigenen Wagen aus Marokko angekommen und wollte über Spanien nach Frankreich zurückfahren. Die Frau schminkte sich zu stark, und die Töchter – hier brachen sie in lautes Gelächter aus – trugen blaue Hosen! Außerdem war noch ein vornehmer Portugiese mit seiner Frau und erwachsenen Kindern da. Sie wollten zwei Tage dableiben und dann zur großen *corrida* in Sevilla weiterfahren. Sie waren reich – Millionäre! Die Frau war eine schöne Brasilianerin, aber ihr Schlafzimmer! Nichts wurde weggeräumt, alles lag auf dem Boden herum! Man hielt es einfach nicht für möglich, wenn man sie in ihrem feinen schwarzen Kleid beim Dinner sah, so untadelig, und dabei so schlampig. Die Mädchen lachten wieder, und das eine sagte: »Ich wäre gern so reich, daß ich schlampig sein könnte!«

Einmal bekam ich eine köstliche kalte Suppe, *gazpacho* genannt, ein andalusisches Gericht, das bei großer Hitze fast überall in Spanien gegessen wird. Es besteht aus passierten Tomaten, mit Bröseln eingedickt und mit Knoblauch gewürzt, eiskalt serviert zu kleinen Schüsseln von gehacktem Schinken, Wurst, Gurken, Pfefferschoten und allen möglichen anderen Zutaten. Man übergießt die Zuspeisen ja nach Geschmack mit der kalten Suppe.

Als ich wieder aufstehen und herumgehen konnte, kam ich gerade zurecht, um die reiche portugiesische Familie in einem enormen Cadillac abreisen zu sehen. Die Frau war wirklich elegant und interessant, doch hatte sie den welken und übellaunigen Gesichtsausdruck derer, die die Natur mit einer strikten Diät im Zaum halten. Alles eilte herbei, um sie zu dem berühmten Stierkampf abfahren zu sehen, und mit dem matten Lächeln einer schmalen, dunklen Königin nahm sie Abschied.

Mein erster Ausgang führte zum Stadtrand, wo über Flächen unverbauten Geländes noch der Geist des römischen Zirkus waltet. Von den Sitzreihen ist nichts mehr zu sehen, und die Steine wurden schon längst zum Bau von Häusern und Kirchen abtransportiert, aber der hohe Erdwall rund um die lange, ovale Bahn steht noch, und in der Mitte bezeichnet ein Erdhügel, der etwa zwei Meter hoch ist, den Ort, an dem sich die *spina* befand, bei der die Wagen wendeten. Im Schatten eines Baumes saß ein Sergeant mit etwa zwanzig jungen Soldaten, deren Blicke gespannt auf die Arena gerichtet waren. Plötzlich tauchten in der Ferne vier winzige Gestalten in einer Reihe auf, die sich bald als uniformierte Motorradfahrer entpuppten. Nicht viel anders waren auf dieser Bahn in alten Zeiten die Vierergespanne dahergekommen. Als sie heran waren, standen sie langsam auf den Sätteln ihrer Motorräder auf, balancierten, um das Gleichgewicht zu halten, streckten das linke Bein wie Kunstreiter von sich und brausten so durchs Ziel. Nur einer wackelte gefährlich und blieb zurück. Als der Sergeant das sah, sprang er auf, stürzte auf ihn zu und brüllte mit voller Lautstärke etwas, das dem Klang nach etwa folgendermaßen gelautet haben muß: »Zum Teufel, Nummer vier, was fällt dir ein? Du schaust aus wie ein Affe auf einem Pfosten! Streck den linken Fuß durch! Kopf hoch! Und halte die Lenkstange ruhig, du dicker, nichtsnutziger Tölpel!«

Vier andere Fahrer liefen ins Amphitheater hinunter und ratterten zum Startplatz, und es befriedigte mich sehr, die römische Rennbahn auch jetzt noch den Zwecken dienstbar gemacht zu sehen, für welche sie vor undenkbar langen Zeiten erbaut worden war.

Im Kloster angekommen – denn der *parador* war ein ehemaliges Kloster – erzählte ich einem Spanier von meinem Erlebnis. Er war ein sympathischer junger Mann, der fließend Englisch sprach und ein paar Jahre in London verbracht hatte. Er kannte sich in Mérida gut aus und hatte Verwandte hier. »Wenn Sie sich für Altertümer aus der Römerzeit interessieren«, sagte er, »müssen Sie unsere größte Sehenswürdigkeit besichtigen, die *Casa del Conde de los Corbos,* ein altes Schloß, das rund um einen römischen Tempel erbaut wurde. Ich werde Sie gern hinführen und Sie mit dem Besitzer, einem sehr reichen alten Herrn, bekanntmachen. Unterwegs werde ich Ihnen seine Geschichte erzählen.«

Es ging schon gegen Abend, und in der Hauptstraße Méridas begann gerade der *paseo,* jene reizvolle Promenade, deretwegen in den meisten spanischen Städten der Verkehr gesperrt wird. Unterwegs erzählte mir mein Begleiter, der Besitzer des römischen Tempels habe sein Leben als armer Mann begonnen und sei von Stadt zu Stadt gezogen, dann habe er es zu Reichtum gebracht, und jetzt sei er Bankier und Industrieller und besäße alles in Hülle und Fülle, »wie Sie gleich sehen werden«, fügte er hinzu.

Wir gingen eine schmale, belebte Straße hinauf, und vor uns her marschierten zwei kleine Jungen wie Pagen mit Fahnen. Sie trugen Tafeln mit der Ankündigung des Filmes, der diese Woche in Mérida gespielt wurde. Er hieß *»El Final de una Leyenda«,* »Das Ende einer Legende«. Wir stiegen hinter ihnen die Straße bergan und landeten vor einem imposanten Gebäude, in dessen Fassade eine Reihe von etwa zwölf Meter hohen korinthischen Säulen eingebaut war. Das Haus stand auf dem

Fundament des Tempels, zu dem Doppelreihen antiker Steinstufen hinaufführten. Eine schweigende und gaffende Menge versperrte uns den Weg, und noch ehe uns die unnatürliche Stille und Feierlichkeit ihres Gehabens recht bewußt geworden war, traten schwarzgekleidete Männer aus dem Tor und trugen einen Sarg unter einem Bahrtuch die Stufen herab. In der gegenüberliegenden Kirche begann die Glocke zu läuten, und die Menge bekreuzte sich.

»Wir sind zu spät gekommen«, flüsterte mein junger Begleiter. »Das war der Besitzer. Sie sagen, daß er gestern gestorben ist.«

Ganz vorn im Gedränge standen die beiden kleinen Jungen, die *»El Final de una Leyenda«* ankündigten, und die Frauen aus den ärmlichen Straßen der Gegend waren schwarz gekleidet und starrten, die Haare von Kirchenschleiern verhüllt, mit weißen Gesichtern dem gemessenen Leichenzug nach und ließen es sich, als echte Spanier, nicht nehmen, das Drama bis zur Neige auszukosten. Vielleicht hatten sie den alten Mann nicht geliebt, als er lebte, vielleicht sahen sie einen Geizkragen in ihm, nun aber war er eine unsterbliche Seele, und jener Teil seines Wesens, der zum Thron der ewigen Gerechtigkeit emporflog, flößte Ehrfurcht und Respekt ein. Als der Sarg in der Kirche verschwunden war, flüsterte man weiter in kleinen Gruppen miteinander und blickte zu dem römischen Tempel hinauf, indes die beiden Knaben, wieder wie Pagen oder Herolde, ihr der Gelegenheit höchst angemessenes Banner schulterten und die Straße hinabschritten. Wir betraten den kleinen Garten und sahen, daß die korinthischen Säulen innen rings um das Haus liefen. Es war in der Tat ein wiederaufgebauter römischer Tempel, ähnlich etwa dem Palast Diokletians in Split.

»Wir sind im unrechten Augenblick gekommen«, bemerkte mein Begleiter mit Bedauern. »Schade, daß Sie das Innere nicht sehen konnten.«

Am nächsten Morgen reiste ich ab, ehe die Sonne aufgegangen war. Vorher jedoch schenkte ich meiner kleinen Krankenschwester die schönste Schnur Majorkaperlen, die ich in Mérida hatte auftreiben können. »Oh, *señor*... wie schön!« Man hätte glauben können, ich habe ihr den Kohinoor geschenkt. Sie versicherte, sie werde sie an dem Tag tragen, da sie ihren *novio* heiraten werde, der bei der Bahn beschäftigt war.

Auf der Straße nach Sevilla, die südwärts bis an die Küste führt, hielt ich Ausschau nach einer Miniatur-Hunderasse voll Mut und Lebhaftigkeit, die ich nur in diesem Teil Spaniens angetroffen hatte und für eine der Besonderheiten Estremaduras hielt. Sie sind nicht viel größer als Katzen, manche sehen aus wie kleine Collies, andere wie winzige Terriers. Mit unfehlbarer Sicherheit traf ich sie in allen Dörfern, durch die ich kam, eifrig liefen sie hin und her, saßen vor den Eingangstoren oder trotteten

neben ihren Herren über die Felder. Als sie mir zum erstenmal auffielen, glaubte ich, ihre Kleinheit sei auf Inzucht oder Futtermangel zurückzuführen, dann dämmerte mir auf, daß es sich um eine besondere Rasse handelte. Vielleicht ist es nicht allzu weit hergeholt, wenn man annimmt, daß sie von den kleinen Hunden abstammen könnten, über die Díaz erzählt, daß sie von den Azteken für die Tafel gezüchtet wurden. Unter den Geschenken der eingeborenen Häuptlinge an die Spanier befanden sich mitunter solche kleinen Hunde, und immer wieder stößt man im Bericht Díaz' auf den Satz: »... vorzüglich schmeckende kleine Hunde«. Ist es nur ein merkwürdiger Zufall, daß diese kleinen Hunde überall in der Heimat der Konquistadoren zu sehen sind?
Etwa sechzig Kilometer von Mérida entfernt, folgte ich einer Abzweigung, und nach wenigen Minuten kam die freundliche kleine Stadt Zafra in Sicht. Beim Näherkommen nahm sie sich mit ihren vielen Türmchen und Türmen sehr malerisch aus. Ich wollte das Schloß des Herzogs von Feria besichtigen, eines jener Granden, die mit Philipp II. nach England gingen, als dieser Mary Tudor heiratete. Feria vermählte sich dann mit Jane Dormer, Marys bester Freundin und Vertrauten. Auch war der Herzog spanischer Botschafter in London, als Elisabeth den Thron bestieg, und wenn er schon nicht der Urheber des Planes war, daß Philipp Elisabeth heiraten sollte, so war er es doch mit Sicherheit, der ihr und Cecil diesen gewagten Vorschlag unterbreitete. Er war ein reicher Grande und hatte auch in anderen Teilen Spaniens Besitzungen, doch hielt er sich meist in Zafra auf und brachte auch seine englische Herzogin hierher.
Zafra ist eine bezaubernde, helle Stadt mit einem geräumigen Platz in der Vorstadt, von dem aus man in ein Netzwerk alter Gäßchen und eine große Geschäftsstraße gelangt, die für den Wagenverkehr gesperrt ist. Es war noch so früh, daß die Messe noch nicht beendet und die Geschäfte nicht offen waren. Ich ging zum alten Schloß, das in einem höher gelegenen Stadtteil neben einem maurischen Turm steht. Es ist ein weitverzweigter gotischer Bau, der in der Renaissancezeit teilweise zerstört wurde, um Platz für einen modernen italienischen Palazzo zu schaffen, der mitten darin errichtet wurde. Über den Toren erkannte ich die fünf Feigenblätter, das Wappen der Figueroa. Ich schritt hindurch und kam in einen Hof mit einem zentral gelegenen Brunnen und säulenverzierten Galerien, der einmal sehr hübsch gewesen sein mag. Heute haben sich dort die Behörden eingenistet; Marmorpaläste passen jedoch nicht zu Schreibmaschinen, Aktenschränken und schlechtbezahlten Beamten.

Von welcher Seite immer man nach Andalusien kommt, führt der Weg durch die Berge und senkt sich erst hinter ihnen zur lieblichsten und fruchtbarsten Gegend Spaniens hinunter.

Die Straße begann sich an den mächtigen Flanken der Sierra Morena hinaufzuwinden und -zuschrauben, so daß ich die Sonne bald in den Augen hatte, bald wieder im Rücken. In dieser Gegend hielten sich vor hundert Jahren noch Banditen auf, und die Menschen machten ihr Testament, ehe sie sich in das Gebiet hineinwagten. In der Sierra sollen sich heute noch immer versprengte Rote herumtreiben, und in ihren unzugänglichsten Teilen denkt man unweigerlich daran, daß Don Quijote hier seine Buße antrat.
Die südlichen Hänge der Sierra fallen zu einer glühenden Landschaft ab, Olivenbäume sprießen aus der roten Erde, und von der Höhe strömt der Rio Tinto zu Tal. Die Täler sind schön. Vieh stand auf allen Wiesen, und die weißgetünchten Häuser leuchteten in grellerem Weiß als im übrigen Spanien. Und dann erblickte ich Sevilla. Die Stadt erstreckt sich weit in die Ebene hinaus, und aus ihrer Mitte ragt wie ein Mastodon die Kathedrale.

VI. Kapitel

Sevilla im Juni · Die zweitgrößte Kirche der Welt · Der Alcázar und seine Gärten · Fröhliche Sevillaner · Die Kolumbus-Bibliothek · Das Kloster von La Rábida · Der Hafen Palos · Das Hauptquartier des Sherry

Mein Zimmer in Sevilla gab den Blick auf einen Garten frei, der von roten Kieswegen durchschnitten war und in dem Beete scharlachroter Kannas unter Palmen glühten. Ein paar kleine Springbrunnen sandten helle Strahlen ins Sonnenlicht hinauf. Morgens weckte mich das Geräusch des Wassers aus dem Gartenschlauch, das auf den zähen Kannablättern prasselte, und sooft ich die Jalousien hochklappte, stellte ich fest, daß der neue Tag noch viel heißer zu werden versprach als der vorhergegangene.

Man geht an Sevilla mit dem Gedanken an die bekannten Bilder von Eseln und Maultieren mit Wasserkrügen oder von hübschen Andalusiern mit breiten Hüten und roten Schärpen heran, an den Spanier also, wie er auf den Fremdenverkehrsplakaten zu sehen ist. Allerdings mag es dem Kastilier und Asturier, dem Galicier, Basken und Katalanen und den anderen Spaniern komisch dünken, daß alle Welt ausgerechnet den Andalusier, der am wenigsten typisch für die Spanier ist, als den Grundtypus der Nation betrachtet.

In Spanien schießen die Legenden ganz von selber aus dem Boden, und das Märchen vom sonnigen Land voll maurischer Gitter und tanzender Frauen erwies sich als nutzbringend. Ich mußte lachen, als ich einen hohen Beamten des staatlichen Fremdenverkehrsamtes in Madrid bei der Prüfung künftiger Plakate überraschte, die samt und sonders spanische Szenen darstellten, wie sie vom reisenden Publikum gewünscht werden: mit spanischen Tänzerinnen, Kastagnetten in der Hand, die Arme hochgestreckt, während die Füße einen *taconeado* klappern. Er wußte so gut wie ich, daß so etwas für Spanien nicht typisch ist. Dennoch ist und bleibt es ein goldenes Märchen, auch heute noch.

Ich war in einem großen Hotel abgestiegen, das fast leer war, denn im Juni gibt es nicht viele Fremde in Sevilla. Die fürstliche Halle des Hotels nahm die allabendliche Fracht der Gesellschaftsreisenden mit einer Miene gequälter Resignation in Empfang. Immer wieder hielt ein riesiger Autobus unter dem Vordach, ein Reiseleiter eilte herein und verhandelte mit dem glatten jungen Mann hinter dem Pult. Ihm folgte ein skurriler, übermüdeter Haufen Engländer, Amerikaner und Franzosen, die alle kleine Pakete oder Bündel mitschleppten, manche trugen auch rote *jarras* aus Ton oder lederne *botas*, die ihnen von der bäuerlichen Bevölkerung aufgeschwatzt worden waren. Die großen Hotels in Europa haben ihr Segel nach dem Wind gestellt, und die Reisegesellschaft wird heute längst nicht mehr mit Verachtung gestraft. Man gibt den Gästen, die nur eine Nacht dableiben, nicht mehr ein minderwertiges Menu und versteckt sie nicht mehr hinter einen Wandschirm, als schäme man sich ihrer, im Gegenteil, die gewiegteren Hoteliers sind sich im klaren darüber, daß die schönen Zeiten des reichen Vergnügungsreisenden nicht wiederkehren werden und der Einzelreisende heute bereits eine Ausnahme darstellt.

Nichts ist schwerer aufrechtzuerhalten als der Ruf der Fröhlichkeit. Ab und zu muß das Lächeln für kurze Zeit von den Lippen schwinden, die brillante Bemerkung ungesagt bleiben und der Glanz in den Augen erlöschen dürfen. Diese Zeit brach in Sevilla im Juni an. Aber wenn Ostern wieder herankommt, so tröstete ich mich, und die *pasos*, auf den Schultern der Büßer schwankend, durch die Straßen getragen werden, wenn die *cofradías* das Wachs ihrer Kerzen auf die mitternächtigen Straßen niedertropfen lassen und das Wehklagen der *saeta* das Dunkel durchschneidet, dann wird Sevilla wieder das sein, was man von ihm erzählt; und dann wird die große *feria* folgen, zu der die Mädchen mit dem glänzenden Haar die getüpfelten Röcke anziehen und hinter den schmalhüftigen Jünglingen in Córdoba-Hüten im Sattel sitzen; *casetas* wird es in den Parks wieder geben, und der Ton der Gitarren und Kastagnetten wird erklingen bis zum Morgengrauen. Dann wird Sevilla zu neuem Leben zurückfinden.

In der Stimmung der toten Saison wirkte die Stadt befremdlich; auf einem einzigen Quadratmeter Madrids gab es mehr Leben als zur Zeit in ganz Sevilla. Die Leute, die in der heißen Stadt geblieben waren, sahen ärmlich und vergrämt aus. Es gab keine feurigen *señoritas*, keine galanten *caballeros* ritten vorbei, nichts von Fächerspiel oder Gelächter, von leise geraunten Komplimenten – zumindest soweit ich das beurteilen konnte. Statt dessen starrte die Masse der arbeitenden Bevölkerung, die sich abends um einen Platz in den überfüllten Straßenbahnen balgte, säuerlich und mürrisch vor sich hin, wenngleich man auch die spanische Aversion gegen jede Arbeit dabei in Betracht ziehen muß.

Ich ging durch die berühmte Sierpes, die Straße, die für den Fuhrwerksverkehr gesperrt ist. Sie hat etwas Maurisches und ist im Sommer, wie die Straßen im alten Rom, von Markisen überdacht, unter denen man in einem Tunnel aus wohltuendem Schatten gehen kann. Ich hatte Schaufenster voll herrlicher, teurer Dinge erwartet, aber in den Fenstern lag nur der Ramsch für die Fremden: Kastagnetten, kleine Statuetten von Tänzerinnen, geschnitzte Stiere, die mit *banderillas* gespickt waren, kleine Porzellan-Nippes und unechte maurische Kacheln. Gutangezogene ältere Männer saßen in Gruppen auf dem Trottoir, fast bis an den Randstein, plauderten und rauchten Zigarren. Solche Gruppen gibt es in fast allen spanischen Städten. Sie sahen aus wie ein Rat der Alten oder wie Börsenmakler, und eigentlich hätten sie, in dieser schmalen maurischen Gasse, Turbane aufhaben müssen. Sie sind Mitglieder verschiedener Klubs, und auf den Fremden wirkt ihre Vorliebe für das Trottoir sonderbar. Ich entsinne mich, einmal eine mit einem Spanier verheiratete Amerikanerin gefragt zu haben, was diese Männer so Wichtiges zu besprechen haben, wenn sie so auf ihren Stühlen auf dem Pflaster sitzen.

»Frauen«, antwortete sie prompt. »Das ist ihr einziges Thema.«

Die Straßen in der Altstadt gehören zu dem Malerischsten, was Spanien zu bieten hat, und die Außenfront der Häuser läßt, nach alter Gepflogenheit, keinen Schluß auf ihr Inneres zu. Zwischen den Stäben prachtvoller schmiedeeiserner Tore wird einem flüchtig der Blick in zauberhafte Innenhöfe zuteil, auf Springbrunnen, Geranien in Blumentöpfen, eine Palme und eine Verkleidung aus maurischen Kacheln.

Ich wanderte durch das Gewirr enger Gassen, aus denen man unerwartet auf kleine Plazas hinaustritt, dahinter ging es weiter durch weiße Tunnels, in denen man in Afrika zu sein glaubte. Ab und zu sang eine Stimme in den höchsten Tönen eine klagende Weise in Moll und verstummte wie abgerissen mitten in der Melodie. Wie eigentümlich, daß die Stimme Andalusiens immer noch maurisch klingt, trotz der Austreibung der Mauren durch Ferdinand und Isabella.

In einer dieser alten Gassen entdeckte ich den geradezu idealen Antiquitätenladen. Da gab es barocke Heilige, alte Bilder, Schmuckstücke, Spiegel, Schwerter und Dolche, Münzen, schöngeschnitzte und vergoldete Holzplatten, Stühle, Tische und Glasvitrinen, die mit altem Kram vollgestopft waren, und über all dem lag eine Staubschicht. Zwischen dem Treibgut einer versunkenen Welt sahen zwei uralte, traurige spanische Augen unter einem alten Filzhut hervor. Als ich zu sprechen begann, leuchteten die alten Augen kurz auf, da der Mann mich für einen Amerikaner hielt, dann senkte sich wieder die gewohnte Trauer darüber. In einer versilberten Zinnwanne stöberte ich ein wunderschönes, gut erhaltenes kleines Schloß aus dem siebzehnten Jahrhundert auf, komplett mit Schlüssel. Der Riegel war eingerostet, und ich schwankte sekundenlang, ob ich es kaufen solle, bloß um der Freude willen, es zu reinigen und wieder gebrauchsfähig zu machen ... Der zweite, nicht weniger berückende und zugleich lächerliche Gegenstand war eine Spieldose, die sogar funktionierte. Auf ihrem Deckel saß in einem Käfig eine Maus und vor ihr eine alte Frau im Kostüm einer Hexe, die einen Stock in der Hand hielt. Sobald die Dose ihr zartes Klanggeriesel von sich gab, begann die Maus aus und ein zu springen, und die alte Hexe versuchte sie zu schlagen, schlug aber immer daneben. Wenn die Musik langsamer wurde, kam auch der Arm der Alten wieder zur Ruhe, und die Maus hüpfte in ihren Käfig zurück.

Abends breitete sich ein trügerischer Glanz über Sevilla, durch den *paseo,* der jedoch gleichfalls die Munterkeit Madrids vermissen ließ. Es wimmelte von kleinen, schwarzen Mädchen, von denen Spanien einen unerschöpflichen Vorrat hat. Hunderte Male sah ich Goyas *Maja* und wäre jede Wette eingegangen, daß sie nicht die Herzogin von Alba gewesen ist. Als ich zu einem Kiosk trat und ein paar Zigaretten kaufte, kam ein wohlgekleideter Mann dazu und kaufte eine einzelne Zigarette. Ich hatte noch nie gesehen, daß jemand eine einzige Zigarette kauft.

Am späteren Abend lernte ich im Hotel einen Engländer kennen, der mit seiner Frau im Auto Spanien bereiste. Sie kamen aus Südafrika und hatten den Wagen auf einem portugiesischen Schiff von Kapstadt bis Lissabon mitgenommen. Sie waren überwältigt von der Höflichkeit und Liebenswürdigkeit der Spanier, hingegen war die Hitze in Mérida und Sevilla, ihrer Aussage nach, stechender und schwerer zu ertragen, als sie es von Kapstadt gewohnt waren. Sie erzählten mir ein Erlebnis, das sie am Nachmittag in Sevilla gehabt hatten.

»Wir schlenderten durch die Armenviertel der Altstadt«, sagte er, »da sahen wir im Hof eines Gebäudes ein paar Autos parken. Nachträglich klingt es komisch, aber wir glaubten wirklich, eine Garage vor uns zu haben, und gingen hinein. Wir bemerkten unseren Irrtum sofort: Wir waren in ein Palais eingedrungen. Aber wir konnten uns nicht mehr zurückziehen, denn sofort kam ein Lakai mit weißen Handschuhen heraus und fragte, was wir wollten. Ich versuchte gerade, ihm verständlich zu machen, daß wir uns nur geirrt hätten, als eine spanische Dame in den besten Jahren erschien und uns in perfektem Englisch anredete. Als wir gestanden, daß wir ihr Palais für eine Garage gehalten hatten, lachte sie. ›Das wundert mich gar nicht‹, sagte sie, ›die Wagen gehören meinen Söhnen.‹ Sie lud uns ein, das Haus anzusehen, es sei alt und interessant. Also gingen wir in den Palast, der uns an den Alcázar erinnerte, und zwei livrierte Lakaien schritten vor uns her und rissen die Türen vor uns auf. Wir sahen reichbemalte maurische Zimmer mit Diwans den Wänden entlang, andere Zimmer hatten mit Wappen verzierte Wände, und die Herzogin – sie konnte nur eine Herzogin sein – erzählte, die Familie halte sich den Sommer über im obersten Stockwerk auf und benütze die unteren Stockwerke des Palais nur im Winter. Als wir uns von unserer liebenswürdigen Gastgeberin verabschiedet hatten, gelangten wir aus dieser ganzen Pracht direkt in ein Elendsviertel.«

Es ist nicht leicht, einen Begriff von der gänzlich unangemessenen Weite des Raumes zu geben, den die Kathedrale von Sevilla einnimmt. Kilometerweit sieht man, von der Ebene aus, diese gotische Pyramide sich erheben, und auch in Sevilla selbst beherrscht ihre Masse überall das Bild. Es ist, als befände sich inmitten der Stadt ein Gebirge, mit kleinen Türen, durch die Menschen ein- und ausgehen, wie Gnomen in den Flanken eines Berges verschwinden.

Die Handbücher bezeichnen die Kathedrale von Sevilla als die größte gotische Kirche der Welt, und als die größte Kirche überhaupt, nach der Peterskirche, nur ist sie weit kurioser als diese. Um die Kathedrale von Sevilla zu begreifen, muß man zuerst die Moschee in Córdoba gesehen haben. Córdoba entschloß sich, bescheidener als Sevilla, eine Kathedrale in die Moschee einzubauen und die Moschee außen herum stehen zu lassen, aber in Sevilla entschied man sich dafür, die Moschee abzureißen und die kolossale Fläche, die sie eingenommen hatte, mit einer christlichen Kirche zu verbauen. Wenn man es recht bedenkt, haben also eigentlich die Mohammedaner beim Bau der Kathedrale von Sevilla den Ton angegeben, denn ihre Moschee ist im rechteckigen Grundriß der riesigen Kirche noch deutlich zu erkennen.

Als ich in das gleichmäßige Dämmerlicht der Kathedrale trat, machte sich eine kleine, arme Frau an mich heran und umflatterte mich, ungreifbar und lautlos wie eine schwarze Fledermaus, und dazu winselte sie das christliche Äquivalent für »eine milde Gabe, um Allahs willen«. Nachdem ich ihr eine Kleinigkeit in die Hand gedrückt hatte, segnete sie mich und tauchte wieder ins Halbdunkel zurück. Ich stand fassungslos vor der Größe der Kirche, nicht etwa entzückt und hingerissen wie im Petersdom, sondern einfach erdrückt von dieser immensen, lastenden Düsterkeit und den Kolossalpfeilern, die das Hauptschiff tragen und sich in höhlenhaften Wölbungen verlieren. Auf den riesigen Flächen des Bodens wirkte eine Gruppe von Touristen oder ein Priester mit dem Mesner wie Insekten, die über die Fliesen krochen.

Die Seitenkapellen, in denen Messen gelesen wurden, funkelten wie zierliche Juwelierläden irgendwo auf einem riesigen, leeren Marktplatz. Am Grabe des Kolumbus stehen vier gigantische Herolde, die Kastilien, León, Aragonien und Navarra symbolisieren und den Sarg des Seefahrers auf den Schultern tragen. Und auch ihre überlebensgroßen Figuren erscheinen maßlos wie alles hier.

Doch birgt der Dom eine Fülle erlesener, funkelnder Dinge. Hier

schimmert auf den Kronen der Madonnen und den Leibern der Putten wohl der größte Teil des südamerikanischen Goldes, und der *retablo* des Hochaltares zeigt die gesamte Einwohnerschaft einer mittelgroßen gotischen Stadt. Um ihn jedoch zu würdigen, brauchte man eine Leiter oder ein Fernglas.
Zu Fronleichnam tanzen jedes Jahr Chorsänger, in dreihundert Jahre alten Trachten, vor diesem Altar zum Klappern der Kastagnetten. Die Jünglinge tragen dabei seidene Kniehosen, die Jacke über eine Schulter gehängt, Schnallenschuhe und federngeschmückte Hüte. Sie bewegen sich in einem ernsthaften, gemessenen Rhythmus. Dieser Tanz ist ein einzig dastehender Überrest der kultischen Tänze, die in Spanien immer beliebt waren, obwohl die Kirche ihnen mit großem Mißtrauen gegenüberstand. Nach allem, was ich über diesen Tanz der *seises* gelesen habe, ist er der letzte Ausläufer dieser alten Tänze. Dennoch war Rom darauf bedacht, ihm Einhalt zu gebieten, und Papst Eugen IV. erteilte die Erlaubnis zur Beibehaltung des Tanzes nur, so wird zumindest erzählt, solange die Kostüme vorhielten. Um den Brauch weiterführen zu können, wurden die Kostüme raffiniert geflickt und immer wieder geflickt, so daß kaum ein Faden des ursprünglichen Gewandes mehr daran ist.

Ich erinnere mich, vor vielen Jahren mit einem syrischen Kaufmann durch die Straßen von Damaskus gegangen zu sein, der mich zu einer Tür in der Mauer in einem der Hintergäßchen führte. Dahinter befand sich ein Hof mit Orangenbäumen, einem Springbrunnen und einer zahmen Gazelle. In den rund um den Hof angeordneten Zimmern lagen Brücken und Teppiche aufgehäuft, die auf dem Landweg mit einer Karawane von Persien hergebracht worden waren. Da gab es Seide und Brokat, Schmuck, Töpferwaren und die üblichen Dinge, die im Orient so schön zur Wirkung kommen, sich aber als gänzlich stillos erweisen, sobald man sie nach Hause nimmt. Bei einigen Tassen Kaffee feilschte ich um zwei Kamelhaardecken, die ich noch heute besitze, und nachdem der Handel abgeschlossen war, führte mich der Kaufmann, dessen Blut dabei in Wallung geraten war, durch eine Flucht von Zimmern, die von Hängeampeln aus buntem Glas erhellt waren. Die Wände waren mit vergoldeten und reichgeschnitzten Arabesken verziert, und einzelnes darunter war hübsch und wirklich alt.
»Ich verkaufe Ihnen das Zimmer, das Ihnen am besten gefällt«, sagte der Händler und klatschte in die Hände um frischen Kaffee. »Ich mache Ihnen einen besonders billigen Preis. Wie schön würde dieses Zimmer in Ihrer Wohnung in England aussehen – oder vielleicht das kleinere, mit den goldenen Ruhebetten...«

Meinen abfälligen Blick faßte er irrtümlich als Interesse auf, und so fuhr er fort:
»Ich werde das Zimmer für Sie einschiffen, Herr, jeder Teil kenntlich markiert, damit Ihr Zimmermann es genau so wieder zusammensetzen kann, wie Sie es hier sehen. Und wenn Sie dann Ihre Freunde einladen, Herr, und ihnen Kaffee vorsetzen, werden sie glauben, in Damaskus zu sein. Sehen Sie her, die Wände sind zerlegbar gearbeitet, aus Teilen, die ineinandergefügt werden können. Man kann alles auseinandernehmen und in Kisten verpacken.«
Als ich mich von ihm verabschiedete, hatte ich das Gefühl, einen gründlichen Anschauungsunterricht in arabischer Architektur genossen zu haben. Es ist die Architektur der Nomaden. Sogar aus Stein noch wirkt sie wie ein Gitterwerk aus Holz, das man zerlegen und wie Kulissen verpackt auf dem Rücken von Kamelen durch die Wüste transportieren kann, um sie irgendwo anders wieder aufzustellen.

Daran mußte ich denken, als ich den Alcázar von Sevilla betrat, und ich glaube, daß wohl die meisten Europäer, sofern sie ehrlich sind, zugeben müssen, daß sie mit wachsender Langeweile durch diese maurischen Säle getrabt sind, nachdem das erste atemlose Entzücken und Staunen vorüber war. Der erste Anblick bleibt einem unvergeßlich: das Phantastische, die Helligkeit, das Spiel von Licht und Schatten, die Büschel goldener Bienenwaben an den Gesimsen, die schlanken Doppelsäulen, die Spitzbogen mit den durchbrochenen Verzierungen darüber, aber dann wiederholt sich immer das gleiche, endlos, wie ein langes arabisches Märchen, bis man sich des Eindrucks nicht mehr erwehren kann, hier sei das Einmaleins in Musik gesetzt worden. Dieses spätgotische arabische Baudenkmal wurde für einen Christen erbaut, für Pedro den Grausamen, und er wird in der Inschrift rund um den Eingangspatio als »der Sultan« apostrophiert. Welch unbeschreibliche Mischung diese Spanier des Mittelalters waren!
Die Gärten des Alcázar erschienen mir als das Schönste in Sevilla, und ich hatte keine Ursache, diese Ansicht zu revidieren. Hier war das Sevilla, von dem man gelesen hat, seine Orangenbäume, Rosen, Buchshecken und Myrtensträucher, seine Zypressen und Fischteiche. In einem kleinen Garten gab es eine reizende, schalkhafte Wasserfalle, damit der König seine Gäste anspritzen konnte, indem er plötzlich Wasserstrahlen aus den Fliesen unter ihren Füßen hochschießen ließ. Das ist ein echt arabischer Scherz. Er erinnerte mich an die Zerrspiegel in der Eingangshalle im Palast des Königs von Jordanien in Amman, vor die der Besucher arglos hintrat, um sich die Krawatte zu richten, um sodann betreten innezuhalten.

In diesem Grund und Boden steckt jahrhundertealte gärtnerische Tätigkeit; immer wieder haben Monarchen ungeduldig auf den Winter gewartet, damit sie umstechen, ändern und neu gestalten konnten, denn Gartenarbeit ist durchaus keine besinnliche Beschäftigung, wie allgemein geglaubt wird, sondern die unentwegte, rastlose Bemühung um Vervollkommnung. Karl V. und Philipp II. gruben, pflanzten und verschönerten, sie legten Pavillons, Reservoirs und sogar ein Labyrinth an, und nach ihnen führten andere Könige die barocken Neuheiten ein, Tropfsteingrotten, Gartentore, Wandbrunnen und Steinbossierungen. Im Zentrum eines herrlichen Fischteichs steht, ganz wie in Italien, ein kleiner Merkur aus Bronze. Bunt glühten in den Blumenrabatten Kanna und Agapanthus, die Bleiwurz und der Jasmin standen in Blüte, und ich saß auf einem mit maurischen Tonkacheln verkleideten Sitz unter der größten *Magnolia grandiflora*, die ich je gesehen hatte. Ein paar Meter von mir stand, mit gespannten Gliedern, eine kleine, weiße Katze und beobachtete mich mißtrauisch. Ich versuchte, sie durch Lockrufe zutraulich zu machen, aber eine unbedachte Bewegung hätte genügt, sie mit einem Satz in die Flucht zu jagen. Langsam senkte ich die Hand, um sie zu streicheln, da sprang sie zurück und duckte sich. Dann kam sie wieder und ließ sich kraulen, schien aber eher erstaunt als beglückt, wahrscheinlich war sie noch nie gestreichelt worden. Vielleicht hätte sie angefangen zu schnurren, wenn ich etwas für sie zu fressen gehabt hätte, doch jagte eine zu rasche Bewegung sie zurück in die Blumenbeete, und als ich später mit einem Stück Fleisch, das ich für sie aufgehoben hatte, zurückkam, war sie nirgends zu sehen.

Am ersten Tag hatte Sevilla mich so deprimiert, daß ich von der Empfehlung, die ich bei mir hatte, gar nicht erst Gebrauch machen wollte, sondern erwog, stillschweigend nach Córdoba zu flüchten. Dann aber besann ich mich eines Besseren, und damit veränderte sich schlagartig mein Leben! Ich wurde in Cafés, Restaurants, Bars und Schenken geschleift und sogar in diese eigenartigen Trottoirklubs eingeführt. Nach wenigen Stunden kannte ich zwanzig Menschen beim Vornamen und noch viel mehr vom Sehen. Die meisten waren jung und begeisterungsfähig, und ihre Gespräche wurden immer vom Klingen der Gläser und Kaffeeschalen oder von dem Geplauder fremder Menschen und vom Scharren der Stühle und Tische auf dem Pflaster untermalt.
»Haben Sie Don Felipe schon kennengelernt? Nein! Das werden wir gleich machen. Er ist Engländer und wird Ihnen gefallen. Oh, *muy simpático!* Er ist charmant. Er ist – einfach kostbar! Mein lieber Aurelio, findest du nicht auch, daß Don Felipe einfach unschätzbar ist?«
»Gewiß, unbezahlbar!«

»Aber ich kann unbezahlbare Leute nicht ausstehen, ich flüchte meilenweit vor ihnen.«
»Ah, aber Don Felipe wird Ihnen gefallen! Er ist wunderbar, er ist zauberhaft, er ist der jüngste alte Herr, den wir je kennengelernt haben. Nicht wahr, Aurelio?«
Ich fühlte mich in einem Schneeauflauf aus Worten untergehen. Sie nahmen mich voller Ungestüm auf. Ich besaß den Reiz des Neuen für sie, außerdem war ich ein guter Zuhörer, daher gaben sie Extravorstellungen für mich, und auch ich galt als kostbar, unvergleichlich und – das größte Kompliment ihrerseits – voll *españolismo!* Da ich immerhin einige Jährchen auf dieser Welt bin und wiederholt mit temperamentvollen Extravertierten zusammengetroffen war, wußte ich, daß ihre Begeisterung kurzfristig war und jede Begegnung mich weniger *precioso* machte, und daß ich, sobald ich nicht mehr da war, sehr rasch vergessen sein würde. Dahinter steckten weder Unaufrichtigkeit noch Oberflächlichkeit, sondern einzig dieses Nur-für-den-Augenblick-Leben der Kinder.
Sie hetzten mich von einem Ort zum anderen und waren sehr leicht von ihrem Ziel abzulenken. So hatten wir etwa vor, ein bestimmtes Café aufzusuchen, landeten aber ganz woanders, entweder aus einer Laune des Augenblicks oder weil uns unterwegs jemand aufhielt, der sehr andalusisch und *precioso* war und darauf bestand, daß wir unser Vorhaben änderten. Einer unserer ersten Besuche galt der berühmten Madonna Sevillas, der Schutzheiligen der Stierkämpfer, *Nuestra Señora de la Esperanza,* die nach dem Bezirk, in dem ihre Kirche steht, auch *La Macarena* genannt wird. Alle berühmten *espadas* verehren sie, beten zu ihr und weihen ihr sogar ihre blutverkrusteten Kostüme. Sie ist eine wunderschöne, schmachtende und tränenvolle Madonna, ob sie aber um die Stierkämpfer, die Stiere oder die Pferde weint, wage ich nicht zu entscheiden. In der Sakristei besichtigten wir ihre Garderobe, und gleich nach dem Staatskleid, das sie zu Ostern trägt, betrachteten wir voll Ehrfurcht das »Lichterkleid« des berühmten Manolete, der 1947 in Linares getötet wurde.
»Ah, wie traurig, wie *emocionante* und zugleich wie kostbar … Wissen Sie, Don Enrique, daß Manolete, bevor er nach Mexiko ging, hier war und vor der seligsten Jungfrau auf den Knien schwor, er werde ihr sein Cape stiften, wenn sie ihn gesund heimkehren ließe? Er kam aber nur zurück, um hier zu sterben. Und da« – der Kirchendiener hatte einen Glaskasten aufgesperrt – »und da, schauen Sie, berühren und fühlen Sie des großen Manolete *traje de luces …*«
Eilig schleppten sie mich weiter, zu einem Hospiz für arme alte Leute. Dort zeigte uns eine kleine, alte Barmherzige Schwester ein fürchterliches

Gemälde von Valdés Leal, das Bildnis eines toten Bischofs, der in Mantel und Mitra in seinem Sarge lag.
»*Por Dios, hombre,* es ist gräßlich! Es ist schrecklich! Sooft ich es anschaue, fühle ich mich krank. Murillo hat gesagt, er mußte sich die Nase zuhalten, als er es sah!«
Dann führten sie mich in einen stillen *patio* in einer Seitengasse. Schattige Kolonnaden umstanden einen Springbrunnen, und oben in den Zimmern lebten greise, gebrechliche Geistliche, kleine Männchen in schäbigem Schwarz, Brillen auf den Nasen. Und über all dem spannte sich ein Streifen des südlich-blauen Himmels, und in einem Käfig zwitscherte ein Vogel. Wir stiegen bis zur Spitze des Giralda-Turms hinauf, der früher ein Minarett war. Von hoch oben sahen wir auf Sevilla in der Hitze des sommerlichen Morgens hinunter, und auf den Guadalquivir, der als silberner Faden von den Bergen herniederrann. Natürlich mußten wir uns nach einer derartigen Verausgabung an Energie in ein Café setzen und uns bei Krevetten und Oliven und all den winzigen Happen und Gabelbissen, von denen die Sevillaner zu leben scheinen, erholen. Während wir dort saßen, tauchten natürlich wieder ein paar bezaubernde, kostbare und sympathische Leute auf und gaben sich ungemein andalusisch. Ich fragte mich, ob ich am Ende einer Art Verein zur gegenseitigen Bewunderung in die Hände gefallen sei, es mußte doch irgendwo in Sevilla jemanden geben, der unsympathisch war! Und alle redeten von dem kostbaren Don Felipe und verzehrten sich danach, mich mit ihm bekanntzumachen. Da er jedoch nirgends auftauchte, begann ich schon zu glauben, daß es sich um einen imaginären Engländer handle.
Sie waren äußerst höflich und bemühten sich, so gut sie konnten, Englisch oder Französisch mit mir zu sprechen, aber ich konnte den Verdacht nicht ganz loswerden, daß sie sich nur meinem Spanisch nicht aussetzen wollten.
»In vielen Spanienbüchern«, sagte ich, »steht, daß man in Andalusien bei Nacht Liebhaber sehen kann, die an den eisernen Fenstergittern kleben und mit ihrer Angebeteten flüstern. Ich habe überall Ausschau gehalten, aber nichts Derartiges gesehen.«
»Ach«, antworteten sie, »das war vor dem Ausbruch des Bürgerkrieges üblich. Wie so vieles in Spanien, fand es damit sein Ende. Der Liebhaber hat es heute nicht mehr nötig, durch die *rejas* zu flüstern; er kann das viel einfacher haben, denn die Mädchen leben nicht mehr hinter Gittern.«
»Ja, das ist nur zu wahr!« sagte jemand. »Es gibt auch viel mehr uneheliche Kinder!«
»Ich habe neulich mit einem Priester gesprochen«, fiel ein Dritter ein, »der hat mir erzählt, wie viele uneheliche Kinder es gibt; er fand, die spanischen Mädchen hätten unter der Republik und im Bürgerkrieg zu

rasch ihre Freiheit erlangt. Er erzählte, kürzlich habe ihm ein Mädchen gestanden, sie erwarte ein Kind, und zwar von ihrem *novio*, einem jungen Soldaten, der in Sevilla stationiert sei. Der Priester trug ihr auf, den jungen Mann zu ihm zu schicken, und der Jüngling gehorchte bereitwillig. Er gab dem Priester gegenüber zu, er mache sich große Sorgen, weil er in anderen spanischen Garnisonen noch vier *novias* habe, und jede habe ein Kind von ihm. Das Problem sei, daß er nicht wisse, welche seiner *novias* er heiraten solle, denn er liebe alle gleich innig. Er bat den Priester, ihm einen Rat zu geben.«

»Und was hat ihm der Priester zu tun angeraten?«

»Nun, er – wie sagt man in Amerika? – er hat den Eimer weitergereicht. Er befahl dem Jüngling, seine Sünden dem Pfarrer seines Heimatdorfes zu beichten und diesen um Rat zu fragen.«

»Wie interessant«, sagte ein Vierter; »was würden Sie ihm raten?«

»Nun, es ist die Frage«, antwortete der Fünfte, »ob die erste oder die letzte Liebe die dauerhafteste ist; man sollte dem jungen Mann raten, entweder die erste oder die letzte *novia* zu heiraten.«

»Wir müssen diese Frage Don Felipe vorlegen«, sagte jemand.

Da kam ein junger Mann an unseren Tisch und begann ohne weitere Umschweife zu reden.

»Ich habe gerade eine Geschichte gehört. Sie ist köstlich! Ein amerikanischer Millionär setzte eine halbe Million Dollar aus für den, der ihm ein Zebra mit blauen Streifen beschaffen könne. Ein Engländer, ein Franzose, ein Deutscher und ein Spanier beschlossen, ihr Glück zu versuchen. Der Engländer kaufte einen Tropenhelm, ein Gewehr und ein Zelt und bestieg das nächste Flugzeug nach Afrika. Der Deutsche ging in eine Bibliothek und fing an, alles zu lesen, was je über Zebras geschrieben wurde. Der Franzose kaufte ein Maultier, malte blaue Streifen darauf und erhob Anspruch auf den Preis.«

»Und was machte der Spanier?«

»Der Spanier bestellte sich eine ausgesucht gute Mahlzeit und überlegte danach bei einer guten Zigarre, was er mit der halben Million Dollar anfangen würde.«

Wer diese lustigen Leute eigentlich waren, habe ich nie erfahren. Nichts bleibt dem Fremden in Spanien rätselhafter, als wovon die Menschen, mit Ausnahme der Bauern, leben, wer sie sind und wann sie arbeiten. Ich glaube, daß die meisten, wie im achtzehnten Jahrhundert, ein Einkommen aus fetten Pfründen beziehen, auch gibt es eine Menge schlechtbezahlte Staatsstellungen, die ihren Inhaber zu allen möglichen Nebenverdiensten zwingen. Wirklicher Reichtum liegt, meiner Meinung nach, in der Landwirtschaft und der Stierzucht, auch lernte ich zum Beispiel einen jungen Mann kennen, der den neuesten Typ Cadillac fuhr und, wie man

mir sagte, eine Wolfram-Mine an der portugiesischen Grenze besaß und millionenschwer war.
Eines Abends nahmen sie mich nach dem Abendessen in eine üble Straße im Trianaviertel mit, und dort stiegen wir in ein Kellerlokal hinunter, in das sich kein Fremder allein hineingetraut hätte. Der kleine Raum war mit Tischen und Stühlen vollgepfropft, weiter hinten stand ein hölzernes Podium, das nicht viel höher war als der Fußboden. An den Wänden hingen Stierkampfplakate, auf denen sagenhafte Stiere von gewaltigem Umfang und großer Wildheit geradewegs auf den Beschauer losstürmten. Das Zimmer war blau von Zigarrenrauch und voll schwarzer, zigeunerhaft aussehender Spanier, die an einer *manzanilla* nippten oder Lagerbier tranken. Meine Freunde klopften Leuten, die höchst zweifelhaft aussahen, auf den Rücken und erregten einen Schwall begeisterter Reden, Zupfen an den Rockaufschlägen und scherzhafte Zurufe. Ein melancholischer junger Stoiker begrüßte uns und nahm kurz bei uns Platz. Er war ein junger *matador*, der im Kommen war. Er setzte sich sichtlich in Szene, um sich und seine Persönlichkeit auf seine große Zukunft vorzubereiten. Aber ich erriet, daß er, im Grunde genommen, ein praktischer junger Mensch ohne Illusionen war. Seine Selbstkontrolle war erstaunlich. Was immer er tat, war wohlüberlegt, selbst die Art, wie er seine Zigarette anzündete und rauchte. Es war anzunehmen, daß er ein guter *matador* war. Seine Freunde erklärten ihn natürlich übereinstimmend als großartig.
Der Klang der Gitarren lenkte meinen Blick zur Bühne, und dort sah ich vier schläfrige Andalusier, die sich an dem Tag nicht rasiert hatten, auf Küchenstühlen sitzen. Träge glitten ihre Finger über die Saiten, und die Asche ihrer Zigaretten rieselte auf ihre weißen Westen herunter. Sie schlugen ihre Instrumente rhythmisch wie in Trance. Dann setzte sich eine alte Frau, die aussah, als sei sie nur rasch für einen Augenblick aus der Küche gekommen, neben der Bühne auf einen Stuhl und zog ihr Strickzeug heraus. Sie trug die gleiche völlige Teilnahmslosigkeit zur Schau wie die Gitarristen. Das alles mutete sehr orientalisch an – in Marokko, Syrien und Ägypten hatte ich ganz ähnliche Szenen beobachtet. Nun tauchte einer der Musikanten aus seiner inneren Reserve von Düsterkeit und Melancholie auf, die vom Tag seiner Geburt an das Vorrecht jedes Spaniers ist, und sprach ein paar Worte mit einem Bekannten im Publikum, dann spielte er weiter. Jetzt betrat ein Mädchen die Bühne. Nachdem es lässig an einem Schuh etwas in Ordnung gebracht hatte, klatschte es ein paarmal in die Hände und begann zu tanzen. Es war klein, rundlich, nicht älter als sechzehn Jahre und trug ein langes blaues Stoffkleid, dessen zahlreiche Volants bis zum Boden reichten. Sein Haar war glattgescheitelt, und über einem Ohr schaukelte eine Blume. Es hob

die Arme, die Kastagnetten knatterten, und es tanzte auf der Stelle, indes seine Absätze den Rhythmus mitklapperten. Sein Körper schwang mit dem sich steigernden Rhythmus mit, rascher klapperten die Absätze über die Bretter, dann brach es unvermittelt ab und verharrte sekundenlang wie in der letzten Pose erstarrt, raffte schließlich den Rock und trat ab. Die alte Frau steckte die Strickerei in die Tasche und folgte ihm.

»Eine *dueña*?« fragte ich.

»Die Mutter«, wurde ich belehrt.

Nun folgte, von mehreren Mädchen getanzt, ein *flamenco* und danach, wieder von einem einzelnen Mädchen getanzt, eine rasche, fröhliche *alegría*, dann ein Tanz, der *farruca* heißt und bei dem die Tanzende die Posen eines Stierkampfes vorführt. Keine der Tänzerinnen erregte die Aufmerksamkeit der Männer, sie tranken unbeirrt ihre *manzanilla*, zündeten ihre Zigarren und Zigaretten an, fuhren fort zu plaudern und warfen nur selten einen Blick auf die Bühne. Sie stellten kein dankbares Publikum dar, doch schien das den Mädchen gleichgültig zu sein. Auch sie agierten unbeteiligt, als tanzten sie vor einem leeren Saal.

Aber dann wurden die Gespräche plötzlich leiser, und auf der Bühne stand ein finster blickendes, mageres, dunkelhaariges Mädchen mit riesigen feurigen Augen und breiten schwarzen Brauen, von dem eine schwüle Atmosphäre ausging. Seine Haut war dunkel wie die einer Indianerin, nur auf den Wangen lag ein wenig Rouge. Applaus und Rufe empfingen das Mädchen, prasselten förmlich auf es nieder, doch es nahm keine Notiz davon. Es lächelte nicht einmal. Eine Weile stand es regungslos in seinem roten Kleid mit weißen Tupfen da, mit halbgeschlossenen Augen, bereit anzufangen, während im Hintergrund die Gitarren summten. Das Publikum begann im Takt zur Musik zu klatschen und mit den Füßen zu trommeln. Noch immer verharrte das Mädchen bewegungslos, wie entrückt und im Banne ferner Geister. Plötzlich fuhren seine Arme empor, die Kastagnetten knatterten, die Musik wurde rascher und paßte sich dem Takt seiner Bewegungen an, einem Tanz, dem, so schien mir, etwas Archaisches wie ein seltener Duft anhaftete. Die Tänzerin besaß die schrankenlose Vitalität und die starke Persönlichkeit, mit der verglichen die anderen Mädchen stümperhaft wirkten, und zugleich die Vorzüge einer Schauspielerin, die imstande ist, die gespannteste Aufmerksamkeit an sich zu fesseln: Eigenart des Stils, Eleganz und Temperament. Solange sie tanzte, hörte man kaum einen anderen Laut als die Gitarren und das Geklapper ihrer hohen Absätze, und mir verwandelte sich ihr Kleid in das reichgefältelte Gewand der kretischen Schlangengöttin, deren Altäre mit Herzmuscheln bestreut sind, die vielleicht als die ersten Kastagnetten gedient haben. Sekundenlang war ihr Körper bewegungslos wie eine Statue, bis auf das leise Tappen der Sohlen, nur ihre Arme und Hände tanzten weiter und woben langsame Zeichen in die Leere. Dann wieder verfiel sie in korybantische Raserei, sie wand, schüttelte und drehte sich, den Blick über die Schulter nach hinten gewandt. Ununterbrochen bebte die Luft um sie her, über ihrem Haupt und an ihren Lenden, wie von Zikaden an Sommertagen, vom trockenen Geknatter der *boetica crusmata*, wie es bei Martial heißt. Vor einem einzigen Schwung ihres staubigen Rockes versank unsere heutige Welt ins Nichts, und die Gedanken schweiften gleichzeitig zu den phönizischen Galeeren, die in Gades landeten, in den Bankettsaal des Herodes und zu den Tänzerinnen auf den griechischen Vasen im Britischen Museum. Gerade als ich am wenigsten darauf gefaßt war, brachen die Gitarren jäh ab, das Mädchen stand still wie bemalter Marmor, fast ohne zu atmen. Vielstimmig dröhnende *Ole*-Rufe dankten diesem lebenden Gast aus einer Welt, von der man uns glauben machen will, daß sie vor dreitausend Jahren untergegangen sei.

Als der Bann gebrochen war, sah ich, daß selbst diese Pantherin ihre *dueña* mithatte: Eine kleine, alte Zigeunerin, vielleicht ihre Großmutter, erhob sich aus dem Sessel neben der Bühne und folgte der Tänzerin aus dem Saal.

»Kommen Sie, gehen wir!« sagten meine Freunde. »Etwas Besseres kommt heute nacht nicht mehr nach.«

Inzwischen war es fast Mitternacht geworden, und wir setzten uns in ein überfülltes Café. Mitten im Gespräch entdeckte ich, daß eine Miniaturausgabe des Feldmarschalls Smuts, mit weißem Knebelbart und den gleichen, in die Ferne gerichteten blauen Augen, zwischen den Tischen auf uns zusteuerte.

»*Ole!* Don Felipe, wo sind Sie die ganze Zeit gewesen? Lieber Don Felipe, wir haben Sie so vermißt!«

Ich wurde dem beweglichen kleinen Engländer vorgestellt, der auf den Siebziger zugehen mochte. Ich hatte ihn sofort gern. Später fragte er mich: »Was glauben Sie, wie alt ich bin?« Diese Frage kann einen in Verlegenheit bringen, und mich um so mehr, als ich ein fragwürdiges Talent dafür habe, das Alter der Leute zu erraten. Um niemanden zu kränken, muß ich meine Antwort immer nach der richtigen Seite hin korrigieren, denn nichts ärgert alte Leute mehr, als wenn man ihr wahres Alter errät.

»Nun«, sagte ich daher, »Sie dürften fünfundsechzig sein.«

»Ich bin sechsundsiebzig«, antwortete er triumphierend; »manchmal wünsche ich, ich könnte mich auch so alt fühlen.«

Da ich am Sonntagnachmittag nichts vorhatte, beschloß ich, zu den Stieren zu gehen. Ich bezahlte hundertzwanzig Pesetas, also ungefähr ein

Pfund, für einen guten Platz im Schatten, dann schlenderte ich um den Kreis der Arena und beobachtete die aufgeregte Menge, die ihre Sitze einnahm und sich mit den kleinen flachen Kissen versorgte, die in Stößen neben jedem Eingang lagen und pro Stück eine Peseta kosteten. Es war mir noch nie in den Sinn gekommen, daß wahrscheinlich auch die Griechen und Römer ähnliche kleine Kissen mit in ihre steinernen Arenen genommen haben. Ich freundete mich mit einem dicken kleinen Mann an, einem der Gehilfen, und er hatte die Liebenswürdigkeit, die Unfallstation für mich aufzusperren. Sie sah nicht anders aus, als ich es in einem Stierkämpferfilm gesehen hatte: ein klinisch weißes Zimmer, in dem Betten der aufgespießten *matadores* harrten. Ein Operationstisch stand darin, ein Glasschrank mit Instrumenten, und die Tür am anderen Ende des kleinen Raumes führte in eine Kapelle, in der eine moderne Statue Unserer Lieben Frau von einem verstaubten Altar süßlich herunterlächelte. Als ich dem kleinen Mann bedeutete, daß ich gerne das Gebet der *matadores* vor dem Kampf mit angesehen hätte, glitt ein zynisches Lächeln über sein unrasiertes Gesicht und ließ mich erraten, daß derlei heute nur noch in Hollywood vorkommt.

»Sie machen höchstens das Kreuz, bevor sie aus ihrem Hotel weggehen«, sagte er mit einem etwas bissigen Lachen, »das ist aber auch alles.«

Ich habe wohl ziemlich skandalisiert dreingeschaut, denn er fügte hinzu:

»Früher, ja! Aber damals waren auch die Stiere noch so groß und stark!«

Diese Worte illustrierte er mit furchterregenden Gesten. Trotz seines kleinen Wuchses sah er sofort wie ein *toro bravo* aus. Er warf den Kopf zurück und duckte sich gereizt; dann hob er die Schultern in der echt spanischen Geste der Hoffnungslosigkeit, bis sein Hals fast dazwischen verschwand. »Aber das ist vorbei! Das müßte schon ein sehr ängstlicher *torero* sein, der um Hilfe beten würde gegen die Stiere, die wir heutzutage haben ...«

Dieser Standpunkt war zwar etwas eigenartig, aber doch sehr realistisch: Man belästigt die Muttergottes nicht, solange man mit dem Stier selbst fertigwerden kann.

Als ich zu meinem Platz zurückging, kam ich an einem Tor vorbei, und dahinter sah ich die Schlächter, mit Rollen und Seilen, ein Gerüst aufschlagen und die Messer wetzen zum Tranchieren der erlegten Stiere. Bekanntlich fährt, sobald der Stier tot ist, ein Maultierkarren herein, und der Kadaver wird an den Hörnern hinausgeschleift und bei den Schlächtern abgeliefert. Ich fragte, was mit dem Fleisch geschehe, und man gab mir die Adresse eines Restaurants, in dem man Stierkampf-Steaks bekam. John Marks, der das beste Buch auf englisch über die Stierkämpfe geschrieben hat, sagt, die Kosten einer Garnitur von sechs Stieren für eine *corrida* seien etwa 1250 Pfund. Irgendwo anders habe ich gelesen, daß ein erstklassiger *matador* für die Arbeit eines Nachmittags, das heißt also die Tötung von zwei Stieren, 1250 Pfund oder mehr erhält, und da zu einer *corrida* im allgemeinen sechs Stiere und drei *matadores* nötig sind, belaufen sich die Kosten des Rituals für einen Nachmittag, sofern alles gut und teuer sein soll, auf rund 5000 englische Pfund.

Durch die schnatternde, schreiende Menge drängte ich mich zu meinem Sitzplatz durch. Neben mir saßen drei junge Mädchen von dem Typ, der für erfolgreiche junge *matadores* schwärmt. Sie prüften ihr Aussehen in den Taschenspiegeln und zogen sich die Lippen nach. Selbst außerhalb der Arena lebt der *matador* gefährlich, mußte ich denken. Alle Fremden Sevillas hatten sich eingefunden, ich hörte in einem Umkreis von wenigen Metern Englisch, Französisch und Deutsch sprechen. Hinter mir saß ein junger Geistlicher. Das überraschte mich, denn eigentlich pflegen Geistliche Stierkämpfen nicht beizuwohnen, dann hörte ich ihn jedoch Französisch reden. Die *aficionados* vollführten einen Höllenlärm, sie schmausten und tranken aus den Flaschen, und überall standen Knaben in weißen Mänteln, mit Tragtabletten um den Hals, und schrien in die Menge: »*Caramelos! ... Cigarros! ... Limonada!*« Zum erstenmal erlebte ich spanische Volksmassen, die ihr eigentliches, betont zurückhaltendes und vornehmes Wesen abgelegt hatten.

Eine Uhr schlägt. Applaus rauscht auf, und der Präsident betritt seine Loge und demonstriert damit, daß auch Spanier auf die Minute pünktlich sein können. Er gibt ein Zeichen, und aus den weit aufgerissenen Toren marschiert eine bizarre Prozession, die schon manchen Zuschauer an das alte Rom erinnert hat. Die *matadores* in ihren goldgestickten Jacken, Kniehosen und Kopfbedeckungen, die wie Törtchen aussehen, die magentaroten Mäntel zusammengefaltet über den linken Arm, schreiten elastisch über den Sand, indifferent dem Applaus gegenüber. Sie gehen in Dreierreihen, hinter ihnen folgen einzeln ihre Gehilfen, die *cuadrillas.* Sie sind ähnlich, aber nicht ganz so schön gekleidet. Es folgen die *banderilleros,* die Wurfspieße auf die Stiere zu schleudern haben, und die *picadores,* die den Stier mit ihren Lanzen am Nacken verwunden und ihre Pferde so vor ihm schwenken, daß das Tier etwas zum Angreifen und Aufspießen hat. Es ist ein Wunder, daß die elenden Gäule sich überhaupt noch auf den Beinen halten können. Diese bemitleidenswerten, geängstigten alten Geschöpfe sind vom Angstschweiß schwärzlich gefleckt. Sie wissen, was ihnen bevorsteht. Unter ihren gerafften Lefzen liegen, gebräunt wie von Tabaksaft, die Zähne bloß. Ihr rechtes Auge ist verbunden, damit sie den Stier nicht sehen können, wenn er auf sie losstürmt, um ihnen die Därme herauszufetzen. Es ist nicht allgemein bekannt, daß ihnen vorher die Stimmbänder durchschnitten werden, denn der Schrei eines Pferdes hat einen Klang, an dem nicht einmal das Stierkampfpublikum seine Freude hätte. Über die eine der altersschwachen, hageren Flanken hat man eine wattierte Decke gehängt, die sie, theoretisch zumindest, davor schützen soll, durchbohrt zu werden. Das ist ihr Ende und der Dank für ihre lebenslange Arbeit im Dienste des Menschen.

Als die *matadores* und ihr Gefolge vortraten, um sich zu verneigen, konnte ich feststellen, daß sie nicht im Gleichschritt marschierten. Engländern oder Deutschen wäre so etwas unmöglich, zumindest fiele es ihnen nicht leicht, denn für sie wäre das ebenso unnatürlich, wie es für den Spanier natürlich ist, nicht im Gleichschritt zu gehen. Doch hat diese Nichtachtung des Gleichschrittes etwas Individuelles und Imponierendes – jeder Mann schreitet in dem ihm gemäßen Rhythmus aus. Sie verneigen sich. Die Kopfbedeckungen werden dabei nicht abgenommen, sie drücken sie nur etwas tiefer in die Stirn. Sie blicken nicht auf die Menge und versuchen auf keine Weise, das Wohlgefallen ihrer lärmenden Verehrer zu erregen. Die Sitte will, daß ihr Gesichtsausdruck teilnahmslos und gleichmütig sei, von der Feierlichkeit und dem Ernst eines Mithras-Priesters, der soeben die Opferung vollzieht.

Nun ist der Kampfring leer. Wieder gibt der Präsident ein Zeichen. Das Tor zum Stierpferch springt auf, und jetzt gäbe man etwas darum, sagen zu dürfen, daß ein paar Tonnen schwärzester Wut in den Ring stürmen. In Wirklichkeit trabt ein ziemlich kleiner, schwarzer Stier heraus, der sich in Freiheit wähnt und hofft, die Herde bald einholen zu können. Dann fällt ihm auf, daß da etwas verdächtig ist. Der Lärm. Die fremden Gerüche. Als er aus der Hürde herauskam, hat ihm einer, um ihn in Schwung zu bringen, einen Spieß in die linke Schulter gebohrt, von dem die Farben seines Züchters flattern. Die Wunde beginnt leicht zu bluten und zu brennen, als die Luft darüberstreicht. Er ist eher verblüfft als zornig. Während er sich noch wundert, was hier vorgeht, sieht er zwei Männer, an den Füßen schwarze Ballettschuhe, in kurzen, trippelnden Sprüngen laufen und ihre Capes hinter sich herschleifen. Der Stier hat noch nie ein Cape gesehen. Auf dieser Grundvoraussetzung basiert der ganze Stierkampf. Er starrt die Männer erstaunt an, dann dämmert ihm, daß sie, wenn schon nicht gefährlich, so doch aufreizend sind, er stößt zu und verfehlt sie. Hinter der Barriere beobachtet der *matador*, welches Horn der Stier gebraucht.

Nachdem der *matador* seinen Stier eingeschätzt hat, erscheint er, indes sich die anderen zurückziehen, und sucht die Aufmerksamkeit des Stieres auf sich zu lenken, indem er ihm mit beiden Händen ein farbiges Cape vorhält. Er steht ruhig und bewegt die Beine kaum; so lockt er das Tier mit winkendem Schwenken des Capes an sich vorüber. Bei jeder seiner schönen Bewegungen, in denen sich Anmut und Mut verbinden, steigt ein dumpfer Schrei aus der Menge auf. Es klingt wie »*Allah!*« Und jede seiner Figuren wird von diesem Ruf begleitet. »*Allah! Allah! Allah!*« dröhnt es rings in der Arena. Geschrieben wird es jedoch »*Ole*«. Klingt da nicht unverkennbar die Stimme des maurischen Spanien durch? Wo habe ich das schon gehört? Und nun fällt es mir ein. Es war in den Straßen von Bagdad, als ich eines Nachts, hinter einem Vorhang verborgen, eine Moharram-Prozession belauschte und die halbnackten *shia*-Büßer sich geißelnd durch die Straßen ziehen sah. Sooft die Peitschen auf ihre blutenden Rücken herabsausten, schrien sie: »*Ah-Al-lah ... Ul-Lah! Allah! ... Ul-lah!*« Nicht anders klang mir hier das gewaltige »*Ole*« in die Ohren.

Der *matador* zieht sich zurück, und ein *picador* reitet auf seinem der Stimmbänder beraubten Opfer herein. Jetzt muß der Stier zum Bluten gebracht werden. Es heißt, daß ein Mann zu Fuß niemals imstande wäre, einen Stier mit dem Degen zu töten, solange dessen Halsmuskeln nicht soweit geschwächt sind, daß er das Haupt für den Opferstreich senkt. Darum wird er zuerst vom *picador* zur Ader gelassen.

Kaum hat der Stier diesen grotesken Eindringling gesehen, so greift er an. Der *picador* faßt seine zwei Meter lange Lanze fester, stößt ihre Spitze in den Hals des Stiers, und so stehen sie eine Sekunde lang, der Mann zustoßend, der Stier dagegengestemmt. Plötzlich reißt sich das Tier von dem Speer los und rast auf das Pferd zu. Mit dumpfem Ton, als träfen sie auf Leder, prallen seine Hörner gegen den *peto*, die Schutzmatte, aber das Pferd ist zu altersschwach, um sein Gleichgewicht zu bewahren, es stürzt, nicht durch die Kraft und Wildheit des Stiers, sondern durch sein Alter und seine Schwäche. Im Fallen streckt es alle viere in die Luft, sein Bauch liegt bloß. Dem *picador* gelingt es nach einiger Zeit, sich aus dem wirren Knäuel der Leiber zu erheben, wobei ihm die übrigen Mitglieder der Truppe zu Hilfe eilen, aber der Stier hat endlich einen greifbaren Widerstand gefunden und hört nicht auf, den Leib des Pferdes von rechts und links aufzuschlitzen. Die gemarterte Kreatur streckt den langen, sehnigen Hals, das unverhüllte Auge quillt vor Angst aus der Höhle, das Maul ist aufgerissen und entblößt das jämmerliche, alte, braune Gebiß. Doch es gibt keinen Laut von sich, und der Stier läßt nicht ab, auszuholen und zuzustoßen.

Rote Capes werden geschwenkt, und der Stier läßt von dem Pferd ab. Aus seiner Schulter quillt eine große, blutige Rosette, dort wo die Lanze eingedrungen ist. Das Pferd liegt mit offenem Maul und atmet stoßweise. Ein Mann eilt zu ihm und zerrt an den Zügeln. Er tritt es in die knochigen Rippen, und das armselige Gerippe nimmt alle Kraft zusammen, um sich aufzurichten, mehr denn je die Karikatur eines Pferdes. Seine Hinterbeine versagen den Dienst, in Todesangst sinkt es zurück und wirft den Kopf hin und her. Schon hoffe ich, daß es verendet, da gelingt es ihm plötzlich doch noch einmal, taumelnd aufzustehen. Aus seinem Leib quellen die Eingeweide in allen Schattierungen von Rot. Ein Mann hebt eine Handvoll der gemahlenen Baumrinde, mit der die Arena bestreut ist, auf und versucht, sie wieder hineinzustopfen, aber sie hängen bald wieder heraus wie Aale. Das Pferd wird außer Sichtweite gezerrt. Es wird entweder hinter der Szene verenden oder, wenn es noch stehen kann, wird man seine Wunde mit Stroh ausstopfen und es nochmals in die Arena zwingen.

Damit ist der zweite Akt des Schauspiels erreicht. Die *banderilleros* treten auf, elegant halten sie ihre Harpunen, die mit bunten Papierstreifen umflochten sind. Sie fassen sie geziert ganz oben, und die Spitzen, die in den Stier geschleudert werden, sind mit Widerhaken versehen. Sobald sich der Stier ihnen nähert, schleudern ihm die *banderilleros*, auf den Fußspitzen stehend, mit präzisen Bewegungen ihre Harpunen in die Schulter, während er an ihnen vorbeirennt. Der Stier ist verletzt und überrascht. Er hält ein und bleibt bedrückt mitten in der Arena stehen, schüttelt das Haupt und versucht, das Blut von seinem Rücken zu lecken. Bei jeder Bewegung zerren die Widerhaken an seinem Fleisch, und schäumende, rötliche Blasen treten aus den Wunden. Es gelingt ihm nicht, die Spieße abzuschütteln. Er ist blind für alles andere und ganz mit seiner Pein und seinem Elend beschäftigt. Dann wirft er schwerfällig das Haupt hin und her und stößt ein Gebrüll aus wie eine Kuh, einen dumpfen, zutiefst verwundeten Laut, der zu sagen scheint: »Warum tut ihr dies? Laßt mich gehen. Ich verstehe das nicht.« Plötzlich steht schon wieder ein *banderillero* mit zwei frischen Speeren vor ihm und belauert ihn. Aber der Stier will nicht angreifen. Mann und Stier starren einander an, und nichts geschieht. Der Mann springt wie ein Hanswurst hin und her, um den Stier zu reizen. Die Menge beginnt zu lachen. Man schreit ihm Ratschläge zu. Dann aber werden sie ungehalten, weil der Stier nicht mehr mitspielen will. Sie zischen.

Der *banderillero*, beunruhigt durch die Mißfallenskundgebungen, läuft leichtfüßig auf den Stier zu und schleudert noch zwei Harpunen in seine Schulter. Das Tier brüllt vor Schmerz und fährt herum, es schnappt nach den Wunden und versucht, die Dinger abzuschütteln, die an ihm zerren. Seine Flanken sind von dunklem Blut gestriemt, und die Witterung versetzt ihn in Panik. Er rennt an den Rand der Arena, wobei die *banderillas* zitternd gegeneinander schlagen. Er bietet einen jämmerlichen Anblick. Aber die Menge verhöhnt ihn, denn er ist kein *toro bravo*. Sein Tod verspricht nicht sehr aufregend zu werden. Nun wäre es höchste Zeit, daß einer die Noblesse hätte, dazwischenzutreten und ihm auf humane Weise den Todesstoß zu versetzen. Aber nein, die Zeremonie muß bis zum bitteren Ende durchgestanden werden. Aus der Präsidentenloge winkt ein Taschentuch, die Trompeten schallen, als kündigten sie ein großartiges Ereignis an, und vor tritt der *matador* mit seinem Degen. Der Augenblick ist reif zur Schlachtung des Opfers.

Das Schwert über den abgewinkelten Arm gelegt, steht der *matador* da und weiht den Stier mit lauter Stimme irgend jemandem im Publikum. Nochmals erschallen die Trompeten, und er schreitet zur Opferung. Aber das Opfer denkt nur an seinen Schmerz und Jammer. Leise tropft das Blut in den Sand, mit gesenktem Kopf steht der Stier, in sein Elend versunken. Er lechzt nach Wasser, scharrt mit einem Bein im heißen Sand und senkt schnuppernd die Schnauze. Der *matador* steht nur wenige Meter entfernt, das Schwert unter der *muleta*, einem Streifen roten Flanells, verborgen, und verhöhnt den Stier. Er beschimpft ihn und reizt ihn zum Angriff. Plötzlich, ganz unvermittelt, geht der Stier auf ihn los. Der *matador* ist auf seiner Hut, er dreht sich, wie gewöhnlich, um die eigene Achse, so daß der Stier vorüberrennt, doch nun hat das Tier es satt, zum Narren gehalten zu werden. Statt sich dem ungleichen Kampf nochmals zu stellen, trottet es an den Platz in der Arena zurück, den es sich erwählt hat. Drei- oder viermal reizt der *matador* den Stier zum Angriff, der aber steht mit gesenktem Haupt da und gibt dabei die Stelle preis, die, nicht größer als eine halbe Krone, geradewegs in die Herzgegend hinunterführt. Der große Augenblick naht, der erhabene »Augenblick der Wahrheit«, er ist gekommen.

Der *matador* prüft die Klinge des Degens, und im nächsten Augenblick steckt dieser aufrecht und zitternd im Nacken des vorübertrottenden Stieres. Aber der *matador* hat auf den Knochen getroffen. Jetzt bockt und springt das Tier und sucht das Schwert herauszuschleudern. Das gelingt. Die Menge zischt und schreit Beschimpfungen in die Arena. Der *matador* greift nach einem anderen Schwert. Diesmal gleitet es direkt bis ans Heft hinein. *»Ul-lah! Al-lah! Ole!«* In stummer, edler Ergebung schreitet der Stier auf seine *querencia*, seinen Platz in der Ecke, zu, aber er erreicht ihn nicht mehr. Auf halbem Weg bleibt er stehen. Sein Haupt sinkt tiefer, der Körper sackt zusammen. Es sieht aus, als wolle er sich übergeben. Dickes Blut schießt aus seinem Maul. Langsam und sehr still bricht er in die Knie und verharrt wie im Gebet. Dann fällt er tot um. *Ole!*

Der *matador* verneigt sich wie ein Schauspieler. Die geschminkten Mädchen zucken die Achseln und kramen nach ihren Lippenstiften. Drei nebeneinander angeschirrte Maultiere galoppieren mit Geklingel von Glöckchen herein, um die Hörner des Stiers wird ein Strick geschlungen, und das letzte, was man von ihm zu sehen bekommt, ist ein würdeloser

Klumpen mit in die Luft gestreckten Beinen, der eine rote Spur durch den Sand hinter sich herzieht. Die Tore öffnen und schließen sich wieder. Die Fleischhauer greifen zu den Messern.
Und wieder Trompeten.
Neuerlich springt das Tor des *toril* auf, und der nächste Stier stürmt ins Freie. Nach zwanzig Minuten ist auch er tot. Nachdem der sechste Stier sein Herzblut herausgehustet hat, sind die Opferungen für heute beendet. Die Menge läuft auseinander, ermattet von der Aufregung, um in Cafés und Bars den Hergang bis in Detail zu diskutieren und sich die Schönheiten nochmals zu vergegenwärtigen, die sich nur einem Spanier offenbaren.

Zu den größten Sehenswürdigkeiten Sevillas gehört das *Archivo de Indias* und die Bibliothek, wo Bücher aus dem Besitz des Kolumbus, von ihm selbst mit Randbemerkungen versehen, in einer Glasvitrine aufbewahrt sind.
Ich wurde von einer amerikanischen Professorin, die, wie sie mir sagte, jahrelang in den Archiven gearbeitet hatte, dorthin geführt. In dem Gebäude sind über dreißigtausend Dokumente aufbewahrt, die sich auf die Entdeckung Amerikas und die spanischen Kolonien in Amerika beziehen.
Man zeigte mir die Autogramme von Amerigo Vespucci, Cortez, Pizarro, Magellan; das interessanteste Stück war jedoch ein Brief des Cervantes, in dem er sich um eine Stellung in Amerika bewarb. Der Brief wurde im Jahr 1590 in Sevilla geschrieben, nachdem der damals dreiundvierzigjährige Cervantes sich jahrelang mit Arbeiten zur Versorgung der Armada und, nach deren Niederlage, bei der Lebensmittelversorgung der Galeeren abgemüht hatte. Quer über das Gesuch hatte der Schreiber des Geheimen Rates für Hispano-Amerika geschrieben: »Er soll sich etwas nicht so weit von daheim suchen.« Unwillkürlich fragt man sich: Wäre der »Don Quijote« je geschrieben worden, wenn Cervantes nach Amerika gegangen wäre?
Wir gingen in die *Biblioteca Columbina* hinüber, die in einem alten Gebäude hinter der Kathedrale, mit dem Blick auf den Orangenhof hinaus, untergebracht ist. Hier kamen wir in einem langen, mit Büchern angefüllten Raum, zu einem Bücherkasten mit Glastüren, der für uns aufgesperrt wurde. Ich war erstaunt, ja peinlich berührt, als man mir die Bücher des Kolumbus – es sind höchstens zehn – einfach in die Hand drückte. Das Berühren dieser unersetzlichen Schätze sollte verboten sein. Sie waren lateinisch oder spanisch abgefaßt. Es gab den Marco Polo, Plutarchs »*Vitae parallelae*«, die Tragödien Senecas, Plinius' »*Naturalis Historia*«, gedruckt zu Venedig, 1489, und »*Imago Mundi*« von Kardinal

Pierre d'Ailly, mit vielen Randnotizen von Kolumbus' Hand. Erst hinterher kommt einem das Besondere eines solchen Erlebnisses richtig zum Bewußtsein. Im ersten Augenblick konnte ich kaum glauben, daß die alten, vergilbten Worte auf den Rändern der Bücher wirklich von Christoph Kolumbus eigenhändig geschrieben worden waren, außerdem war ich auf so etwas nicht vorbereitet, denn ich hatte mir Kolumbus stets nur vorgestellt, wie er an Deck der *Santa María* durch Sturm und Nebel Ausschau hielt, niemals aber, wie er friedlich daheim saß und Plutarch las.

Ich schlug ein Buch auf und sah seine seltsame Geheimchiffre, von ihm selber eingetragen:

.S.

.S.A.S.

XMY

Unter dieses geheimnisvolle Signum pflegte er seinen Namen zu setzen, und zwar entweder als »x. p. o. Ferens« oder einfach »El Almirante«. »Diese Signatur war einer der beliebtesten Jagdgründe für Mysterienjäger«, schreibt Salvador de Madariaga, »und ihre Deutungen schwanken zwischen höchster Genialität und Schwachsinn.« Die Ansicht, daß die Chiffre eine Anrufung Christi, der Madonna und des heiligen Joseph darstelle, ist oft geäußert worden, andere, unter ihnen auch Madariaga, der annimmt, daß Kolumbus jüdischer Abstammung war, halten sie für einen kabbalistischen Geheimschlüssel und für einen weiteren Beweis dafür, daß Kolumbus vielleicht ein konvertierter Jude war, ein *converso*, denn in Spanien scheinen damals alle einigermaßen Begabten *conversos* gewesen zu sein.

Was für Bemerkungen hat Kolumbus in seinen Büchern an den Rand geschrieben? Sie beziehen sich fast ausschließlich auf Reichtum, Gold, Edelsteine, kostbares Gestein und Metalle. Fast überall ist das Wort »Gold« unterstrichen, und in der Ausgabe des Marco Polo hat er folgende Worte unterstrichen: Parfums, Perlen, kostbares Gestein, Goldtuch, Elfenbein, Pfeffer, mit einem Wort alles, was kommerziellen Wert darstellte. Das ist wohl nur natürlich. Die alten Karawanenstraßen nach dem Osten waren unterbrochen, seit die Türken 1453 Konstantinopel erobert hatten, Spanien und Portugal rivalisierten miteinander auf der Suche nach einem Seeweg nach Indien und zu den sagenhaften Schätzen des weltweiten Gewürzhandels, wobei Portugal führend war. Der erste Sieg war die allmähliche Erschließung der westafrikanischen Küste durch die Portugiesen, und der Höhepunkt wurde erreicht durch die Großtat des Bartolomeu Díaz, der das Kap der Guten Hoffnung umschiffte und von dort nicht mehr mit südlichem Kurs segelte, sondern Indien vor sich hatte. Die interessanteste Randbemerkung hat Kolumbus in seinem Exemplar von Pierre d'Aillys *»Imago Mundi«* eingetragen.

»Notiz: daß im Dezember dieses Jahres 1488 Bartholomäus Didacus, Kommandant dreier Karavellen, die der König von Portugal nach Guinea ausgesandt, um das Land zu erforschen, in Lissabon landete. Er berichtete, daß er ein Vorgebirge erreicht habe, welches er ›Cabo de Boa Esperança‹ (Kap der Guten Hoffnung) nannte... Er hat seine Reise beschrieben und sie, Meile um Meile, auf einer Marinekarte eingezeichnet, um sie dem besagten König vor Augen zu bringen. Ich war bei all dem anwesend.«

Kolumbus hatte keine Ahnung von der Existenz Amerikas und wußte bis zu seinem Todestag nicht, daß er es entdeckt hatte, sondern versuchte nur, einen kürzeren Weg nach Indien zu finden als den, der auf der Kap-Route südwärts führte. Er dachte, da die Erde rund sei, müsse eine Reise von Spanien immer westwärts eine Abkürzung nach Indien sein, und das hätte durchaus gestimmt, wenn die Erde so klein wäre, wie Kolumbus annahm, und wenn der amerikanische Kontinent nicht dazwischen läge.

Als ich die Bibliothek verließ, konnte ich meine Gedanken von Kolumbus nicht losreißen, und welcher Ort wäre auch geeigneter als Sevilla, um Betrachtungen über das außerordentliche Schicksal dieses Mannes anzustellen! Über seine Herkunft ist nichts Genaues bekannt. Er wurde zum Italiener, Portugiesen, Katalanen und Galicier erklärt, gewiß ist jedoch nur, daß er das Kastilische mit fremdem Akzent sprach.

Er wurde in Genua als Sohn eines Tuchhändlers geboren und fuhr als junger Mann zur See.

Nach Aussagen von Zeitgenossen, die ihn persönlich gekannt haben, war Kolumbus groß, gut aussehend und bartlos, sein Haar war vor der Zeit grau geworden. Er war sehr gesprächig und wurde manchmal für verrückt gehalten, während andere ihn als langweilig betrachteten. Jedenfalls besaß er genügend Selbstbewußtsein und machte auch in seinen schäbigen Kleidern den Eindruck eines Edelmannes. Er ließ sich in Lissabon nieder. Dort war die Möglichkeit, Indien auf dem Seeweg anzusteuern, ein ähnlicher Gesprächsstoff wie heute die Spekulationen über eine Raketenlandung auf dem Mond. Ob es kürzer war, wenn man Afrika umsegelte, oder ob die Route quer über den Atlantik eine Abkürzung sei, darüber waren die Meinungen geteilt, für Kolumbus aber wurde die letztere reizvolle Theorie zur fixen Idee. Einen Landesfürsten zu seiner Unterstützung zu gewinnen, erschien ihm als die wichtigste Aufgabe seines Lebens.

Er heiratete eine portugiesische Dame aus guter Familie, die Tochter eines angesehenen Schiffskapitäns, und hatte mit ihr einen Sohn namens

Diego. Nach mehrjähriger Ehe starb seine Frau. Da es ihm bis dahin nicht gelungen war, den König von Portugal für seinen Plan zu gewinnen, beschloß Kolumbus, die Idee Ferdinand und Isabella zu unterbreiten. Arm, doch voll Begeisterung kam er mit seinem fünfjährigen Söhnchen in Spanien an. Die Mönche von La Rábida nahmen sich des Kindes an, während Kolumbus sich aufmachte, um den Hof, der damals in Sevilla weilte, aufzusuchen.
Er war vierzig Jahre alt, nach der damaligen Auffassung also schon ziemlich bejahrt, auch hätte er keinen ungünstigeren Augenblick wählen können. Ferdinand und Isabella hatten mit dem Endstadium der Rückeroberung alle Hände voll zu tun und interessierten sich einzig für die Schleifung der letzten Festungen der Ungläubigen. Der Plan des fanatischen weißhaarigen Mannes schien ihnen, verglichen mit der Vertreibung der Mauren, als Ausgeburt einer ausschweifenden Phantasie. Man ließ ihn sechs Jahre warten, und das ist sogar für spanische Verhältnisse eine lange Zeit. Inzwischen erlebte Kolumbus die einzige Liebesgeschichte seines Lebens mit einer Frau, von der nicht viel mehr bekannt geworden ist als ihr Name: Beatriz Enríquez, und daß sie aus Córdoba stammte. Sie gebar ihm seinen Sohn Ferdinand, und man fragt sich vergebens, weshalb der gefühlvolle, einsame und mitteilungsbedürftige Witwer sie nicht geheiratet hat, denn er blieb ihr sein ganzes Leben hindurch zärtlich zugetan und bedachte sie in seinem Testament. In diesen sieben Jahren wird Beatriz wohl alles über Kolumbus erfahren haben, was seine Biographen gern wüßten. Ihr wird er in dieser Zeit der Enttäuschungen sein Herz ausgeschüttet haben, sie aber hat ihr Wissen mit ins Grab genommen.
Dem König und der Königin samt ihren Ratgebern mag Kolumbus als hirnverbrannter Träumer erschienen sein, aber die Bedingungen, die er an das Zustandekommen einer Indienreise auf westlichem Kurs knüpfte, bezeugen, daß er ein gewitzter Geschäftsmann war. Er forderte einen Titel, das Amt des Vizekönigs und zehn Prozent des Gesamtgewinnes. Salvador de Madariaga nennt ihn eine »frühere Inkarnation Don Quijotes«. Und sicherlich hatte man bei Hof keinen sonderbareren Kauz gesehen als diesen redseligen Abenteurer, der schon im voraus, ehe er etwas entdeckt hatte, in schäbiger Grandezza als Belohnung das Recht forderte, goldene Sporen tragen zu dürfen – für einen Seefahrer übrigens ein eigenartiger Wunsch! – und den Titel eines Großadmirals zur See.
Den endgültigen Schlag gegen Kolumbus führte die Entscheidung der königlichen Kommission herbei, die Jahre gebraucht hatte, um zu dem Schluß zu kommen, daß sein Plan »eitel und der entschiedensten Zurückweisung wert sei«. Weiteres Argumentieren war zwecklos. Darauf entschloß er sich, seinen Plan Frankreich zu unterbreiten. Niedergeschla-

gen kehrte er ins Kloster La Rábida zurück, vermutlich um Diego abzuholen, der nun elf Jahre alt geworden war. Dort aber geschah das größte Wunder in der Geschichte des Kolumbus. Soweit ich unterrichtet bin, gibt es keine stichhaltige Erklärung dafür. Er scheint seinen Kummer Fray Juan Pérez gestanden zu haben, der ihm schon bei seinem ersten Besuch große Teilnahme bezeigt hatte; vielleicht auch hat er ihm ein sehr wichtiges Geheimnis enthüllt, denn der gütige Mönch setzte sich sogleich hin, um an den König und die Königin zu schreiben. Nur eine Sache von größter Wichtigkeit kann den Mönch dazu veranlaßt haben, diesen Brief an die überarbeiteten, vielbeschäftigten Monarchen zu richten in einem Augenblick, da die Augen der gesamten Christenheit auf ihnen ruhten und der Kampf gegen die Ungläubigen sich seinem Ende näherte. Kaum hatte die Königin das Schreiben in Händen, als sie, höchst merkwürdigerweise, den Mönch sofort zu sich befahl. Das alles ist unerklärlich. Kolumbus hatte den Hof sechs Jahre lang belagert, die königliche Kommission hatte seinen Plan für blauen Dunst erklärt, und nun entschloß sich die Königin, auf den Brief irgendeines Klosterbruders hin, mitten in nationalen Krisenzeiten, mit eigenen Ohren zu hören, was der Mönch zu sagen hatte. Man kann mit Fug und Recht behaupten, daß der gute Fray Juan Pérez die Zukunft Amerikas mit sich trug, als er sein Maultier sattelte, um an den Hof zu reiten.

Der Mönch kehrte zurück und überbrachte Kolumbus den Befehl, sich vor Granada bei Hofe einzufinden. Man hatte ihm Geld für entsprechende Kleidung und ein Maultier gesandt. Und so sah der spätere Entdecker Amerikas in der Januarsonne des Jahres 1492 eine Woge christlicher Reiterei, vor der ein silbernes Kreuz einhergetragen wurde, auf die roten Türme von Granada zureiten. Er sah die Stadttore sich auftun und eine weiße Kavalkade von Arabern herausreiten, deren Gesichter braun und abgezehrt unter ihren Turbanen hervorspähten. Sie übergaben die Schlüssel zur Stadt, die Schlüssel zum maurischen Spanien. Der Chor der königlichen Kapelle stimmte das Tedeum an, die Ritter stiegen von den Streitrössern und knieten neben den Bogenschützen und Pikenieren nieder, und sicherlich fiel auch Christoph Kolumbus auf die Knie.

Sieben Monate später segelte er nach Westen. Seine Schiffe wurden in dem kleinen Hafen Palos, gerade unter dem Kloster La Rábida, ausgerüstet. Die Besatzung betrug achtundachtzig Mann auf drei Segelschiffen, und die erste Überquerung des Atlantik dauerte sieben Wochen. Kolumbus war der erste, der sich, einzig nach den Sternen steuernd, auf das offene Meer hinauswagte. Sein Mut und sein Glaube wurden reichlich belohnt, als eines Abends ein Kanonenschuß von der *Pinta* anzeigte, daß

endlich Land in Sicht war. Dabei soll es sich um die heutige Watlings-Insel in den Bahamas gehandelt haben. Ein Traum war Wirklichkeit geworden.
Kolumbus gelangte zu Reichtum und Macht, dann aber wandte sich sein Glück. Er hatte eine neue Welt entdeckt, aber es war ihm nicht vergönnt, in ihr zu regieren, auch konnte er ihre Flüsse und Minen nicht mit Gold füllen. Im ganzen überquerte er viermal den Atlantik. Ruhm und Vornehmheit hatte er begehrt, sie waren ihm zuteil geworden, doch sie brachten ihm keinen Segen. Vierzehn Jahre nach der Reise, die ihn unsterblich gemacht hatte, starb er, gichtig und elend, und hielt Amerika immer noch für Asien.

Ungefähr sechzig Kilometer von Sevilla steht das kleine Franziskanerkloster La Rábida auf einem kahlen Vorgebirge über dem salzhaltigen Mündungsgebiet des Rio Tinto und des Rio Odiel, die sich durch Sumpfland ins Meer ergießen.
Als ich eines Morgens das niedrige, weißgestrichene Backsteingebäude des Klosters vor mir sah, mit einem Streifen des blauen Meeres als Hintergrund und einem Blumenbeet davor, das von Bienen erzitterte, schien mir, als könne sich seit der Zeit, da Kolumbus hierherkam, nicht viel verändert haben. Unter dem gedeckten Portal hing eine Glocke, aber niemand nahm mein Läuten zur Kenntnis, also setzte ich mich unter den Vorbau und sah den Schwalben zu, die in einem Dachwinkel ihr Nest hingeklebt hatten und ihre Jungen fütterten. Wahrscheinlich kam Kolumbus mit dem Schiff nach Palos und traf, nach einem anstrengenden Marsch bergauf, vor dem Kloster ein. Palos war damals ein betriebsamer kleiner Hafen mit eigenen Werften und einem blühenden Küstenhandel nach Lissabon, aber inzwischen ist das Meer zurückgewichen und hat Palos oben auf dem Trockenen sitzen lassen. Kolumbus würde sich wundern, wenn er es jetzt sehen könnte. Auch seine eigene Kolossalstatue am anderen Ufer des Mündungsgebietes, ein gewaltiges Denkmal von der Schwergewichtsklasse der Freiheitsstatue, wäre eine große Überraschung für ihn.
Schließlich öffnete ein Franziskaner das Tor und bat mich in einen kleinen Hof herein. Heute lebten in La Rábida nur mehr drei Mönche, sagte er, zu Lebzeiten des Kolumbus seien es jedoch ungefähr vierzig gewesen. Wir betraten die Kirche, über deren Hochaltar ein ausgemergelter Christus hängt; auf einem kleinen Nebenaltar steht, vom Alter geschwärzt, Unsere Liebe Frau von La Rábida.
»Vor dieser Statue der seligsten Jungfrau hat Kolumbus gebetet«, sagte der Mönch. Seine Stimme klang leiernd wie eine Grammophonplatte.
Er erzählte die Geschichte, die er jedem Besucher erzählt: Eines Tages, im

Jahre 1484, läutete ein großer Mann, der ein kleines Kind an der Hand führte, und bat um Obdach. Der Prior, Fray Juan Pérez, sah, daß er wie ein Mann aus einem fremden Land aussah, auch war seine Aussprache fremd. Er fragte ihn, wer er sei und woher er komme, und es scheint, daß Fray Pérez und noch einige Mitglieder des Ordens, einschließlich Fray Antonio de Marchenas, des Klosterastronomen, nach kurzer Zeit der Suggestivkraft Kolumbus' erlagen.
Wir gingen die Stiege hinauf und besichtigten eine schmucklose, enge Zelle, der Überlieferung nach die des Fray Juan Pérez. Dort fanden die zahllosen Gespräche zwischen ihm und Kolumbus, den übrigen Mönchen und Martín Alonso Pinzón, dem Schiffseigentümer des Ortes, der die erste Atlantiküberquerung mitmachte, statt. Leider findet man in La Rábida keinerlei Überlieferungen, die etwas Licht würfen auf das »Kreuzworträtsel Kolumbus«, wie Salvador de Madariaga es nennt. Man weiß dort auch nicht mehr über seine Herkunft und Geburt, die Umstände seiner sogenannten Flucht aus Portugal oder das unergründliche Geheimnis, das Kolumbus Pérez anvertraute und auf Grund dessen er am Hof Ferdinands und Isabellas empfangen wurde. Ich fragte den Franziskaner, ob er eine Ahnung habe, warum Bernáldez, der Kolumbus gut gekannt hatte, ihn einen »Händler mit gedruckten Büchern« nennt. Handelte Kolumbus mit gebrauchten Büchern? Er zuckte die Achseln: »*Quién sabe?* Möglich! Warum nicht? Er hat viele Jahre seines Lebens über Büchern und Karten gebrütet. Was wäre natürlicher, als daß er sie verkauft hat? Der Mensch muß leben.«
In dieser engen Mönchszelle wurde die Entdeckung Amerikas geplant. Hier werden Kolumbus und Pinzón sich gemeinsam über Karten und Kompasse gebeugt haben oder auch über Proviantlisten, und über ihre Schultern geneigt, kann man sich die beiden Klosterbrüder in ihren braunen Kutten denken, die eifrig und teilnehmend auf jedes Wort lauschten.
Der Mönch sperrte eine Tür auf, und wir betraten ein Zimmer, in dem lauter kleine Kistchen aus den verschiedenartigsten Hölzern lagen. Es waren ungefähr sechzehn bis zwanzig, ordentlich auf einer Stellage aufgereiht, und darüber hingen die Flaggen der Republiken Südamerikas.
»In diesen Kistchen, die aus den jeweiligen heimischen Holzarten gemacht sind, haben Staaten Mittel- und Südamerikas ein wenig von ihrer Erde geschickt«, erklärte der Franziskaner.
Ich öffnete das Kistchen mit der Aufschrift »Mexiko«. Es war mit einer dunklen, rötlichen Erde gefüllt. Peru war etwas heller. Ich blickte zu den Wimpeln auf und las die Namen ab: Mexiko, Peru, Brasilien, Chile, Argentinien, Salvador, Dominica, Paraguay, Honduras, Costa Rica,

Nicaragua, Bolivien, Guatemala. Mir kam diese Art von Pietät komisch vor, auch schien sie mir nicht ganz frei von Ironie, denn die Republiken, die diese Kistchen geschickt haben, hatten keine Gelegenheit, ihr Mutterland in den Schmutz zu ziehen, vorübergehen lassen.
Der Franziskaner eilte fort, um eine Gesellschaft schwarzbrauner Mexikaner einzulassen, in denen Montezuma wieder auferstanden zu sein schien. Ehrfürchtig, ganz im Banne der Kolumbuslegende, traten sie ein, gingen auf den Zehenspitzen im Zimmer herum und betrachteten die Kistchen. »Ah, Mexico!« Und sie neigten sich neugierig über ein paar Pfund ihrer heimatlichen Erde. Als sie die Kistchen von Peru und einigen anderen südamerikanischen Ländern aufmachten, spuckten sie zwar nicht offen aus, doch ihr Interesse flaute merklich ab.
Ich verabschiedete mich von dem Mönch und schlug den Weg bergab, zum alten Hafen Palos, ein. Ich schritt durch einen Hain aus sehr hohen Bäumen, vielleicht den Nachkommen jener, die, zu Schiffsplanken verarbeitet, die erste Fahrt nach Amerika mitmachten. Palos ist jetzt ein trauriges kleines Nest. Das Wasser, das früher fast bis an die Schwellen der Häuser stand, beginnt fern, am unteren Saum der Wiesen, aber ein paar Schritte abseits der Straße steht noch der alte, gemauerte Brunnen, an dem Kolumbus seine Wasserfässer füllte. Kein Mensch war zu sehen, und daraus schloß ich, daß die Einwohner draußen auf den Feldern seien. Im Gras entdeckte ich ein paar verrostete Ringe. Waren das die Ringe, so durchfuhr es mich, an denen die *Santa María*, die *Niña* und die *Pinta* vertäut lagen?
Die Namen sind übrigens interessant. Sie haben nichts Heroisches, sondern sind dieselben Namen, die man jetzt noch in jedem Hafen auf bescheidenen kleinen Fischkuttern lesen kann. *Niña* bedeutet »Mädchen«, *Pinta* »Bemalte Dame«, und die meisten, die sich mit dieser Frage beschäftigt haben, sind zu der Ansicht gekommen, erst Kolumbus habe sein Flaggschiff auf *Santa María* umgetauft. Ursprünglich hieß es *Marigalante* und das bedeutet »die galante Maria« oder, wenn man noch etwas deutlicher werden will, »die kesse Maria«. Ich kann mir vorstellen, daß Kolumbus, stets sehr auf Würde bedacht und vom Glauben an seine gottgegebene Sendung erfüllt, gefunden haben wird, *Marigalante* habe einen zu gewöhnlichen und leichtfertigen Klang für eine Fahrt, die er – und darin hat die Geschichte ihm recht gegeben – für die bedeutsamste Reise hielt, die je von Menschen unternommen wurde.
Als ich, in solche Gedanken versunken, ausschritt, kam mir durch das Gras eine dunkle Gestalt entgegen. Es war der Dorfpfarrer. Nach den üblichen höflichen Begrüßungen und vielem Hüteschwenken fragte ich:
»Sind das die Ringe . . . ?«
Es erübrigte sich, den Satz zu vollenden.

»Ja, *señor*, das sind die Ringe, an denen seine Schiffe vertäut waren«, antwortete er und schritt neben mir die Wiese hinauf. Er war ein Kolumbus-Enthusiast und daran gewöhnt, allen möglichen Leuten zu begegnen, die nach Palos gekommen waren. Wir betraten die Kirche. Er erzählte, daß Kolumbus am 2. August 1492 alle Mitglieder seiner Besatzung an Bord schickte; in Palos ging aber in dieser Nacht niemand zu Bett. Dort, wo jetzt die Wiese grünt, spiegelten sich Lampen und Laternen, und die Umrisse der drei kleinen Schiffe zeichneten sich vom Sternenhimmel ab. Am 3. August, knapp vor Sonnenaufgang, wohnte Kolumbus mit seinen Leuten der Messe bei, und alle empfingen die Kommunion.
Der Pfarrer kämpfte sekundenlang mit der Kirchentür, bis er sie schließlich aufbrachte. »Da gingen sie hin, zu den Schiffen hinunter«, sagte er, aber vor uns lag nur die Wiese mit den alten Ringen im Gras.
Eine halbe Stunde, ehe die Sonne aufging, gab Kolumbus das Signal, der Morgenwind blähte die Segel, und die drei Schiffe glitten hinaus auf den Atlantik.

Auf dem Rückweg nach Sevilla kam ich durch eine weiße, andalusische Stadt. Den Gipfel dahinter krönte eine jener Visionen aus dem Mittelalter, die den Fremdling in Spanien überall grüßen: Es sah aus wie eine vollständige, von Mauern umgebene Stadt, bewohnt von Rittern und schönen Damen. Fast meinte man zu hören, daß dort Troubadoure die Laute stimmten und Herolde eine neue Fanfare einübten. Da ich aber bereits genug Erfahrungen dieser Art gemacht hatte, wußte ich im voraus, daß die Vision sich in ein paar brüchige Befestigungsanlagen, staubige Gassen, abbruchreife Häuser und Maultierkarren auflösen werde. »Wie diese Zauberer mich hassen, Sancho!« sagte ich, als ich meinen Wagen unten in der Stadt stehen ließ und den staubbedeckten Weg hinaufstieg, wohl wissend, daß die schöne Szenerie alsogleich in Schutt und Ruinen zerfallen werde. Durch eine hochgewölbte maurische Pforte gelangte ich in die Stadt.
Es war so, wie ich erwartet hatte. Irgendeinmal im Fluß der Jahre war diese Stadt groß und mächtig gewesen, aber ihre vielen tausend Einwohner waren längst fort, ihre Größe vergessen, und jetzt lebten dort nur noch ein paar hundert Bauern in niedrigen Steinhäusern. Maultiere klingelten durch den Staub, aus der Stadt kam ein Ochsengespann herauf, in den Einfahrten oder wo sonst noch Schatten lag, hockten Männer mit untergeschlagenen Beinen. Gerade als ich herankam, ging eine Gruppe Männer auseinander. Einer hatte ein Pärchen Kampfhähne unter dem Arm, deren Augen zornige Funken sprühten. Überall, wo Häuser im Ort eingestürzt waren, waren freie Plätze entstanden; den Mittelpunkt der Stadt bildete der *kasr* oder *alcázar*. Auf ausgedehntem Gelände voll von

Erdhaufen, Buckeln und baufälligen Verteidigungserkern spielten kleine Jungen zwischen den unkrautüberwucherten Burgverliesen ihre Spiele.
Eine Kirchenglocke begann zu läuten, und ich ging dem Klang nach. So fand ich zu der kleinen weißen Kirche mit dem maurischen Torbogen, deren Glocke in einem Turm neben einer maurischen Zisterne hing. Ein kleiner Junge hing am Glockenstrang, vor dem Turm standen ein paar Mädchen und Knaben. Der Pfarrer kam aus der Kirche und warf mir einen neugierigen Blick zu. Fremde waren hier offenbar eine Seltenheit. Er erzählte, die Kirche sei der *Santa María de la Granada* geweiht, aber die hiesige Schutzpatronin sei *Nuestra Señora del Pino*, Unsere Liebe Frau vom Kiefernbaum.
»Diese Stadt«, sagte er mit einer weitausholenden Armbewegung über die Ruinen hin, »ist das römische Ilipa, die Mauren nannten sie Liblah, und bei uns heißt sie Niebla.«
Während wir miteinander redeten, bemerkte ich zwei Wachmänner in schicken Uniformen, die wie zwei junge Napoleons in ihren schwarzen Glanzledertschakos dastanden und mich anscheinend zu sprechen wünschten. Als ich mich ihnen zuwandte, trat der eine vor, salutierte und überreichte mir eine dünne Broschüre über die Stadt. Ich dankte, sie salutierten, machten kehrt und verschwanden. Weiter kann man die Höflichkeit wirklich nicht treiben! Sie hatten wahrscheinlich beobachtet, daß ich meinen Wagen unten in der Stadt geparkt hatte, und waren mir, mit einem Exemplar der Fremdenverkehrsbroschüre der Stadt, nachgegangen. Als ich die Broschüre später durchblätterte, merkte ich, daß sie das Programm einer Feier zu Ehren Unserer Lieben Frau vom Kiefernbaum enthielt und schon 1951 gedruckt worden war. Ich fand darin nicht viel mehr als ein paar Abbildungen der Stadt; die Druckkosten waren offenbar durch die Annoncen von Bars und *ultramarinos, mercería* und *exquisitos vinos y licores* aus den umliegenden Ortschaften gedeckt worden.
Der Pfarrer nahm mich mit in die Kirche und zeigte mir Unsere Liebe Frau vom Kiefernbaum mit der silbernen Krone, die ihr viel zu groß war. In einer Hand trug sie ein Zepter, in dem abgebogenen anderen Arm das Jesuskind. Die Kirche war voll herrlicher, uralter maurischer Kacheln, und neben dem Eingangstor lag ein sehr realistischer Leichnam Christi in einem gläsernen Sarg.
»Niebla war einst so groß wie Sevilla«, erklärte der Pfarrer. »Beide haben gegen die Mauren revoltiert und ihre Besatzung getötet, aber sie wurden durch Mûsâ unterworfen.«
Er sprach über den westgotischen Aufstand vor zwölfhundert Jahren, als sei das nicht mehr als eine Woche her. Dann entschuldigte er sich höflich,

er müsse jetzt eine Schulklasse in die Kirche führen, rief einen kleinen Jungen und bat ihn, mir den Weg zum Museum zu zeigen. Wir wanderten durch die staubige Stadt, der kleine Junge immer ein paar Schritte vor mir. Ab und zu drehte er sich nach mir um, wie nach einem Tier, auf das er aufpassen müsse. Da er mich hatte Spanisch reden hören, war er vollkommen eingeschüchtert und ließ sich nicht bewegen, auch nur ein Wort mit mir zu sprechen. So blieb mir nichts übrig, als stumm hinter ihm herzugehen, bis zu einem kleinen Haus; dort angekommen, trat er höflich zur Seite und bat mich einzutreten. Ich kam in ein Wohnzimmer, das mit Krimskrams und Heiligenbildern vollgestopft war, so daß man sich darin kaum umdrehen konnte. Das Häuschen war aus großen Steinplatten erbaut wie für die Ewigkeit. Der Kleine bat um den Museumsschlüssel. Drei Frauen begannen hastig danach zu suchen, indem sie hinter Vasen und Ziergegenstände schauten, einander fragten, wann er zuletzt gesehen worden sei, und nachdem sie im Zimmer das Unterste zuoberst gekehrt hatten, sagten sie, der Schlüssel sei in Verlust geraten.

Darauf winkte mir der kleine Junge, ihm um die Ecke zu folgen, und zeigte auf ein Fenster in einem halb unter der Erde liegenden Gelaß. Nachdem ich Schmutz und Spinnweben weggewischt hatte, vermochte ich hineinzuschauen. Römische Säulen, Teile von Gesimsen, maurische Kacheln, kurz, all die verstaubten Trümmer aus Nieblas Vergangenheit lagen hier im Dunkel aufgetürmt.

Ich kaufte dem Kleinen eine Tüte Süßigkeiten, brachte ihn durch ein paar Abschiedsworte in die größte Verlegenheit und nahm die Fahrt nach Sevilla wieder auf.

Etwa neunzig Kilometer von Sevilla, auf der Straße nach Cádiz, liegt die freundliche, wohlhabende Stadt Jérez, das Hauptquartier des Sherry. Dort gibt es viele Palmen, Bänke, Bodegas und Leute, die für England schwärmen, was mich doppelt freute, weil es heute recht selten geworden ist. Die Männer sehen wie richtige Engländer aus, denn sie tragen gutgeschnittene Tweedanzüge, und wenn man ihnen vorgestellt wird, bricht ihnen vor Beschämung darüber, daß sie zum Beispiel Gonzáles oder ähnlich heißen, der Schweiß aus. Nach Jérez waren seit dem siebzehnten Jahrhundert zahlreiche Engländer und Schotten ausgewandert, und in den tonangebenden Familien ist ein gewisser Prozentsatz an nördlichem Blut keine Seltenheit.

Das interessanteste nichtalkoholische Objekt des ganzen Bezirks liegt ungefähr vier Kilometer außerhalb der Stadt und ist ein prachtvolles Kartäuserkloster, dessen honiggelbe Fassade zu den schönsten barocken Baudenkmälern Spaniens zählt. Tief unten fließt am Kloster der Guadalete vorbei, in dem der letzte Gotenkönig Roderich bei der großen Schlacht gegen die Mauren spurlos verschwand, unter Hinterlassung seines Pferdes mit dem prächtigen Zaumzeug.

Aber nur die besonders zielbewußten Fremden entfernen sich einmal so weit von den Bodegas in Jérez, die ihnen mehr und besseren Sherry zu bieten haben, als sie ihr ganzes Leben je wieder an einem Ort beisammen finden werden. Sherry ist übrigens ein sehr kurioses Wort. Es entstand aus einer Entstellung des Namens der Stadt, den man Cheres ausspricht und der selbst auch wieder eine Entstellung des früheren römischen Namens, Asido Caesaris, sein dürfte. In seiner Frühzeit wurde Jérez »Xeres« geschrieben, und da das spanische x im sechzehnten Jahrhundert wie sch ausgesprochen wurde, führt hier der Weg zu dem Wort Sherry!

Ich wurde in eine der größten Bodegas geführt und bekam so viel Sherry zu sehen, daß man eine ganze Flotte darauf hätte schwimmen lassen können. Ich habe mir nie viel aus Sherry gemacht, aber in diesem Heiligtum des *Amontillado* und des *Tío Pepe* wagte ich das nicht auszusprechen. Natürlich wird der Sherry in Jérez bitterernst genommen, und es gilt als Blasphemie, Portwein auch nur beim Namen zu nennen. Die Trauben gedeihen in der kalkhaltigen Erde der umliegenden Hügel, die *albarizo* heißt. Alle Weinsorten gedeihen gut im Kalkboden, und hier werden sie mit den Pfropfreisern des *Palomino*-Stammes veredelt, eines Weinstocks mit kleinen, hellen Beeren. Die Triebe werden stark zurückgeschnitten. Zur Erntezeit, im September, werden die Trauben in flachen Holzbutten zerstampft, den Saft läßt man zwei Monate gären, dann wird er zum Altern in Fässern eingelagert oder zu den alten Fässern von sogenanntem Mutterwein hinzugefüllt.

Erst nach dieser Einweihung in die Geheimnisse des Sherry wurde ich für würdig befunden, ihn zu kosten. Nun gesellte sich der Bacchus von Jérez zu uns, ein älterer Mann in weißem Kittel, dessen Aufgabe darin bestand, für die Fremden den Mundschenk zu machen. Er hielt eine Blechschale mit langem Handgriff, die er ins Dunkel des Fasses tauchte, und dann ließ er mit der hochgestreckten Rechten einen goldenen Strahl Sherry aus dem Schöpfgefäß ins Glas rinnen, ohne auch nur einen Tropfen danebenzuschütten. Schon die Sicherheit, mit der er sein Gerät handhabte, bewies, daß er selber nur selten dem Sherry zusprach, dennoch aber war er vom Duft längst verrauschter Gelage umweht, und um seine Stirne rankten sich geisterhafte Reben. Eine Kuriosität unter den Weinfässern stellten dreizehn gewaltige Gebinde dar, die man mit der peinlichen Familiarität der Frommen »Christus und die zwölf Apostel« benannt hatte. Er senkte den Heber in den Christus, der den Mutterwein der Kufen enthielt, und erzählte dabei, daß dieser im Jahr 1862 für Königin Isabella II. eingelagert worden sei.

Wir betraten nun das Mittelschiff dieser Kathedrale der Getränke. Unter den weißgekalkten Chorgängen schlummerten die großen Fässer im Zustand der sogenannten »Reifung«. Hier wurde Bacchus lyrisch. Er senkte die Schale in geheiligte Tiefen und hob sie wieder, voll der abgeklärtesten Weine. Ich hatte nie geahnt, daß es so viele verschiedene Sorten Sherry gibt. Auf unserem Rundgang durch die Kathedrale blieb Bacchus vor einem ehrfurchtgebietend mit Spinnweben bedeckten Faß stehen. Es schien sich seines antiken Alters bewußt, so wie etwa der älteste Einwohner eines Ortes, der der Versuchung nicht widerstehen kann, sich noch um einige Jahre älter zu machen. Es war ein Solero 1847. Welch ein Wein! Das höchste Lob, das ich ihm spenden kann, ist, daß er mir überhaupt nicht nach Sherry zu schmecken schien. Und als ich ihn kostete, ergriffen mich nicht so sehr sein Bukett und sein Duft als die von ihm wachgerufenen Assoziationen. Die Sonne, unter der er im Jahr 1847 herangereift war, schien auf Königin Viktoria, eine junge Frau von achtundzwanzig Jahren, die erst seit zehn Jahren an der Regierung war; in Frankreich regierte damals immer noch Louis Philippe, und in England war soeben die Revolte um das Getreidegesetz vorüber; es war das Jahr der Geldkrise, die vom Eisenbahnkrach ausgelöst worden war...

Bacchus sah den Glanz, der ob solcher Assoziationen in meinen Augen aufstieg, und da er ihn für alkoholische Begeisterung hielt, tauchte er den Schöpfer nochmals in das Jahr 1847 hinunter, aber er mußte den Wein bis auf den letzten Tropfen in das geheiligte Faß zurückschütten, denn ich fürchtete, von den Erinnerungen überwältigt zu werden. Nun gelangten wir zu einer finsteren Nische, in der, mit den spanischen Farben umhüllt, ein einzelnes Gebinde staubbedeckt im Dunkel stand.

»Es wird erst angezapft werden«, wurde mir pathetisch erklärt, »bis in Spanien wieder ein König Einzug hält. Als Seine Majestät, der seither verstorbene König Alfons XIII. ins Exil ging, wurde es hier gelagert; es hat die Republik wie den Bürgerkrieg überdauert, und es wird eines Tages angezapft werden, wenn wir wieder einen König haben.«

Der Augenblick war *emocionante,* darum schwieg ich und räusperte mich nur teilnehmend, bei mir aber dachte ich, daß dies bis dahin ein köstlicher, starker Wein geworden sein würde, da er schon jetzt dreiundzwanzig Jahre alt war...

Selbst als ich später auf der sonnigen Plaza von Jérez im Schatten der Palmen saß, wehte die leichte Brise noch einen Dufthauch von *Amontillado, Oloroso* und *Palo Cortado* zu mir herüber.

Ich hatte mich mit Don Felipe angefreundet, und eines Tages machte er mir den Vorschlag, daß wir gemeinsam hinausfahren und die Ruinen von Italica, ein paar Kilometer nördlich von Sevilla, besichtigen sollten. Je

länger ich ihn kannte, desto sympathischer wurde er mir. Selten habe ich eine so harmonische Persönlichkeit getroffen, und es fiel mir schwer zu glauben, daß er sechsundsiebzig Jahre alt war.
»Es scheint, daß Sie das Geheimnis, glücklich zu sein, gefunden haben«, sagte ich zu ihm.
»Ja, ich glaube, das stimmt«, erwiderte er. »Als meine Frau vor ein paar Jahren starb, stand ich ganz allein in der Welt und besaß mehr Geld, als ich für den Rest meines Lebens brauchte. An meinem siebzigsten Geburtstag nahm ich mir vor, mein bisheriges Leben aufzugeben und ein neues zu beginnen. Mit siebzig bedeutet das eine Menge Anstrengungen, wissen Sie. Ich war von allen möglichen Dingen beengt: von Besitzungen, Tieren und von zwei alten Dienerinnen, die lange Jahre bei uns im Haus waren. Darin lag die größte Schwierigkeit. Als ich ihnen meinen Entschluß, alles zu verkaufen und wegzugehen, mitteilte, glaubte ich fast, sie würden es nicht überleben. Aber ich setzte ihnen eine nette Pension aus, und als ich nichts auf der Welt mehr mein eigen nannte, kein Haus, keine Möbel, nicht einmal Bücher, war mein glücklichster Tag gekommen. Denn nun erst war ich wirklich frei und konnte anfangen, Abenteuer zu erleben.
Zuerst reiste ich nach Amerika und Kanada, mochte aber beide nicht. Italien gefiel mir, wenn auch weniger, als ich erwartet hatte, und Griechenland gefiel mir sogar über Erwarten gut. Mein Geld ist, wie Sie sicherlich schon erraten haben, in Dollar angelegt. Dann fuhr ich nach Australien, Neuseeland und Japan, und dort las ich zum erstenmal Lafcadio Hearn und bemühte mich, das Land zu begreifen. Ich bekam Heimweh nach England, doch auf der Rückreise dorthin kam mir ein Buch über Zypern in die Hände, also fuhr ich hin. Die Insel gefiel mir, und ich spielte bereits mit dem Gedanken, mich dort niederzulassen. Aber ich kam nach Spanien und fühlte mich hier plötzlich zu Hause. Ich bin jetzt seit einem Jahr da und spreche ziemlich schlecht Spanisch. Ich bin zu spät für die Osterwoche nach Sevilla gekommen und werde daher bis zu den nächsten Ostern hierbleiben. Dann werde ich weiterwandern.«
»Wohin wollen Sie dann?«
»Ich weiß es nicht. Vielleicht nach Indien.«
»Was gefällt Ihnen so gut an Spanien?«
»Das kann ich nicht erklären. Ich liebe die Spanier und ihre Lebensweise. Das Leben hier ist wie in der viktorianischen Ära. Es ist genau die Lebensweise, an die ich mich aus meiner Kinderzeit her noch erinnern kann. Ich bin zwar nicht fromm, aber ich schätze die religiöse Atmosphäre Spaniens, die Art, wie das Jahr von den kirchlichen Feiertagen seine Ordnung erhält. Das Klima sagt mir zu. Das Essen schmeckt mir. Ich liebe diese heitere und lässige Lebensführung. Sie werden nun sagen, ich sähe

die Welt mit den Augen einer zweiten Kindheit, und daran mag etwas Wahres sein. Denn meine Neugierde ist noch lange nicht gestillt.«
Unter solchen Gesprächen waren wir nach Italica gekommen, und ich erblickte ein weithin verstreutes Ruinenfeld, den Grundriß der einstigen Stadt, aus der Trajan, Hadrian und Theodosius hervorgegangen sind. Das ausgedehnte Amphitheater, das vierzigtausend Zuschauer fassen konnte, war im achtzehnten Jahrhundert abgerissen worden, und seine Steine hatte man zur Befestigung der Deich- und Dammanlagen des Guadalquivir verwendet. Ein begeisterter Fremdenführer geleitete uns durch die Ruinen und zeigte uns ein paar Mosaikfußböden, zu deren weiterer Zerstörung er beitrug, indem er aus einer Kanne Wasser darauf schüttete, das er griffbereit mit sich trug. Der Verlauf einer der Hauptstraßen läßt sich noch verfolgen, sonst ist jedoch nichts stehengeblieben. Von hier hat man wohl Tausende Tonnen Marmor nach Sevilla abtransportiert.
Auf dem Rückweg unterbrachen wir die Fahrt in dem kleinen Ort Santiponce, wo Don Felipe mir ein Bild in einem ehemaligen Kloster zeigen wollte. Wir fuhren durch ein Bauerngehöft vor ein umfangreiches Gebäude, das zur Zeit aufgelassene Kloster des heiligen Isidor. Der Verwalter José Bazán, seine Frau und die Kinder waren entzückt, uns zu sehen. Wie mir schon nach kurzer Zeit klar wurde, erfüllte Bazán hier eine Sendung. Er fühlte sich berufen, das verlassene Kloster zu hüten und zu bewachen, und obwohl er dafür keinen Lohn erhielt und seinen Lebensunterhalt durch einen Posten bei der Lokalbahn bestreiten mußte, hatte er sein Leben in den Dienst dieser Aufgabe gestellt. Sechsundfünfzig Jahre lang war sein Vater hier Küster gewesen, wie er uns sagte; er selbst war hier geboren und jetzt auch schon sechsundfünfzig Jahre alt. Er erzählte, er stehe jede Nacht dreimal auf und gehe, mit der Pistole in der Tasche, durch das ganze Kloster, um sich zu überzeugen, daß alles in Ordnung sei. Zum Beweis kramte er unter seinen Papieren einen Waffenpaß hervor. Er führte uns zunächst in die wunderschöne kleine Barockkirche des heiligen Hieronymus, in der lebensgroße vergoldete Engel vom Dachgestühl herunterschweben, und zeigte uns das Grab der Leonor Dávalo, der »Getreuen Magd«, wie die Grabschrift sie, zur Erinnerung für die Nachwelt, nennt. Als ihre Herrin Doña Urraca Osorio auf Befehl Pedros des Grausamen auf dem Scheiterhaufen starb, stürzte die Magd herbei, um die Blöße der Herrin mit ihrem eigenen Leib zu decken, und fand dabei mit ihr den Tod. In dieser Kirche hatte auch der Leichnam des Cortez geruht, ehe seine Gebeine nach Mexiko übergeführt wurden.
Dann verließen wir die Kirche und gingen in dem kalten, verlassenen Kloster herum, und ich konnte den treuen Wächter förmlich sehen, wie er in stockfinsterer Nacht mit der Pistole durch diese geisterhaften Kreuz-

gänge und in den langen Seitengängen auf und ab tappte, eine Beschäftigung, die entschieden etwas Unheimliches an sich hatte. Der Ort sah nach Spuk aus und roch nach Fledermäusen. Nun stieß er eine Tür auf, die in das ehemalige Refektorium führte, und wies auf ein Gemälde, das die ganze Rückwand bedeckte. Was ich im ersten Augenblick für Marmorplatten gehalten hatte, entpuppte sich als ein täuschend plastisch auf die flache Wand gemalter Rahmen. Das Thema des Freskos war das Letzte Abendmahl, das Werk eines unbekannten Mönchs aus dem fünfzehnten Jahrhundert. Der Heiland sitzt mit den Jüngern an einer langen Tafel, und das darübergebreitete Tuch wiederholt in seinem Muster Motive von maurischen Kacheln. In primitiver Perspektive neigt sich die Tischplatte dem Beschauer zu, damit er alles, was darauf steht, deutlich unterscheiden kann. Es gibt weder Messer noch Gabeln, das Osterlamm liegt gut durchgebraten auf einer Platte. Da und dort sind kleine Tellerchen mit Gewürzkräutern verteilt, und das Mahl wird mit den Fingern eingenommen werden. Ein Krug Wein mit Trinkschalen steht bereit und daneben auf einem Tischchen ein Becken samt Wasserkaraffe. Das kleine Gebäck und der Brotwecken sind genau so, wie sie heute noch in Sevilla gebacken werden. Christus und die Jünger sehen ziemlich griechisch aus, und Judas sitzt mit dem Ausdruck niederträchtigster Verschlagenheit Christus gegenüber.
Während wir das Bild bewunderten und darüber sprachen, welch genaue Kenntnis einer Mahlzeit im Spanien des fünfzehnten Jahrhunderts es vermittelte, fiel mein Blick zufällig auf José Bazán, der das Fresko, das er doch täglich sehen konnte, mit anbetendem Gesichtsausdruck anstarrte. Immer wieder wies er auf besondere Schönheiten hin. Offensichtlich war es sein Augapfel. Als ich die Frische des Freskos, seinen ausgezeichneten Zustand in dieser staubigen, vernachlässigten Halle erwähnte, hatte ich ihm ein Stichwort gegeben. Mit leuchtenden Augen gestand er, daß er es regelmäßig mit Federn reinige und Eiweiß auftrage. »Ein paar spanische Herren, die vor langem hierherkamen«, sagte er, »haben meinem Vater diesen Rat gegeben, und ich habe es weiter so gemacht und werde es bis zu meinem Tod tun.«
Tief beeindruckt und ergriffen schaute ich ihn an. Man hätte über ihn eine Geschichte erfinden können, wie er in den Himmel kam und der heiligen Theresia berichtete, daß er für das Abendmahlsbild so gut gesorgt habe, wie er sie fragte, ob es denn gar keine Möglichkeit gäbe, die Erlaubnis zu erhalten, daß er von Zeit zu Zeit nach Santiponce hinunterfliegen und nachsehen dürfe, ob es noch intakt sei?
Ich fühlte, daß er noch etwas auf dem Herzen hatte, und gerade als wir schon gehen wollten, machte er sich Luft. Könne Don Felipe nicht an General Franco schreiben, fragte er, und ihn bitten, daß der alte

Bürgermeister von Santiponce, der als politischer Emigrant in Frankreich lebe, zurückkehren dürfe, damit er in Spanien sterben könne? An diesem Mann sei kein Falsch, er sei ein guter Katholik und habe das Kloster gerettet, als die Roten es plündern wollten, obwohl er selber Sozialist war. Und nun sollte dieser Unglückliche in Frankreich sterben, wo er sich, als wahrer Sohn Spaniens, doch sicher danach sehnte, heimzukehren und seine Gebeine in der Heimat zur letzten Ruhe zu betten! Don Felipe antwortete freundlich, er kenne den Caudillo nicht und glaube kaum, daß Franco auf ihn hören werde. Das stellte José heftig in Abrede, er behauptete, die Fürsprache eines vornehmen und einflußreichen Fremden könne Wunder wirken.

»Ist in dieser Angelegenheit schon einmal an die Regierung geschrieben worden?« fragte ich. Er blickte mich mit unsäglicher Trauer an und ließ mit hoffnungsloser Gebärde die Arme sinken.

»Die Regierung!« sagte er. »Bis die einen Brief beantwortet, ist unser armer *alcalde* längst tot und begraben!«

Ich war von der Treue des Mannes bewegt und wünschte, daß es im Himmel einen eigenen Platz für getreue Verwalter geben möge. Auf dem Rückweg nach Sevilla sagte Don Felipe: »Ich glaube, wir haben eine sehr spanische halbe Stunde hinter uns. Das ist auch eines der Dinge, die ich an den Spaniern liebe: ihre Integrität. Wenn sie gut sind, dann sind sie sehr, sehr gut ...«

VII. Kapitel

Die Moschee von Córdoba · Der Olivenmüller aus Jaén · Granada · Ballett bei Mondenschein · Die Alhambra · Nordwärts durch La Mancha · Paradores, albergues und Windmühlen · Die Cervantes-Bibliothek in El Toboso · Madrid

Bei Dunkelheit traf ich in Córdoba ein. Flüchtig nahm ich eine antike Brücke wahr und den in seinem sommerlichen Flußbett zusammengeschrumpften Guadalquivir, ferner einen mächtigen gerundeten Durchfahrtsbogen und die schmalen, weißen Straßen, aus denen sich Minarette und Türme in die Nacht reckten. Sofort war ich von einem Haufen kampflustiger junger Zigeuner umringt, die zuerst miteinander stritten und dann beiseitetraten, um mich den Siegern zu überlassen, die schworen, mich in das beste Hotel zu führen. Einer beschrieb es als »verdammt großartig«.

Ich war ihnen dankbar, denn ohne ihre Hilfe wäre ich mindestens eine halbe Stunde lang in den Straßen umhergeirrt, ehe ich eine Schlafstelle für die Nacht gefunden hätte.

Das Hotelportal entließ mich in eine Diele, die mit Tischen und Korbsesseln ausgestattet war, und dort saßen, wie eine Vision aus South Kensington, vier ältliche Engländerinnen und spielten Karten. Alle vier hatten sich spanische Schals gekauft, die ihnen ein bizarres und hexenhaftes Aussehen verliehen, aber sonst hätten sie genauso in irgendeinem Privathotel in England sitzen können. Sie waren Überlebende jener Zeiten, da England mächtig, selbstsicher und um keinen Preis gewillt war, um Pardon zu bitten, aus einer Epoche, in der alte Damen mit britischem Paß mitten durch Balkanaufstände zu schlendern und blutgierige Revolutionäre mit dem Griff ihres Sonnenschirms aus dem Weg zu schieben pflegten. Sie saßen kerzengerade und schauten prüfend in ihre Blätter, dann legten sie voll bedächtiger Entschiedenheit geräuschlos die Karten auf. Der rundliche Sancho mit dem Tablett in der Hand, der im Hintergrunde stand, begann schon fast wie der Butler ihres Hauses auszusehen. Wahrscheinlich haben die Römer unter Augustus das gleiche überlegene Benehmen an den Tag gelegt und sich damit die Bewunderung und den Respekt zu erzwingen gewußt, die den Angehörigen des viktorianischen Zeitalters, selbst in diesen Zeiten des Niederganges und Verfalles, noch gelegentlich zuteil werden.

Bei den Mahlzeiten erhielt ich den Tisch neben den Engländerinnen. Die

eine sprach Spanisch und war dadurch imstande, sich bei dem Oberkellner durch ein paar flüchtig hingeworfene herablassende Lobesworte beliebt zu machen. Wir kamen bald ins Gespräch, und es stellte sich heraus, daß sie auf einer Rundreise per Auto durch Spanien begriffen und derzeit unterwegs nach Sevilla waren. Die alte Dame, die Spanisch konnte, erzählte, daß sie als Mädchen öfters in Sevilla gewesen sei.
»Es ist herrlich, ein Land kennenzulernen, in dem die Leute nicht fortwährend Trinkgelder erwarten«, sagte die eine zu mir. »Als wir gestern das Hotel verließen, lief uns das Zimmermädchen nach und drückte uns das Trinkgeld, das wir für sie hatten liegen lassen, wieder in die Hand – sie glaubte, wir hätten es vergessen.«
»Das ist das letzte Land, in dem die Menschen noch höflich sind«, sagte die Dame, die Spanien bereits kannte, »obwohl die Spanier auch sehr ungezogen sein können. Sie vergessen zum Beispiel ganz einfach, Briefe zu beantworten, sie kommen zu Verabredungen zu spät oder vergessen sie überhaupt, und sie sind manchmal sehr neugierig; aber bei näherer Bekanntschaft sind sie reizend. Als ich vor langer Zeit in Barcelona war – ich war zum erstenmal dort –, ging ich eines Nachmittags die Ramblas hinunter, um die Altstadt zu besichtigen, und verirrte mich. Kein Mensch war zu sehen, denn es war die Siestastunde. Ich ging durch die winkeligen Gäßchen weiter und fand mich immer weniger zurecht. Da kam ein schreckenerregender Bandit, der einen Esel führte, um die Ecke. Ich sah, daß der Esel wohlgenährt und zufrieden wirkte, also dachte ich, sein Besitzer müsse ein gutherziger Bandit sein. In meinem besten Spanisch fragte ich nach dem Weg zurück zu meinem Hotel. Er schaute mich an, nahm den riesigen Strohhut vom Kopf, verbeugte sich, machte dann mitsamt dem Esel kehrt und begleitete mich die Straße, die er eben gekommen war, wieder zurück. Dann zog er nochmals den Hut und deutete auf die Stiege des Hotels. Ich griff in die Tasche und wollte ihm etwas geben, aber ich war ohne einen Groschen ausgegangen! Also ersuchte ich ihn zu warten und lief die Treppe hinauf, wo ich dem Portier die Geschichte erklärte und ihn bat, dem Mann ein wirklich reichliches Trinkgeld zu geben und es auf meine Rechnung zu setzen. Ich sah zu, wie sie redeten und mit den Händen ruderten, dann kam der Portier zurück und sagte: »*Señorita,* der Mann will nichts annehmen. Er bittet mich, Ihnen zu bestellen, er habe nur das einzige getan, womit die Armen den Reichen dienlich sein könnten.«
Nach dem Essen suchte mich ein junger Mann, an den ich einen Empfehlungsbrief bekommen hatte, im Hotel auf, und wir gingen mitsammen aus. Der Mond war aufgegangen, und die schmalen, weißen Straßen Córdobas sahen im streifig darüberfallenden Mondlicht so östlich aus wie nichts anderes in Spanien. Es war, als seien wir in Fez. Wir

überquerten eine Hauptstraße mit einer Allee aus Orangenbäumen, kamen zu einer Stierkampfarena, weiß und von klassischen Maßen wie ein guterhaltenes Kolosseum, dann auf einen hübschen Platz mit einer Bronzestatue, die verblüffenderweise einen Kopf aus weißem Marmor hatte. Wir suchten unzählige Cafés und Klubs auf, und in einem davon saßen Gruppen in ernsthaftem Gespräch unter Stierhörnern und den Schwertern von *matadores*. Wir kamen zu dem Haus, in dem der Dichter Góngora gewohnt hatte, dann bogen wir zu der schönen römischen Brücke hinunter und schauten den Wirbeln des Stromes zu, die im Mondschein blinkten. Türme, Minarette und weiße Gebäude standen ins Mondlicht getaucht; als ich jedoch versuchte, mir vorzustellen, wie großartig Córdoba zur Zeit des Kalifats gewesen war, meinte ich überall eine heimliche Traurigkeit und die lastende Schwere der Vergangenheit zu fühlen. Der junge Mann erzählte eine Menge von den Kalifen und ihren Lieblingsfrauen, von Wohlgerüchen und Wasserkünsten, Mord und Verschwörungen. Da ich wußte, daß er sein Einkommen dadurch zu verbessern suchte, daß er ab und zu den Fremdenführer spielte, hatte ich unsere Bekanntschaft, zu seiner großen Erleichterung, sogleich auf einer finanziellen Basis begonnen. Natürlich fühlte er sich nun verpflichtet, mir etwas über das Kalifat zu erzählen, um mir für mein Geld etwas zu bieten. Er liebte Córdoba nicht besonders, ja er zog Sevilla bei weitem vor und erklärte es zur Heimat aller Romantik und aller Fröhlichkeit.
»Der Unterschied zwischen Córdoba und Sevilla läßt sich folgendermaßen formulieren«, erklärte er, »Sevilla ist ein junges Mädchen, fröhlich, lachend, herausfordernd ...« Dabei stützte er in verrenkter Haltung eine Hand in die Hüfte und rollte die Augen, um so den Eindruck einer verführerischen *señorita* zu vermitteln. »Aber Córdoba ...«
Er faltete die Hände über der Brust und machte mit gesenktem Kopf ein paar Schritte.
»Córdoba«, setzte er fort, »ist eine gute alte Dame.«
Ich verschwieg ihm, daß es auf mich einen ganz anderen Eindruck machte. Mir erschien Córdoba eher wie eine tote Odaliske.

Frühmorgens begab ich mich zur Moschee von Córdoba und war fest entschlossen, mich keinesfalls zur Begeisterung hinreißen zu lassen; aber schon nach zwei Minuten mußte ich mich geschlagen geben. Von allen Bauten aus der mohammedanischen Welt war sie für mich das Phantastischste. Dabei ist sie nicht wirklich schön und hat für mich auch nicht mehr geistige Anziehungskraft als etwa die unterirdischen Zisternen in Stambul. Sie ist wie ein immenser Wald voll Zebras. In endloser Perspektive tauchen die rotweiß gestreiften Bogen hintereinander auf, und wo immer man sich hinwendet, bietet sich der gleiche Anblick, fast wie in einem Spiegelkabinett; trotzdem konnte ich mich des Entzückens nicht erwehren. Die Hunderte symmetrisch angeordneter Säulen von unterschiedlicher Größe und aus verschieden getöntem Marmor erzielen, durch ein vielfältiges System von Rippen und Bogen miteinander verbunden, einen durch nichts zu überbietenden Effekt. So primitiv die Anordnung im ganzen ist, ist ihre Wirkung doch, so sonderbar das klingen mag, geradezu raffiniert. Ich stellte mir vor, daß der Emir Abd ar-Rahmân I. seinen griechischen Baumeistern ins Handwerk gepfuscht und mit der Selbstsicherheit des reichen Amateurs erklärt haben wird, daß es ganz gleich sei, ob zwei Alabastersäulen gleich hoch oder dick seien oder nicht. Um Allahs willen, ergänzt einfach den kürzeren Pfeiler, damit er zu dem längeren paßt, und macht den dünneren durch einen Überzug aus Mörtel dicker! Mit diesen Worten schwang er sich dann in den Sattel und stob in einer Staubwolke davon, und hinter ihm drein sprengte seine Leibgarde. Eigentlich hätte das Ergebnis negativ ausfallen müssen, tatsächlich jedoch war es ein durchschlagender Erfolg. Als es später angebracht schien, die Moschee zu vergrößern, hatten Abd ar-Rahmân III. und nach ihm sein Sohn Hakam II. einfach keinen besseren Entwurf zur Verfügung und begnügten sich damit, das Gebäude auf seine heutigen überwältigenden Ausmaße zu vergrößern.

Durch diese wunderbare Moschee wandernd, gewann ich den Eindruck, daß ich unter dem Kalifat in Córdoba hätte sehr glücklich sein können, und das gleiche Gefühl überkam mich schon früher in anderen Gebäuden aus derselben Periode, in der Moschee des Ibn Tulun in Kairo und in der großen Omaijaden-Moschee in Damaskus. Woran das lag, weiß ich nicht, ich könnte höchstens anführen, daß die Moschee der Omaijaden die hellenistische Welt sichtbar widerspiegelt, so wie der spätere Islam das Gesicht Persiens und des Orients wiedergibt. In dieser Moschee glaubt man bereitwillig, daß die Kalifen von Córdoba vernünftige und sogar gütige Menschen gewesen sind, und daß sie sich nicht nur für Krieg und Religion interessierten, sondern auch für Astronomie, Poesie und Gartenbaukunst.

Abd ar-Rahmân I., der den Grundstein zu der Moschee gelegt hatte, war ein hochgewachsener, blondhaariger Mann, dem ein Auge fehlte, und der ein romantisches Leben hinter sich hatte. Generationenlang hatte seine Familie, die Omaijaden-Kalifen, von Damaskus aus den Islam beherrscht, und er war als letztes Mitglied dieser Familie entkommen, als die Abbasiden die Omaijaden ausrotteten und den Sitz des Kalifats nach Bagdad verlegten.

Nach abenteuerlicher Fahrt kam er im Jahre 755 in Spanien an, mit wenigen treuen Anhängern und etwas Schmuck und sicherlich völlig im unklaren darüber, ob ihn hier der Tod erwarte oder ob die hiesigen Araber

zu den besiegten Omaijaden hielten und ihm zu Hilfe eilen würden. Das letztere traf zu: Er gründete das Emirat von Córdoba.
Er war es, der den ersten Granatapfelbaum aus Syrien nach Spanien einführte und dessen Samen, von seinen Gärten aus, über ganz Andalusien verbreitete. Er führte auch die erste Dattelpalme ein. Diese Tat hat etwas Ergreifendes: Sie deutet in rührender Weise an, daß er sich, obwohl er in Spanien im Triumph ein neues, herrliches Leben hatte beginnen dürfen, im Exil fühlte und Syrien als seine wahre Heimat empfand. Er hat ein reizendes kleines Gedicht über die Palme geschrieben, in welchem er sie mit sich selber verglich und einen Wanderer in fremdem Lande nannte.
Der große Abd ar-Rahmân III. erbte 912 den Glanz Córdobas, er legte sich den Titel Kalif bei und trat in offene Rivalität mit Bagdad. Seine Regierungszeit war es, von der der junge Mann in der vergangenen Nacht im Mondschein zu mir gesprochen hatte – von den Orangenblüten und Intrigen, den Dichtern, Musikern und Künstlern des großen Kalifen, seinen Astronomen, Mathematikern und Ärzten, kurz von allem, was Córdoba zum Schauplatz einer spanischen Ausgabe von Tausendundeiner Nacht gemacht hatte.
Er erbaute den Sommerpalast es-Zahrâ, zum Andenken an seine Lieblingsfrau, die so geheißen hatte, aber das Wort Palast ist eine irreführende Bezeichnung für die ungeheure Königsstadt, die – etwa viereinhalb Kilometer außerhalb von Córdoba – in Terrassen angelegt ist, eigene Aquädukte besitzt und rings von einer Mauer umschlossen ist.
Leider ist fast nichts mehr davon vorhanden, doch die Überreste geben Zeugnis davon, daß hier einst der prächtigste Palast stand, der je in Spanien gebaut wurde. Hier befanden sich früher Hängegärten, Volièren, Tiergärten, Fischteiche und fließende Gewässer, herrliche Höfe und Pavillons, und die Welt des Altertums hatte wie gewöhnlich viele Marmor- und Porphyrsäulen dazu beigetragen. Einer der zahllosen Springbrunnen in es-Zahrâ war ganz aus Gold und stammte aus Byzanz, bei einem anderen hatte es der Künstler fertiggebracht, eine ganze Menagerie aus Goldschmiedearbeit, mit Perlen und Edelsteinen besetzt, herzustellen, indem er die Gestalten eines Löwen, einer Antilope, eines Krokodils, eines Adlers, eines Drachen und der verschiedensten Vögel zu einem einzigen Muster verwob. Nur zu gerne hätte ich alles, was es in Spanien an Resten aus arabischer Zeit noch gibt, dafür eingetauscht, diesen Palast in seiner Glanzzeit sehen zu können, mit seinen Statuen der schönen es-Zahrâ und dem – einen der Pavillons krönenden – fast gotteslästerlichen Fries, der anstatt Allahs Namen ihren immer wiederkehrenden Namenszug trug. Zu den Sehenswürdigkeiten gehört auch der Quecksilberteich im Schlafgemach des Kalifen, sichtlich eine Nachah-

mung des Quecksilberteiches im Tulunid-Palast in Kairo, auf dem sich der Sultan Khumarameih, wenn er an Schlaflosigkeit litt, manchmal auf einem schwimmenden Ruhelager in den Schlaf schaukeln ließ.

Die Kathedrale von Córdoba steht mitten in der Moschee. Um sie dort aufbauen zu können, hatte man kurzerhand eine Anzahl Säulen geschleift und ihr Dach über die Moschee hinausragen lassen. Ich betrat sie nicht, weil gerade ein Gottesdienst abgehalten wurde, doch war es seltsam, draußen mitten im Islam zu stehen und, wie zwischen den Kulissen eines Theaters, durch Vorhänge spähend, den Priester auf der Kanzel, den Chor, die Sänger und die gewaltige Orgel mit ihrem strahlenden Aufmarsch prächtiger vergoldeter Orgelpfeifen zu betrachten. Viele Schriftsteller haben es als eine Schande bezeichnet, daß die Kirche mitten in einer Moschee steht, doch mich störte das gar nicht. Nichts könnte bezeichnender sein für Andalusien, vielleicht sogar für ganz Spanien, als dieses christliche Juwel in der unerwarteten mohammedanischen Fassung. Viel unerträglicher, als eine Kirche in der Moschee zu bauen, dünkt mir, daß man entlang der Nordfront der Moschee eine Mauer errichtet und so die Moschee vom Orangenhof abgeschnitten hat. Das war wirklich barbarisch.

Als ich ins Hotel zurückgekehrt war und mich eben anschickte, mich für Granada reisefertig zu machen, erschien mein junger Freund von gestern nacht, um mir Lebewohl zu sagen. Es ist erstaunlich, daß die Spanier anscheinend ihre Schreibtische und Arbeitsplätze jederzeit verlassen können, wenn es ihnen Spaß macht. Bei einem Glas *manzanilla* erzählte er, daß in Granada eben jetzt Musik- und Tanzfestspiele abgehalten würden, so daß ich nirgends ein Nachtquartier bekäme. Mit dieser düsteren Warnung verabschiedete er sich.

Durch den weißen Glast des Sommertages fuhr ich in Richtung Granada. Die Landschaft zitterte vor Hitze, die Luft sauste, heiß wie in einem Dampfkessel, an mir vorüber, und auf dem rotversengten Gelände kletterten Olivenbäume die Hänge der Sierra empor. Zwar haben die Dichter das Silbergrau der Oliven besungen, aber mir scheint, ihre Schönheit wurde stark überschätzt. Nur an gewissen Orten, wie Zypern etwa, recken Bäume von unwahrscheinlichem Alter ihre Hexenarme über die steinige Landschaft hin und flößen dem Beschauer Ehrfurcht ein wie vor uralten Wahrzeichen; sonst aber empfindet man den gewöhnlichen Ölbaum, der seiner Früchte wegen gepflanzt wird, höchstens deshalb als schön und romantisch, weil er Assoziationen zur Welt des klassischen Altertums weckt.

Nirgends in Spanien findet man eine so üppige Landschaft wie in Andalusien, und insbesondere im Tal des Guadalquivir, durch das ich gerade fuhr. Die Städte und Dörfer sehen in ihrem kühlenden Kalkbewurf aus, als trügen sie Burnusse. Sie wirken nach der Dürre der schattenlosen Straßen wie Oasen, die zur Rast und Erfrischung laden. Ich kam in das reizende Städtchen Andujar mit seinem reichen Blumenschmuck. Aus den Blumenkästen vor den Fenstern hingen Blüten über die weißen Mauern herab, sie wuchsen auf allen Wegen, in den Patios und auf der kleinen Plaza. Ich rastete, um etwas Erfrischendes zu trinken und einem Jüngling zuzusehen, der auf spanische Manier Wasser trank, indem er den Wasserkrug, eine rote Ton-*jarra*, hoch über seinen Kopf hob und den Strahl in schönem Bogen durch die Luft in seinen Mund rinnen ließ. Diese Gewohnheit dürfte auch ein maurisches Erbstück sein, denn die Araber stellten gerne allerlei Kunststückchen mit dem Wasser an; das gehört zu der den Arabern angeborenen Freude am Anblick fließenden Wassers, die ihnen heute noch eigen ist. Ich erinnere mich, den seither verstorbenen König Abdullah von Jordanien einmal gefragt zu haben, was ihm auf seiner Reise durch Schottland am besten gefallen habe. Zu meiner Überraschung antwortete er: »Der Regen in Peebles.« Die Regierung hatte ihn in einem erleuchteten Augenblick in einem Sanatorium in Peebles einquartiert, und da regnete es drei Tage lang ohne Unterlaß. Die besorgten Gastgeber waren erstaunt, ihren Gast stundenlang an einem hohen Fenster stehen zu sehen, wo er stillzufrieden dem Fallen des Regens zusah.

Durch hügeliges Olivenland fuhr ich weiter, bis ich schließlich, am Hang eines fernen Berges, eine recht ausgedehnte Zauberstadt der Romantik auftauchen sah, hinter der die Berge, im blauen Sommerdunst verschwimmend, höher stiegen. Das war die Metropole des Olivenbaus, die Stadt Jaén. Ich bog in ihre holprigen Straßen ein, die zwischen zwei Reihen florierender Geschäfte zur Kathedrale hinaufführten, die fast so groß wirkte wie die Londoner St.-Pauls-Kathedrale. Sie war weiß, dunkel und kühl. Flüchtig glitten meine Blicke über ihre barocke Pracht und den großen, goldfunkelnden Altar, zu dem Marmorstufen hinanstiegen. Der Sakristan wehte wie ein altes, dürres Blatt herbei, zeigte auf den Altar und sagte flüsternd, dort liege in einer Lade die heilige Reliquie, die *Santa Faz*, eines der Schweißtücher der heiligen Veronika. Ich war zu erhitzt, um mich zu bewegen, und setzte mich, um zu rasten, eine Weile hin. Dann trat ich wieder in die weiße Hitze hinaus und schritt bergab, zu dem kleinen Restaurant an der Hauptstraße. Die Männer, die drinnen saßen, machten einen soliden Eindruck, und wie es sich für echte Spanier gehört, hätten sie es als unter ihrer Würde betrachtet, der Hitze Konzessionen zu machen, die Krawatten zu lockern oder ihr Jackett zu öffnen. Draußen flimmerte die Stadt in der Gluthitze, sie aber machten sich über gewaltige Schüsseln voll *paella* her und über riesige Scheiben Lämmerbraten und

Schweinefleisch. Ich dachte an die Ausdauer, mit welcher Cortez und seine Gefährten ihre metallenen Sturmhauben und wattierten Rüstungen in den Tropen anbehielten, und kam zu der Überzeugung, daß Lateinamerika wahrscheinlich von der gleichen Sorte Männer, wie die Esser in Jaén es waren, erobert wurde.

Ich setzte mich an einen Tisch, gegenüber einem schönen kleinen Wandschrein der *La Macarena* aus glasierten Talavera-Kacheln. Beifällig stellte ich fest, daß sich die Männer, sogar in den kleinen Landgasthäusern Spaniens, noch so benehmen, wie es einst üblich war, als noch alle an einem gemeinsamen Tisch speisten. Es gilt als höflich, vor seinen Tischnachbarn zur Rechten und Linken eine leichte Verbeugung zu machen und ihnen guten Appetit zu wünschen, was sie, ehe man sich gesetzt hat, erwidern. Spanien ist das Land der Schwerter, mit deren Schneide schlechte Manieren zurechtgewiesen werden, dachte ich. Die Armeeoffiziere tragen sie noch, die *matadores* gebrauchen sie Sonntag für Sonntag, und auch gewöhnliche Leute wahren die Form mit einer Sorgfalt, die aus Zeiten stammt, da jede Rüpelei mit dem blanken Säbel vergolten wurde.

Ein rundlicher, fröhlicher Mensch in dunkler Kleidung, sichtlich ein Provinzler, der einen Tag in der Stadt verbrachte, verneigte sich vor mir und bat, an meinem Tisch Platz nehmen zu dürfen. Als er hörte, daß ich nur gebrochen, in Brocken und Umschreibungen, Spanisch sprach, geriet er in Verlegenheit. Aber ich stotterte weiter, so gut es eben ging. Der Mann erzählte mir, daß er ein andalusischer Kleinbauer sei und eine Olivenplantage besitze sowie einige Preßmühlen, was ausgezeichnet zu ihm paßte – denn sind die Müller nicht traditionsgemäß lustige Leute? Er überreichte mir eine Geschäftskarte und lud mich ein, ihn im kommenden Frühling zu besuchen und beim Ölpressen zuzuschauen. Das versprach ich gerne, denn im Geist sah ich schon die Ochsengespanne mit ihrer antiken Fracht über die weißen Straßen knarren und den Müller von Öl triefen, rotwangiger, dicker und lustiger denn je, wie ein dionysischer Nachtschwärmer. Sichtlich bildete er als Dritter im Bunde, mitsamt dem Dorfpfarrer und dem Apotheker, ein allmächtiges Triumvirat.

Als wir unser Essen beendet hatten, hörte ich, daß er mit dem Autobus nach Jaén gekommen war und nun ziemlich lange warten mußte, bis er zurückfahren konnte. Da sein Dorf nicht sehr abseits von meinem Weg lag, bot ich ihm an, ihn zurückzufahren, und nachdem wir seine Pakete und Packen verstaut hatten, sausten wir selbander auf die Berge zu, zwischen den schnurgeraden Zeilen der Olivenbäume, die sich rechts und links fast bis zum Horizont erstreckten. Wir kamen in ein »ertapptes« Dorf – es sah nämlich aus, als hätten wir es soeben ertappt, als es den Steilhang hinaufzuklettern im Begriff stand. Vielleicht ist die Ursache für die unpraktische Anlage dieser absonderlichen kleinen Ortschaft, die schräg zwischen den Olivenbäumen klebt, in der längst hinfällig gewordenen Strategie der Mauren zu suchen. Ich erfreute mich am Anblick der winzigen Plaza, ihres Brunnens und der weißen Häuser, die alle ungemein sauber und nett aussahen. Inzwischen hatte sich bereits eine anglospanische Entente entwickelt, und ich wurde von meinem Begleiter in dramatischer Übertreibung als sein englischer Freund vorgestellt. Die merkwürdigen Typen, die sich um uns versammelt hatten, geleiteten uns nun zu einer Schenke, die zwar über dem Erdboden lag, aber trotzdem etwas Kellerartiges hatte. In der darin herrschenden Finsternis sah ich undeutlich Stellagen voll Fässern, Wurstkränzen und Schnüren aus Knoblauch. Unter lebhaft durcheinanderschwirrenden Gesprächen, von denen ich kein Wort verstand, weil alle so rasch und dazu wahrscheinlich im breitesten andalusischen Dialekt redeten, tranken wir einen sauren Weißwein aus einem roten Tonkrug. Mein Gefährte mußte bis ins kleinste berichten, wie wir uns kennengelernt hatten und wer ich sei. Alles wurde hinreichend erklärt damit, daß ich ein englischer *turista* sei; sie sahen mich an, lächelten und nickten und zeigten sich über meine Anwesenheit sehr erfreut. Da trat ein junger Mann ein, mit einem Kampfhahn unter dem Arm. Es war ein seltenes Exemplar! Man hatte ihm die Brust kahlgezupft, nur rund um den Hals sträubte sich eine Krause aus schillernden, rötlichgoldenen und blauen Federn, das übrige Gefieder war beschnitten und getrimmt, und die langen, sehnigen Beine mit ihrem bis an die Knie reichenden Flaum sahen aus, als steckten sie in schwarzseidenen Kniehosen. Der Kopf auf dem langen, kampflustig gereckten Hals drehte sich ruckartig hin und her, und in den Augen glühte ein Tropfen goldener Bosheit mit einem giftigen, orangeroten Rand. Das Tier lag unter dem Griff seines Eigentümers ziemlich still, aber als ich mich näherte, hackte es heimtückisch nach mir. Da der Besitzer des Tieres meine Neugierde sah, nahm er mich in den Hof hinter der Schenke mit, wo in einem Käfig noch ein weiterer Hahn, ähnlich dem, den er unter dem Arm hielt, herumstolzierte. Er öffnete den Käfig und setzte die beiden Hähne auf den Boden, damit ich sehen konnte, wie sie sich bewegten. Zuerst starrten sie einander haßerfüllt an, dann führten sie mit langgestreckten Hälsen Scheinangriffe von rechts und links, wobei sie die Hälse wie richtige Fechter hoben und senkten. Plötzlich waren sie, mitten in der Luft, ineinander verkeilt, schnellten mit gesträubten Halskrausen auf und nieder und flatterten mit strampelnden Beinen und rupfenden Schnabelhieben immer wieder in die Höhe. Ihr Besitzer trennte sie, nicht ohne Schwierigkeit, und zog dann ab, unter jedem Arm einen der Vögel, die noch immer versuchten, einander in Stücke zu reißen.

Nun bestand mein lustiger Müller darauf, mir auch noch eine Mühle zu

zeigen, die etwa einen Kilometer entfernt stand, ein altes Gemäuer, dem der Geruch vieler längst vergangener Olivenernten anhaftete. Das einzig Sehenswerte dort war der Mahlstein, der von einem Maultier getrieben wurde, dem man die Augen verbunden hatte – wie man mir versicherte, damit es nicht schwindlig werde. Wenn die Oliven reif genug waren zum Pressen, wurden sie unzerkleinert, samt den Kernen, in die Mühle geschüttet und zu einer breiigen Masse zermahlen. Natürlich geben sie bei der ersten Presse das beste Öl. Die zerriebenen Kerne dienen als Brennstoff für die orientalisch anmutenden Lichtpfannen, die man in den Häusern Spaniens in einem Winkel herumliegen sieht bis zum Winter. Auch der weitere Arbeitsprozeß ist sehr einfach. Aus den Zisternen wird das Öl in Krüge geleitet, von denen jeder groß genug wäre, um Ali Baba und zehn seiner Gefährten aufzunehmen. Sie werden bis an den Hals in der Erde eingegraben. So werde es seit altersher gemacht, sagte mein Freund, aber, fügte er hinzu, es gebe auch ausgezeichnete moderne Mühlen, in denen die Oliven maschinell zerstampft und mit Dampfdruck filtriert würden. Also gibt es in diesen ölreichen Gegenden nebeneinander Mühlen, wie sie Plinius noch gekannt hat, und solche, in denen Männer in weißen Overalls Schalttafeln und Temperaturskalen bedienen. Der Müller bemerkte, die Fremden hätten lieber klares, gelbes Olivenöl, aber *nosotros* – damit meinte er sich und seine Freunde – schmeckte es besser, wenn es ein bißchen mehr Körper habe.
Ich lehnte die herzliche Einladung zum Übernachten ab und verabschiedete mich von dem Müller und seinen Bekannten. So erreichte ich Granada gerade, als die Lichter angezündet wurden. Im Westen lagerte noch bleiern die afrikanische Hitze, die Luft stand regungslos und heiß, und in allen Straßen herrschte buntes Getriebe. Die Stadt war wegen der Musik- und Tanzfestspiele merklich überfüllt. Ich parkte vor einem riesigen Hotel auf dem Alhambra-Hügel, um das Hunderte Wagen, mit Nummerntafeln aus allen Städten Spaniens, standen. Der Angestellte in der Empfangshalle starrte mich an und war fassungslos, daß es jemandem einfallen konnte, während des *Festival de Música y Danza* noch auf ein freies Zimmer zu rechnen, aber dann erklärte er, durch puren Zufall sei eines der besten Zimmer frei geworden, weil ein Gast vor einer halben Stunde unerwartet nach Madrid zurückberufen worden sei. Ich könne dieses Zimmer haben, aber nur für drei Tage.
Von meinem Balkon aus konnte ich aus ziemlicher Höhe auf einen großen Teil von Granada hinunterschauen, und wenn ich mich vorbeugte und den Blick nach rechts wandte, sah ich die Kathedrale über die Kanten der Dächer hinausragen. Links zeichneten sich die blauen Konturen der Sierra Nevada vom Himmel ab; ihre Gipfel waren unter einem Schneeschleier verborgen.

Im Lift des Hotels traf ich im Hinunterfahren eine junge Frau, die etwas über den Arm gehängt trug, das in diesem Land der Schals, Mantillas und Kastagnetten befremden mußte. Es war ein Ballettröckchen. Mein Blick hob sich davon zu dem Gesicht der Eigentümerin, und zu meiner Freude erkannte ich die großartige Primaballerina Margot Fonteyn. Sie erzählte mir, sie sei eben in Granada angekommen, um an diesem Abend in den Generalife-Gärten zu tanzen. Zwischen den Zypressen sei eine Bühne errichtet worden, und sie sei unterwegs, um dort zu proben.
Auch wenn man hundertmal nach Granada kommt, wird man die Generalife-Gärten kaum bei Mondschein zu sehen bekommen noch das Auftreten einer berühmten Tänzerin dort miterleben können. Darum ging ich sofort zum Portier und ersuchte ihn, mir eine Karte zu besorgen. Er sah mich bekümmert und hoffnungslos an. Er hatte schon dreißig Interessenten auf seiner Liste vorgemerkt, aber die Karten waren längst ausverkauft. Dasselbe sagte man mir in den Büros des *Festival de Música y Danza* und in den Reisebüros der Stadt.
Ich verbrachte fast eine Stunde in der Telephonzelle des Hotels und versuchte, den englischen Konsul, den Bürgermeister, den Provinzstatthalter, den Kultusminister, und wer immer mir sonst noch geeignet schien, zu sprechen; leider waren sie alle nicht zu Hause. Als ich es schon aufgegeben und mich in mein Zimmer zurückgezogen hatte, kam mir der Geist Spaniens zur Hilfe. Es klopfte, und der kleinste Page Spaniens stand in der Tür. Ich erinnerte mich flüchtig, daß der Junge die Türen der Telephonzellen geöffnet und geschlossen hatte. In der Meinung, das Unwahrscheinliche sei eingetroffen und einer der einflußreichen Leute, die ich angerufen hatte, versuche nun seinerseits, mich zu erreichen, sprang ich auf. Doch was nun kam, war noch unglaublicher: Der Junge sagte ruhig, er habe nicht umhin können, mitanzuhören, daß der *señor* eine Karte für die Tanzvorführung heute abend in den Generalife-Gärten wünsche. Wäre der *señor* bereit, zehn Pesetas mehr zu bezahlen, falls zufällig einer seiner Freunde eine Karte übrig habe? Ich schaute den Knirps verblüfft an. Der *señor* werde mit Freuden fünfzig Pesetas mehr für eine Karte bezahlen! Er verneigte sich gemessen und zog sich zurück. Zehn Minuten später war er mit der Karte wieder da.
So wird es also gemacht. Kipling wußte, worauf es ankommt, als er sagte, die wichtigsten Freunde im Leben seien Taxichauffeure, Polizisten und Portiers.
Die Nacht war heiß und voll würziger Gerüche. Kein Windhauch regte sich. Der Vollmond war bereits aufgegangen, als ich mich unter die Menge mischte, die sich den steilen Hügel zu den Generalife-Gärten hinaufbewegte. Flutlichter am Fuße roter Türme ließen die Festungswälle der Alhambra opernhaft plastisch hervortreten. Gautier wäre begeistert

gewesen: Das war Andalusien, wie er es erträumt hatte. Sogar Gitarren klangen im Dunkel auf, als wir den Hügel emporstiegen. Wir betraten eine wahrhaft berückende Szenerie. Indirekte Beleuchtung hatte die natürliche Landschaft in eine künstliche verwandelt; wie Bühnenbilder tauchten die berühmten Gärten aus der Nacht, erhellt von Lampen, die in Fischteiche versenkt waren oder, kunstvoll verborgen, da eine Granatapfelhecke, dort einen Bogengang oder eine Gruppe kerzenschlanker Zypressen bestrahlten. Darüber segelte der volle Mond, und Vögel und Fledermäuse flatterten verwirrt im Licht umher, völlig verstört von den Vorgängen. Aus den dämmrigen Gärten stieg ein Duft, der jetzt, im Juni, nicht gut von Orangenblüten herrühren konnte, doch war er süß, eindringlich und würzig.

Ich saß mit Tausenden von Spaniern vor einer Bühne, die sich der Umgebung so geschickt einfügte, daß sie als Teil des Gartens erschien. Als Zu- und Abgänge dienten Buchshecken, dahinter ragten die schmalen, schwarzen Spitzen hoher Zypressen. Aus dem Gewirr rascher Gespräche und vogelhaft zwitschernder Stimmen hörte ich immer wieder jenes eigentümliche Geräusch heraus, das für eine spanische Menge im Sommer charakteristisch ist: das feine, scharfe Geknatter, wenn die Frauen mit einer einzigen, geschickten Bewegung des rechten Handgelenks ihre Fächer aufklappen. Wie Motten flatterten die unzähligen Fächer in der warmen Dunkelheit.

Der Dirigent hob den Stab, und die seltsam ins Gehör gehende Musik Delibes' verwob sich mit der Nacht und dem Mond. Im Hintergrund der Bühne kreuzten sich zwei Scheinwerferstrahlen. Dort stand plötzlich Margot Fonteyn im flutenden Licht und schwebte heran wie ein weißer Falter. Sie tanzte mit Michael Soames den Pas de deux aus dem dritten Akt von »Sylvia«. Es war so still, daß man einen Fächer hätte fallen hören können, bei spanischem Publikum eine Seltenheit. Ich erlebte Augenblikke vollkommener Schönheit, und es schien mir, als sei Tanz in einem so erlesenen Rahmen noch nie gesehen worden. Später gestand mir Fräulein Fonteyn, ihr sei plötzlich das Bewußtsein, auf der Bühne zu stehen, verlorengegangen, und sie habe gefühlt, daß ihr Tanz sich irgendwie verflüchtigte und zum riesigen Nachthimmel aufstieg, ohne die Zuschauer zu erreichen.

Während des zweiten Tanzes – es war der Pas de deux aus dem zweiten Akt von »Schwanensee« – wurden die guten Manieren des Publikums und die Selbstbeherrschung der Tänzerin auf eine harte Probe gestellt. Als der Schwan, von zwei Lichtstrahlen festgehalten, sterbend mit den Flügeln schlug, verirrte sich plötzlich ein weißer Hund auf die Bühne. Es war der berühmte Hund, der immer aufzutauchen pflegt, um irgendeine feierliche oder majestätische Zeremonie vom Erhabenen zum Lächerlichen herabzuwürdigen. Wahrscheinlich gehörte er einem der Gärtner und war erschrocken über das, was sich in der vertrauten, durchdufteten Dunkelheit des Gartens zutrug. Wie es sich für einen guten Hund gehört, war er gekommen, um zu untersuchen und herauszufinden, was los war. Er stand in angespannter Wachsamkeit im Rampenlicht und ließ die Ballerina nicht aus den Augen, und wir hielten den Atem an. Als der Tanz endete, schien er zu fühlen, daß er hier nichts mehr zu suchen habe, trottete flink mit erhobenem Schwanz quer über die Bühne und verschwand. Nirgends war mir ein so gut erzogenes Publikum begegnet – denn während dieser peinlichen Augenblicke war nicht ein einziges Kichern lautgeworden. Die letzte Nummer war der Pas de deux aus dem dritten Akt von »Dornröschen«, und obgleich es fast zwei Uhr morgens war, fühlte ich keine Müdigkeit und konnte mich nicht sattsehen an der Schönheit der wunderbaren jungen Tänzerin unter dem Vollmond Granadas.

Indes die Menge dem Ausgang zustrebte, eilte ich in die entgegengesetzte Richtung, um noch rasch einen Blick auf den berühmten kleinen Garten zu erhaschen, wo hinter Buchshecken und Zypressen zwei Reihen von Wasserstrahlen im Bogen gegeneinander sprühen. Dort war es still und dunkel, bis auf das Rauschen des fallenden Wassers und das Mondlicht, das sich durch die Zypressen stahl. In diesem Augenblick glich der kleine Garten den Gärten aus Tausendundeiner Nacht. Einen schöneren Auftakt hätte mein Aufenthalt in Granada gar nicht haben können.

Auf einer rötlichen Felskuppe erhebt sich die Alhambra hoch über einer Anzahl von Ulmen, die angeblich von Wellington gepflanzt worden sind. Auf dem geräumigen Paradeplatz, wo der Sultan einst beim Dröhnen der Kesselpauken und beim Wehen der Roßschweifstandarten seine Leibwachen musterte, wollen Zigeunerinnen den Fremden die Zukunft voraussagen, Schuhputzer möchten gern ihre Schuhe reinigen, und kleine Zigeunermädchen versuchen, ihnen Kastagnetten aus Granatapfelholz zu verkaufen. Dort gibt es auch noch ein Photo-Studio, in dem man sich vor einem gemalten Prospekt der Alhambra, als Sultan verkleidet, photographieren lassen kann. Man kann einen Türkensäbel halten oder Wasserpfeife rauchen – oder beides –, und wenn man in Begleitung einer Dame ist, kann sie sich auf einer Couch rekeln und eine Haremsschöne mimen.

Die Eintrittskarten für die Alhambra kaufte ich in dem großartigen Palast, den Kaiser Karl v. begonnen und nie vollendet hat. Zu diesem Zweck hatte er eine Anzahl maurischer Bauten abreißen lassen, wofür er, meiner Meinung nach zu Unrecht, geschmäht worden ist.

Nach wenigen Schritten fand ich mich unvermittelt von maurischer

Pracht umgeben. Bezaubert schaute ich durch kleine Bogenfenster, die den Blick auf das ferne Granada freigaben, mit seinen hügelan steigenden Häusern. Ich wanderte durch kühle Hallen, die über und über mit durchbrochenen Zieraten bedeckt waren, und suchte den Vergleich mit den türkischen Bädern, die ich besucht hatte, zu unterdrücken und zu vergessen, daß ich einmal in meiner Jugend in den Londoner »Kristallpalast« mitgenommen worden war.
Im lieblichen Myrtenhof spiegeln sich Orangenbäume in einem Teich voll unbewegten grünen Wassers. Wo immer der Araber unter freiem Himmel bauen und Gärten anlegen kann, erschafft er reinste Poesie.
Der Löwenhof ist ein Gebilde von leichter, fast schwereloser Schönheit. Er sieht aus, als habe er sich eben auf der Erde niedergelassen, so wie der Parthenon immer gerade fortzuschweben scheint. Mir war zumute wie im Märchen, wenn man eine Mauerpforte durchschritten hat und sich plötzlich im Feenreich des Sa'di befindet; denn dies ist das Land der Geister und Verzauberungen, das Märchenschloß der Scheherezade, in dem Rosenblätter in porphyrene Wasserbecken rieseln und Nachtigallen singen. Ich ging durch die Rundbogen der Arkaden, ergriffen von ihrer Ausgewogenheit und den Maßen des rechteckigen Hofs, und bewunderte die Sommerpavillons mit ihren schlanken Säulen, die manchmal paarweise stehen, und die Dächer mit ihrem Überfluß an Stalaktiten und vergoldeten oder bunten Honigwabenmustern. An dieser steingewordenen Musik von mathematischer Klarheit mochte sich der Sultan, auf seinem Diwan ruhend, ergötzt haben. Der Springbrunnen plätscherte. Aus seiner Mitte stieg ein hoher Strahl und fiel in das Becken zurück, während aus den Mäulern von zwölf Löwen zwölf Wasserstrahlen in eine Rinne sprudelten und die Vorderpfoten der Tiere bespritzten. Welch absonderliche und gutmütige Löwen, untersetzt und steif wie die Holztiere einer geschnitzten Arche Noah; und aus unerfindlichen Gründen, die nur dem Künstler – war er eigentlich Perser, Chinese oder Byzantiner? – bekannt sind, trägt jeder Löwe den Schweif hinter dem linken Hinterschenkel durchgezogen und läßt die Schwanzquaste an der linken Flanke ruhen. Sie wirken wie eine Truppe zahmer Zirkuslöwen, die eine Vorstellung zu geben geruhen und die darauf dressiert sind, den Brunnen zu stützen, indem sie gehorsam ihre zwölf festen kleinen Hinterteile zwölf steinernen Säulen darbieten. Ebenso anmutig wie diese Szene waren auch die Farben, das weich perlende Zwielicht in den Pavillons und das Licht, das, von dem roten Kies draußen zurückgeworfen, die Säulen rosig behauchte und in den umgestülpten Schalen im Dach schimmerte, als seien sie mit *vin rosé* gefüllt.
Wer Berichte über den Verfall der Alhambra gelesen hat, wird sich

fragen, was an dem derzeitigen Gebäude eigentlich echt und was restauriert ist. Ich war neugierig genug, um später den schönen Stich aus Swinburnes »Reisen« aus dem Jahr 1775 herauszusuchen. Zu meiner Überraschung fand ich den Löwenhof dort praktisch so, wie er heute noch ist, nur daß der Hof nicht mit rotem Kies bestreut, sondern gepflastert war, und der Brunnen ein recht häßliches zweites Becken hatte, das auch in J. F. Lewis' »Skizzen der Alhambra« zu sehen ist. Die meisten Schäden wurden, erst nachdem Swinburne hier gewesen war, von plündernden Soldaten Napoleons angerichtet, die vor ihrem Abzug den ganzen Ort beinahe in die Luft gesprengt hätten.
Vom Löwenhof gelangt man in einen sorgsam gepflegten Garten mit Wasserbecken, an deren Ufern zwei noch seltsamer aussehende Löwen kauern, und dahinter steigt das Gelände in vielen Terrassen an, die mit Zypressen, Myrten, Oleander und vielerlei blühenden und duftenden Sträuchern bepflanzt sind. In Hunderten von Blumentöpfen blühen Geranien, rosa Federnelken und Gartennelken. Vermutlich ist die Vorliebe für Topfpflanzen, wie man sie überall in Spanien antrifft, ebenfalls ein maurisches Erbstück.
Zurück zum Löwenhof, um ihn noch einmal zu bewundern. Selbst ein Gebäude, das so sehr von der Wirklichkeit losgelöst scheint wie die Alhambra, muß wohl in der Geschichte ein Datum haben. Der Bau wurde angeblich im Jahr 1377 von Mohammed V. begonnen. Bis zum letzten Tag der Besetzung wußten die Mauren aus dem vollen zu leben. Kein christlicher Herrscher des Mittelalters verstand sich mit solch exotischem, fast frauenhaftem Luxus zu umgeben, denn in den erhalten gebliebenen Teilen der Alhambra denkt man unwillkürlich immer an Frauen. Die lieblichen Ausblicke, Brunnen und Arkaden und die reizvollen, zierlichen Pavillons, die einzig für Tränen und Seufzer geschaffen scheinen oder aber zum Naschen von Rosenblättermarmelade, verleiten dazu, die Alhambra mit einer Frau zu vergleichen, deren einziger Vorzug in ihrer Schönheit besteht.
Den meisten Besuchern wird wohl die Phantasie das Bildnis verwöhnter Sultansfrauen vorgaukeln, mir kamen sie nicht in den Sinn. Statt dessen sah ich ein kleines spanisches Mädchen, umgeben von seinen Hofmeistern und Erzieherinnen, ernst und gewissenhaft lateinische Briefe an einen Knaben namens Arthur schreiben, der in einem fernen Lande, an einem Ort namens Ludlow Castle, in der Grafschaft Shropshire lebte. Katharina von Aragonien wohnte nach der Eroberung Granadas in der Alhambra, und während sie dort lebte, wurde sie mit Arthur, Prinz von Wales und Erbe Heinrichs VII. von England, verlobt. In frühester Jugend nahm sie für immer Abschied von der Alhambra und segelte fort, um Prinzessin von Wales zu werden. Wie oft mag sie in den düsteren Jahren,

denen sie damals entgegenging, der Sonne und der Blumen hier gedacht haben!

Aus einem Fenster der Alhambra schaute ich über den Festungsgraben hinweg auf den Albaicin hinunter, wo die Zigeuner seit Generationen die Neugierde der Fremden erregen. Die Linse des Feldstechers rückte kleine, weißgetünchte Häuschen ins Blickfeld, die, zum Teil mit flachen Dächern, hügelan strebten. In den schmalen Gäßchen dazwischen wohnen hauptsächlich Zigeuner mit ihren Hunderten von Messing- und Kupfertöpfen oder Pfannen in elektrisch erleuchteten Höhlen.
Ein Haus, auf dessen flachem Dach eine Bühne und Sitzreihen errichtet waren, weckte meine Neugier in besonderem Maß. Während ich es beobachtete, bog ein großer Reisewagen vorsichtig um die Ecke und blieb vor dem Haus stehen. Der Reiseleiter sprang heraus, gefolgt von sechs Fahrgästen, lauter Amerikanern, wie ich aus ihrer Kleidung und der höflichen Ernsthaftigkeit, die sie zur Schau trugen, schloß. Offenbar erklärte ihnen der Reiseleiter, hier und sonst nirgends sei das Wahre zu finden: Er werde sie einer sehr guten, biederen Familie von *gitanos* vorstellen. Ich konnte die Touristen förmlich sagen hören: »*Sure, go right ahead!*« Indes die Fremden das Haus photographierten, klopfte der Führer an die Tür. Die ganze Gesellschaft drängte hinein, und die Tür schloß sich hinter ihnen.
Nach ein paar Minuten erschienen drei Amerikanerinnen auf dem Dach und blickten sich mißtrauisch um, dann folgten drei Männer mit schußbereiten Kameras. Der Reiseleiter kam mit vier Mädchen in bunten, volantbesetzten Röcken, die sich auf dem kleinen Podium verteilten und sich mit einem rot-blau-gelben Vorüberwirbeln ihrer Röcke in Tanzposition stellten. Das trockene Knattern ihrer Kastagnetten drang bis zu mir herauf. Sie wirbelten und stampften mit erhobenen Armen, während die Reisenden sie mit Leica und Rolleiflex ins Bild bannten, bald niederkniend, um einen Schnappschuß aus der Froschperspektive zu ergattern, bald dicht an die Tanzenden herangehend, bald wieder zurücktretend, um ein Bild der ganzen Gruppe auf den Film zu bekommen. Hoffentlich verwendeten sie Farbfilme. Unvermittelt brach der Tanz ab, ein Notizbuch wurde gezückt und der Reiseleiter kassierte Pesetas ein. Die Entlohnung dürfte großzügig gewesen sein, denn die Mädchen lächelten alle und winkten, und sogar die alte Zigeunerin, welche die Tür aufschloß, sah zufrieden aus.
Der große Wagen glitt weiter, den Grabstätten der *Reyes Católicos* zu.

Ich legte eine Liste der schönsten Dinge an, die ich bisher in Spanien gesehen hatte: Prado und Plaza Mayor in Madrid, die Wandteppiche in

Pastrana, das Kloster in Guadalupe, Dom und Stadt Toledo, das römische Theater in Mérida, die Kathedrale von Sevilla, das Kloster La Rábida, die Moschee zu Córdoba, die Alhambra und endlich das imponierendste Grabmonument, das mir je untergekommen ist: das Grabmal Ferdinands und Isabellas in der Königskapelle in Granada.

Ein Gitter, das mir einzigartig dünkte – selbst in diesem Lande, wo die Schmiede das Eisen zu bearbeiten verstehen, wie man woanders Eiche oder Walnußholz schnitzt –, trennt das Mittelschiff vom Altarchor, in dem Ferdinand und Isabella auf weißem Marmor ruhen. Er trägt seine Rüstung und den Hosenbandorden, der ihm von dem englischen Heinrich VII. verliehen wurde, sie liegt an seiner Seite in einem langen Gewand, die Krone auf dem Haupt und das Kreuz von Santiago auf der Brust. Unweit von ihnen, noch innerhalb der Einfassung, sind noch zwei ruhende Figuren mit gefalteten Händen, ein Mann und eine Frau. Ich war neugierig, wer diese pompöse Grabstätte mit Ferdinand und Isabella teilen durfte, und entzifferte die Namen Johannas der Wahnsinnigen und ihres schönen Philipp von Burgund.

Hier ruhen also, fern der reichverzierten französischen Kapelle, die sich die Katholischen Könige in Toledo als letzte Ruhestätte errichtet hatten, die frühen Wurzeln Spaniens, endlich vereint: Kastilien und Aragonien, und zugleich das habsburgische Pfropfreis, das den großen Karl, den finsteren Philipp und jene degenerierten Herrscher, die mit dem heimgesuchten Karl II. endeten, hervorgebracht hat.

Ferdinand und Isabella, Isabella und Ferdinand ... *Los Reyes Católicos.* Wo immer der Fremde sich in Spanien hinwendet, steht er ihrem lebendigen Andenken gegenüber, er hört die Menschen von ihnen sprechen, über eine ihrer Stiftungen oder über etwas, das sie getan und gesagt haben, und mehr Unsterblichkeit kann keiner erhoffen. Immer findet man sie zu zweit. Fällt irgendwo der Name Ferdinand allein, so handelt es sich um irgendeinen anderen Ferdinand, trifft man auf Isabella allein, so muß man sich erst besinnen, wer damit gemeint ist. Seite an Seite, so haben sie sich der Phantasie eingeprägt, ein Herrscherpaar als Gegenstück zu Romeo und Julia, wenn auch in ihrem Falle eigentlich sie die eifersüchtige Frau, er hingegen ein recht durchtriebener Held war, der ihr guten Grund zur Eifersucht gab. Ferdinand war als Politiker ebenso undurchschaubar wie sein Zeitgenosse, der englische Heinrich VII. Jemand, der ihn gut kannte, hat geschrieben: »Auch nicht die geringste Veränderung seines Gesichts verriet seine Gedanken.« Seine Lieblingsidee war, einen Schutzwall aus Hochzeitsbetten rund um das Land zu errichten, und in diesem Sinne verstand er es ausgezeichnet, seine Töchter mit Geschick auszuspielen.

Isabella war ein Jahr älter als ihr Gatte und der edlere und großzügigere

Charakter. Die Spanier sehen sie in romantischer Verklärung. In ihrer Mädchenzeit fand sie großen Anwert, und es wird behauptet, daß Eduard IV. von England um sie gefreit habe, als sie vierzehn Jahre alt war, sie dann aber, um seiner Liebe willen zu Elisabeth Woodville, plötzlich fallenließ. Aber der historischen Wahrheit gemäß hielt der Staatsrat noch nach einer politisch wertvollen Verbindung Ausschau – wobei Isabella von Kastilien gewiß auch zur Debatte stand –, indes Eduard sich bereits in aller Heimlichkeit mit der schönen, jungen Witwe vermählte und den Staatsrat somit vor eine vollendete Tatsache stellte. Immerhin ist es ein seltsamer Gedanke, daß Isabella beinahe Königin von England geworden wäre.

Sie war, wie aus ihren Porträts ersichtlich, zwar nicht schön, doch von angenehmem und vornehmem Äußeren, sie hatte eine weiße Haut und kastanienbraunes Haar, das ins Rötliche spielte. Ihre blauen Augen sprachen von Intelligenz. Ihre ungewöhnliche Keuschheit bewahrte sie sich bis an ihr Ende, und noch als sie im Sterben lag, weigerte sie sich, bei der Letzten Ölung ihren bloßen Fuß sehen zu lassen, und man mußte einen Seidenstrumpf salben. In ihrer Bigotterie schreckte sie vor nichts zurück, wenn es galt, dem zum Sieg zu verhelfen, was sie sich unter dem Reich Christi vorstellte, und ihre absonderliche Überzeugung, daß dem Gott der Liebe die Inquisition und die Austreibung der Juden aus Spanien wohlgefällig seien, war durch nichts zu erschüttern. Sie war stark im Glauben, voll Entschlossenheit und Weitblick. Sie setzte sich mit allen Kräften für das Amerika-Projekt ein, während Ferdinand Kolumbus gegenüber stets eine recht laue Haltung an den Tag legte. Isabella sagte einmal, als sie wieder zugunsten der Fahrt sprach: »Ich bin bereit, meine Juwelen zu verpfänden, um die Kosten aufzubringen, wenn der Fundus des Reichsschatzes nicht ausreichen sollte.«

Gewappnet ritt sie, wie Jeanne d'Arc, in Spanien herum, und wo immer sie auftauchte, floß den Truppen ein Gefühl vermehrter Kraft zu. Ihre Kinder gebar sie, wo sie sich eben aufhielt, wenn gerade wieder einmal eine Geburt ihre sonstige Tätigkeit unterbrach. Nicht zwei von ihren fünf Kindern sind in derselben Stadt geboren. Sie und ihr Gatte waren ein wandelndes Symbol der Einigkeit, die für Spanien ein ungewohnter, erst durch ihre Heirat herbeigeführter Zustand war. Ein wohlunterrichteter Zeitgenosse der *Reyes Católicos*, der diese Dinge mit lebhafter Anteilnahme verfolgte, hat diese historischen Begebenheiten in einer Reihe interessanter Briefe beschrieben. Es scheint ihn ungeheuer überrascht zu haben, daß Aragonier und Kastilier und die verschiedenen anderen Spanier bei der Belagerung Granadas so gut miteinander auskamen und einmütig am selben Strang zogen.

Er schrieb: »Wer hätte gedacht, daß die Galicier, die wilden Asturier und die rauhen Bewohner der Pyrenäen, Menschen, für welche die schauderhaftesten Gewalttaten etwas Alltägliches sind und die daheim bei den nichtigsten Anlässen streiten und raufen, sich freundschaftlich vertragen, nicht nur miteinander, sondern sogar mit den Toledanern, den Leuten aus La Mancha und den verschlagenen und eifersüchtigen Andalusiern – die nun alle wie Mitglieder derselben Familie in freiwilliger Unterordnung unter die Obrigkeit mitsammen leben.«

Dergleichen hatte es vorher nie gegeben, und allmählich begann sich so, unter der Herrschaft der Katholischen Könige, das künftige Spanien abzuzeichnen.

Als Isabella mit dreiundfünfzig Jahren im Sterben lag, war sie die erfolgreichste und zugleich die bedauernswerteste Frau der Welt. Auf sechsundvierzig Jahre höchsten Triumphs waren sieben Jahre persönlichen Kummers gefolgt. Das Schicksal schlug sie an der für eine Frau – und gar für eine alternde Frau – empfindlichsten Stelle: ihren Kindern. Sie waren mit ihr dabeigewesen, als Granada erobert wurde, und hatten mitangesehen, wie das silberne Kreuz des Papstes auf dem Alhambra-Hügel aufgepflanzt worden war. Johanna, damals noch nicht wahnsinnig; die kleine, siebenjährige Katharina von Aragonien und Don Juan, der ihrem Herzen am teuersten war und den sie zärtlich ihren »Engel« nannte, der vierzehnjährige männliche Thronerbe, ein Prinz, dessen Gaben zu großen Hoffnungen berechtigten.

Vier Jahre nach diesem erhebenden Augenblick verließ die siebzehnjährige Johanna Spanien und heiratete Philipp von Burgund; Isabella fiel der Abschied bitter schwer, fast als ahne sie die Tragödie voraus, zu der sich das Schicksal dieses Mädchens gestalten sollte. Sie begleitete ihre Tochter bis Laredo, das bei Santander an der Küste gelegen ist. Dort lag eine stattliche Flotte aus hundertzwanzig Schiffen vor Anker, bereit, die Prinzessin ihrem Bräutigam zuzuführen. Isabella verbrachte die Nacht mit Johanna an Bord, und als die Flotte in See stach, wandte sie sich in tiefem Schmerz ab und ritt traurig nach Burgos zurück. Danach wurde sie Jahr für Jahr von immer neuen Schicksalsschlägen heimgesucht. Im nächsten Jahr, 1479, traf sie der härteste Schlag, als ihr »Engel« als junger Bräutigam mit neunzehn Jahren starb – wie die Spanier behaupten, aus Liebe. Jedenfalls starb der Prinz, und Spanien fehlte der Erbe für seine ganze Herrlichkeit. Im folgenden Jahr kamen Isabella zu ihrem Schrecken Gerüchte zu Ohren, daß Johanna in Flandern ihre Christenpflichten nur sehr lau erfülle. Sie sandte Kundschafter, um die Wahrheit zu erfahren. Das nächste Jahr, 1498, war vom Schmerz über den Tod ihrer ältesten Tochter Isabella, der Königin von Portugal, verdunkelt. Sie war bei der Geburt eines kleinen Prinzen gestorben. Auf diesen männlichen Erben setzte sie nun all ihre Hoffnungen, aber nach zwölf Monaten starb auch

er. Nun war bei ihr daheim nur noch ein Kind verblieben, die jugendliche Katharina von Aragonien, doch auch von ihr mußte sie sich ein Jahr später trennen; sie nahm Abschied und schiffte sich nach England ein, um Prinz Arthur, den ältesten Sohn und Thronfolger Heinrichs VII., zu heiraten. Kaum waren zwölf Monate vergangen, so mußte Isabella erfahren, daß Arthur gestorben war und Katharina als junge Witwe im fremden Land zurückgelassen hatte. Wieder vergingen zwölf Monate, und Johanna kehrte mit ihrem hübschen, aber leichtfertigen Philipp aus Flandern heim, und die bedauernswerte Königin erkannte, daß ihre Tochter wunderlich, exzentrisch und unbeherrscht, wenn nicht gar verrückt war. Jedoch der Tod, der ihre strahlendsten Hoffnungen dahingerafft hatte, verschonte gerade dieses besorgniserregende und schwierige Mädchen, so daß es als einzige Erbin Kastiliens übrigblieb.
Johanna war abnormal eifersüchtig auf ihren Mann, und man hörte Gerüchte über ihre entsetzlichen Ausbrüche, sooft sie an seiner Treue zweifelte. Philipp hatte nur einen Wunsch: seiner Frau aus den Augen zu kommen und dem langweiligen, bigotten spanischen Hof zu entfliehen, was er auch schnellstens ins Werk setzte. Johanna ließ er als hilflose Beute ihrer nagenden Gedanken dort zurück, bis ihre Grübeleien ihr zuletzt völlig den Verstand raubten. Die letzten zwölf Monate ihres Lebens verbrachte Isabella mit ihrer hysterischen Tochter, die zwischen depressiven Anfällen und Wutausbrüchen schwankte, bei denen sie, laut einer zeitgenössischen Schilderung, »wie eine punische Löwin« tobte. Tag und Nacht sann sie darauf, wie sie zu Philipp zurückkehren und ihm ihre Liebe aufzwingen könnte. Einmal versuchte sie nachts im Schlafgewand aus dem Schloß zu flüchten und weigerte sich dann, in ihre Gemächer zurückzukehren. Halbnackt klammerte sie sich den ganzen Tag und die darauffolgende Nacht bei beißendem Novembersturm an das Einfriedungsgitter. In Gegenwart von sämtlichen Höflingen, Soldaten und Lakaien wurde die arme, kränkliche Königin von ihrer Tochter, die sich an den Eisenstäben festkrallte, in den wüstesten Ausdrücken beschimpft. Von da an wurde Johanna *Juana la Loca* genannt, Johanna die Wahnsinnige.
Nachdem Spanien und Frankreich im März 1504 einen Waffenstillstand geschlossen hatten, konnte Johanna die Seereise wagen und nach Flandern zurückkehren. Bald darauf drangen Gerüchte von ihren neuesten Taten nach Spanien und bedeckten Ferdinand und Isabella mit Schmach. Als sie Verdacht geschöpft hatte, daß Philipp sie mit einem schönen Mädchen mit langen, blonden Haaren betrüge, stürzte sie, Berichten zufolge, auf das Mädchen los und schnitt ihm vor allen Leuten die Haare ab. Solcherart von immer neuen Sorgen niedergedrückt, siechte Isabella dahin und starb noch im November desselben Jahres, zermürbt von

Kummer über die »armen Indianer« in Amerika und um ihre wahnsinnige Tochter in Flandern. In einem Zusatz zu ihrem Testament traf sie Vorsorge, daß Ferdinand als Regent eingesetzt werden sollte, falls Johanna sich als unfähig erwiese, die Regierungsgeschäfte zu versehen.
Unter einem schwarzen Novemberhimmel wurde der Leichnam der großen Königin, als franziskanische Nonne eingekleidet, aus dem Schloß zu Medina del Campo getragen, in dem sie verstorben war, und durch die beißenden Stöße des eisigen Wintersturmes quer über das Hochland von Kastilien und die Ebenen von La Mancha nach dem fernen Granada gebracht, wo sie gewünscht hatte, begraben zu werden. Erschrocken bekreuzten sich die Dorfbewohner, wenn sie dem langsamen Zug begegneten, der sich durch die Bergpässe hinwand, mit ragenden Kruzifixen, schwingenden Weihrauchbecken, Kerzen aus ungebleichtem Wachs, die immer wieder von Wind und Regen verlöscht wurden, mit Maultieren und Pferden im Trauerpomp und einem Leichenwagen unter einer triefnassen, kotbespritzten Samtdecke, der auf den unwegsamen Straßen schütterte. Kein Stern war zu sehen, Sturmwolken verhüllten den Himmel, Brücken wurden fortgeschwemmt, Männer und Maultiere gingen in den angeschwollenen Flüssen unter, es schien, als weine selbst die Natur über die tote Frau.
Endlich traf der Trauerzug in Granada ein. Der Leichnam Isabellas wurde in dem kleinen Franziskanerkloster, das noch heute auf dem Alhambra-Hügel steht, vorläufig beigesetzt, denn die Königskapelle war noch nicht fertig. Zwölf Jahre vergingen, da bewegte sich wieder eine Prozession hügelan, und Ferdinand und Isabella waren wieder vereint. Im folgenden Jahr wurde die Königskapelle fertig, und sie wurden dort vor dem Hochaltar beigesetzt.

Ich verließ die Grabstätte und ging auf die Seite hinüber, die dem Altar am nächsten lag. Dort führten ein paar Stufen in die Tiefe. Gleich darauf stand ich vor einer schmiedeeisernen Tür und schaute zwischen den Stäben in ein steinernes Gewölbe im Schein des elektrischen Lichtes. Ein paar Meter von mir entfernt standen auf einer Steinplatte die Särge Ferdinands und Isabellas in der Mitte und rechts und links die Särge der Königin Johanna und Philipps von Burgund. Das Gewölbe war kahl, nur die vier Särge standen darin, und an einer Wand, über einer goldenen Krone, war ein Kruzifix befestigt.
Ich wußte, daß ich dieses Bild nie wieder vergessen würde, es ist eines der aufwühlendsten Erlebnisse in Spanien und sehr typisch für dieses Land: Oben strahlt das prunkende Grabmonument in standesgemäßer Pracht, aber nur wenige Stufen tiefer beginnt die Wirklichkeit des Todes. Ich vermochte nicht, meine Augen davon abzuwenden.

Der Tod greift nach Fürsten wie Vasallen,
Zepter und Krone, die müssen fallen.
Im Staube gleich
liegt arm und reich
es achten's nicht
die Sichel krumm und das Grabscheit schlicht.

Wie unbeschreiblich spanisch das ist, wie unvergeßlich spanisch! Hier endet zuletzt alles, schien die Stimme Spaniens zu sagen. Wozu sich ereifern über irgend etwas, da doch alles so endet?

Um acht Uhr morgens brach ich nach Madrid auf. Obwohl ich gern nach Murcia und Valencia weitergefahren wäre, mußte ich froh sein, der unerträglichen Hitze nach dem Norden zu entkommen. Ich hatte allerdings keinerlei Vorstellung von dem, was mir in Madrid bevorstand.
Nach kurzer Zeit fuhr ich durch das hügelige Jaén und dachte schmunzelnd an den lustigen Müller, dann fuhr ich weiter, durch Weinland und Olivenhaine und von Fruchtbarkeit strotzende Flußtäler. Wie überall, wohin ich in Spanien gekommen war, trug auch hier jeder Flecken Land die Merkmale persönlicher, liebevoller Betreuung, die man in maschinell bearbeitetem Gelände vermißt. Man möchte das spanische Agrarland mit den Handstickereien vergleichen oder mit den Werken der spanischen Schmiedekunst, die heute noch so schön sind wie je, oder dem vielerlei Handwerk, das in diesem Land seine letzte Zuflucht gefunden hat.
Nun durchquerte ich ein sehr eigenartiges Gebiet. Zu Tausenden wuchsen Ölbäume aus der ziegelroten Erde, und zwischen den Anpflanzungen stand hie und da ein seltsamer Kuppelbau mit einem schwarzen Schornstein daneben. Das waren Bleizechen, und dort wurde schon seit grauer Vorzeit, wie in den meisten südspanischen Zechen, Blei gefördert. Obwohl diese kleinen Minen zu Hunderten hier existierten, war die Landschaft nirgends von Schlackenhaufen verunziert, und es gab nur wenige Grubenschächte. In manche der Gruben konnte man nur auf senkrechten Leitern einsteigen. Ich traf immer wieder Grubenarbeiter mit staubgeschwärzten Gesichtern, die auf den Hinterbacken ihrer Esel ritten, Schirme bei sich trugen und in andalusischer Redseligkeit miteinander plauderten.
Dann begann die Straße dem gewaltigen Bollwerk der Sierra Morena zuzustreben, und hier wurde irgendwie die Nähe einer Grenze fühlbar; in der Luft lag die Vorahnung des Abschieds von der Fruchtbarkeit Andalusiens, von den Orangen, Mandeln und Aloen, und des Aufstiegs in eine strenge Welt nackter Felsen, wo Berg hinter Berg zerklüftet zum Himmel ragt. Dicht an der Straße lag ein Dorf, das einzig durch seinen Namen

bemerkenswert war, einen Namen, der in jedem spanischen Geschichtsbuch fett gedruckt ist: Las Navas de Tolosa. In diesen Bergen rief Alfons VIII., der mit Eleonore, der Tochter Heinrichs II. von England und Schwester Richard Löwenherz', verheiratet war, im Jahr 1212 mit Hilfe der vereinigten Ritterschaft Europas den Zorn Gottes auf die Mauren herab. Er wurde von einem geheimnisvollen Schafhirten – man munkelt, es sei der heilige Isidor in Verkleidung gewesen – über die Berge geführt.

In Windungen schraubte sich nun die Straße durch schiefergraue Schluchten, die für Wegelagerer wie geschaffen schienen. Es ging bergauf, zwischen Geröll und Felsen, wie die Straße zwischen Jericho und Jerusalem, die nicht weniger verrufen war.

Der Paß über den nicht ganz eintausend Meter hohen Gipfel erinnerte mich an die Zilizische Pforte. Dahinter mündete die Straße in ein paar durch den Felsen gegrabene Tunnels. Ehe ich durch den *Puerto de Despeñaperros*, den Paß des »Absturzes der maurischen Hunde«, fuhr, hielt ich den kochenden Wagen an und warf einen Blick zurück auf die Schönheit Andalusiens, das im Süden in der Morgensonne hingebreitet lag. Jenseits des Passes war La Mancha in Neukastilien; und so übergangslos, als sei ich mit dem Schiff von einem Land zum anderen gereist, befand ich mich plötzlich in einer Landschaft, die ganz andere Züge trug: endlose Strecken voll Staub und segelnder Wolken. Darauf deutet übrigens auch der Name La Mancha hin; denn Mancha kommt vom arabischen *manxa*, das heißt: »trockenes Land«.

Ich kam nach Valdepeñas, das für seinen erstklassigen Wein berühmt ist, und dort stehen die Weinstöcke tatsächlich wie betrunken schräg auf den steinigen Hängen. In den Außenbezirken der kleinen Stadt Manzanares, durch die ich danach kam, entdeckte ich einen jener beispielhaften *albergues*, die von der besten aller staatlichen Institutionen Spaniens eingerichtet wurden, nämlich vom staatlichen Fremdenverkehrsamt, das für Ausländer in Spanien etwa das gleiche bedeutet wie der Polizist in Rom. Es betreut den Fremden in jeder Hinsicht und hat zu diesem Zweck, im ganzen Land verstreut, Büros eingerichtet, außerdem regelt es die Hotelpreise und hat auch selbst eine Anzahl eigener Hotels, sogenannter *paradores*, und eigener Gasthöfe, die *albergues* genannt werden, in Betrieb. Der Unterschied zwischen einem *parador* und einem *albergue* besteht darin, daß man in den *paradores* beliebig lange bleiben kann, in den *albergues* jedoch nur drei Tage, denn diese liegen an den Hauptverkehrsstraßen und sind für Kraftfahrer und Durchreisende jeder Art bestimmt; die *paradores* hingegen sind meist an entlegenen Orten zu finden, oft sind es alte Burgen, mittelalterliche Schlösser oder Klöster, die man zu den malerischsten Hotels Europas umgebaut hat. Ungewandte oder nicht mehr ganz junge Reisende, die Spanien in aller Bequemlichkeit genießen wollen, brauchen nur an die Fremdenverkehrsdirektion zu schreiben und werden von ihr von einem *parador* zum anderen weiterbefördert.

Eine Spanienreise lohnt sich schon allein um der dunkeläugigen, hocherfreuten Begrüßung willen, die einem im *albergue* zuteil wird; denn das liebenswürdige Personal pflegt den staubigen Wanderer so begeistert willkommen zu heißen, als wäre er der Sohn des Hauses, der aus fremden Ländern heimkehrt. In kürzester Zeit saß ich an einem Tisch, der sich unter den *entremeses* bog, kleinen Tellerchen voll Oliven, Thunfisch, Langusten und herrlichem Räucherschinken, samt einem Krug vom einheimischen Valdepeñas. Ich ergriff die meterlange Speisekarte und bestellte eine Omelette mit Muscheln und Pilzen und ein Stück vom gebratenen Lämmernen, das mir besonders empfohlen wurde.

Ein riesiger Autobus fuhr vor, und plötzlich wimmelte es von Franzosen, Amerikanern und Engländern. Am Nebentisch ließ sich ein junger französischer Mönch mit einer Frau – wahrscheinlich seiner Mutter, die Ähnlichkeit zwischen beiden war groß – nieder und schauderte sichtlich vor den Fleischtöpfen zurück. Irritiert zerkrümelte er das Brot und starrte auf seinen Teller. Wahrscheinlich dünkte es ihm sündhaft, so viel zu essen. Seine Mutter ermunterte ihn fortwährend zum Zugreifen, aber er erwiderte ihre Fürsorglichkeit nur mit einem matten Lächeln und zerkrümelte weiterhin sein Brot. Ich zweifelte keinen Augenblick, daß er die ganze Mahlzeit beichten und dafür Buße tun würde. Ich zerbrach mir den Kopf über die beiden. Touristen konnten sie nicht gut sein, wenngleich sie mit der Schar der Reisenden angekommen waren. Also entschloß ich mich zu der Annahme, daß der junge französische Mönch in ein spanisches Franziskanerkloster unterwegs war und seine Mutter die Gelegenheit benützt hatte, um Urlaub zu nehmen und ihn zu begleiten, wie Mütter ihre Söhne etwa zur Schule begleiten. Gewiß schämte der Mönch sich seiner Mutter wie ein Schuljunge, und das Aufsehen, das sie erregten, war ihm so verhaßt, wie es ihr Freude machte. Im Garten draußen hatte man Tische unter den Akazien aufgestellt, und die Reisenden, die sich dort gütlich taten, rieten offenbar gleichfalls hin und her, wer die beiden sein mochten.

Nach dem schattigen *albergue* machten sich die blendende Straße und der Staub noch unangenehmer bemerkbar; trotzdem fuhr ich weiter, über Manzanares nach Puerto Lapiche, von wo eine holprige Straße querfeldein nach dem unsterblich gewordenen Städtchen El Toboso abzweigt, dem Heimatort von Don Quijotes Dulcinea. Dieser Teil La Manchas ist das Zentrum des sogenannten Don-Quijote-Landes, und man kann hier keinen Weinschlauch in einer *venta*, keine Windmühle und keinen dicken

Mann auf einem Esel noch ein Dorfmädchen am Brunnen betrachten, ohne an Don Quijote zu denken. Das sollte eigentlich genügen, aber nein, die allzu vielen hochliterarischen Geister wollen ausgerechnet jenes Gasthaus sehen, in dem Don Quijote Nachtwache hielt, ausgerechnet das Dorf, in dem er gegen die Puppen focht, und die Höhle, in der er Buße tat, und so weiter. Dahinter steckt anscheinend das gleiche tiefe, geistige Verlangen, welches in früheren Tagen durch eine Pilgerfahrt gestillt wurde.

Die Straße führte nun zu dem Verkehrsknotenpunkt Alcázar de San Juan, einer alten Stadt; von dort aus fährt die Bahn nach Granada im Süden und nach Murcia im Südosten. In diesem betriebsamen Städtchen wird die kastilische Seife erzeugt. Diese Seife und die kleinen Wachszündhölzer, die in hübschen Schächtelchen mit heraldischen Schildchen verkauft werden, gehören zu den hochwertigsten spanischen Erzeugnissen.

Wieder dehnte sich die weiße Straße vor mir durch rötliches Land, vorüber an Dörfern, die am Horizont flimmerten. Die Kirchen wuchteten wie Festungen über den Ziegeldächern. Die Kleinstädte sahen eine wie die andere aus: eine riesige, raumfüllende Barockkirche, von der sich der gelbe Verputz löste, ein Turm, in dem eine Glocke hing, ein Storch auf seinem zausigen Nest, eine von Akazien umstandene *plaza*, ein ornamental verzierter Brunnen, an dem anmutige, gebräunte Mädchen verweilten, die Krüge an die Hüften gestemmt, und ein Gewirr flimmernder Gassen. Vor den Geschäften hingen manchmal Warenzeichen, damit alle, die das Zeitalter der Weisheit noch nicht gegen das Zeitalter der Schreibkunst eingetauscht haben, auf den ersten Blick sehen, was drinnen verkauft wird. Der Eisenhändler hängt also einen Spaten vors Geschäft, der Kleiderhändler vielleicht ein paar Socken. Leider ist diese aus dem Mittelalter stammende Sitte im Aussterben. Vergeblich suchte ich überall nach dem kleinen Messingbecken mit dem Einschnitt am Rand, Mambrinos Helm, der früher über den Türen der Barbiere zu hängen pflegte. Aber man findet noch manchmal einen Barbier, der den Helm des Mambrino beim Rasieren verwendet. Er wird mit Seifenwasser gefüllt und auf die Brust des Kunden gestellt, und zwar so, daß der ausgesparte Rand dicht an seinem Hals anliegt.

Auf einem Hügel erblickte ich eine weiße Stadt zwischen kleinen Erhebungen mit Windmühlen darauf, nicht die massiven holländischen Windmühlen, sondern zierliche, kleine, die man in der Dämmerung durchaus für Riesen halten kann, die wild mit den Armen um sich schlagen. Das war Campo de Criptana, und hier kämpfte Don Quijote mit den kreisenden Windmühlenflügeln. Der hier bereits erwähnte englische Spanienreisende Richard Ford teilte hierzu mit, daß die „Windmühlen erst kurz vor der Zeit Don Quijotes in Spanien aufgekommen sind, wahr-

scheinlich wurden sie von Flandern übernommen, so daß Don Quijotes Verstörung beim Anblick der unbekannten und seltsamen Gebilde, die auch viele andere Zeitgenossen erschreckten, durchaus erklärlich ist.
Einer der riesigen in La Mancha gebräuchlichen Heuwagen knirschte, von zwei Maultieren und einem Leitesel gezogen, heran. Mit seinen gewaltigen Rädern und den Seitenwänden aus offenem Sparrenwerk sah er dem Skelett eines Schiffes ähnlich. Der alte Mann, der die Zügel hielt, antwortete auf meine Frage: Ja, der *compañero* sei auf dem richtigen Weg nach Toboso, und deutete mit dem Peitschenstiel über die rote Ebene, und der »Gefährte« dankte und fuhr weiter.
Nach ein paar Kilometern erblickte ich die weiße Stadt El Toboso, die träumerisch unter dem hohen Himmelsbogen auf der roten Erde lag. Keine Menschenseele war zu sehen, nicht einmal der Pfarrer war in der Kirche, und auch sonst traf ich keinen Menschen, der mir hätte zeigen können, wo der *alcalde* wohnte. Aus dem Oberstock eines ziemlich großen Gebäudes drang eintönig das bienenartige Summen kindlicher Stimmen und ließ erraten, daß die Schulkinder in El Toboso immer noch auf die Weise unterrichtet werden, daß man sie im Chor den Lehrstoff herunterleiern läßt, bis er für ewige Zeiten in ihrem Gedächtnis haftet. Ich beschloß, hineinzugehen und den Lehrer des Dorfes zu sprechen. Eine Stiege führte zu den Klassenzimmern hinauf. Als ich noch unschlüssig, an welcher Tür ich klopfen sollte, auf dem Gang stand, erblickte ich in einem Rahmen eine Abbildung, die vor den Gefahren des *alcoholismo* warnen sollte und aus den letzten Jahren des neunzehnten Jahrhunderts stammte. Sie zeigte den Lebenslauf zweier Männer, von denen einer Abstinenzler, der andere ein Säufer war. Der Abstinenzler hatte eine schöne Frau geheiratet und nannte eine vielköpfige, glückliche Familie sein eigen. Die Mädchen waren hübsch gekleidet, sie hatten beim Spaziergang im Freien die Hände in kleinen Pelzmuffs und trugen winzige Schnürschuhe. Kleine, runde Pelzkäppchen saßen wie schlafende Katzen auf ihren bis zu den Schultern reichenden Locken. Die Knaben trugen Matrosenanzüge. Die Frau des Abstinenzlers konnte man liebevoll über ihren Mann gebeugt sehen, der in einem Buch las, oder sie schritt in modischer Kleidung sittsam an seiner Seite hinter den Kindern her, und alle Passanten verbeugten sich respektvoll und zogen die Hüte vor ihnen. Diesen Bildern gegenüber sah man den Trinker, mit einem Krug oder einem Glas in der Hand, zerlumpt, unrasiert, zwischen geleerten Flaschen und in lärmender Gesellschaft, und seine hübsche Frau hatte ihn verlassen. Seine hungrigen Kinder weinten in Elendsvierteln, und das war das Ende: Mord unter einer Straßenlaterne und die Polizei. Das Bild war so unspanisch wie möglich und stellte hier einen Fremdkörper dar. Wozu es im nüchternsten Land Europas in einer Landschule aufgehängt worden

war, schien mir rätselhaft. Bei den Spaniern ist der Sinn für die Menschenwürde so stark entwickelt, daß Trunksucht nicht vorkommt. Das Trinken wird weder idealisiert noch propagiert wie in den nordischen Ländern; außerdem wird der Trinker nicht als guter Kumpan betrachtet.

Ich klopfte, und ein nicht mehr ganz junger Mann öffnete die Tür. Über seine Schulter hinweg sah ich etwa dreißig kleine Kinder auf Holzbänken sitzen – jedes eine Schiefertafel vor sich und einen Griffel in der Hand. Obwohl ihnen die Unterbrechung gewiß willkommen war, kicherten und lachten sie nicht und stießen einander nicht an, sondern starrten lange und ohne zu blinzeln herüber, feierlich und in leiser Verwunderung, als sähen sie in mir einen wandernden Heiligen – eine Art zu schauen, die urspanisch ist. Es zählt zu den liebenswürdigsten Gewohnheiten des Spaniers, daß er jedem Fremden respektvoll begegnet. Ich schilderte dem Lehrer meine Lage, und er rief einen kleinen Jungen auf und befahl ihm, mich zum Haus des Bürgermeisters zu führen; aber er befürchtete, daß der *alcalde* heute früh mit dem Pfarrer fortgegangen sei, und zwar nach einem ziemlich entfernten Ort. Das Kind ging mit mir über die *plaza* und blieb vor einem weißen Haus stehen. Die Frau, die zur Tür kam, sagte, der *alcalde* sei leider nicht da, aber ich möge doch nähertreten. Sie öffnete rechts eine Tür und ich betrat ein Zimmer, das voll von Büchern war. Sie standen auf roh gezimmerten Regalen fast bis zur Decke hinauf. So mag wohl das Zimmer ausgesehen haben, in dem Don Quijote seine Rittergeschichten gelesen hat. Ein kurzer Blick auf die Stellagen belehrte mich, daß sie »*Don Quijote*«-Ausgaben in allen Sprachen enthielten, englische, französische, deutsche, italienische, sogar eine russische, eine japanische und eine hindostanische. Die Frau kam zurück, von zwei Männern gefolgt, und hinter ihr erschienen noch einige Männer, und alle schüttelten mir die Hand.

Ich habe die Erfahrung gemacht, daß man sich bei solchen Anlässen am besten so formell wie möglich benimmt. Vor der Erfüllung aller Formalitäten und ehe die Anwesenden sich am Austausch langwieriger, tönender Redensarten ergötzt haben, sind Zutraulichkeit und Freundlichkeit fehl am Platz. Sie kommen nachher. Also setzte ich eine würdige Miene auf und erzählte, so gut ich konnte, wer ich sei, woher ich käme und was mich nach Spanien geführt habe; daß ich ein bewundernder Leser des großen spanischen Dichters Cervantes und von dem Verlangen erfüllt gewesen sei, die berühmte Stadt El Toboso, deren Name in aller Welt bekannt sei, zu sehen.

Einer der Männer erwiderte meine Rede, aber ich verstand nicht viel von dem, was er sagte, weil er zu rasch und mit starker mundartlicher Färbung sprach. In groben Zügen entnahm ich daraus, daß El Toboso mit allem

Drum und Dran zu meiner Verfügung stehe. Danach schüttelten wir einander die Hände, der offizielle Teil war überstanden, und wir gaben uns aufgeräumt und menschlich.
Einer der Männer schritt suchend an den Stellagen entlang und legte die englische Nonesuch-Press-Ausgabe des »*Don Quijote*« in meine Hand. Ich schlug sie auf und las: »Von Ramsay Macdonald, 11. April 1932.« Er brachte mir inzwischen ein anderes Exemplar, eine deutsche Ausgabe, die von Hindenburg gespendet worden war. Die italienische Ausgabe trug den Namenszug Mussolinis. Weiters gab es einen Band von de Valera.
Sie berichteten, daß die Bibliothek von einem früheren Bürgermeister El Tobosos, Don Jaime Pantoja Morales, angelegt worden sei, der voll Stolz auf die Verwandtschaft seiner Familie mit Don Quijotes Dulcinea hinweisen konnte, deren wahrer Name, seiner Behauptung nach, Ana Zarco de Morales gewesen ist. Ungefähr im Jahr 1922 hatte der Hochverehrte eine blendende Idee: Er gründete eine Cervantes-Gesellschaft und schrieb an die Könige, Präsidenten und Premierminister aller Länder und bat sie, der Bücherei der Gesellschaft in El Toboso ein Exemplar des »*Don Quijote*« zu senden. Wer hätte einem solchen Brief aus dem Geburtsort der Dulcinea widerstehen können? Die Folge davon war, daß aus allen Teilen der Erde Bücher in El Toboso eintrafen, als Tribut an die Stadt, von der ein Zauber ausgegangen war, der alles ergriff, soweit es Menschen gab, die lesen konnten. Ich weiß nicht, ob auch die heutigen Kommentatoren noch der Ansicht sind, daß Dulcinea eine aus dem Leben gegriffene Figur war und daß sie Ana Zarco de Morales geheißen hat. In El Toboso wird diese Theorie auf keinen Fall mehr zu erschüttern sein, man geht hier sogar so weit, zu behaupten, Cervantes habe sie geliebt, darum habe er Don Quijote zu ihrem Liebhaber gemacht. Ich dachte indes bei mir, das müsse ein seltsamer Liebhaber gewesen sein, der sie so geschildert hat, wie Sancho sie seinem Herrn beschrieb! Unter den Schätzen El Tobosos, die man mir der Reihe nach zeigte, waren zwei hübsche Kleider aus vergilbter Seide, und eines davon hatte überall kleine Schlitze für Schleifchen und Bänder zum Durchziehen, wie dies zur Zeit Philipps II. modern war. Sie sollen aus dem Besitz der Ana Zarco de Morales stammen.
Ich wurde durch ganz El Toboso geführt, in die dem heiligen Jakobus von Compostela geweihte Kirche, in der ein römischer St. Jakobus zu Pferde einen kraftlosen Ungläubigen niederstreckt; und zu einem abgerissenen Gebäude, einer ehemaligen Olivenpresse, wie man aus den großen, in die Erde versenkten Behältern noch schließen konnte; dort soll Dulcinea gewohnt haben. Die Umgebung sah aus wie einer der hübschen Schilderungen des Cervantes entstiegen: ein altes, scheunen-

artiges Steingebäude, ein Heuhaufen, in dem Hühner scharrten, ein Bauernkarren, der auf die Deichsel gestützt dalag, die Gruppe mit den pfiffigen Bauerngesichtern und großen, arbeitsrauhen Händen, die da- und dorthin zeigten.
Natürlich suchten wir auch das Weinhaus auf und brachten mit einem Wein, dem der Geschmack der Schläuche anhaftete und der mich an den Resina in Griechenland erinnerte, Trinksprüche auf Dulcinea, Don Quijote und Cervantes aus. In diesem Stadium wurde ich nicht länger als der vornehme *hidalgo* vom frühen Nachmittag behandelt, ich war bereits der *compañero*, mehr noch, ich war ein Mensch unter Menschen, ein *hombre*. Und als ich wegfuhr, standen sie alle an der Ecke bei der Kirche und winkten abschiednehmend.
Bei Einbruch der Dunkelheit kam ich in Madrid an. Die Hitze des Tages war von Benzin- und Öldämpfen geschwängert, und die Luft kroch schleichend durch die Straßen wie ein Meuchelmörder. Es war ganz windstill, und das Pflaster war heiß wie die Eisenplatten im Kesselraum eines Schiffes.

In den meisten heißen Ländern sind die Nächte verhältnismäßig kühl, nicht selten kommt Wind auf und reinigt die Luft. Obgleich Madrid auf einer Hochebene liegt, steht dort die Luft im Sommer auch die Nacht über regungslos. Am erträglichsten erschienen mir die Stunden von sechs Uhr morgens bis gegen neun Uhr. Um diese Zeit ging ich am liebsten in Madrid spazieren, obwohl noch alles geschlossen war, bis auf die Zeitungsstände. Aber die untadelige alte Dame, bei der ich Schwarzmarkt-Zigaretten kaufte, hatte ihren Dienst an der Ecke schon angetreten und bot dort ihre Schmuggelware offen feil.
Eines Tages suchte ich einen Bekannten gegen Mittag in seinem Büro auf und fand ihn, selbstverständlich im Jackett, an der Arbeit, indes ein elektrischer Fächer ihm von einem umfangreichen Eisblock kalte Luft zufächelte.
»Das ist noch gar nichts«, sagte er, als wir auf die Hitze zu reden kamen, »warten Sie Ende Juli ab.«
Für diejenigen unter meinen Bekannten, die sich das leisten konnten, war es jedenfalls heiß genug, um ihre Frauen und Kinder in kleine Landhäuschen beim Escorial oder noch höher in die Sierra hinauf zu schicken, während sie selbst in Madrid ein Junggesellendasein führten. Obwohl ich Hitze gern habe und auch Tropenkleider bei mir hatte, mußte ich feststellen, daß Madrid im Juli mir die Lebenskräfte raubte. Das Äußerste, wozu ich mich imstande fühlte, war, am Morgen eine Stunde um den Prado zu schlendern, danach ein kaltes Bad zu nehmen, den Lunch einzunehmen und den Nachmittag im stickigen Schlafzim-

mer zu verbringen. Ich fragte mich, warum Philipp II. Madrid nicht beim Escorial erbaut hatte, oder, wenn es ihm schon um einen Bratrost zu tun war, den Escorial bei Madrid. Da die Siesta den ganzen Nachmittag ausfüllte, mußte ich mich an die späten Essensstunden der Spanier halten und brach um die Zeit zum Nachtmahl auf, zu der ich für gewöhnlich schlafen zu gehen pflege.

Meine Kenntnis der Madrider Gaststätten vermehrte sich beträchtlich. Es gab ein Restaurant mit Holzstühlen und Stierkampfplakaten an den Wänden, das Essen war dort erstklassig, und ich traf kühn aussehende Männer an, die ich für *matadores* hielt und die in Gesellschaft nicht weniger kühner Blondinen, die ihre Schoßhunde mithatten, speisten. Ferner gab es ein baskisches Restaurant bester Qualität, in dem ich aber nur ein einziges Mal war, denn als ich wieder hinging, hatte es für den Rest des Sommers gesperrt. Dort bekam man den besten *gazpacho,* den ich je gegessen habe, und die Zubereitung der Fischgerichte ließ nichts zu wünschen übrig. Hingegen enttäuschte mich ein sehr bekanntes Speisehaus, das seit dem siebzehnten Jahrhundert für seine Spanferkel berühmt ist, und nicht anders erging es mir bei fast allen von den Fremden bevorzugten Restaurants, deren rustikale Atmosphäre anziehender war als die Speisekarte. Ich entdeckte eine ausgezeichnete Fischküche, wo ich, in einem ungedeckten Hof sitzend, Seespinnen verzehrte und weißen Wein trank, der aus dem im Norden gelegenen Weingarten des Besitzers stammte. Im allgemeinen fand ich das Essen in den ärmlich aussehenden Gaststätten besser. In einer Seitenstraße gab es ein köstliches kleines Speisehaus, dort bekam man Steaks mit einer Pilzsauce, und ein zweites, das vom Boden bis zur Decke mit Kammuscheln verziert war; hatte man sich einmal den Weg durch die Massen um die Theke herum gebahnt, so kam man in ein kleines Hinterzimmer, in dem man sich eine erlesene Mahlzeit zusammenstellen lassen konnte. Auch der Wein war dort ausgezeichnet. Bei großer Hitze ist *sangría,* das ist Rotwein mit Sodawasser, Eis und Zitronenschalen, das geeignetste Getränk, und eventuell kann man noch ein kleines Glas Kognak dazuschütten. Wenn ich nach einem späten Nachtmahl heimging, wimmelten die Straßen überraschenderweise plötzlich von Menschen. Mitternacht ist für die Spanier keine späte Stunde, und Aschenbrödel wäre ihnen wohl ein Rätsel, denn hier hätte der Ball kaum begonnen, als die Uhr zwölf schlug. Manchmal geriet ich auf kleine *plazas* – besonders deutlich ist mir die Plaza Santa Ana im Gedächtnis geblieben –, auf denen die gesamten Einwohner des Viertels im Freien saßen, Kinder überall wie am hellen Tag spielten, die Kellner in weißen Jacketts herumflitzten und die Menschen im Kreis herumwandelten, wie erlöst, weil die Sonne untergegangen war. Nicht einmal in Rom habe ich so nach dem Anblick der Springbrunnen gelechzt. Sooft ich

die Neptunstatue mit den Meeresrossen, von kühlenden, grünlichen Wasserstrahlen eingesponnen, auf der Plaza de Cánovas von weitem erblickte, war ich immer wieder entzückt.
Mein Abendspaziergang auf der Medinaceli führte an einer Kirche vorbei, deren Fenster über dem Vorbau derart angebracht waren, daß man von der Straße aus die ganze Länge des Innenraumes überblicken und ganz vorne, auf dem Altar, eine realistische, lebensgroße Christusfigur in heller Beleuchtung sehen konnte. In diesem Land der seligsten Jungfrau war ein Christus auf dem Ehrenplatz am Altar ein seltener Anblick, darum trat ich ein und besah mir die Figur, die sorgfältig geschnitzt und bemalt war und der Vorliebe der Spanier für den krassesten Realismus entsprach. Der Heiland war mit gebundenen Händen, der Dornenkrone und einem prachtvoll bestickten Gewand aus purpurnem Samt dargestellt. Ich glaube, die Haare, die sein Antlitz rechts und links einrahmten und bis auf die Schultern herabfielen, waren echt. Eines Freitags sah ich am Abend vor dieser Kirche eine Menschenschlange, die sich durch die ganze Straße und noch um die Ecke hinzog und sich dann weit im Dunkel verlor. Als ich nach zwei Stunden nochmals vorbeikam, war die Schlange genauso lang. Sie bestand aus Spaniern aller Arten und Schichten. Ich ging hinein und sah, daß die Kirche fast leer war, bis auf die ununterbrochene Reihe Menschen, die sich im Südschiff zu den Stufen hinter dem Altar hinbewegte. Die Besucher erklommen die Stufen, schritten an der Christusfigur vorüber, drüben wieder hinunter und durch das Nordschiff hinaus. Vor der Statue blieben sie stehen, knieten nieder und küßten, soviel ich sehen konnte, deren Füße.
Als ich einem spanischen Bekannten davon erzählte, sagte er: »Das ist der Jesus der Medinaceli. Die meisten Frauen und Männer, die du gesehen hast, sind zu ihm gepilgert, weil sie Jesus um eine Braut oder einen Bräutigam bitten wollten, er soll für derlei Nöte besonders viel Verständnis haben.«

Eines Nachmittags kam ich am königlichen Schloß vorüber und stieg den Steilhang zum Manzanares hinab, um das Grab Goyas zu besichtigen. Heute drückt eine weiträumige, saubere Bahnstation der Gegend ihren Stempel auf, dahinter jedoch stieß ich auf einen vagen Nachklang aus dem siebzehnten Jahrhundert, denn hier rollten noch die massiven Kutschen jener Zeit im abendlichen *paseo* hin und her; daneben rieselte der Fluß. Ich kam zu der kleinen, dem heiligen Antonius geweihten Kirche. Ihr Grundriß bildete ein griechisches Kreuz. Der Mesner sperrte sie auf und führte mich zum Altar, wo Goya unter einer Marmorplatte ruht. Kaum ein paar Schritte weiter wölbt sich die Kuppel, die er mit einer farbenfrohen Szene voll Anmut, Schönheit, Charme und Eleganz, kurz allem

Wünschenswerten, mit Ausnahme der Frömmigkeit, ausgeschmückt hat. Mit welcher Kunstfertigkeit hat er das Problem gelöst, das Wunder des heiligen Antonius in dem kreisförmigen Bild der Kuppel unterzubringen! Er malte einen Balkon mit einem Eisengeländer darum, verteilte seine Figuren sehr geschickt und gestaltete sie so lebensecht, daß man meint, sie könnten beim geringsten Fehltritt auf den Boden der Kirche herunterfallen. Es ist überflüssig zu sagen, daß es sich da nicht um die zu erwartende fromme Menge handelt, sondern um ein strahlendes Bild Madrids aus der Goya-Zeit. Die Gestalten wirken so, als habe man eine Madrider Straße mit ihren verschiedenen Typen mittels einer Camera obscura auf den Plafond der Kirche projiziert. Irgendwo ziemlich weit hinten erweckt der heilige Antonius, ein gewöhnlicher spanischer Mönch, soeben einen Toten, aber die munteren Hofdamen und die übrigen, auf einem Kirchenfresko nicht eben häufig anzutreffenden Gestalten sind weder besonders erstaunt darüber, noch zwingt sie die Ehrfurcht in die Knie. Dazu sind sie zu sehr mit sich selber beschäftigt. Sie benehmen sich eher wie zufällige Zeugen eines geringfügigen Unfalls auf der Straße. Mir erschien das als eines der sonderbarsten Bilder, die Goya gemalt hat.
Ein Unbekannter hatte einen Kranz auf sein Grab gelegt, der von den spanischen Farben, Rot und Gelb, umwunden war. Goya starb in Bordeaux, im Exil, wie so viele edle Söhne Spaniens. Als man 1888 beschloß, seine Gebeine nach Spanien zu überführen, machte man beim Öffnen seines Grabes eine sonderbare Entdeckung. Es war erbrochen worden, und Goyas Schädel fehlte. Dieses Rätsel ist ungelöst geblieben, und auch die Tatsache, daß im neunzehnten Jahrhundert ein Gemälde von Dionisio Fierros existierte, das unter dem Namen »Goyas Schädel« bekannt war – das jedoch inzwischen abhanden gekommen ist –, trägt nicht zur Lösung dieses Rätsels bei.

VIII. Kapitel

Segovias Alcázar · Johannes vom Kreuz · Mittelalterliches Avila · Die Mutter des Karmel · Burgos und seine Kathedrale · Die Königsgruft in Las Huelgas · Die fiesta des S. Fermín in Pamplona · Der Paß von Roncesvalles

Die schnelle elektrische Eisenbahn von Madrid nach Segovia arbeitete sich in die Vorgebirge der Sierra de Guadarrama hinauf, und ich sog, zum erstenmal seit Tagen, genießerisch die frische Luft ein. Links stand der Escorial, ein steingewordener Tanz der *seises*, und der Zug schraubte sich daran vorüber, in gewundener Bahn, tiefer in die Berge hinein. Kleine Landhäuser flogen vorbei, manche hatten eigene Schwimmbecken. Während der Sommerhitze wurden sie von glücklichen Gattinnen und Familien bewohnt, die an jeder Haltestelle in Gruppen auf dem Bahnsteig warteten, um einen bleichgesichtigen Besuch aus dem Backofen der Hauptstadt abzuholen.

Gibt es einen krasseren Gegensatz als das Feuer und das Eis Kastiliens? Auf die ungeheure Juli–August-Hitze in Madrid folgen Winter von solcher Kälte, daß die Alpenstraßen mit vier Meter hohen Steinsäulen wie mit Torpfeilern markiert werden müssen, um in der völlig zugeschneiten Landschaft die Richtung zu bezeichnen.

Drüben ging die Fahrt wieder bergab, und kurz darauf fuhr der Zug in die Bergstadt Segovia ein.

Jemand hatte mir ein neues Hotel empfohlen, das in einer schmalen Straße lag, nur durch Straßenbreite von einer romanischen Kirche getrennt, die so alt aussah, als stünde sie da seit dem Anfang der Welt. Ich war froh, daß mein Schlafzimmer hoch oben war und über die Dächer tief unten hinweg einen herrlichen Ausblick auf einen Hügel bot, auf den die Stationen eines Kreuzweges hinaufführten bis zu einem Platz, der fast das wirkliche Golgatha hätte sein können. Den Horizont begrenzte eine wellige Linie goldener Weizenfelder, in denen die Erntearbeiter beim Mähen waren. In Andalusien war die Ernte schon seit einiger Zeit eingebracht worden, und südlich von Madrid stand das Getreide, zu Garben gebunden, auf den Feldern, hier aber, knapp neunzig Kilometer weiter nördlich, wetzten sie erst die Sicheln. Wenn ich mich aus dem Fenster beugte, konnte ich rechts von mir die schöne Kathedrale und ein Stück der alten Stadtmauer sehen, die sich in der Ferne verlor. Wie bei den meisten mittelalterlichen Stadtmauern waren in regelmäßigen Abstän-

den halbrund vorspringende Bastionen an ihr angebracht, deren Mauern heute meist Hausrücken bilden.
Gegenüber sah ich in der kleinen Kirche San Martín die Figur des Gekreuzigten, in einen purpurnen Knierock gehüllt. In Kastilien sieht man keinen Gekreuzigten, der nur ein Schamtuch trüge. Die samtenen, mit Goldfransen besetzten Knieröcke sind abnehmbar und werden, dem Ablauf des liturgischen Jahres folgend, ausgewechselt. San Martín birgt auch eine ungemein ausdrucksvolle Darstellung eines schmerzverzerrten Leichnams Christi, ein starkes, aber auch gräßliches Meisterwerk von Gregorio Hernández. Der Mund ist in Todespein aufgerissen, die Augen erstarrt, und aus den Wundmalen fließt Blut.
Von der Kirche führen Granitstufen zu einem höhergelegenen Stadtviertel; auf halbem Weg steht die Bronzestatue eines heldischen Jünglings in Rüstung, der eine gewisse Ähnlichkeit mit Jeanne d'Arc aufweist. Auf dem Sockel steht nur der Name: »Juan Bravo«, denn in Segovia scheint man zu glauben, alle Welt kenne ihn. Mir erschien dieses Denkmal bemerkenswert, weil erfolglosen Revolutionären in diesem Land für gewöhnlich keine Denkmäler gesetzt werden.
Juan Bravo war einer der drei Anführer der *comuneros* – das waren Mitglieder der sogenannten *comunidades,* der Stadtgemeinden Kastiliens im sechzehnten Jahrhundert. Zum Unterschied von der heutigen Menschheit, die sich von den Steuereintreibern in ochsenhafter Langmut bis zum Weißbluten schröpfen läßt, brach bei den *comuneros* ein Aufstand aus, als der junge Karl I. seinen spanischen Untertanen neue Steuern auferlegte, um sich den Weg auf den Kaiserthron durch Geldgeschenke zu bahnen, worauf er den Thron bestieg und als Karl V. in die Geschichte einging.
Als ich mich zum erstenmal in Segovia umsah, bekam ich einen sehr guten Eindruck. Der Ort erschien mir geruhsamer und romantischer als die anderen Orte Spaniens, die ich besucht hatte. Eigentlich besteht Segovia aus zwei Städten, einer oberen und einer unteren. Die obere Stadt ist rund um die Kathedrale und um eine herrliche *plaza* angeordnet. Auf dieser *plaza* wurde einst auf einer im Freien errichteten Tribüne Isabella zur Königin ausgerufen. Hinter dem Reichsschwert, das ihr vorangetragen wurde, zwischen den Bannern von Kastilien und León, schritt sie zur Kathedrale, in der das Tedeum angestimmt wurde. Allerdings spielte sich das nicht in der heutigen Kathedrale ab, sondern in der alten, die etwas später von den *comuneros* zerstört wurde. Die Oberstadt von Segovia macht einen stillen und reservierten Eindruck. Von der sprudelnden Lebendigkeit der Plaza de Zocodover in Toledo, zu der ununterbrochen Autobusse über die Steigung heraufschnaufen, ist hier nichts zu spüren, in Segovia fahren die Autobusse nicht bis ganz hinauf, sondern setzen

ihre Fahrgäste in der Unterstadt ab. In der Oberstadt gibt es ein paar gute Cafés und zumindest eine schlichte, aber liebenswerte Taverne, in der man sehr gut ißt, und in der mir der Kellner jedesmal mit der Rechnung ein kleines Geschenk überreichte, einen Porzellan-Aschenbecher, ein braunes Krüglein, eine kleine, mit Blumen bemalte Vase, und einmal gar einen ziemlich großen braunen Krug.

Die Tore der Kathedrale knarren hier noch ärger als die übrigen spanischen Kirchentüren, aber abgesehen davon ist sie eine wunderschöne Kirche aus warmgetöntem, honigfarbenem Stein mit prachtvollen Säulengalerien. Im Mittelschiff las ich einen Anschlag: »Frömmigkeit und Hygiene verbieten das freie Ausspucken.« Spanien frönt diesem mittelalterlichen Laster ziemlich stark, und der Messingspucknapf hat hier sein letztes Refugium in der Alten Welt gefunden.

Die untere Stadt Segovias gruppiert sich um einen Aquädukt, eines der schönsten römischen Erbstücke, die die Welt besitzt. Wie ein Gigant steigt er über die Straßen hinweg, und immer wieder ist man hingerissen bei seinem Anblick. Wenn die Sonne dahinter steht, zeichnet er sich als riesenhafte, majestätische, alles überragende Silhouette ab, dann wieder erscheint er granitgrau und braun, und unter den weitgreifenden Bogen fahren Autobusse, Taxis und Bauernkarren durch. Nicht weit davon steht der Polizist in seiner weißen Uniform samt Helm unter einem gestreiften Sonnenschirm und regelt den Verkehr, der unter diesem imposanten Meisterwerk technischer Baukunst aus der Römerzeit ein und aus flutet. Er würde auch in Rom nichts an Wirkung einbüßen, wenn man ihm aber in diesem ehemals römischen Provinzstädtchen plötzlich gegenübersteht, ist man versucht, dem Aberglauben der mittelalterlichen Bauern, daß es damals Riesen gegeben habe, zu verfallen. Trotzdem ist er auch jetzt noch kein toter Rest der Vergangenheit. Wie man mir versicherte, leitet er immer noch Wasser nach Segovia, wenn auch in einem gedeckten Rohr.

Der Aquädukt ist das gesellschaftliche Zentrum Segovias. Dort sind die End- und Abfahrtsstellen der Autobuslinien, und von dort aus verbreiten sich wahrscheinlich Klatsch und Neuigkeiten bis in die alte Stadt hinauf. Der nächtliche *paseo* bewegt sich mit Plaudern und Lachen von der Plaza Mayor herunter, durch die schmale, abschüssige Calle de Juan Bravo, vorüber an der sehenswerten *Casa de los Picos* – Haus der Nägel –, das mit Steinköpfen verziert ist und dadurch wie ein mit Nägeln beschlagenes Tor aussieht, und endet im breiten Schatten des Aquädukts. An den Sonntagabenden mischen sich die vielen Rekruten aus den nahegelegenen Baracken, in Khakiuniform und weißen Zwirnhandschuhen, und die kleinen, netten, dunkelhaarigen Mädchen unter die alltägliche Menge und dann entfaltet der *paseo* eine wahrhaft großstädtische Lebendigkeit.

Das berühmte Restaurant unweit des Aquädukts, in dem man in Räumen wie in einer Kunsthandwerks-Ausstellung, unter hängenden Knoblauchgirlanden, die einheimische Küche serviert bekommt, ist an Sonntagen immer voll besetzt. Die Ausländer gehen darin hin und her und lesen die Aussprüche von Politikern, Künstlern und Dichtern, und wenn ich mich nicht irre, sogar Francos und sicherlich Primo de Riveras, die man an die Wände geschrieben hat. Dort bestellte ich unter anderem die sogenannte »Suppe Karls V.«, eine scharf gewürzte Hühnerbrühe, in welche kurz vor dem Aufwallen ein Ei gesprudelt wird.
Die Spezialität Segovias sind am Rost gebratene Spanferkel – wie stellen die kastilischen Schweine es nur an, über das Kindesalter hinaus am Leben zu bleiben? – und knusprige Lämmchen, die einst auf den nach wildem Salbei duftenden Bergweiden grasten. Einem spanischen Sprüchlein zufolge läßt sich Spanien in drei Zonen verschiedenartiger Kochkunst einteilen: *en el sud se fríe, en el centro se asa y en el norte se guisa:* Im Süden wird gebraten, in der Mitte geröstet und im Norden gedünstet. Segovia liegt demnach im Herzen des Gebietes, in dem geröstet wird, und seine Küche ist schlechthin unübertrefflich. Gern würde ich einmal nach Spanien fahren und mich von Sevilla aus nach Norden bis Madrid durchessen, mich dann stetig durch Kastilien durchknabbern und zum Baskenland durchkauen und schließlich langsam und genießerisch wie eine Raupe über Asturien nach Galicien weiter durchfressen. »Mit Messer und Gabel durch Spanien!« Einen appetitanregenderen Titel kann ich mir nicht denken! In unserer Welt der trüben Einheitsnahrung und der Tiefkühlanlagen ist dies das letzte Land, in dem jede Provinz sich Mühe gibt wie ein neueröffnetes Lokal und auf seine traditionellen Gerichte und Getränke etwas hält, ein Land, in dem man einer Stadt kein höheres Lob spenden kann als: »Dort ißt man gut.«
Der Sonnenuntergang ist der wunderbarste Augenblick des Tages in Segovia, vielleicht in ganz Spanien. Die Dämmerung währt kürzer als etwa in England, dennoch ist das nicht die jäh hereinbrechende afrikanische Nacht. Immer wieder sah ich die Türme der Kathedrale schwarz vor rosigem Gewölk aufragen, das sich zu feurigem Orange vertiefte, während die weite Ebene samt der hoch auf den Hügel hinaufgehobenen Stadt in erhabenes Schweigen versank, nur vom Klang einer Kirchenglocke unterbrochen, deren Geläut verkündete, daß der Tag zu Ende ging. Diese Augenblicke sind von einer intensiven Spannung erfüllt, der wirkliche »Augenblick der Wahrheit« ist angebrochen, und man meint zu fühlen, daß sich alle spanischen Heiligen – Isidor, Ildefonso, Eulalia, Theresia, Ignatius, Johannes vom Kreuz – irgendwo im Himmel versammelt haben und auf das ins Dunkel sinkende Land hinabschauen. Dann verblassen die Farben am Himmel, und die ersten Sterne erglänzen.

Die größte Sehenswürdigkeit Segovias ist der Alcázar, ein Märchenschloß mit allem, was dazugehört, besetzt mit schlanken, kerzenhaften Türmen, auf denen die spitzigen Schieferdächer wie Lichtputzhütchen oben draufsitzen. Die weißliche Farbe des Gesteins, aus dem er erbaut wurde, verleiht ihm etwas Ätherisches. Besonders um die Stunde der Dämmerung scheint er wie ein Traum aus einer Rittersage vorüberzugleiten; vielleicht auch ist es das Schiff Tintagel, das durch die Lüfte segelt, und darin sind alle Ritter der Tafelrunde versammelt und polieren ihre Rüstungen; und die Knappen zäumen die Schlachtrosse auf, während schöne Frauen in hohen, spitzen Hüten mit wehenden Schleiern sich über ihre Stickereien beugen und den Rittern schelmische Blicke zuwerfen. Der Anblick ist großartig, ein wahrhaftiges Schloß aus dem Märchenbuch.

Am schönsten ist der romantische Bau vom Tal gesehen, wo er, schräg von unten, vor dem Himmel dahinzuschreiten scheint, indes die Mauern und Ecktürmchen sich behaglich zwischen die Felsblöcke hinducken. Wenn man sich die Mühe nimmt, den Felsen zu umgehen und den steilen Weg zur Stadt hinauf nicht scheut, kann man einen anderen, vielleicht noch romantischeren Anblick der Burg, von schlanken Pappeln eingerahmt, genießen. Von da aus ist sie jedoch nicht Prosa, sondern wird zur provenzalischen Ballade, gesungen von einem Spielmann, der, die Gauklerkappe auf dem Blondhaar, am Fenster sitzt, ein rotbestrumpftes über ein grünes Bein gekreuzt, und seine Laute stimmt. Und sein Lied handelt natürlich nur von der Liebe:

»Anc sa bela bocha rizans
Non cuidei, baizan trais ...«

»Ich dachte, nie würde ihr lächelnder Mund mich betrügen ...«, das alte Lied, das die Spielleute in genau solchen Schlössern vorzutragen pflegten, in Schlössern, deren Fenster auf Abgründe hinabblickten, die bodenlos waren wie die menschliche Narrheit.

Der Alcázar gefiel mir von außen so gut, daß ich seine Besichtigung so lange wie möglich hinausschob, weil ich eine Enttäuschung fürchtete. Sonderbarerweise traf dies aber nicht zu. Ich durchschritt eine Flucht steinerner Hallen, deren Fenster luftige Ausblicke über die Ebene freigaben. Die meisten Räume sind prächtig verziert. Ferner gibt es eine entzückende kleine Kapelle und einen Wandschirm aus Korduan aus dem fünfzehnten Jahrhundert, mit eingepreßten Papageien und Sittichen aus den beiden Indien, die ja für die damaligen Menschen ein neuartiger Anblick waren. Ich bin überzeugt, man macht sich einen übertriebenen Begriff von den Unbequemlichkeiten des Mittelalters; denn mit dieser

Fülle von Wandteppichen und mit heißem Wasser konnte man im Alcázar genauso angenehm hausen wie in jeder zentralgeheizten Wohnung in New York oder London. Im Mittelalter scheinen alle Probleme der Innenausstattung mit Hilfe von Gobelins gelöst worden zu sein. Mit einer Truhe voll solcher Wirkteppiche ließ sich eine kahle Steinhalle in zehn Minuten in ein Schmuckkästchen verwandeln.
Jedem Liebhaber der Astronomie, der den Alcázar betritt, wird sogleich klar, daß dies der gegebene Ort zur Aufstellung von Teleskopen ist. Auch vernimmt er mit Freuden, daß Kastiliens gelehrter König Alfons X. es liebte, sich in diesem Schloß seinen mathematischen, astronomischen, gesetzgebenden und literarischen Arbeiten zu widmen. Er war ein Zeitgenosse Heinrichs III. von England sowie Roger Bacons und scheint, zumindest nördlich Córdoba, der erste bedeutende Kopf Spaniens gewesen zu sein. Man zeigte mir das Fenster, aus dem im Jahr 1366 der kleine Don Pedro, der Sohn Heinrichs II. von Trastamara, zu Tode fiel; seine Kinderfrau sprang ihm nach, um der Strafe zu entgehen. Das Grab des Prinzen ist in der Kathedrale zu sehen, es zeigt eine eigenartige kleine Figur in der Tracht eines mittelalterlichen Pagen, mit langem Haar, das über der Stirn gerade abgeschnitten ist, die Hände um den Knauf eines kleinen Schwertes gefaltet. Isabella die Katholische wohnte im Alcázar, als man sie auf den Thron berief. Hier trug es sich ferner zu, daß sich der dreiundvierzigjährige, früh ergraute Philipp II. – wohl in der großen Halle, die als Thronsaal diente – verkleidet unter die Höflinge mischte, um ungesehen einen ersten Blick auf seine Nichte Anna von Österreich zu werfen, die er aus politischen und dynastischen Gründen zu seiner vierten Frau machen sollte – ein Entschluß, der ihm schwerfiel. Soweit bekannt ist, dürfte sie ihm gefallen haben in ihrem kecken kleinen, federngeschmückten Barett und dem Reitkleid mit seinem kurzen, roten Samtmäntelchen. Philipps Ehen sind ein Musterbeispiel für den »Triumph der Hoffnung über die Erfahrung«, um mit Dr. Johnson zu sprechen, diesmal aber hatte er Glück, und die habsburgische Linie setzte sich, wenn auch schwankend, in der Person Philipps III. fort.
Auch der spätere Karl I. von England weilte unter dem Dach des Alcázar, als er noch Prinz von Wales war und sich, nach seinem Aufenthalt in Madrid, auf dem Heimweg nach England befand. Hier speiste er jene »Forellen von ungewöhnlicher Größe«, die zweifellos im Eresma oder im Clamores gefangen worden waren, die direkt unter der Burg von Fels zu Fels stürzen. Der Fremde, der, vom Alcázar kommend, den Hügel hinabschreitet bis zu der Wegkreuzung unter der Kirche Vera Cruz, wird sich dort umwenden, um noch einmal hinaufzublicken zur Burg, mit dem Gefühl, daß es zwar größere und trotzigere Burgen gibt, aber keine, die so sehr der herkömmlichen Vorstellung einer spanischen Ritterburg ent-

spricht, von der man erwartet, daß sie ähnlich wie ein Traumschloß aussehe.
Die kleine, braune, derzeit unbenützte Kirche Vera Cruz ist nach dem Vorbild der Rundkirche beim Heiligen Grab in Jerusalem erbaut, so wie die Tempelritter sie geschaut hatten. Der stattliche kleine Bau erinnert daran, daß die Malteserritter und der Templerorden an den ununterbrochenen Kreuzzügen Spaniens mehr Anteil hatten, als man gemeinhin annimmt. Die kleine Kirche könnte wenige Jahre nach der Schlacht von Las Navas de Tolosa, bei der die Kreuzritterorden unter Alfons VIII. gefochten und sich rühmlich hervorgetan hatten, von den Templern errichtet worden sein. In der Mitte der Kirche steht ein eigenartiges, zweistöckiges Gebilde, vielleicht ein Symbol des Grabes Christi. Der Oberstock ist durch eine Stiege zu erreichen, und dort oben sollen die Anwärter auf den Ritterschlag bei ihren Waffen die Nachtwache gehalten haben. Am Morgen wurden sie in dem unteren Teil gewappnet und zum Ritter geschlagen.
Nicht weit von da liegt eine sonnenbestrahlte Berglehne, eingehüllt in den Duft des wilden Salbeis und von dünnen, von den Gipfeln niederfließenden Wasseradern berieselt. Gegen die Neigung der Halde gelehnt und teilweise als Grotte in sie hineingebaut, steht die Kirche eines Karmeliterklosters. Als ich dort stand und durch die Stäbe der großen, schwarzgoldenen *reja* zum Hochaltar schaute, auf dem eine Muttergottes in barocker Pracht auf ihrem Thron sitzt, glaubte ich zunächst vom Licht genarrt zu werden. War es denkbar, daß die Jungfrau einen Marschallstab in der Hand hielt? So unglaublich es schien, es entsprach den Tatsachen. Wie mir ein Priester erzählte, hatte General Varela im Bürgerkrieg dieser Madonna ganz offiziell den Titel eines *capitán general* der Wehrmacht verliehen. Das erinnerte mich an etwas Ähnliches, das sich aber im feindlichen Lager zugetragen hat. Wie ich irgendwo gehört habe, hat man in einer sozialistischen Ortschaft die Madonna zum Mitglied der dortigen Gewerkschaft ernannt und ihr eine Mitgliedskarte ausgestellt. So absurd und pietätlos das vielen auch scheinen mag, hat es wohl doch nichts anderes zu bedeuten als die Einbeziehung der Religion in den Alltag. Das meinte vielleicht die heilige Theresia, wenn sie sagte, Gott sei auch bei den Töpfen und Pfannen in der Küche zu finden.
In einem Winkel der Kirche entdeckte ich im Boden eine kleine Falltür, und da niemand anwesend war, stemmte ich sie hoch und starrte in eine leere Gruft hinunter. Allmählich gelang es mir, eine Inschrift zu entziffern, die besagte, daß der unverweste Leichnam des heiligen Johannes vom Kreuz bis zu seiner Heiligsprechung im Jahr 1675 dort geruht hatte. Aufblickend gewahrte ich über mir ein Kolossalgemälde in leuchtenden Farben, auf dem die Apotheose des heiligen Johannes vom

Kreuz und der heiligen Theresia abgebildet war. Die beiden Heiligen schweben durch ungeheure, kreisende Lichtwolken zum Himmel auf, die heilige Theresia in einem Triumphwagen, der von Putten mit verbundenen Augen gezogen wird, und Johannes vom Kreuz in einem Wagen, vor den gekrönte Adler gespannt sind. Ihr Wagen symbolisiert die Sonne, seiner den Mond, denn ohne Zweifel gehörte er zu den Mystikern aus der Schule der Nacht, die das Licht in der Finsternis suchten.

Der Leichnam des heiligen Johannes vom Kreuz wurde später aus der Gruft genommen und in der Nähe in einer großen, reichverzierten Grabstätte beigesetzt. Das setzte mich in Erstaunen, denn es war für einen so winzigen Heiligen – er maß nicht mehr als einen Meter fünfundfünfzig – eine allzu bombastische Ruhestätte, hatte doch der Eigentümer dieses zarten Körpers diesen sein Leben lang als etwas ungemein Lästiges und Störendes empfunden, ja als etwas geradezu Strafwürdiges. Von allen Spaniern, die je gelebt haben, ist der heilige Johannes vom Kreuz der liebenswerteste und unirdischste. Wie ein reiner Geist schwebt sein Bild durch die Religionsgeschichte Spaniens im sechzehnten Jahrhundert und scheint der Erde kaum verhaftet. Er schrieb die schönsten Liebesgedichte an Gott, die je von Heiligen geschrieben wurden. Auf der Suche nach der Offenbarung wanderte dieser große geistige Forscher jede Nacht ins Freie und betete Gott in der Dunkelheit an. Man kann nicht an ihn denken, ohne sich auch der heiligen Theresia zu erinnern, die seine Heiligkeit auf den ersten Blick erkannte, als sie ihn als Jüngling zum erstenmal sah, und die ihn zu ihrer Reform der Karmeliter heranzog.

Die geistigen Erlebnisse des heiligen Johannes vom Kreuz sind den Liebhabern der Mystik hinreichend bekannt, aber vielleicht sind seine irdischen Schicksale nicht jedem vertraut. Eine Anzahl Geschichten über ihn sind von seinen Bekannten aufgezeichnet worden, als der kirchliche Heiligsprechungsprozeß eingeleitet wurde. In diesen Berichten erscheint er nicht in seiner kärglichen Zelle in Ekstasen verloren, sondern in alltäglichen Situationen.

Man muß fast lächeln, wenn man sich vergegenwärtigt, wie der eineinhalb Meter große Heilige zwei spanischen Desperados befiehlt, ihre Rauferei einzustellen. Laut Zeugnis des Paters Martín de la Asunción trug sich solches zu, als beide, auf Maultieren reitend, unweit Granadas auf Reisen waren. Sie kamen eben an einer Schenke vorbei, als zwei wütende Andalusier, mit Messern bewaffnet, herausstürzten und aufeinander losgingen. Der eine blutete bereits. Der Heilige rief: »Im Namen unseres Herrn Jesus Christus befehle ich euch, hört auf zu kämpfen!« und damit schleuderte er seinen Hut zwischen die beiden. Zum Erstaunen aller Anwesenden, die sich lange vergeblich bemüht hatten, den Streit zu schlichten, blickten die Männer auf die zarte Gestalt auf dem Maultier

und gehorchten. Nun stieg der heilige Johannes ab, und es heißt, daß er die beiden so restlos miteinander auszusöhnen verstand, daß die Duellanten einander umarmten und sogar einander die Füße küßten.
Voll Abscheu denkt man daran, daß dieser gütigste und mildeste aller Heiligen von den nichtreformierten Mitgliedern seines eigenen Ordens verfolgt wurde, und daß sie seinen zarten Leib geißelten, bis er über und über mit Wunden bedeckt war.
»Ich bin glücklich, sehr glücklich!« rief er auf seinem Sterbebett aus, »denn noch heute abend werde ich im Himmel sein, obwohl ich dessen nicht würdig bin!«

Kein Zweifel: Wenn diese Reise einmal hinter mir lag, würde ich mich immer wieder an diese Abendspaziergänge zur Kirche Vera Cruz erinnern; um den Alcázarhügel und den steilen Pfad hinan, über der bewaldeten Schlucht zur Linken, durch die der Clamores zum Eresma hinunterfließt. Denn dort habe ich mich Spanien so nahe gefühlt, wie es einem Fremdling nur möglich ist. Ich war zufrieden und froh, allein sein zu dürfen, irgendwo zu sitzen und das vergnügliche Auf und Ab des Lebens zu betrachten, das sich ringsum wie ein Ornament entfaltete, nichts zu fragen und nur in den Tag hineinzuleben, und darin liegt ja schließlich das Geheimnis Spaniens beschlossen.

An einem unerträglich heißen Nachmittag forderte mich ein spanisches Ehepaar auf, mitzukommen und mir die Wasserkünste im Schloßgarten von La Granja anzusehen, der nur rund zehn Kilometer weit von Segovia liegt.
Das versprach eine erfrischende Sache zu werden, also sagte ich zu, und wir vereinbarten für den Nachmittag einen Treffpunkt beim Aquädukt. Nach einigem Feilschen stiegen wir dort in ein Taxi und fuhren in einer Schlange von Wagen und Autobussen, die gedrängt voll Feiertagsausflüglern waren, denn die Wasserkünste sind nur selten in Betrieb. San Ildefonso war überschwemmt von Leuten auf der Jagd nach Sehenswürdigkeiten, und wie sich aus dem Wagenpark schließen ließ, waren einige tausend davon aus Madrid und noch weiter her gekommen.
Wir setzten uns in einem Café unter die Bäume, unweit der Einfriedung des Schlosses, und mein Bekannter aus Segovia klatschte energisch in die Hände, als gelte es, einen Sklaven herbeizurufen, was mit Sicherheit eine von den Mauren herrührende Gewohnheit ist, und der überbürdete Kellner kam herbei. Die Frau meines Bekannten war Engländerin, aber das hätte man nie erraten. Sie war in Spanien geboren und nur einmal, während des ersten Weltkrieges, in England gewesen, um Verwandte dort im Norden zu besuchen. Beim Kaffeetrinken merkte ich, daß die Luft von

einem leichten Flattern bewegt wurde, als ob Schmetterlingsschwärme vorüberzögen, und als ich aufblickte, gewahrte ich, daß sämtliche Frauen die Fächer entfaltet hatten.

Das Schloß war gesperrt, aber ich konnte mir die Flucht gobelinbehängter Zimmer, die Uhren und die perspektivisch aufeinander zulaufenden Lüsterreihen auch so deutlich genug vorstellen. Es genügte mir, dieses weiträumige französische »Treibhaus«, das Philipp V. zur Erinnerung an sein geliebtes Frankreich errichten ließ, von außen zu besehen. Der Palast hat überhaupt keine Ähnlichkeit mit Versailles, wie die Handbücher behaupten, doch atmet er irgendwie französische Atmosphäre und gibt ein beredtes Zeugnis für den Wechsel von den Habsburgern zu den Bourbonen.

Wir besahen die Springbrunnenreihen, die gleich bei dem Schloß beginnen und sich im Schatten hoher Bäume nach mehreren Richtungen hin bergauf erstrecken. Ein Neptun und seine Meeresrosse spiegelten sich im Wasser eines Teiches, und auf Felsgruppen standen mythologische Gestalten und warteten auf den zauberischen Augenblick, da jemand einen Hahn aufdrehen und sie mit Wasser besprühen würde.

Um sechs Uhr hatte alles in La Granja sich möglichst günstig postiert, um den großen Augenblick mitzuerleben. Zuerst sollte der Wasserfall, der vom höchsten Punkt des Parkes mit einigen großen Stufen wie eine erhabene Freitreppe herunterführt, zu fließen beginnen. Die Menschen waren aufgeregt wie Kinder. Keiner der vielen jungen Leute ringsum trug Shorts, das hätte man als vulgär und unschicklich betrachtet, außerhalb eines Tennisplatzes oder des Strandes. Mit der in Spanien üblichen Verspätung hörte man plötzlich Wasser rauschen, und die steinernen Mädchen hielten ein paar zaghafte Wasserstrahlen empor, die sofort wieder versiegten. Nun aber wurde der Wasserfall groß aufgedreht, und das Wasser schwoll als silberner Strom heran, überall stiegen Strahlen auf und spannten sich zu nassen Zelten über den Häuptern der Götter und Göttinnen. Noch ehe wir indes das alles hatten richtig bewundern können, wurde wieder abgedreht, und die Menge, die den Vorgang bereits kannte, fing plötzlich zu laufen an, sprang Böschungen hinauf und stürmte quer durch Gesträuch und Gartenbeete, um die nächste Springbrunnenanlage noch rechtzeitig zu erreichen. Welch ein Unterschied zwischen dieser anspruchsvollen und dabei recht witzlosen Wasservergeudung und den edlen kleinen arabischen Springbrunnen im Süden, wo jeder dünne, lautlos steigende Strahl in irgendeinem *patio* erquickender und schöner ist als der gesamte mechanische Aufwand an Kaskaden und Strahlen aus dem achtzehnten Jahrhundert! Man konnte es Philipp V. nachempfinden, der beim ersten Anblick dieser Brunnen die Bemerkung gemacht haben soll: »Sie haben mich drei Millionen gekostet und mich nur drei Minuten lang amüsiert.« Ich habe den Verdacht, daß sie die Kalifen nicht einmal so lange amüsiert hätten.

Der Autobus nach Avila fährt abends von einer kleinen Garage beim Aquädukt ab. Ich hatte mir einen Platz reservieren lassen und ging rechtzeitig hin, um jener Person zuvorzukommen, die erfahrungsgemäß immer als erste da zu sein und sich auf meinem Platz breitzumachen pflegt. Im Zeitalter der Taxis hat es einen eigenen anachronistischen Reiz, hinter dem Hoteldiener, der das Gepäck auf einem Handwägelchen mitführt, die schmale Gasse hinabzugehen. Ich kam an der *Casa de los Picos* vorüber und trat kurz ein, um mich vom Besitzer des Restaurants zu verabschieden, wo ich *cordero* und *cochinillo*, gar nicht zu sprechen vom fetten *perdiz*, gespeist hatte, dann begab ich mich zum Aquädukt und zur Garage hinunter. Die Fahrgäste begannen sich schon zu versammeln, eine Frau mit zwei an den Beinen zusammengebundenen, erschreckten Hühnern, ein Handelsreisender mit ein paar Musterkoffern und einige Bauern, die in ihre Dörfer heimfuhren.
Nach ein paar knallenden Fehlzündungen setzte sich der Autobus in Bewegung, und wir fuhren einen steilen Berg hinauf. Angeregt durch das Getöse des antiquierten Motors und den Lärm der ausgeleierten Bremsen schrien die Fahrgäste einander, so laut sie konnten, ihre Bemerkungen zu, wie das in Spanien üblich ist, und trachteten entschlossen, den Autobus zu übertönen. Eine englische Reisende des siebzehnten Jahrhunderts vermerkt in ihren Erinnerungen, daß die Spanier »die fröhlichsten Reisegefährten der Welt« seien, und darin haben sie sich bis heute nicht geändert. Neben mir saß ein junger Mann mit einem Papageienprofil und ließ stillvergnügt einen nasalen Singsang als Begleitmusik zum Motor erklingen, und sooft die alte Rosinante eine Fehlzündung hatte, die Kurven schnitt – was jeder spanische Fahrer tut – oder mitten in der Steigung schaltete, erhob sich seine Stimme triumphierend zu einem *canto hondo*, der halb sein Miterleben, halb ein Übertrumpfenwollen ausdrückte. Ein Bauernmädchen saß steif in seinem besten Kleid da, es hatte onduliertes Haar, geschminkte Lippen und lackierte Nägel.
Wir fuhren der sinkenden Sonne zu, über eine Tafellandschaft, in der es nichts gab als nacktes Gestein und Gestrüpp. Links bot sich ein großartiges Panorama der Sierra de Guadarrama dar, und mit der sinkenden Sonne schien sich eine uferlose Traurigkeit über das Land zu senken und überallhin auszubreiten. Stoppelfelder und spärliche Getreideflächen kündigten an, daß wir uns einem Dorf näherten. Weiße Steinhäuschen schmiegten sich in den Schatten der Kirche, und an der Haltestelle erwartete uns der Postmeister. Eine magere Ledertasche mit der Post wurde ihm zugeworfen, gelegentlich auch ein paar Pakete oder eine

Holzkiste abgeladen. Die aussteigenden Fahrgäste wurden von der versammelten Verwandtschaft begrüßt, als kämen sie aus China heim. Kinder wurden zärtlich abgeküßt. Der Dorfspaßmacher gab seine Bemerkungen zum besten, die im Autobus lächelnd aufgenommen wurden, und weiter ratterten wir, die Hühner in alle Windrichtungen scheuchend. Hinter uns zog der Geruch verbrannten Holzes einher, und im Vorüberfahren erhaschten wir den Anblick schwarzgekleideter Frauen, die nähend vor den Haustüren saßen. In einem bescheidenen Dörfchen blieben wir stehen, und das Mädchen mit den gefärbten Lippen und Fingernägeln wurde von Vater, Großvater und Großmutter, ein paar weitschichtigeren Verwandten und einer Schar *niños* abgeholt. Der Autobus hielt lange genug, daß wir die junge Modedame in einer Behausung verschwinden sehen konnten, die schon uralt gewesen sein muß, als Don Quijote noch durchs Land zog. Dort legte sie nun wohl ihre Kriegsbemalung ab, und der kommende Morgen sah sie, ein schlichtes Bauernmädchen, ihren Platz am Brunnen einnehmen oder in der Tenne mit zugreifen. Im nächsten Dorf stiegen wieder zwei modisch gekleidete Mädchen ein, die nach Avila wollten.

Nun war die Sonne untergegangen, nur ein rostroter Streifen säumte noch den wolkenlosen Himmel. Wir kamen an Dreschplätzen vorbei, auf denen die *trillos*, von Maultieren oder Ochsen gezogen, langsam im Dämmerlicht kreisten. Die dunkle Straße wurde von den Silhouetten der ewig gleichen Dörfer belebt, die seit jeher so ausgesehen hatten und nie anders aussehen würden. Hier erblickte man das heutige Spanien zugleich mit dem Spanien Philipps II. oder gar des Cid, und das Leben ging weiter wie eh und je; Madonnen mit ovalen Gesichtern thronten in Goldbrokatmänteln hoch über schlanken Kerzen und wachten über die Gemeinde, als Mittlerinnen zwischen dieser Welt und dem Geheimnis des Jenseits.

Noch ehe wir Avila erreichten, segelte der Vollmond über den Himmel, und es dünkte mir ganz unbegreiflich, daß es schon wieder einen Monat her war, seit ich ihn über den Generalife-Gärten hatte leuchten sehen. Es war nun ziemlich kalt, denn Avila liegt fast zwölfhundert Meter über dem Meeresspiegel und ist die höchstgelegene Stadt Spaniens. Als ich mich eben darauf gefaßt machte, daß der Autobus seine letzten Kräfte zum Endspurt den Berg hinauf zur *plaza* sammeln würde, schwenkte er links ab und sauste geradewegs in die Garage. Ein paar Jünglinge hatten dort auf diesen Moment gewartet, sie stürzten sich auf je einen Fahrgast, schulterten sein Gepäck und setzten sich bergauf in Bewegung. Ich ging hinter meinem Träger her und gelangte so zu einem großen, wehrhaften Stadttor; im Licht des Mondes unterschied ich, so weit das Auge reichte, Türme und Bastionen, die sich in langer Reihe in der Ferne verloren. Wir durchschritten düstere Straßen, von denen noch schmalere und dunklere Seitengassen abzweigten, und ich konnte nur denken: ›Jetzt ist es mir wirklich gelungen, die Schwelle zu überschreiten und durch die Mauerpforte zu gehen. Hier bin ich im Mittelalter, über das ich so viel gelesen habe. Ich erkenne es wieder. Aber wird es mir möglich sein, je wieder herauszufinden?‹

Der junge Mann brachte mich zu einer Herberge, und dort versicherte man mir, ich könne ein Zimmer und ein Bad haben. Ich stieg vier Treppen hinauf, und man wies mir ein schäbiges Zimmer an, in dem ein nicht sehr bequem aussehendes Bett stand, und hinter seinem Kopfende ragte, als habe sie der Installateur soeben dort abgestellt, eine Wanne rechtwinklig ins Zimmer herein. Dem Wortlaut nach stimmte alles: Es war ein »Zimmer mit Bad!« Trotzdem überredete ich den Hausknecht, mir ein weniger exzentrisches Zimmer auszusuchen, von dessen Fenster aus ich auf die kleine *plaza* und bis zur Westfront der vom Mondlicht ungewiß beglänzten Kathedrale von Avila sehen konnte.

Avila ist wohl die letzte mittelalterliche Stadt in Europa, deren Stadtmauer noch völlig erhalten ist. Die Mauer hat sechsundachtzig Türme, und wenn man in die Stadt hinein- oder herausgehen will, muß man eines der neun Stadttore passieren. Meiner Ansicht nach bietet Avila den reizvollsten Anblick, wenn man die Stadt von der Straße nach Salamanca aus betrachtet. Sie bildet in ihrem Grundriß ein langgestrecktes Rechteck, und das Gelände neigt sich schräg gegen den Beschauer. Dadurch kann man das Winkelwerk roter Ziegeldächer innerhalb der Mauern sehen, mit den kreuz und quer stehenden Giebeln, und die Kathedrale liegt nicht wie sonst im Kern der Stadt, sondern bildet im östlichen Winkel der Stadtmauer eine gewaltige Bastion. Im westlichen Teil von Avila gibt es auffallend weite Flächen, die verfallen und unbewohnt sind, denn im Mittelalter war die Zahl der Einwohner dieser Stadt weit höher als jetzt.

Eines Tages, als ich gerade in die Bewunderung dieses wirklich einmaligen Überbleibsels aus dem Mittelalter versunken dastand, hielt ein Spanier, der mit dem Wagen nach Salamanca unterwegs war, neben mir an und trat zu mir. »Ah«, sagte er, »kommen Sie im Winter wieder her und schauen Sie sich Avila im Schnee an. Da ist es am schönsten.«

Meine Ankunft beim Schein des Mondes in jener ersten Nacht wird mir immer unvergeßlich bleiben. Ich verließ das schäbige Hotel gleich wieder und trieb mich herum, auf der Suche nach einem Ort, wo ich zu Abend essen konnte. Neben der Kathedrale stand ein dicker kleiner Polizist, den üblichen weißen Helm auf dem Kopf. Ich bat ihn um Auskunft. Er war so ausgesucht hilfsbereit und höflich und sein Gesicht hatte einen so freundlichen Ausdruck, daß ich unwillkürlich, als ich mich mit kurzem

Dank verabschiedete, den Hut zog und ihn *señor* titulierte. Um hinter meiner Höflichkeit nicht zurückzustehen, vielleicht auch, weil ihm das Salutieren allzu dienstlich erschien, lüftete er zu meiner Verblüffung den Helm und hielt ihn ein paar Zentimeter über dem Kopf, während er eine tiefe Verbeugung machte. Das versetzte mich auf Tage hinaus in gute Laune, und sooft ich mich daran erinnerte, mußte ich lächeln.

Am Abend zieht sich das Leben in Avila aus der Altstadt zurück, und alles drängt plaudernd aus dem Tor des Alcázar auf die Plaza de Santa Teresa hinaus. Dort wacht die Statue der Schutzheiligen von Avila über die Cafés und den Trubel des abendlichen *paseo*. Ich ging in das Restaurant, das mir der Polizist empfohlen hatte; es war noch nicht in Betrieb, weil es erst halb zehn Uhr war. Trotzdem bekam ich in einem leeren Raum, in dem für etwa hundert Gäste gedeckt war, etwas zu essen: Kalbfleisch und kleine, süße Kuchen, die von den Nonnen gebacken und »*yemas* der heiligen Theresia« genannt werden, eine besondere Spezialität von Avila. *Yema* bedeutet Eidotter, und die Kuchenmasse hat für meinen Geschmack einen zu vordringlichen Eigeschmack; sie erinnerte mich etwas an billiges, türkisches Zuckerzeug, und mir schwant, daß die *yemas* mohammedanischen Ursprungs sind, aber natürlich sind sie in Avila »konvertiert« worden. Nach dem Essen saß ich in einem der Cafés bei einem *anís de la Asturiana*, den ich allen Leuten nur wärmstens empfehlen kann, die gerne Ouzo, Raki oder Absinth trinken. Jetzt wirkte das Mondlicht fast opernhaft. Die Mauern, mit weißen Zinnen gekrönt, und das massige Tor zur *plaza* standen in grünliches Licht gebadet da, als ob sich etwas Dramatisches vorbereite; nur der Strom junger Spanier in modernen Anzügen, der aus und ein flutete, war nicht ganz stilgerecht. Man konnte sich des Gefühls nicht erwehren, in eine romantische Filmarchitektur hineingeraten zu sein, und mußte sich gewaltsam daran erinnern, daß dies echte Mauern aus dem elften Jahrhundert waren. Ich trat zum Rand der *plaza* und blickte die Befestigungsanlagen entlang, die sich, dem abfallenden Gelände folgend, unabsehbar, Bastion an Bastion gereiht, im Mondschein hinzogen. Auf der linken Seite des Alcázar-Tores führte eine breite Promenade neben der Mauer her, ich folgte ihr, an neun oder mehr Mauertürmen und dem nächsten Tor, der Puerta del Grajal, vorbei und beschloß dann, beim übernächsten Tor wieder in die Stadt hineinzugehen. Dort befand ich mich plötzlich auf einem kleinen, vom Mondlicht bestrahlten Platz, in dessen einer Ecke eine Kirche stand. Wie ich später erfuhr, war diese Kirche an der Stelle erbaut worden, wo einst das Haus der heiligen Theresia stand. Weiter führte mein Weg, durch alte Gassen, von denen einzelne von Laternen erhellt waren, die sehr hoch oben, seitlich an alten Häusern angebracht waren.

Als ich mich der Kathedrale näherte, bemerkte ich schwachen lichtschimmer aus einem Kellergeschoß in einer Seitengasse, und als ich hineinstarrte, blickte ich in einen Keller, in dem ein alter Mann auf einem Kohlenhaufen lag und schlief. Das Licht einer Laterne flackerte über schwarze Gewölbe, die von Staub und Spinnweben bedeckt waren, und im Schatten zeichneten sich formlose Klumpen und Stöße von Säcken undeutlich ab. Es war ein Bild wie aus einem Schelmenroman – kein Zweifel, der Alte war eingeschlafen, während er einem Straßenräuber auflauern wollte.

Kurz nach Mitternacht weckte mich ein ohrenbetäubender Lärm unter meinem Fenster. Die Spanier machen nachts ganz ungeniert Lärm, weil sie es für selbstverständlich halten, daß kein Mensch schläft. Vor einem der dunklen Häuser unten standen ein Mann und eine Frau und riefen und klatschten in die Hände. Endlich kam ein alter Mann mit einem Schlüsselbund und ließ sie ein. Es war der *sereno*, der Nachtwächter – da ich früh schlafen zu gehen pflege, der erste, den ich zu Gesicht bekam, obwohl es diese Wächter überall in Spanien gibt.

Um sieben Uhr früh war ich bereits auf den Beinen und wanderte die gelblichen Mauern von Avila entlang. Hier wird offenbar, wie sehr die einstige Stadt zusammengeschmolzen ist, wie ein Kranker in einem viel zu weit gewordenen Anzug. Im Mittelalter und vor der Vertreibung der Mauren war vermutlich jeder Fußbreit Bodens in Avila bewohnt, heute liegen weite Strecken brach, grasüberwucherte Schutthaufen türmen sich innen neben den Mauern. Wie früh in Spanien die Arbeit beginnt! Das Gerücht von der spanischen Faulheit ist wahrscheinlich von Leuten verbreitet worden, die nie Gelegenheit hatten, zu beobachten, daß die Bauern bei Mondschein die Ernte einbringen und die Zimmerleute um sieben Uhr an den Werkbänken sind, wie an diesem Morgen in Avila. Die Bäcker luden rundliche Laibe in die Pferdetragkörbe, und ich begegnete dem Milchmann, der mit Maultier oder Esel und seinen großen, verbeulten Metallkannen voll Milch die Runde machte. Ich bewunderte die Kathedrale und stellte eben fest, daß ihre Ostwand auf einem verbreiterten Teil der Mauer aufgesetzt war, als sich eine gemessene, kleine Prozession aus einem nahen Stadttor drängte. Flankiert von zehn Polizisten mit geschulterten Gewehren, marschierten zehn junge Burschen vorüber, die mit Handschellen aneinandergekettet waren. Neben den Polizeimännern trippelten, eifrig bemüht, mit ihnen Schritt zu halten, zwei muntere kleine Blondinen, die Köfferchen in der Hand trugen und lebhaft auf die Polizisten einredeten. Es überraschte mich, daß auf dem Boden des anscheinend so biederen und kirchentreuen Avila Verbrechen irgendwelcher Art möglich waren, noch dazu solche in Verbindung mit kleinen Blondinen, die durchaus keine Barmherzigen Schwestern zu sein schienen.

Auf einem unverbauten Grundstück waren Arbeiter damit beschäftigt, altes Gemäuer abzureißen. Es war schon halb abgetragen, und nun machten sie sich mit ihren Pickeln über die Grundmauern der Kellergewölbe her. Die Erde fiel mir irgendwie auf. Sie war gesättigt von Vergangenheit wie der Boden Ägyptens, von zahllosen roten Tonsplittern durchsetzt und mit Staub vermischt, der wie Knochenmehl aussah. Ein Schwindelgefühl ergriff mich angesichts der lastenden Tiefe der Zeit, dieses Fortlebens der Vergangenheit, dieser Tyrannei des Gewesenen, das allenthalben seine Knochenhand aus Gräbern reckte und sich in die Gegenwart hineindrängte. Ich hob eine Handvoll der von toten Menschen durchsäuerten Materie auf und ließ sie durch die Finger rieseln. In England und wohl auch sonstwo gehen wir über die Vergangenheit ohne viel Aufhebens hinweg, und wo sie störend wirkt, stößt man sie wohl auch mit dem Fuß beiseite. In Spanien jedoch ist die Vergangenheit eine unverwesliche Mumie und gewinnt zuzeiten eine intensivere Wirklichkeit als die Gegenwart.
Da riefen die Glocken zur Messe, und ich wandte mich zur Kathedrale zurück. Drinnen hockten fünf schwarzgekleidete alte Frauen wie fromme Raben nebeneinander. Zu beiden Seiten des Westtores standen zwei aus Stein gemeißelte, nur mit Laub bekleidete »Wilde«, die sogleich mein Interesse wachriefen. Im Dom bemerkte ich sie noch einmal, und zwar als Wappenstützen am Wappen der Familie Valderrábanos, und etwas später sah ich sie ein drittes Mal, als Träger auf dem Schild des Dávilahauses in Avila. Im Mittelalter waren solche »Wilde« wohlbekannte Gestalten. Auf manchen Darstellungen retten die Ritter Jungfrauen vor ihnen, sie wurden als Masken nachgebildet und bei Maskenzügen von Schauspielern dargestellt, die mit Laub behängt waren, und in London marschierten sie vor den Umzügen her und machten die Bahn frei, indem sie Knallraketen unter die Menge warfen. Oft wurden sie auch die »Grünen Männer« genannt, und in den Namen mancher Gasthäuser, die »Zum grünen Mann« heißen, lebt ihr Andenken fort.
Eines Nachmittags erblickte ich auf einem der unverbauten Grundstücke Avilas, nicht weit von einem Stadttor, die schmierenähnlichste und typischste Wanderbühne, die man sich denken kann. Sie nannte sich *Teatro Portátil* – das Wandertheater – und bestand nur aus einem sehr großen, zerlegbaren hölzernen Wandschirm, neben dem die Karren, auf denen er transportiert wurde, im Windschatten der Mauer standen. Der Wandschirm war aus Sperrholz und zwar aus vielen Teilen zusammengeschraubt und -genagelt. Er hatte eine Menge Sprünge und Gucklöcher. Das Programm kündigte »*El grandioso drama en tres actos*« von Echegaray mit dem Titel »*Mancha que Limpia*« an, leider aber war die Vorstellung für einen Abend vorgesehen, an dem ich nicht mehr in Avila

sein würde. Mit dröhnenden Hammerschlägen legten die Schauspieler letzte Hand an ihr Theater, und als ich hineinspähte, sah ich Hunderte kleine Stühle vor einer winzigen Bühne, die auf Fässern aufgeschlagen war. Vor der kitschigen Kulisse, einem vornehmen Interieur, stand ein Diwan und darauf lag ein junger Mann in tiefem Schlaf. Ich kämpfte gegen die Versuchung an, hier einzudringen. Zu gerne hätte ich ihn über das Leben auf der Landstraße ausgefragt, doch es wäre schade gewesen, ihn zu wecken.

Sooft ich später in einem komfortablen Hotel wohnte, mußte ich an diese Schauspieler denken und mich fragen, in welche der Kategorien Agustín de Rojas' sie einzuordnen wären. Sie standen sichtlich hoch über jenen Wandertruppen, die in Naturalien bezahlt wurden, und nahmen wohl die Mitte ein zwischen dem aus fünf Männern und einer Frau gebildeten Ensemble, das zu einem *cambaleo* nötig ist, und der aus sieben Männern, zwei Frauen und einem Knaben bestehenden Gruppe, die die anspruchsvollere und vielseitigere *bojiganga* bildet. Ach, genug Spanisch zu können, um eine Woche lang mit ihnen zu fahren, dachte ich, welch verlockendes Abenteuer!

Die heilige Theresia sagte einmal, als von selbstbewußten Heiligen die Rede war: »Sie hielten sich selber für Heilige, aber als ich sie kennenlernte, entsetzten sie mich mehr als alle Sünder, die mir je untergekommen sind.« Dieser Ausspruch ist, meiner Ansicht nach, bezeichnend für ihre Lebensweisheit und Menschenkenntnis. Von allen Heiligen im Himmel ist sie wohl die gütigste, die fröhlichste und verständnisvollste. Als Frau trägt sie ähnliche Züge wie alle berühmt gewordenen begabten und edlen Frauen, die durchs Leben gehen und den Dingen ihren rechten Platz anweisen, als Heilige erhob sie sich in Regionen, in die ihr wieder nur Heilige zu folgen vermochten. Ihr »*Leben*«, diese erstaunliche Selbstdarstellung, sowie ihre sonstigen Schriften vermögen einen beinahe zu überzeugen, daß jeder Mensch, wenn er schon kein Heiliger werden kann, doch zumindest als Pilger auf dem Weg zu solch hohen und einsamen Pfaden mit Ehren bestehen könne.

Auch liefert ihr Dasein einen hinreißenden Beweis für die Ausdauer und Spannkraft des Fleisches, das von einer starken geistigen Kraft gebändigt wird. Wer sie mit vierundzwanzig Jahren gesehen hätte, wie sie nach einem kataleptischen Anfall, in dessen Erstarrung sie beinahe lebend begraben worden wäre, auf Händen und Knien kroch, hätte es für unmöglich erklärt, daß aus ihr jene unbezwingliche Frau in den besten Jahren werden könne, die zur Gründung ihrer reformierten Karmeliterklöster durch ganz Spanien ritt und in Gasthäusern voller Flöhe oder auf dem blanken Boden leerstehender Häuser schlief.

Sie wurde im Jahr 1515 als Kind adeliger Eltern in Avila geboren und hieß mit vollem Namen Teresa de Cepeda y Ahumada. Zwanzigjährig nahm sie den Schleier der Karmeliterinnen, aber die ersten Visionen und Offenbarungen widerfuhren ihr erst zwanzig Jahre später. Als sie den Karmeliterorden reformierte, war sie zweiundvierzig, und nun bereiste sie zwanzig Jahre lang das ganze Land, übernahm verlassene Häuser und Gebäude und gründete Klöster und Konvente, in denen die Karmeliter ein strengeres und in höherem Maß der Kontemplation geweihtes Leben führen sollten.
Mit siebenundsechzig Jahren starb sie.
Bei dem Gedanken an Reisende und Fahrende in Spanien hat man sogleich die Figur des Don Quijote vor Augen, der, die Lanze in der Faust, über die Straßen ritt, erpicht darauf, das Unrecht der Welt zu sühnen. Die heilige Theresia gibt ein gutes Gegenstück zu ihm ab. Da und dort konnte man ihr begegnen, auf einem Maultier oder Esel reitend, von wenigen reformierten Nonnen und Mönchen begleitet, oder häufiger noch in einem ungefederten, geschlossenen Wagen, vor den Maultiere gespannt waren, die von zerlumpten Treibern geführt wurden. Die Heilige hatte ein offenes Herz für diese rauhen Gesellen und verstand sie in Zucht zu halten, als seien auch sie Karmeliter. So zog die Kavalkade bei größter sommerlicher Hitze dahin – die Reisenden hätten dann am liebsten die Schweineherden unter den Brückenbogen vertrieben, um für kurze Zeit im Schatten Zuflucht zu finden – oder durch die grundlosen Wege und Überschwemmungen des Winters. Dabei wurde den Nonnen jedoch nie gestattet, ihre religiösen Übungen auch nur im mindesten zu vernachlässigen. Zur Zeit des Chorgebetes wurde in den Wagen ein Glöckchen geläutet, und nachdem es erklungen war, mußten die Maultiertreiber absolutes Schweigen wahren. Manchmal belohnte die heilige Theresia sie für ihr Stillschweigen mit bescheidenen Gaben von getrocknetem Obst aus den eigenen kärglichen Vorräten. Sie besaß keinen Groschen, und es scheint, daß sie im Lauf von zwanzig Jahren ausschließlich mit Hilfe ihres Charmes, ihres Glaubens und ihrer Willenskraft siebzehn Klöster gegründet hat.
Ich habe eine Vorliebe für die bekannte Geschichte, wie die heilige Theresia bei Burgos über einen angeschwollenen Fluß setzte und dabei fast ertrunken wäre. In höchster Not beklagte sie sich beim Heiland und hörte ihn antworten: »Solches tue ich an denen, die meine Freunde sind.« Worauf sie prompt erwiderte: »Ja, und darum hast du so wenig Freunde!«
Dann wurde sie alt, und die Reisen strengten sie sehr an. Wenn die Nonnen merkten, daß sie müde war, sangen sie sie manchmal in ihren elenden Quartieren in den Schlaf, und wenn eisige Stürme über die

kastilischen Ebenen hinbrausten, suchten sie sie mit ihren eigenen Decken zu wärmen, denn sie litt sehr unter der Kälte. Oft aber sprühte sie förmlich vor Lebendigkeit und strömte über von unterhaltsamen Reden, so daß die Nonnen ihr in ihre Zelle nachliefen und sie baten, noch bei ihnen zu bleiben. Es ist überliefert, daß sie ihnen sogar einmal, mit dem Tamburin in der Hand, vorgetanzt haben soll. Sie liebte das Lachen und war voller Charme. »Gott bewahre mich vor trübseligen Heiligen!« lautet einer ihrer berühmten Aussprüche.

Es ist unmöglich, hier über ihre mystischen Erlebnisse zu berichten; die Kenner ihrer Schriften werden jedoch wissen, daß sie die Ekstasen des geistigen Lebens als etwas betrachtete, das allen wahrhaft gläubigen und demütigen Menschen zugänglich sei. Es ist sehr bezeichnend für sie, daß das befremdliche und ihr geläufige Phänomen des Schwebens – Levitation genannt –, das andere Menschen höchstens im Traum erleben, sie bestürzte und in Verlegenheit brachte. Sie pflegte sich dann überall festzuhalten, um nicht in die Luft gehoben zu werden. Sie erklärte, der Schwebezustand sei eine »höchst sonderbare Angelegenheit, die allzuviel Gerede veranlaßt«, und befahl ihren Nonnen, nicht darüber zu sprechen. Sobald sie fühlte, daß die Erdenschwere sie verließ und sie sogleich in die Luft hinaufgehoben würde, warf sie sich zu Boden und ersuchte die Nonnen, sie niederzuhalten. Am Weihnachtsabend fiel sie einmal die Stiege hinunter und brach sich den linken Arm. Die Nonnen meinten, der Teufel habe sie gestoßen, und fragten sie, ob dem so sei. Sie antwortete weder ja noch nein, sondern meinte nur: »Er würde noch viel Ärgeres tun, wenn er dürfte.« Es war niemand zur Stelle, der den Arm hätte einrichten können, darum mußte er nachträglich noch einmal gebrochen und eingerichtet werden, eine äußerst schmerzhafte Prozedur, die übrigens noch ein anderer spanischer Heiliger durchzumachen hatte, nämlich Ignatius von Loyola, dem das Bein mehrmals gebrochen und neu eingerichtet werden mußte. Über die Schmerzen, die sie dabei mitgemacht hat, hat die heilige Theresia in einem Brief folgendes geschrieben: »Trotzdem war ich froh, einen kleinen Teil des Schmerzes zu erleiden, den unser Herr erlitten hat.«

In solche Gedanken versunken, ging ich, das Haus knapp innerhalb der Mauer von Avila zu besichtigen, in dem die Mutter des Karmel geboren wurde.

Man hat es zu einer häßlichen Kirche umgebaut. Manchmal leistet sich die Frömmigkeit unglaubliche Geschmacklosigkeiten. Das Zimmer, in dem die Heilige geboren sein soll, ist jetzt eine überladene Barockkapelle, in deren Zentrum eine Statue der Heiligen steht, mit einer goldenen Krone auf dem Haupt, was sie, wie ich glaube, nicht wenig erzürnt hätte. In der Sakristei sah ich einen ihrer Finger, mit Ringen besteckt, in einem

Reliquienkästchen aus Kristall. Ich betrachtete ihn voll Entsetzen, denn es fiel mir ein, wieviel Augenmerk sie auf ihre Hände gelegt hat. Ich halte die grausige Exhumierung und Zerstückelung ihres Leichnams, um Reliquien für die Kirche zu erhalten, für einen der anstößigsten Vorfälle, die die spanische Geschichte aufzuweisen hat.

Achtzehn Jahre bevor die heilige Theresia geboren wurde, war Spanien von einem so tiefen Leid betroffen worden, daß der Hof statt der damals bei Trauerfällen üblichen Kleidung aus weißem Serge Sackleinen anlegte. Der Grund hierfür war der Tod des neunzehnjährigen Thronfolgers, Prinz Juan, des einzigen Sohnes Ferdinands und Isabellas. Von Salamanca, wo der Prinz gestorben war, bewegte sich der düstere Trauerzug nach Avila, und das Begräbnis fand im Dominikanerkloster Santo Tomé statt, das vor den Stadtmauern liegt.

Als ich vor seiner Grabplatte stand und das hübsche Gesicht betrachtete, das ein florentinischer Bildhauer meisterhaft in weißem Marmor nachgebildet hat, empfand ich, daß noch immer ein Hauch vom Schmerz seiner Eltern um seine einsame Figur schwebte. Sie hatten die Mauren aus Spanien vertrieben und das Land geeinigt, eine neue Welt hatte sich ihnen erschlossen, und dann war ihnen auf dem Gipfel ihres Triumphs der einzige Sohn und Erbe entrissen worden. Ferdinand weilte bei seinem Sohn, als dieser starb. Er fürchtete, daß seine Frau die Nachricht nicht überleben werde, und sandte einen Boten nach dem anderen zu ihr, um es ihr schonend beizubringen und sie darauf vorzubereiten, daß sie sich in das Unvermeidliche fügen müsse. Als sie zuletzt die Wahrheit erfuhr, flüsterte Isabella nur: »Der Herr hat's gegeben, der Herr hat's genommen.«

Wäre der Jüngling am Leben geblieben und hätte er sein Geschlecht fortgepflanzt, so wäre eingetreten, was man sich heute nicht mehr vorstellen kann: Es hätte niemals in der spanischen Geschichte Karl V. und Philipp II. auf dem Thron gegeben. Der Prinz war überdies der Bruder Katharinas von Aragonien, und hätte er in Spanien regiert, wäre Heinrich VIII. vielleicht nicht so leicht mit ihm fertiggeworden, als er sich, Anna Boleyns wegen, von Katharina scheiden ließ. Die Geschichte hat viele Fragezeichen. Eines davon ist das Grabmal in Santo Tomé.

Ich fuhr in nördlicher Richtung auf Burgos zu. Meinen Wagen hatte ich aus Madrid kommen lassen, und nun fuhr ich durch eine Landschaft voll hoher Pappeln und silbriger Birken, auf einer der erstklassigen Autobahnen Spaniens. In Aranda de Duero hielt ich an, um Benzin zu tanken. Dunkelbraun wie starker Kaffee floß der Strom westwärts, nach Portugal. Die Hochsteppen Madrids und La Manchas lagen weit hinter mir im Süden und verschmolzen in der Erinnerung zu einem Gesamtbild aus vielfältigen Gestalten. Im Geiste sah ich Philipp II. im Escorial und Don Quijote auf allen Straßen; El Grecos feingliedrige Heilige wie Tänzer, mit ausgebreiteten Armen und wunderschönen Händen, vor apokalyptischen Himmeln; den bleichen Philipp IV., Velázquez Modell sitzend; Goya, Godoy und Napoleon; Toledo, von Waffengeklirr und einer gedrängten Menge Juden, Mauren, Rittern und Bischöfen erfüllt. Das andere Spanien, in dem arabische Fontänen hinter dem Gitterwerk der *patios* stiegen und sanken, das Spanien der Kakteen, Orangen und Aloen, das Spanien, das, von Kastilien abgewandt, sein Antlitz Afrika zuwendet, erschien schon unvorstellbar weit in die Ferne gerückt.

Und in Altkastilien sah Spanien wieder ganz anders aus, nicht weniger düster zwar, doch auf eine ganz andere Weise düster, vielleicht nicht ganz so mystisch, aber mit den gleichen endlosen Strecken, an denen schmutziggraue Dörfer sich gegen den Himmel abzeichneten und riesige Kirchen in der baumlosen Landschaft standen wie Schiffe auf dem Meer. Hier haben weder die Römer noch die Araber so deutliche Spuren hinterlassen wie im Süden. Schon an der Grenze dieses nördlichen Landes fühlt man: Hier beginnt Iberien, das mittelalterliche Spanien, und hier hört man auf, an Don Quijote zu denken. Statt dessen taucht ein Reiter aus der Ebene, der unter seinem Panzerhemd ein Kreuz aus Eisen trägt. Er ist ein Raubritter von wohlbekanntem Typ. Mit dem gleichen Feuer erklärt er der nächsten christlichen Burg oder den Ungläubigen den Krieg. Zeitweilig spinnt er sogar mit den Arabern gemeinsam seine Ränke, um einen Onkel oder Schwiegersohn zu unterwerfen, oder um sich sein Teil an einer besonders reichen Beute zu holen. Für ihn existiert der Patriotismus noch nicht. Es gibt noch nicht einmal ein Spanien oder England oder Frankreich, nichts als eine Burg nach der anderen und, natürlich, das Christentum und die mitunter höchst sympathischen Heiden. Aber so gerne dieser Raubritter auch arabische Lieder singt und arabische Geschichten erzählt, das Kreuz auf seiner bloßen Haut vergißt er nie. Es ruht dort, um ihn stets daran zu erinnern, daß er zur Kirche gehört. Das Christentum ist das starke Band, das ihn hält, während der Glaube Mohammeds zufolge seiner tödlichen Schismen zur Schwäche seiner Feinde wird. Die Legende weiß von Zeiten zu berichten, da die christliche Macht in Spanien auf ein paar Freischärler in Höhlen zusammengeschmolzen war; trotzdem gab sie ihren Widerstand nicht auf, und im weiteren Verlauf der Zeit lernten die Herrscher dieser kriegslustigen kleinen Reiche, sich zu behaupten. Über die Pyrenäen herüber kamen ihnen andere christliche Fürsten zu Hilfe, und Papst Alexander II. predigte, gut zwanzig Jahre vor Petrus dem Eremiten, den Kreuzzug in Spanien. Auf diese Weise ist Altkastilien zur Front dieser Widerstandsbewegung geworden und erhielt seinen Namen von den Kastellen, deren Ruinen noch heute auf allen Bergen stehen. Dieses Spanien bestand aus einer verwirrenden Anzahl winziger Könige, Sanchos oder Alfonsos, und Frauen, die Berengaria und Konstanze hießen, oder gar Urraca, deren häßlicher Name einst eine auf Brautschau befindliche französische Gesandtschaft dazu bewog, auf sie als Königin Frankreichs zugunsten einer wohlklingenderen Blanche zu verzichten. Vor allem aber ist dies das Spanien des Cid Campeador, eines ungestümen und stolzen Ritters, der noch heute sein Streitroß Babieca über die flimmernden Wiesen der romantischen Dichtung tummelt.

Vor einem Hügel tauchten nun die Türme der Kathedrale von Burgos auf. Diese Türme haben wahrhaftig nicht ihresgleichen. Man hat sie mit den Masten mittelalterlicher Schiffe verglichen, und diesen Vergleich halte ich für treffend. Sie gleichen wirklich den Masten alter Schiffe, wie man sie aus den Zeichnungen von Mönchen kennt, vom Mastkorb bis zum Schanzdeck herunter mit Tauwerk überspannt und mit fliegenden Wimpeln besetzt, die zu künden scheinen, daß die Beflaggung einem freudigen Ereignis, etwa einer Prinzessinnenhochzeit, gilt.

Nirgends sind unter denselben historischen Einflüssen entstandene Städte einander so unähnlich wie die Städte Kastiliens. Im Lauf einer kurzen Reise bezaubern den Fremden Toledo, Avila, Segovia und Burgos durch ihre Unterschiedlichkeit und Vielfalt, wie ja überhaupt der ausgeprägte Individualismus ein wesentlicher Bestandteil des spanischen Charmes ist, bei den Städten wie bei den Menschen. Auch wenn man in Betracht zieht, daß sie den vereinheitlichenden Tendenzen der Industrialisierung entgangen sind, bleibt immer noch die wunderbare Verschiedenheit in ihrer äußeren Erscheinung erstaunlich. Toledo, dunkel, verschwiegen, mit allen Anzeichen unter dem Mantel verborgener Dolche und heimlicher Gewalttätigkeit; Avila, wie eine Heilige auf den Felsen kniend; Segovia, federnumbuscht und zu großen Kriegstaten gewappnet; und nun Burgos, nicht weniger mittelalterlich und nicht weniger kastilisch als die anderen, aber mit einer freien, offenen, ich möchte fast sagen flämischen Atmosphäre. Es könnte eine spanische Verwandte Brügges oder Nürnbergs sein. Die spitzigen Türme seiner Kathedrale muten irgendwie teutonisch an.

Ich hatte gemeint, nachdem ich Toledo und seinen Dom gesehen hatte, könnte keine Kirche mehr Eindruck auf mich machen; aber die Kathedrale von Burgos war einfach atemraubend schön. Sie steht nicht auf einer Erhebung, sondern daneben, was bei einem so großen und prunkvollen Bauwerk sonderbar erscheint, und auf dem Hügel selbst stand früher eine befestigte Burg, der Schauplatz mehrerer historischer Ereignisse, unter anderem der Hochzeit des englischen Königs Eduard I. mit Eleonore von

Kastilien. Der Arlanzon durchfließt die Stadt zwischen hohen Uferdämmen, denn im Winter schwillt er sicherlich reißend an. Die liebliche, unberührte Schönheit der *plaza* stach mir sofort ins Auge. Die Stützpfeiler alter Gebäude umschirmen den Platz von unbestimmter Form rings mit einer überdachten Arkade, und in der Mitte steht das Denkmal des gütigen, aber leicht komisch aussehenden Bourbonen Karl III., dessen wohlgelauntes Gesicht mit der langen Nase so spöttisch von den Wänden des Prado herabschaut.

Burgos ist nicht im Zeitalter des Cid steckengeblieben; es besitzt eine Zellophanerzeugung, Tuchfabriken und Spinnereien, außerdem ist es seit je und bis auf den heutigen Tag eine alte, berühmte Garnisonsstadt. Auf Übungsmärschen befindliche spanische Regimenter sind in Burgos ein alltäglicher Anblick. Voran marschiert die Musik, dahinter reiten der Oberst und der Adjutant, dann folgt die lange Kette gutgedrillter Truppen in Khakiuniform. Vor jeder Kompanie reitet der Kompaniechef. Die Offiziere tragen Säbel und Stiefel. Einmal traf ich auch eine Gebirgsbatterie auf den staubigen Straßen vor der Stadt. Ihre Feldgeschütze waren auf Maultiere verladen. Und am Abend ist Burgos überflutet von den wohlerzogensten Soldaten, die mir je begegnet sind – ein jeder trägt die unerläßlichen weißen Handschuhe, und keiner versucht, sich um einen Gruß zu drücken.

Ich möchte allen, die nach Burgos kommen, anraten, sich einmal an einem beliebigen Nachmittag in ein Café am Paseo del Espolón Viejo zu setzen und die Kinder und alten Kinderfrauen zu beobachten. Nicht einmal im Park *El Retiro* in Madrid habe ich so viele sorgfältig gekleidete Kinder und prächtige alte Kinderfrauen gesehen, von denen jede einzelne ein fleischgewordener Rembrandt war. Auf der einen Seite des *paseo* liegen die Geschäfte und Kaffeehäuser, auf der anderen erstreckt sich ein hübsch angelegter Park ohne Umzäunung, parallel zum Fluß. Am Nachmittag werden die Kinder, schön aufgeputzt, dort spazieren geführt, die kleinen Mädchen in rüschenbesetzten Musselinkleidchen mit Seidenschärpen, die kleinen Jungen in weißen Matrosenanzügen. Sie spielen Ball und Reifen, und die ganz Kleinen stolpern dazwischen herum und spielen hinter den Bäumen Guckguck. Die kleinen Mädchen verlocken die Jungen zu verbotenen Dingen, und dann bekommen die kleinen Jungen die Schuld. Manchmal fällt eine dicke kleine *niña*, die hinter einem kleinen *niño* herläuft, in den Staub; dann wird der gepunktete Musselin von abgearbeiteten braunen Händen eiligst abgeklopft, und der kleine Junge wird gescholten, als habe er sich als kindlicher Don Juan entlarvt. Am späten Nachmittag tauchen die Garnisonsoffiziere auf, manche in Begleitung ihrer Damen; unter ihnen fiel mir so mancher stattliche spanische Don auf, hochgewachsen und schlank wie ein El Greco. Aber wenn sie von den *niños* zärtlich begrüßt werden, schmilzt ihr gravitätisches Benehmen dahin. Die Offiziere der niederen Gruppen reißen sich zusammen und vergewissern sich rasch, daß alle Knöpfe an ihrem Waffenrock in Ordnung sind, sobald ein Oberst mit seiner Dame in die Nähe kommt, und die ganze Szenerie mit Säbeln, Stiefeln und Sporen, den grünen Bäumen und den alten Kinderfrauen verbindet sich zum Abbild längst vergangener Lebensformen.

Wer etwa die steife englische Gotik gewohnt ist, könnte die Kathedrale von Burgos möglicherweise unruhig und überladen finden, denn da ist kein Quadratmeter frei von Ornamenten und Steinmetzarbeit. Allmählich verfliegt dieser Eindruck jedoch, man beginnt Geschmack an den Eigenheiten dieses Stils zu finden und macht immer neue Entdeckungen. Übrigens ist auch die Alhambra ein unruhiges und mit Verzierungen überladenes Baudenkmal, trotzdem bildet sie einen direkten Gegensatz zu Burgos. Die Alhambra kann man auf den ersten Blick überschauen, und viel mehr ist dann nicht zu sehen; die Kathedrale von Burgos beginnt man erst kennenzulernen, wenn man fünf- oder sechsmal darin war. Sie ist gleichermaßen ein Gotteshaus, eine Schatztruhe, ein Museum und eine Bücherei für Leute, die nicht lesen können. Diese Funktion hat sie im Mittelalter ausgeübt, doch ihr visueller Reiz ist seit damals nicht geringer geworden.

Im *coro* befindet sich die liegende Gestalt eines im Jahr 1238 verstorbenen Bischofs, aus über Holz gehämmertem Kupfer. Sie stellt Mauritius, Bischof von Burgos, dar, der Engländer gewesen sein soll und im Jahre 1219 mit Beatrice von Schwaben nach Spanien kam, als diese sich hier mit Ferdinand III., dem Heiligen, vermählte. Links neben dem Eingang zu den Innengalerien sind die Statuen Ferdinands und Beatrices zu sehen. Sie verdienen es, genau betrachtet zu werden: Er ist der typische König jener Zeit und reicht der ihm zugewandten Königin gerade einen Ring oder irgendein anderes Geschenk; sie ist prächtig gekleidet, in einem enganliegenden Oberkleid und wallendem Mantel, auf dem Haupt trägt sie einen hohen, krempenlosen Hut, der unter dem Kinn festgebunden ist, offenbar die neueste Mode im damaligen Deutschland.

Beatrice scheint mit Ferdinand gut gelebt zu haben und schenkte ihm eine zahlreiche Nachkommenschaft. Ihr ältester Sohn war Alfons der Weise, dessen astronomische Tafeln und andere wissenschaftliche Arbeiten ich im Schloß zu Segovia gesehen hatte. Beatrice führte den deutschen Namen Friedrich und den griechischen Namen Manuel in Spanien ein, indem sie zwei ihrer Söhne nach Verwandten dieses Namens taufte. Sie starb nach sechzehnjähriger Regierungszeit, und Ferdinand heiratete in zweiter Ehe die Französin Jeanne, die später die Mutter Eleonores von Kastilien wurde, der Gemahlin Eduards I. von England. Als Eleonore

jedoch Hochzeit hielt, war Ferdinand bereits tot und in Sevilla begraben.
Das großartigste architektonische Baudenkmal, das dieser Regierungszeit zu danken ist, ist die Kathedrale von Burgos. Sie wurde unter der Anleitung des Bischofs Mauritius erbaut, dessen edles und gelassenes Antlitz zu den unvergeßlichen Eindrücken in der großartigen Kirche gehört. Ein paar Schritte weiter ruhen unter einer Steinplatte die weitgereisten Gebeine des Cid.
Die Kathedrale von Burgos zu beschreiben, ist unmöglich; man würde Jahre brauchen, nur um sie gründlich kennenzulernen und einen Bruchteil dessen, was sie birgt, richtig zu verstehen. Man kann höchstens einzelne Dinge herausgreifen, die das Auge besonders fesseln, wenn man durch diese Anhäufung gelassener Pracht schreitet. Hier begegnete ich zum erstenmal dem Werk eines deutschen Künstlers, Gil de Siloe, der Alabaster und Marmor zu formen verstand wie Bienenwachs, einem Mann, der anscheinend in seiner schöpferischen Ekstase den Beweis geliefert hat, daß Schwierigkeiten für ihn nur da waren, um überwunden zu werden. Noch besser als seine gemeißelten Grabfiguren gefielen mir seine Holzschnitzereien, die ich für die schönsten in ganz Spanien halte. In der Kathedrale gibt es einige *retablos* von seiner Hand, unter denen ich dem *retablo* auf dem Altar der heiligen Anna den Vorzug geben würde. Unter dem Vorwand, die heilige Anna mit einer Gruppe weiblicher Heiliger zu umgeben, hat Gil de Siloe in Wirklichkeit eine Galerie mittelalterlicher adeliger Damen geschaffen, die nach der neuesten Mode des fünfzehnten Jahrhunderts gekleidet sind. Damit entstand eine der reizvollsten Schöpfungen Spaniens mit einem deutlichen Vorgeschmack der Renaissance, und es ist ein Wunder, daß sie der Inquisition entgangen ist. Diese Frauen sind ganz und gar keine Heiligen, obwohl Gil de Siloe seinen Modellen gesagt haben dürfte, daß sie einen heiligmäßigen Ausdruck zur Schau tragen sollten. Sein Meisterstück, die Figur der heiligen Katharina in dem fünf Kilometer von Burgos gelegenen Kloster von Miraflores, ist die elegante Frau aller Zeiten schlechthin.
Wer mögen diese Damen gewesen sein? Wenn meine Vermutung, daß sie alle dem Leben nachgebildet sind, richtig ist, müssen sie vornehme Damen gewesen sein, Prinzessinnen vielleicht und die Frauen und Töchter bedeutender Männer dieser Epoche. Ich wüßte gerne, ob die flüchtige Ähnlichkeit von Isabella der Katholischen mit der wunderschönen kleinen Figur einer sitzenden Magdalena auf dem Altaraufsatz der heiligen Anna wirklich nur ein Zufall ist. Gil de Siloe lebte um dieselbe Zeit wie sie und hat das Grabmal für ihre Eltern entworfen.
Spanien schuldet Frankreich und Deutschland unendlich viel. So vollendet seine Dome auch sind und so ungemein spanisch sie auch anmuten,

ihre Grundstruktur ist vorwiegend französisch, und die hölzernen Altaraufsätze mit bemalten und vergoldeten Heiligenfiguren – von denen es nirgends mehr gibt als hier – waren Deutschlands Beitrag zur sakralen Kunst des fünfzehnten Jahrhunderts. Die Schule, aus der diese prachtvollen, lebensnahen Holzplastiken hervorgingen, hatte ihr Zentrum in Nürnberg, dem Geburtsort Gil de Siloes, und wer seine Arbeiten in Burgos betrachtet, muß zugeben, daß keiner seiner Landsleute, weder die viel bekannteren Veit Stoß und Peter Vischer noch Adam Krafft, ihm überlegen waren. Ungefähr zweihundert Jahre lang hat Burgos die deutschen Künstler magnetisch angezogen. Die Kathedrale entstand unter dem Einfluß von Spaniens deutschblütiger Königin, und die deutschen Baumeister und Handwerker waren hier immer willkommen. Die Türme und die Laterne der Kathedrale sind das Werk des deutschen Baumeisters Johann von Köln, der etwa zur selben Zeit wie Siloe hierhergekommen sein dürfte, und wahrscheinlich liegt es an den Türmen, die sich mit nichts Ähnlichem in Spanien vergleichen lassen, daß Burgos auf den ersten Blick einen unbestimmten teutonischen Charakter hat.

Die beiden Deutschen machten sich in Spanien für den Rest ihres Lebens ansässig. Sie heirateten hier, und jeder hatte einen Sohn, der ein berühmter Künstler wurde – Diego de Siloe und Simon von Köln. Ein englischer Kunstkritiker, Sacheverell Sitwell, hat die interessante Theorie aufgestellt, daß Gil und Johann deutsche Juden gewesen seien. Wenn das richtig ist, meint er, »haben wir hier die einzigen nennenswerten Künstler jüdischer Abkunft, die vor dem zwanzigsten Jahrhundert in Europa auftraten, und in Gil de Siloe vielleicht den bedeutendsten Bildhauer, den die jüdische Rasse hervorgebracht hat«. Von diesem Gesichtspunkt aus mag es bedeutsam erscheinen, daß Gil de Siloe für seinen Entwurf des Grabmonuments für Juan II. und Isabella von Portugal – das prunkreichste Grabmonument Spaniens, vielleicht sogar ganz Europas – einen achtzackigen Stern als Grundriß verwendete, der nichts anderes bedeuten kann als den Davidstern.

Sind seine begnadeten Bildwerke das Schönste in der Kathedrale, so ist die wundertätige Statue des berühmten Christus von Burgos, der in bühnenhafter Beleuchtung in einer Kapelle für sich steht, gewiß das Absonderlichste. Vor dem dunklen Hintergrund hängt seine abgezehrte, lebensgroße Gestalt am Kreuz, nach kastilischer Gepflogenheit mit einem langen Knierock aus roter Seide bekleidet. Die Arme und der Körper, soweit er zu sehen ist, sind anatomisch einwandfrei, außerdem trägt die Figur eine Perücke aus echtem Haar. Kopf und Hals sind beweglich und die Gliedmaßen biegsam; früher glaubten die Bauern, daß dem Christus die Nägel und Haare wüchsen und daher von Zeit zu Zeit beschnitten werden müßten. Der Sakristan erzählte, die Figur sei aus Büffelhaut und fühle sich weich und nachgiebig an. Er habe sie einmal berührt, und da habe sie sich wie lebendiges Fleisch angefühlt. Zur Reformationszeit, berichtete er weiter, habe ein spanischer Kaufmann die Statue irgendwo bei Holland im Meer aufgefischt. Der Leib sieht politiertem Holz täuschend ähnlich.

Will man jedoch das populärste Schaustück der Kathedrale zu Gesicht bekommen, so muß man in die Sakristei gehen, wo einem, auf eisernen Trägern hoch oben an der Wand, die eisenbeschlagene Truhe des Cid gezeigt wird. Das ist der berühmte Koffer, den der Cid, wenn es ihm besonders schlecht ging, mit Sand gefüllt, als Kiste voll Gold an besonders vertrauensselige Juden verpfändet haben soll, den er aber – so wird in allen Büchern stets betont – wieder auslöste, sobald ihm das möglich war.

Burgos ist ja bekanntlich die Heimat des Cid.

Das Cid-Epos wurde, fünfzig Jahre nach dem Tod seines Helden, als sich alte Leute noch an die darin erzählten Ereignisse erinnern konnten, von einem unbekannten Minnesänger verfaßt. Es ist ein kurzes Epos von nicht ganz viertausend Zeilen, aber es erstrahlt im Glanz echter Poesie, und selbst in Übersetzungen ist es von einer authentischen Genauigkeit, die dem Leser die Illusion gibt, selber am Fenster einer Burg zu stehen und die bunten Szenen mitzuerleben, die aber nicht von bombastischen Sagenhelden, sondern von gewöhnlichen Männern und Frauen belebt sind. Dieser aus Worten gewobene Bayeux-Teppich vermittelt ein lebendiges Bild des elften Jahrhunderts, ein äußerst getreues und liebevolles Sittengemälde, und zeigt die Denkweise der damaligen Menschen in Spanien. Es erzählt das Schicksal eines Kriegsmannes, der vom König in Bann getan wurde und mit seinen Vasallen auszieht, um ein Leben auf eigene Faust zu beginnen. Man sieht, wie der Cid seine Heimat verläßt und ins Exil geht. Beim Abschied von Frau und Töchtern weint er bitterlich. Allenthalben herrscht die Unordnung, in der er seine Burg zurücklassen muß, seine Truhen gähnen aufgerissen und leer, auf den Stangen sitzen keine Falken. Bei Dunkelheit reitet er durch die Straßen von Burgos. Sie liegen düster und menschenleer da. Mit Tränen in den Augen beobachten ihn die Einwohner hinter ihren herabgelassenen Fensterläden und wagen nicht, den Grimm des Königs auf sich zu ziehen, indem sie sich einem nähern, der die Gnade des Königs verwirkt hat. »Welch guter Vasall war er doch!« ruft das Volk von Burgos, »hätte er nur einen ebenso guten Herrn!« Und sie schicken ein kleines Mädchen hinaus, um ihm zu sagen, weshalb sie ihm ihre Türen nicht zu öffnen wagen. So reitet der Cid aus Kastilien fort. Das Ganze ist so schlicht und ursprünglich wie die Geschichten, die man am Kamin erzählt, ohne jede

Schwülstigkeit oder falschen Heroismus. Als der Cid von seiner Familie scheidet, hat er das Gefühl, »als würde ihm ein Nagel aus dem Fleisch gezogen«. Und als er von einem schrecklichen Unrecht hört, das seinen Töchtern angetan wurde, schreit und tobt er nicht, sondern »es zerriß ihm das Herz« und »lange überlegte er hin und her und dachte darüber nach«. Er zieht aus, um mit seinem Gefolge aus hundert Rittern seinen Feinden zu begegnen und – ein entzückendes Detail – er hat seinen langen Bart hinaufgebunden, damit keiner ihm die Schmach antun kann, daran zu reißen.

Die Phantasie des Volkes stattete ihn mit allen Zügen des idealen Spaniers aus; er war der vollendete *guerillero*, die Verkörperung alles dessen, was dem Spanier teuer ist: Tapferkeit, Mäßigkeit, Würde, Großmut, Stärke und natürlich christliche Frömmigkeit. Er war der erste wirkliche Kreuzritter, obwohl noch fünfzig Jahre vergehen sollten, ehe zum erstenmal zum Kreuzzug aufgerufen wurde.

Das ist der Cid der Sage. Es ist fraglich, ob der wirkliche Cid ganz so edel war. Er hieß Ruy Díaz de Vivar, und sein Titel stammt aus dem arabischen *sîdî* – mein Gebieter –; unter diesem Namen war er bei Christen und Arabern wohlbekannt. Seinen Ruhm errang er in einem der finstersten Abschnitte der Geschichte des christlichen Spanien. Die spanischen Araber hatten Verstärkungen aus Afrika erhalten von den wilden Berbern, die über das Land hinbrausten und die Herzen der Christen mit einem neuartigen Kampfmittel in Furcht versetzten, mit den maurischen Kriegstrommeln, *los atambores*. Der Cid drang weit ins Feindgebiet vor, machte aus Valencia eine christliche Provinz und wurde in jeder Hinsicht, mit Ausnahme des Titels, König. Auch heute noch nennt sich Valencia voll Stolz das »Valencia des Cid«. Nachdem er mit sechsundfünfzig Jahren – im Jahre 1099 – gestorben war, versuchte seine Witwe Jimena, die Herrschaft aufrechtzuerhalten, aber die Übermacht der Berber war zu groß. Unter dem Schutz einer christlichen Heerschar, die aus Kastilien entsandt worden war, floh sie, die Gebeine des Cid mit sich führend, samt allen christlichen Einwohnern aus Valencia. Die Sage erzählt, man habe seinen Leichnam auf den Sattel geschnallt, und bei seinem Anblick hätten die Mauren entsetzt die Flucht ergriffen.

Aber der Cid ist nicht tot. Seit mehr als achthundert Jahren lebt sein Name im Volke weiter: Auf seinem Streitroß Babieca, das Schwert Colada in der Faust, reitet der Cid Seite an Seite mit den Unsterblichen, als Kämpfer für den Glauben, Beschützer der Armen, Hüter der Ehre.

Eines Morgens machte ich mich vor dem Frühstück auf, um bergaufwärts zu steigen und zu sehen, was vom Schloß Burgos noch vorhanden ist.

Der Aufstieg zur Burg ist hübsch, aber oben ist nichts zu sehen als die Aussicht auf die Umgebung. Die Burg wurde von den Franzosen in die Luft gesprengt und bei späteren Kämpfen vollends zerstört, so daß nur mehr ein paar unkrautüberwachsene Hügel und mächtige, halb in die Erde eingesunkene Steinquader diesen einstigen Schauplatz großer Ereignisse bezeichnen. Das große, eingeebnete Gelände daneben diente augenscheinlich einst als Turnierplatz, auf dem die ritterlichen Spiele abgehalten wurden.

Für den Engländer ist der Ort hauptsächlich deshalb interessant, weil der junge Eduard I., ehe er König wurde, als Knabe von seiner Mutter Eleonore von der Provence im August 1254 zu seiner Hochzeit mit Eleonore von Kastilien nach Burgos begleitet wurde. Daraus entwickelte sich eine der in der englischen Geschichte so spärlichen Liebesgeschichten:

Charing Cross und all der künftige Kummer um Tod und Begräbnis lagen noch in weiter Ferne, als dem fünfzehnjährigen jungen Prinzen seine kleine Braut zugeführt wurde. Sie war noch drei Jahre unter dem gesetzlichen Heiratsalter – damals für ein Mädchen das dreizehnte Lebensjahr. Ihr Vater Ferdinand der Heilige war vor zwei Jahren gestorben, und sie war ein Spätling aus seiner zweiten Ehe. Der damalige Herrscher Kastiliens, Alfons X., der Weise, war ihr Halbbruder, denn er war der Sohn der ersten Frau Ferdinands des Heiligen, Beatrices von Schwaben. Der kleine englische Prinz und die englische Königin wurden auf dem Hügel von Burgos mit großem Gepränge und lautem Jubel empfangen, denn der Heiratskontrakt war eine politische Abmachung zwischen Alfons X. und Heinrich III. von England gewesen. Der junge Eduard scheint Alfons gefallen zu haben; er versprach schon mit fünfzehn Jahren, ein stattlicher Mann und einer der gefürchtetsten Krieger seiner Zeit zu werden. Im Rahmen eines großen Turniers in Burgos wurde Eduard von Alfons zum Ritter geschlagen, und dann wurden die beiden Kinder im benachbarten Konvent von Las Huelgas miteinander vermählt. Nachdem die Hochzeit mit großer Feierlichkeit begangen worden war, nahm die englische Königin das junge Paar mit sich über die Pyrenäen, und wie alle Kinderbräute dieser Zeit kehrte Eleonore zunächst wieder in das Schulzimmer zurück.

Wenn Prinzessinnen heirateten und in ein fremdes Land zogen, geschah es früher oft, daß sie ihre Heimat nicht wiedersahen; daher ist es interessant zu wissen, daß Eleonore mit etwa dreißig Jahren noch einmal nach Spanien kam und ihren Halbbruder Alfons besuchte. Sie hatte kurz vorher einen Prinzen geboren und ihn nach ihrem Halbbruder Alfons getauft, und dieser Prinz mit dem fremden spanischen Namen war zehn Jahre lang englischer Thronfolger, bis er 1284 starb.

Indes meine Gedanken bei diesen geschichtlichen Szenen verweilten, die die Spanienfahrten des Schwarzen Prinzen eingeleitet haben, stieg ich wieder vom Hügel herab. In Burgos begannen eben die Glocken zu läuten.

Ein kurzer Spaziergang von etwa zwei Kilometern führte mich zum Konvent Las Huelgas. Ich hatte wohl angenommen, das Kloster werde einem englischen Besucher allerlei Interessantes zu bieten haben, denn es ist eine Stiftung der Tochter Heinrichs II. und Schwester des Richard Löwenherz, Eleonore von England. Im Jahr 1170 heiratete sie Alfons VIII., und beide liegen in Las Huelgas begraben. Aber ich hatte nicht gewußt, daß das Kloster eine ganze Sammlung geschichtlicher Kostbarkeiten besaß, die 1942 aus diesen und anderen Königsgräbern entnommen worden waren. Es ist das bedeutendste Museum dieser Art in ganz Europa.

Eleonore von England war erst acht Jahre alt, als ihre Mutter, Eleonore von Aquitanien, sie im Jahre 1170 in Bordeaux einer spanischen Gesandtschaft übergab. Das Kind wurde nach Spanien gebracht, in Tarragona mit dem jungen König verlobt und ihm in Burgos mit großem Pomp vermählt. Er war damals etwa zwölf Jahre alt. Der Thron war ihm schon als Kind zugefallen, und trotz der rauhen Zeiten vermochte er ihn zu behalten, dank dem Zusammentreffen glücklicher Umstände, der Klugheit seiner Anhänger und der Treue der Stadt Avila, die geschworen hatte, bis zu seiner Mündigkeit über ihn zu wachen. Für die heutige Menschheit haben solche Kinderehen etwas Unnatürliches, im Mittelalter jedoch waren Liebe und Ehe nicht gleichbedeutend, es war im Gegenteil allgemein üblich, daß die Eltern über ihre Kinder verfügten, wie es ihnen finanziell und politisch am vorteilhaftesten schien. Die Ehe zwischen Eleonore und Alfons gestaltete sich ebenso glücklich wie später die zwischen der kastilischen Eleonore und Eduard I. Die anglo-spanischen Ehen scheinen, mit der denkwürdigen Ausnahme der Heinrichs VIII. mit Katharina von Aragonien, alle einen sehr glücklichen Verlauf genommen zu haben.

Alfons war sein Leben lang damit beschäftigt, die Mauren zu verfolgen. Den größten kriegerischen Triumph brachte ihm die Schlacht bei Las Navas de Tolosa, die ich bei der Schilderung meiner Fahrt von Andalusien über den Paß Despeñaperros nach Kastilien bereits erwähnt habe.

Eleonore gebar ihrem Gatten dreizehn Kinder und hatte die seltene Ehre, Großmutter zweier Heiliger zu werden. Ihre Tochter Blanche heiratete Ludwig VIII. von Frankreich und wurde die Mutter Ludwigs des Heiligen; eine andere ihrer Töchter, Berenguela, heiratete Alfons IX. von León und wurde die Mutter Ferdinands des Heiligen. Alle vorhandenen Dokumente

bezeichnen Eleonore als liebliche und hoheitsvolle Fürstin und treue Gattin.
Im Alter von sechsundfünfzig Jahren starb König Alfons plötzlich auf einer Reise und hinterließ Eleonore die Herrschaft über sein Reich; doch der Verlust hatte sie zu schwer getroffen, und ehe ein Monat verflossen war, folgte sie ihm ins Grab. Wie die Chronisten melden, starb sie aus Gram. Beide wurden in dem schönen Kloster Las Huelgas, das sie einige Jahre zuvor gegründet hatten, bestattet.
Als ich zur Besichtigung hinkam, betraten wir den malerischen Treppenaufgang, in dem die Wappenschilder der Äbtissinnen vom Boden bis zur Decke nebeneinander hingen; denn es war eine Ausnahme, wenn eine Äbtissin nicht aus königlichem Geschlecht stammte, und als Nonnen wurden nur Damen aus dem Hochadel Kastiliens zugelassen. Das Kloster war einst sehr reich; die Äbtissin besaß den Rang einer Prinzessin mit unumschränkten Machtbefugnissen, in ihren Händen lag die Gewalt über Leben und Tod in ihrem Reich, und sie durfte auch die Geistlichen in den ihr unterstellten Pfarrsprengeln ernennen. Erst seit 1936 hat die Öffentlichkeit Zutritt zu allen Teilen der Kirche, und um dies zu erwirken, hatte man die Einwilligung des Papstes einholen müssen. Vorher war Männern das Betreten des *coro de las señoras*, wo die Grabstätten der Könige liegen, unter keinen Umständen gestattet. Las Huelgas ist auch heute noch ein Zisterzienserinnenkloster, das zur Zeit dreiundvierzig Nonnen beherbergt. Sie leben in strengster Klausur, dürfen das Kloster nur in besonderen Fällen verlassen und haben, mit Ausnahme von täglich einer Stunde, unbedingte Schweigepflicht.
Ich wurde in die Kirche geführt. Auf den ersten Blick wirkte sie groß; es ist eine wunderschöne, strenge Kirche. Ein Eisengitter trennt das Kirchenschiff vom Chor der Nonnen, wo vor dem Hochaltar zwei Reihen prachtvoll geschnitzter Chorstühle einander gegenüberstehen. Die vergoldete Kanzel aus dem dreizehnten Jahrhundert ist drehbar, damit der Priester das Wort sowohl an die Nonnen als an die Gemeinde im öffentlich zugänglichen Teil der Kirche richten kann. Es fiel mir schwer, meine Aufmerksamkeit auf die vielen herrlichen Dinge zu konzentrieren, die der Kustos mir zeigte, denn ich hatte sofort die Gräber Eleonores von England und Alfons' VIII. beim Choreingang erspäht, die ich mehr als alles andere in Spanien zu sehen gewünscht hatte. Sie sind in einem steinernen Doppelsarkophag von der Form zweier langgestreckter Truhen mit flachen Dächern oder Klappdeckeln beigesetzt. Der Stein ist über und über von Reliefs bedeckt und reich vergoldet, und die Truhen oder Sarkophage stehen auf dem Rücken von vier kleinen Steinlöwen. Beide Särge sind an den Seitenwänden und dem Deckel mit einem bogigen Muster bedeckt, dessen Überschneidungen sechs Felder umgrenzen, in

denen ein Schloß mit drei Türmen, das königliche Wappen Kastiliens, eingemeißelt ist. Am Fußende von Eleonores Sarg befindet sich das königliche Wappen Englands, die drei Löwen *passant guardant*, die ihr Vater Heinrich II. als erster im Wappen führte. Den dritten Löwen, den Löwen von Aquitanien, soll er seiner Frau zu Ehren hinzugefügt haben.

Wie man mir sagte, wurde zu Ende des Bürgerkrieges vorgeschlagen, die Königsgräber, die nicht in der Napoleonischen Ära erbrochen und beraubt worden waren, zu öffnen, und tatsächlich wurde von der Regierung die Erlaubnis hierzu erteilt. Beim Öffnen fand man die Körper der Monarchen in die erlesensten Stoffe maurischer Webart und maurischer Ornamentik gehüllt, ihre Häupter waren auf kleine Kissen gebettet, deren Form und Farbe sieben Jahrhunderte unversehrt überdauert hatten.

Den interessantesten Fund stellte der Leichnam der Königin Eleonore dar. Er war zwar nicht einbalsamiert, dennoch ruhten ihre Überreste in gutem Zustand in Wogen von feinstem Musselin mit gefältelten Säumen, wie es der Mode des dreizehnten Jahrhunderts entsprach. In ihrem Sarg fand man drei kleine Kissen, ein blaues mit goldenen Streifen, eines aus Gobelinarbeit und ein drittes, rot mit goldenen Streifen. Ihr Kopfputz bestand aus einem vier Meter langen Tuch, in Rot, Gold und Schwarz gestreift; sie trug Sandalen von arabischer Form, sogenannte *xervillas*.

Auf Alfons VIII. folgte sein Sohn Heinrich I. von Kastilien, ein Jüngling, der nach seinem Großvater Heinrich II. von England benannt worden war. Er bestieg den Thron im Jahr 1214, regierte aber nur drei Jahre. Wie die Geschichte meldet, fiel ihm während des *pelota*-Spiels ein Dachziegel auf den Kopf. Als später sein Sarg geöffnet wurde, fand man, daß sein Schädel ein Loch von etwa vier Zentimeter Umfang aufwies, dessen Ränder von chirurgischen Instrumenten ausgezackt waren. Daraus schloß man, daß Ärzte eine Operation durchzuführen versucht hatten, die den jungen Mann gewißlich getötet hätte, wäre dies nicht bereits durch den Ziegelstein erfolgt.

Der vollständigste und aufsehenerregendste Fund war der Leichnam Ferdinands de la Cerda, des ältesten Sohnes Alfons' X., des Weisen; sein Tod beschwor im Jahre 1275 einen Bürgerkrieg herauf, in dessen Verlauf der König von seinem Sohn Sancho gehetzt, verfolgt und gedemütigt wurde. Ferdinands Kleidung bestand von Kopf bis Fuß aus kostbaren Seidengeweben, und das Muster wies in vielfacher Wiederholung kleine Schilder auf, in deren Feldern die Wappen Kastiliens und Leóns einander kreuzförmig gegenüberstanden. Die Rechte des Toten ruhte auf dem Schwertknauf, sein Haupt zierte eine hohe, krempenlose Kopfbedeckung, auf der in winziger Perlstickerei der schreitende Löwe von León und die kastilischen Türme dargestellt waren. Über einer Tunika mit Ärmeln und

kurzen Hosen trug er einen bis zu den Knien reichenden Mantel. Den Schwertgurt zierten in herrlicher Perlen- und Goldstickerei die Wappen Leóns, Kastiliens und die drei englischen Löwen, die zu führen er durch seine Großmutter berechtigt war.
Wer sich für die frühe Geschichte Spaniens interessiert, wird das Museum in Las Huelgas als die faszinierendste Darbietung des Landes empfinden. Hier sieht man keine Urkunden und Bauten, sondern Kleider, die jene längstvergangenen Könige und Edelleute wirklich getragen haben, bis zu den kleinen Zierkissen, die vor siebenhundert Jahren in ihren Gemächern lagen und ihnen mit ins Grab gegeben wurden. Die Gewänder, die Stickereien und Wirkteppiche, Schwert und Mütze Ferdinands de la Cerda, der gefältelte Musselin aus Eleonores Grab und Hunderte leuchtend bunter Stoffe in völlig unversehrtem Zustand liegen in indirekter Beleuchtung in den Glasschränken. In allen Spanienbüchern liest man vom Luxus und der angenehmen Lebensweise der Araber, die von den spartanischeren Reichen des Nordens übernommen wurden. Hier erweist sich die Wahrheit solcher Behauptungen, und man sieht, wie begierig die Prinzessinnen und großen Damen jener Zeit waren, unter den herrlichen Seiden und Tuchen aus den Webereien im Süden zu wählen. Eigenartig sind die Empfindungen beim Anblick einer Stickerei von der Form eines Medaillons mit zwei arabischen Tänzerinnen, umgeben von dem arabischen Spruch: »Es ist kein Gott außer Gott«, die Königin Berenguela getragen hat. Seltsam, zu denken, daß Prinzen, die ihr Leben lang Krieg gegen die Ungläubigen führten, mit größter Selbstverständlichkeit Hemden trugen, in die das arabische Alphabet eingestickt war! Der byzantinische Einfluß ist nicht zu übersehen, und mich erinnerten diese Handarbeiten an die in Ägypten gefundenen koptischen Stoffe und die byzantinische oder koptische Manier, gewobene Kleider mit einem reichverzierten Medaillon zu schmücken. Das Vorhandensein von Tiermustern, zumeist Vögeln, wirft die Frage auf, ob manche dieser Stoffe etwa von Christen unter arabischer Anleitung gewoben wurden, oder ob die Araber, im Interesse des Exporthandels mit dem Norden, ihre religiösen Skrupel zurückgestellt haben.
Wie dem auch sei, die meisten Gewebe sind bis ins kleinste arabisch, wie zum Beispiel das Kissen Eleonores von Aragonien, das von verschlungenen Flechtmustern, mit einem Rand aus arabischen Buchstaben, bedeckt ist.
Es gibt keine eindrucksvollere Art der Geschichtsschreibung als solche Gewänder, auf denen die Geschichte Spaniens aufgezeichnet ist. Alfons VIII. starb als König von Kastilien, darum führte er nur das einzelne Schloß Kastiliens im Wappen. Als sein junger Sohn Heinrich von dem fallenden Dachziegel erschlagen wurde, fiel Kastilien an seine Schwester

Berenguela, die mit Alfons IX. von León verheiratet war. Zwar hatte der Papst, ihrer engen Verwandtschaft halber, die Ehe annulliert, aber erst nachdem Berenguela ihren Sohn Ferdinand geboren hatte, den späteren Ferdinand den Heiligen. Das dadurch auftauchende peinliche Problem wurde gelöst, indem Ferdinand für legitim erklärt wurde, während die Auflösung der Ehe seiner Mutter in Kraft blieb – eine einmalige juridische Spitzfindigkeit!

Als Berenguela Königin von Kastilien wurde, verzichtete sie in der Folge auf ihre Ansprüche zugunsten ihres Sohnes, und dieser wurde also Ferdinand III. von Kastilien. Das brachte seinen Vater so in Wut, daß er zu den Waffen griff und Ferdinand aus der Erbfolge des Königreichs León ausschloß, das er seinen beiden Töchtern aus erster Ehe hinterließ. Dadurch wäre die Vereinigung Leóns mit Kastilien endgültig verhindert gewesen, aber Ferdinand war klug genug, sich nach dem Tod seines Vaters sein Erbrecht an León von seinen Halbschwestern gegen eine schöne, fette Mitgift zu erkaufen. So geschah es, daß León und Kastilien vereinigt wurden und es auch in Zukunft blieben. Beim Betrachten dieser Gewänder läßt sich deutlich verfolgen, wie weit dieses abwechslungsreiche Kapitel Familiengeschichte die königliche Garderobe beeinflußte. Kaum waren die beiden Reiche unter einer Krone vereinigt, als die königlichen Prinzen auch schon in Kleider gesteckt wurden, die mit Löwen und Burgen, den Wahrzeichen der vereinigten Reiche, buchstäblich übersät waren, woraus zufällig ein sehr hübsches Muster entstand.

Obwohl ich mich von den Dingen, die mein Interesse in solchem Maße erregten, kaum trennen konnte, lockte mich der Gebäudeverwalter weiter, um mir die aus Gliedern zusammengesetzte Statue des heiligen Jakobus zu zeigen. Vor ein paar Jahren habe ich etwas über einen seltsamen Brauch bei den kastilischen Königen gelesen: Sie erhielten den Ritterschlag nicht von einem anderen König, sondern von einer Statue mit beweglichen Armen, die im richtigen Augenblick der Zeremonie den Arm mit dem Schwert hob und dessen Spitze auf die Schulter des Königs niedersenkte. Ich hatte damals keine Ahnung, daß ich diese Statue zu Gesicht bekommen würde, ich wußte nicht einmal, daß sie noch existierte.

Wir verließen die Kirche und schritten durch einen Säulengang zu einer einzelstehenden kleinen Kapelle. Auf einem Stuhl saß die lebensgroße Statue eines milden, bärtigen Mannes aus bemaltem Holz über dem Altar. Sein dichtes Haar war in der Mitte gescheitelt und fiel rechts und links auf die Schultern herab. Er trug ein langes, von Ornamenten bedecktes Gewand mit weiten Armlöchern, wie ich es im Museum gesehen hatte, und in der Rechten hielt er ein erhobenes Schwert. Seine Arme waren unverhüllt, und man konnte sehen, daß sie über dem

Ellbogen durchtrennt und wie die Arme einer Gliederpuppe zusammengefügt waren. Dadurch wurden die Unterarme beweglich. Diese Statue hatte Ferdinand dem Heiligen und so manchem anderen kastilischen König den Ritterschlag erteilt, und ich weiß nicht, ob der englische Eduard I., der in Las Huelgas bei seinen Waffen die Vigil gehalten hat, nicht auch von diesem Schutzheiligen auf kastilische Art zum Ritter geschlagen worden ist.

In diesem Augenblick wurde mir ausgerichtet, daß die Äbtissin mich um meinen Besuch bitten lasse. In Las Huelgas war dies gleichbedeutend mit einem königlichen Befehl, also machten wir uns sofort auf, durchschritten den Hof, den ich bereits gesehen hatte, und stiegen das Treppenhaus voller Wappenschilder empor. Darin lag ein rührendes Symbol. Hier, an der Schwelle zum Kloster, hängten die Äbtissinnen von Las Huelgas die Wahrzeichen ihres blauen Blutes und ihrer weltlichen Vornehmheit auf, als echte Spanierinnen erst im letzten Augenblick, als letzten und endgültigen Verzicht, ehe sie die Schwelle des Klosters überschritten.

Ich war noch nie einer Äbtissin begegnet und wußte nicht, ob sie auf einem Sessel oder auf einem Thron sitzen würde, im Kreise der Nonnen oder allein. Ich erwartete, daß wir viele Treppen hoch durch den alten Bau hinaufsteigen müßten, bis zu einem Empfangsraum, in dem die Äbtissin solche Audienzen abzuhalten beliebte. Daher war ich überrascht, als der Gebäudeverwalter eine Tür öffnete und mich in eine schlichte kleine Halle vorangehen hieß, die von einem Eisengitter abgeschlossen war wie ein Kassenpult in einem Bankhaus. Hinter den Stäben erwartete uns eine kleine Zisterziensernonne mittleren Alters, die eine Brille mit Hornrändern trug. Ich hielt sie für eine Nonne, die uns zur Äbtissin führen sollte. Der Verwalter verneigte sich respektvoll und stellte mich vor, und nun begriff ich, daß ich vor der Äbtissin Doña Rosario Díaz de la Guerra stand.

Im Hintergrund wurde ein nüchternes kleines Bürozimmer mit einem Kruzifix über dem Rollschreibtisch und einem Kalender sichtbar. Die Äbtissin sah aus wie ein aus seinem Rahmen gestiegenes Bild von Zurbarán und trug die Tracht, die allen Besuchern spanischer Kunstgalerien wohlbekannt ist. Der Verwalter berichtete ihr, was wir bisher unternommen hatten, und nachdem die förmlichen Einführungszeremonien erledigt waren, schilderte ich meine Reise durch Spanien, und dann kamen wir auf die Geschichte von Las Huelgas zu sprechen. Die Äbtissin zeigte sich darin sehr bewandert und wußte Bescheid über die königliche Machtbefugnis ihrer Vorgängerinnen, von denen eine, wie sie mir sagte, eine absolute Autokratin gewesen sei, so daß sie ihren Nonnen selbst die Beichte abnehmen wollte. Derlei zeitbedingte Glorien ihres Amtes gehörten der Vergangenheit an, sagte sie und setzte flüsternd hinzu:

»Gott sei Dank!« Ich fragte, ob die Schweigepflicht nicht sehr drückend von den Nonnen empfunden werde, und fügte bei, die Konversation von dreiundvierzig Nonnen, die den ganzen Tag über geschwiegen hatten, dürfte sich recht lebhaft gestalten, wenn die Stunde des Gesprächs gekommen sei. Die Äbtissin lächelte und sagte: »Nun, schließlich sind sie auch nur Frauen!« Das war eine Bemerkung, wie sie die heilige Theresia gemacht haben könnte.

Jeder Augenblick, den ich in Burgos zubrachte, war interessant. Eines Morgens sah ich aus einer Kirche ein Regiment, das der Messe beigewohnt hatte, herausdefilieren und sich auf der Straße in Reih und Glied stellen. Das einzige, was ein englischer Feldwebel an ihnen auszusetzen gefunden hätte, waren die Stiefel; sonst waren sie tadellos anzusehen, und jeder trug die weißen Handschuhe, die das Symbol der Korrektheit für das spanische Militär sind. Nachdem sie abmarschiert waren, betrat ich die Kirche und sah rechts und links neben den Kanzelstufen zwei militärische Motorräder von geradezu himmlischer Schönheit und Blankheit. Ich weiß nicht, ob hier eben eine frische Fassung Motorräder vom Pfarrer geweiht worden war, sicherlich aber erhalten durch dieses innige Ineinander von Religion und Alltag auch die gewöhnlichsten Gegenstände einen Abglanz des Wunderbaren.
An einem anderen Morgen ging ich fort, um einen Renaissancepalast zu besichtigen, der restauriert und in ein städtisches Museum verwandelt werden sollte. Er lag in einer schmalen Straße, in der einige ähnliche Paläste standen, die jedoch alle bereits in Wohnungen aufgeteilt worden waren, und deren Erdgeschosse meistens als Kohlenkeller benützt wurden. Ich schaute da und dort in einen hinein und sah, daß aus den Kokshaufen Marmorsäulen aufragten. Mit den entsprechenden Mitteln könnte man in Burgos eine komplette Straße aus Renaissance-Patrizierhäusern wiederherstellen. Die *Casa Miranda*, das Haus, das ich besichtigen sollte, ist einer der schönsten Paläste, die ich in Spanien zu sehen Gelegenheit hatte. In dem marmornen Innenhof trugen achtzehn kannelierte korinthische Säulen eine reichverzierte Terrasse, hinter der die Räume strahlenförmig angeordnet waren. Ich erhielt einen Begriff von der Schönheit, die allein in dieser Straße unter Tonnen von Kohle verschüttet liegt.
Ich sah das mit üppigen Ornamenten geschmückte Haus des Konnetabels, in dem Kolumbus nach seiner zweiten Heimkehr aus Amerika von Königin Isabella empfangen wurde und in dem Philipp I. starb. Während sein Leichnam hier aufgebahrt zwischen den Kerzen ruhte, klammerte sich seine bemitleidenswerte, wahnsinnige Frau an die Bahre und weigerte sich, seinen Tod zur Kenntnis zu nehmen.

Nach einem letzten Abschiedsbesuch bei den großartigen Werken Gil de Siloes packte ich,, mit ehrlichem Bedauern, meine Koffer und verließ Burgos, um mich nach Pamplona zu begeben, wo gerade das Fest San Fermíns begangen werden sollte. Jedermann in Spanien hatte mir eingeschärft, daß ich keinesfalls versäumen dürfe, die Kampfstiere durch die Straßen dieser Stadt rasen zu sehen, was alljährlich anläßlich des Festes geschieht. Daher machte ich mich schleunigst auf den Weg. Von Burgos nach Pamplona führen zwei Straßen, die Hauptstraße und eine Nebenstraße, diese ein Teil der einstigen Pilgerstraße nach Santiago de Compostela. Die alte Route kam von Frankreich und überquerte die Pyrenäen am Paß von Roncesvalles, wandte sich dann talwärts nach Pamplona und von dort über Logroño, Burgos, Sahagún, León in westlicher Richtung bis Santiago de Compostela. Ich beschloß, diesen Weg einzuschlagen. Er war seit dem Mittelalter von den Pilgern beschritten worden, und in den meisten Städten gab es Herbergen für sie, die als »Fränkische Quartiere« bezeichnet wurden. Die alte Straße nach Santiago de Compostela gibt allen, die gesunde Glieder und ein kräftiges Herz haben und dazu womöglich ein wenig Spanisch lernen wollen, die Gelegenheit zu einer wunderschönen Fußwanderung.

Im Weiterfahren wandelte sich die Landschaft; auf weiten Strecken gab es nichts als Krüppeleichen, Besenheide und Farnkraut, das ich bisher nirgends in Spanien angetroffen hatte. Die Luft schien nach Frankreich zu riechen oder nach Baskenland. Die Bauern trugen Barette, die Luft war kühl und würzig, und es schien ganz unglaublich, daß man in wenigen Stunden wieder im Backofen Madrid sein könnte.

Nach einer Fahrt von etwa fünfzig Kilometern machte ich halt in einer hübschen alten Stadt. Der eindrucksvolle Dom, ein riesenhaftes, ehrwürdiges Bauwerk aus honiggelbem Gestein, stand abseits in einem Winkel. Die Stadt hieß Santo Domingo de la Calzada, und *calzada* bedeutet Landstraße. Indes ich in der Kathedrale umherging, die von schönen alten Bildern, Schmiedeeisengittern und Gold strotzt, hörte ich einen Hahn krähen und glaubte, das Tier habe sich hereinverirrt. Da krähte es wieder, diesmal genau über meinem Kopf, und als ich hinaufblickte, sah ich zu meinem Erstaunen einen weißen Hahn samt seiner Henne in einem Hühnerhaus, das ich wohl oder übel das prächtigste der Welt nennen muß, ein reizender kleiner mittelalterlicher Hühnertempel, mit Vergoldung, Schnitzwerk und Malereien geschmückt. Er hatte die Form einer Einfahrt mit einem Vorbau, wie sie bei den Häusern des Mittelalters üblich war, doch statt eines Schlafzimmerfensters befand sich über dem Vorbau ein Eisengitter, hinter dem man die Vögel sitzen sehen konnte. Aus den Wölbungen der Einfahrt führte eine verborgene Stiege in das Haus hinein und zu einer kleinen Tür, durch die man die Tiere füttern und ihnen frisches Wasser geben konnte. Ich stand und starrte hinauf und mußte an den Pfau der Juno und die Schlange des Äskulap denken und mich besinnen, daß ich auf keiner meiner Reisen jemals Vögel auf dem Ehrenplatz in einer christlichen Kirche gesehen hatte. Während ich mir noch den Kopf darüber zerbrach, wie sie hier hereingekommen waren, betrat eine Frau mit einem Besen in der Hand die Kirche und begann auszukehren.

Von ihr erfuhr ich folgende Geschichte:

Vor grauen Zeiten lebte nicht weit von der Stadt der heilige Eremit Domingo. Er wurde Domingo de la Calzada genannt, weil er diesen Teil der Pilgerstraße instandhielt, Bäume fällte und eine Brücke baute, damit die Menschen leichter nach Santiago de Compostela gelangen könnten.

Im Zuge solcher Verbesserungen richtete er auch eine Herberge in der Stadt ein, in der die Pilger übernachten konnten. Als der gute Eremit sein Lebenswerk vollendet hatte, fuhr er in den Himmel auf, wo er sich zu der Gemeinschaft der Auserwählten gesellte. Viele Jahre nach seinem Tod kam ein hübscher junger Franzose mit seinen Eltern auf einer Pilgerfahrt vorüber. Die Frau, die die Herberge leitete, verliebte sich leidenschaftlich in ihn, doch er hatte sein Herz an andere Dinge gehängt und erwiderte ihre Gefühle nicht. Da schlug ihre Leidenschaft in Haß um, und als der Jüngling mit seinen Eltern aufbrach, ließ sie ein Silberstück in den Ranzen des jungen Pilgers gleiten, dann lief sie zum *alcalde* und verklagte ihn als Dieb. Er wurde gefangengenommen, und da man das Silberstück in seinem Besitz fand, wurde er auf dem Galgen vor der Stadt erhängt. Sein Vater und seine Mutter setzten tiefbetrübt die Reise nach Santiago fort und klagten dort dem heiligen Jakobus ihr Leid.

Auf dem Rückweg kamen sie wieder durch Santo Domingo de la Calzada und beteten unter dem Galgen, an dem immer noch der Leib ihres Sohnes hing. Plötzlich begann er zu reden: »Ich bin nicht tot. Gott und sein Diener, der heilige Jakobus, haben mich am Leben erhalten. Gehet daher zum *alcalde* der Stadt und bittet ihn, herzukommen und mich herunterzuholen.« Sie eilten sogleich zum Bürgermeister, der sich eben zum Essen setzte und zwei gebratene Hühnchen vor sich stehen hatte, ein Hähnchen und eine Henne. Als die Pilger ihre Geschichte erzählt hatten, lachte er und sprach: »Ihr könntet mit gleichem Recht behaupten, daß die beiden Vögel vor mir auf der Schüssel aufstehen und krähen könnten.« Worauf diese aufstanden, und der Hahn krähte. Der *alcalde* war erstaunt und bestürzt, er eilte mit seinen Gehilfen zum Galgen und schnitt den jungen Pilgersmann ab, und dieser setzte seine Reise fort. Seither hält die Stadt Domingo, zur Erinnerung an das große Wunder, einen weißen Hahn und eine weiße Henne in der Kathedrale.

Ich erkundigte mich, wie die beiden Tiere ausgewählt würden, denen diese Ehre zuteil werden sollte, und ob sie ihr ganzes Leben in der Kathedrale zubringen müßten. Die Frau sagte, immer wenn ein Bauer ein besonders schönes, schneeweißes Tier großgezogen habe, schenke er es der Kirche. Hinter dem Haus des Kirchendieners befindet sich ein Hühnerhof, und alle vierzehn Tage wird ein Paar in die Kirche gebracht, um das vorherige zu ersetzen. Sie werden nur vom April bis zum September in der Kirche gehalten, in der übrigen Jahreszeit ist das Gebäude zu kalt.

In Gedanken über diese Geschichte und das beharrliche Wesen der Spanier, das sich daraus ersehen läßt, erreichte ich nach weiteren dreißig Kilometern die Stadt Nájera, deren Name mir durch die Schlacht Pedros des Grausamen gegen seinen illegitimen Bruder Heinrich von Trastamara im Jahr 1367 wohlbekannt war. Pedro hatte den Schwarzen Prinzen und das englische Heer auf seiner Seite, Heinrich von Trastamara hingegen Du Guesclin mit einer französischen Streitmacht. Irgendwo in diesem Gebiet hatten die englischen Ritter und Armbrustschützen die Franzosen aufgerieben und waren in Spanien eingedrungen. Dort starben sie an der Hitze und den Seuchen dahin, vergeblich darauf wartend, daß Pedro ihnen den Sold auszahle.
Die Stadt Nájera ist klein, staubig und antik, mit niedrigen Steinhäusern und Befestigungsanlagen. Klar und funkelnd rinnt das Wasser des Najerillo von den Bergen dem Ebro zu, und auf einem Gipfel steht die Ruine eines Kastells. Auf den Balkons hängten Frauen über den gemeißelten Wappenschildern Wäsche auf. Heu und Kohle waren in mittelalterlichen Gewölben eingelagert, das Sonnenlicht glitzerte auf den Steinen, über die das Wasser hinschoß, kleine Jungen standen mit hochgerollten Hosenbeinen mitten im Fluß und fischten mit Netzen. Es war genau der Ort, in den man sich auf den ersten Blick verliebt.
Der gedeckte Karren eines Fuhrwerkers wurde im Hof des kleinen Hotels neben dem Flußufer abgeladen, Maultiere standen angepflockt, und das ganze Bild hatte die Buntheit und mittelalterliche Kraft, die man überall nördlich von Avila antrifft. Der Speisesaal lag oben, gleich neben der Küche, in der sich Frauen über dampfende Töpfe und Pfannen neigten, und der Duft ihrer Kochkünste zog sich, köstlich mit Knoblauch durchsetzt, fröhlich über die Stiege herunter und drang bis auf die Straße hinaus. Ich erhielt einen Tisch am Fenster, mit der Aussicht auf den Fluß, so daß ich den Knaben beim Fischen zuschauen konnte. Es tat wohl, einen spanischen Fluß zu sehen, der nicht die Farbe von Milchkaffee hatte. Ein Mädchen stellte eine Flasche roten Logrõno-Wein auf den Tisch, und dann gab es Bohnensuppe, eine Schinkenomelette, Brathühnchen mit

Salat, Karamelcreme und Obst, keine schlechte Speisenfolge für ein Landgasthaus. Das Brot ist in Spanien fast immer gut, aber in Nájera war es besonders köstlich. Die Fuhrleute kamen herein und dann noch ein paar struppige Männer, anscheinend Reisende, die an den umliegenden Tischen ihre Plätze einnahmen. Mir gefiel es hier so gut, daß ich gern in diesem bezaubernden kleinen Gasthof am Fluß hätte bleiben wollen, wäre es nicht schon höchste Zeit gewesen, um zu den Stierrennen am nächsten Morgen in Pamplona zurechtzukommen.

Als ich den Speisesaal verließ, warf ich einen Blick in das Schlafzimmer, das ich hätte haben können, und merkte mir vor, ein anderes Mal hierher zu kommen und mich da einzuquartieren. Es war durch Vorhänge in zwei Räume geteilt, in der einen Hälfte stand ein gewichtiges Messingbett, in der anderen waren altertümliche Stühle und ein runder Tisch mit einem schönen *brasero*, jenem Kupferbecken, das im Winter mit glühenden zermahlenen Olivenkernen gefüllt wird, um die Luft zu wärmen. In kaltem Klima gehört dieser runde spanische Tisch mit dem *brasero* und einem Vorhang auf Ringen, der zugezogen werden kann, damit die Beine von den Füßen bis ans Knie wie in einem eigenen Ofen stecken, so sehr der übrige Körper auch frieren mag, zu den größten und angenehmsten Wohltaten.

Durch die Stadt schlendernd, entzückt von den altertümlichen Gebäuden, die von der Größe vergangener Zeiten kündeten, erreichte ich die Pforte des alten Benediktinerklosters Santa María la Real, das in der schläfrigen Atmosphäre verblichener Pracht vor sich hinträumte. Auf mein Läuten erschien sogleich ein Mönch und zeigte mir die prachtvolle Kirche, die der Größe nach eine Kathedrale sein könnte. Auch führte er mich in eine Krypta, in der dreißig ehemalige Könige und Königinnen von Navarra, León und Kastilien begraben waren – Garcías, Sanchos und Blanches, heute nur noch bedeutungslose Namen aus dem Gewirr frühspanischer Historie. Die Krypta hatte etwas Ehrfurchtgebietendes. Zwei lebensgroße bewaffnete Knappen aus Stein wachten am Fuß der Treppe, als wollten sie den Eintritt verwehren. Über ihnen knieten die Figuren eines frühen spanischen Königs und einer Königin mit gefalteten Händen im Gebet, und ringsum standen Steinsarkophage, auf denen die Abbilder ausgestreckt liegender Männer und Frauen zu sehen waren – beim Licht einer elektrischen Birne ein Anblick von erschreckender Lebendigkeit.

Dann führte man mich in eine Art Gruft oder Höhle hinunter, die zu einer kleinen unterirdischen Kapelle umgestaltet worden war, und in der eine besonders verehrte Statue der seligsten Jungfrau auf einem Altar steht. Die bemalte Holzplastik ist nicht unter Gewändern verborgen, daher konnte ich ihr Alter ungefähr schätzen. Es handelt sich um eine frühgotische Statue aus einer Epoche, da es in Spanien noch nicht als würdelos galt, die Füße der Madonna zu zeigen. Unter dem Kleid zeichnen sich ihre Beine vom Knie bis zum Knöchel ab, und die Füße stecken in spitzigen Pantoffeln. Auf dem linken Arm trägt die Jungfrau den Jesusknaben, der aussieht wie ein kleiner byzantinischer Prinz; in der Rechten hält sie einen Reichsapfel mit einem alten Symbol, einer seltsam stilisierten Lilie.

»Als König García von Pamplona eines Tages im Jahr 1051 auf der Jagd war«, erzählte der Mönch, »sah er ein Rebhuhn in ein Dickicht flattern und ritt ihm nach. Er hieb das Gestrüpp mit dem Schwert auseinander, aber der Vogel war spurlos verschwunden. Da bemerkte er den Eingang zu einer Höhle, in die er geflüchtet sein mußte. Er stieg vom Pferd und betrat sie. Zu seiner Verwunderung fand er dort die Statue der seligsten Jungfrau. Eine brennende Votivlampe und eine glasierte Vase voll duftender frischer weißer Lilien standen vor ihr, und das Rebhuhn schmiegte sich eng an die Füße der Jungfrau. Hier, mein Sohn, ist jene Höhle, und darüber ist die Kirche Santa María la Real errichtet worden.«

Die Geschichte ähnelte wieder jener von der Entdeckung des Madonnenbildes von Guadalupe; und ist es nicht in der Tat sehr wahrscheinlich, daß diese Legenden der Wahrheit entsprechen, daß die Statuen in Höhlen verborgen wurden, um sie vor den Raubzügen der Araber in Sicherheit zu bringen, und daß sie später von Kuhhirten oder Königen auf der Jagd gefunden wurden?

Dieses hochinteressante Kloster hatte meine Zeit so sehr in Anspruch genommen, daß ich den Gedanken aufgeben mußte, mich nach dem Schlachtfeld umzusehen, auf dem der Schwarze Prinz seinem unwürdigen Verbündeten den Thron zurückeroberte. Ich fuhr eiligst weiter, passierte Logroño, eine malerische Stadt an den Ufern des Ebro, Zentrum der reichsten Weingegend Spaniens, und erreichte Pamplona am Spätnachmittag. Ich war sehr erstaunt, eine so große, moderne Stadt vorzufinden. Ich hatte etwas enggeschachtelt Mittelalterliches erwartet, das an die Zeiten Richard Löwenherz' erinnert, der hier anläßlich eines Turniers zum erstenmal mit seiner späteren Gemahlin Berengaria, der Tochter Sanchos von Navarra, zusammentraf. Sie war die einzige englische Königin, die nie den Fuß auf englischen Boden gesetzt hat, sondern während der ganzen Dauer ihrer wenig zufriedenstellenden Ehe mit ihrem kreuzfahrenden Gatten im Vorderen Orient umherzog. Pamplona liegt sehr schön inmitten einer fruchtbaren Ebene, zwischen den Ausläufern der Pyrenäen; mehr aber als ihre Lage zog mich die allgemeine Erregung der Stadt über das nahe Fest des heiligen Fermín in ihren Bann. Die ganze Stadt war trunken von Festesfreude. Außer den Kaffeehäusern und Bars war alles geschlossen, durch alle Straßen zogen Gruppen weißgekleideter Jünglinge mit roten Halstüchern, roten Schärpen und roten Schnürriemen in ihren Flechtsohlenschuhen. Sie waren äußerst friedlich, wer von ihnen noch nicht halb betrunken war, tat zumindest so, und so durchzogen sie tanzend die Straßen und tranken, um sich zu stärken, ab und zu mit zurückgelegtem Kopf aus Flaschen oder aus einer *bota*, jenem kleinen, ledernen Weinschlauch, der, wie leicht zu erraten war, das einzig nötige Requisit der zu diesem Fest Pilgernden ist. Was an englischen, französischen und amerikanischen Touristen in Spanien weilte, gab sich hier ein Stelldichein, alle Hotels waren besetzt, nirgends gab es ein freies Quartier.

Im Lauf meiner Zimmersuche bekam ich von einem abgekämpften Portier zwei Adressen, und dadurch wurde ich in ein Abenteuer verwikkelt, das sich im Rückblick lustiger ausnimmt, als es mir damals erschien. Die erste war die Adresse einer Wohnung in einem großen, tristen Gebäude in einer finsteren Straße. In der betonierten Halle gab es einen Lift mit Selbstbedienung, der ruckweise mit mir hinauffuhr, dann plötzlich zwischen zwei Stockwerken stehenblieb und sich nicht mehr in Bewegung setzen ließ. Der Lärm, den ich schlug, rief ein paar Frauen in Schwarz herbei. Wie schwarze Käfer kamen sie aus ihren Schlupfwinkeln hervor, und während einige von oben auf mich herunterredeten, riefen mir andere von unten zu, daß der Elektriker fortgegangen sei und der Lift sowieso nicht funktioniere. Sie schickten jemanden aus, um den Elektriker herbeizuschaffen, aber ich hatte den Verdacht, daß er einer von denen war, die ich mit der *bota* hatte tanzen sehen. Wenn das zutraf, würde er kaum nüchtern genug sein, um mich zu befreien. Zum Glück war er es aber doch, und nach vielem Klopfen und Schreien stieg der Lift bis zum nächsten Stockwerk, wo ich so fluchtartig heraussprang, als stünde er in Flammen. In keineswegs festlicher Stimmung pochte ich an eine Tür und wurde in eine finstere, enge Wohnung eingelassen. Eine uralte Dame zeigte mir ein vollgeräumtes Schlafzimmer in gedämpfter Eiche und sagte mit einer rührenden Mischung aus Entschlossenheit und Schuldbewußtsein, ich könne es haben, für – sie nannte eine Zahl in Pesetas, die, in Pfund Sterling ausgedrückt, etwa fünf Pfund pro Nacht betrug. Der Preis war unverschämt, doch ich verstand, daß das Fest des heiligen Fermín dieser mittellosen alten Frau die Möglichkeit gab, einmal im Jahr ein paar Pesetas dazuzuverdienen, und war schon halb entschlossen, das Zimmer zu mieten. Als ich jedoch dann die Wohnung besichtigte, fiel mir auf, daß man überall Betten aufgestellt hatte, und ich sah im Geiste bereits eine höchst unbehagliche Nacht voller Störungen vor mir und trat diplomatisch den Rückzug an.

Die zweite Adresse war ein wunderbares altes Gebäude in einem hochgelegenen Viertel Pamplonas, unweit der Wälle. Ich läutete, und eine

Nonne führte mich in eine vornehme Diele. Während ich noch Betrachtungen darüber anstellte, was für ein Gebäude dies sein könne, wurde diese Frage schon von der Oberin beantwortet, die mir bedeutete, daß ich in einem Kloster sei. Aus Gefälligkeit einem Bekannten gegenüber habe sie sich bereit erklärt, so sagte sie, eine Frau aufzunehmen, man habe mir die Adresse wohl versehentlich gegeben. Diese Situation war noch lächerlicher, als in einem Lift gefangen zu sein, und ich verabschiedete mich unter vielen Entschuldigungen.

Nun machte ich einen Rundgang durch Pamplona und sah, daß die Straßen, durch welche die Stiere am nächsten Morgen getrieben werden sollten, vom Startpunkt bis zur Stierarena zum Schutz der Zuschauer und um ein Abweichen der Stiere vom Weg zu vermeiden, mit Holzbarrieren eingezäunt waren. Auf dieser Strecke waren sämtliche Balkons schon reserviert und die Fremden hielten in den Straßen Ausschau nach einem Platz, von dem aus sie bequem zuschauen konnten, wie ein paar hundert junge Männer vor den immer näher kommenden Tieren um ihr Leben laufen würden. Ich kaufte ein paar Postkarten von früheren Stierrennen und fand die Vorführung kaum des Ansehens wert. Als ich dies einem Mann gegenüber äußerte, sah er mich verständnislos und voll Abneigung an, mit demselben Gesichtsausdruck, mit dem man beim Anhören einer besonders gräßlichen Gotteslästerung den Entschluß gefaßt haben mag, Anzeige bei der Inquisition zu erstatten. Er wandte ein, die jungen Männer seien sehr mutig, jedes Jahr werde jemand fürchterlich zugerichtet oder getötet, und dann vernichtete er mich mit der achselzuckend hingeworfenen Bemerkung, daß ich ein Außenseiter ohne den geringsten *españolismo* sei. Ich war froh, Pamplona samt seinen tanzenden Jünglingen mit ihren Knarren wieder entrinnen zu können. Ich hatte ein schlichtes, ländliches Fest zu sehen erwartet, statt dessen hatte ich hier, zum ersten und einzigen Mal, so etwas wie städtische Pöbelhaftigkeit in Spanien entdecken müssen.

Nach fünfundzwanzig Kilometern auf der Straße nach San Sebastián kam ich durch den hübschen Weiler Irurzún und sah ein kleines, blendend weiß getünchtes Landgasthaus, dessen Holzteile und Fensterläden rot wie ein Briefkasten gestrichen waren. Die zahllosen Blumentöpfe auf den Balkons und zwischen den Eisenstäben waren bunt bemalt. Leider war auch hier wegen des Festes von San Fermín alles besetzt, aber im Kramladen, gleich gegenüber, war ein Zimmer frei. Also befand ich mich bald in einem geräumigen Zimmer mit zwei breiten Betten, einem Waschtisch, einem weißgescheuerten Bretterboden und einer Menge Heiligenbildern.

Zum Mittagessen ging ich ins Gasthaus hinüber und speiste an einem Tisch mit einer reizenden französischen Familie, Vater, Mutter und zwei winzigen Kindern mit vorbildlichen Manieren. Der Mann freute sich, daß er Englisch reden konnte. Er hatte es mittels Schallplatten erlernt, weil er seinerzeit nach Australien hatte auswandern wollen; sein Vorhaben war jedoch an der Anhänglichkeit an seine Familie gescheitert. Man hatte ihm erklärt, er müsse allein hinübergehen und dürfe Frau und Kinder erst nachkommen lassen, sobald er ihnen ein Heim bieten könne, und die Trennung war ihm unerträglich erschienen. Er behauptete, mit dem eigenen Wagen nach Spanien zu fahren und das Land kreuz und quer zu bereisen, käme ihn billiger als ein Urlaub in Frankreich. Er war ein *aficionado* und hatte sich vorgenommen, um fünf Uhr früh aufzustehen und nach Pamplona zu fahren, um die Stiere nicht zu versäumen. Er versuchte mich zum Mitkommen zu überreden, aber ich war fest entschlossen, statt dessen Hemingways *»Fiesta«* zu lesen und meine Postkarten zu betrachten.

Glockengeläut weckte mich, dröhnende Kuhglocken und kleine, helle Ziegenglöckchen. Ich schaute aus dem Fenster. Über den Feldern, auf welche die Kühe und Ziegen von Knaben mit langen Stöcken und kleinen Kuhhörnern aus Messing zur Weide getrieben wurden, lagerten noch die Morgennebel. Ein Knabe hob das Horn an die Lippen und blies darauf, und sogleich stolzierte ein Ziegenbock, gefolgt von ein paar Ziegen mit ihren Zicklein, aus dem nächsten Hof. Mit den übrigen vereint, zogen sie in den nebligen Sommermorgen hinaus.

Ich kleidete mich an und ging in das Gasthaus hinüber zum Frühstück. In dem Hof gegenüber waren einige Männer damit beschäftigt, einem Hengst, der wahrscheinlich zum Pferdemarkt geführt werden sollte, die Mähne zu flechten, und im Frühstückszimmer des Gasthauses saßen Viehhirten in Baretten und Kordjacken, mit derben Stöcken in der Hand. Eine dampfende Schale Schokolade und knuspriges Brot stand vor jedem der Männer. Sie brachen das Brot, bröckelten es in die Schokolade und aßen es mit dem Löffel. Manche tranken auch ein Glas Anis oder zogen ihre Tabaksbeutel heraus und drehten Zigaretten. Plötzlich ertönte ein langgezogener Hupton, und das Zimmer leerte sich rasch; die untersetzten, würdigen Basken griffen eilig zu ihren Stöcken und gingen hinunter, wo bereits zwei ungedeckte Lastwagen voller Pferde auf sie warteten.

Die Schokolade, mit einer tüchtigen Portion Schlagsahne darauf, schmeckte köstlich. Ich glaube, sie war mit Zimt gewürzt. Schokolade ist in Spanien überall gut, sowohl die Trinkschokolade als auch die Speiseschokolade. Erst seit kurzem beginnt dieses von den Konquistadoren aus dem Schloß Montezumas nach Spanien eingeführte Getränk in einzelnen Gegenden des Landes dem Kaffee zu weichen, während Tee nach wie vor als ziemlich ungenießbarer Kräuterabsud betrachtet wird, was jeder

bestätigen wird, der je versucht hat, in einem Fremdenhotel Tee zu bestellen.
Die Sonne war heraufgestiegen und die Nebel verflogen. Vor einzelnen kleinen Werkzeugschuppen wurden die Läden aufgeklappt und darin wurden selbstangefertigte bäuerliche Geräte sichtbar, hölzerne Mistgabeln, Heugabeln und eine solche Menge Rutenbesen, daß man alle Hexen der Welt damit hätte ausstatten können. So gern ich länger in dem freundlichen Dorf geblieben wäre, war mir doch klar, daß ich es nicht wagen konnte, meinen Madrider Freunden je wieder unter die Augen zu treten, wenn ich weiter nichts von San Fermín gesehen hätte. Als ich in Pamplona eintraf, war die Aufregung des Stierrennens gerade im Abflauen begriffen, und die Stadt begann sich auf die feierliche Prozession der Statue des Schutzpatrons in höchsteigener Person vorzubereiten. Plötzlich fühlte ich mich in eine mittelalterliche Stadt versetzt. Alle Kirchenglocken läuteten. Auf Steckenpferden jagten Männer mit Stäben, an denen Schweinsblasen befestigt waren, hinter den Mädchen her, wo sie nur welche erwischen konnten, oder sie galoppierten hinter Rudeln ausgelassener Kinder drein, die im letzten Augenblick vor ihnen zur Seite sprangen, nicht ohne einen tüchtigen Klaps auf die Backen bekommen zu haben. Auf den Balkons der öffentlichen Gebäude versammelten sich immer mehr elegante Frauen, öffentliche Würdenträger im Frack und ordengeschmückte, mit vielen Auszeichnungen behängte Offiziere drängten sich durch die Menge zu ihren Rendezvous. In einer Seitengasse sah ich einen der wenigen wichtigen Riesen, einen hakennasigen Granden in wunderschöner alter Tracht aus verblichenem Brokat – in seinem Papiermachékopf meinte ich mit Bestimmtheit eine Karikatur des Duke of Wellington zu erkennen. Alle verfügbaren *cabezudos* – »Riesenköpfe« – sowie die *gigantones* waren aus der Kathedrale geholt worden und paradierten durch die Straßen. Die Riesen waren vorläufig nirgends zu sehen, aber es wimmelte von *cabezudos*, die an Schrecklichkeit jeden Riesen übertrafen, weil sie so unverkennbare Travestien menschlicher Wesen darstellten. Die Männer, die diese Riesenköpfe aufgesetzt hatten, trugen Kostüme aus dem achtzehnten Jahrhundert, und ihre riesigen Masken waren zum Teil vollkommen ausdruckslos, zum Teil in einem gräßlichen Grinsen erstarrt. In einer engen Gasse traf ich auf die acht Riesen von Pamplona. Sie waren kunstvoll bemalt und schön gekleidet und schwankten im Gänsemarsch gemessen vorüber, und dabei wandten sie sich im langsamen, gekünstelten Vorwärtsschreiten steif nach rechts und links. Ihr Gang wirkte unnatürlich, weil der Mann unter dem Rahmen aus Korbgeflecht Schritte machte, die seiner menschlichen Größe angemessen waren. Die Riesen stellten Ferdinand und Isabella, vier Mauren und zwei südamerikanische Indianer dar. Ferdinands Gesicht

war ziegelrot, Haar und Bart glänzten schwarz, die Krone golden, und über der blauen Uniform trug er einen silbernen Brustharnisch. Den silbernen Panzerhandschuh auf den Knauf seines gewaltigen Schwertes gestützt, schaukelte er vorwärts. Isabella trug die spanischen Farben Gelb und Rot und hatte eine Spitzenmantille von der Größe eines Teppichs auf dem Kopf.

Die Mauren, ein Sultan und eine Sultansfrau sowie zwei von Kopf bis Fuß in weiße Burnusse gehüllte Krieger, blickten grimmig unter ihrem Turban hervor, die Indianer waren schwarz wie Ebenholz und hatten Federn im Haar. Jubelnd empfing die Menge die altvertrauten Gestalten, kleine Jungen umtanzten sie voll Bewunderung, und jene Kleinen, die sie noch nie gesehen hatten, waren starr vor Staunen. Wie gut man es im Mittelalter verstanden hat, jenen, die nicht lesen konnten, ein Ereignis einprägsam vor Augen zu stellen!

Ich nahm am Rand des Gehsteigs Aufstellung und wartete auf das Erscheinen San Fermíns, inzwischen las ich den Nekrolog, der ihm zu Ehren heute morgen in einer Sonderausgabe des »Arriba España« erschienen war. Jahr für Jahr im Juli wird seine Geschichte zu einem Ereignis von brennender Aktualität! Der Heilige lebte unter Kaiser Decius (201–251) im damals römischen Spanien. Er war der Sohn eines angesehenen Senators in Pamplona, das damals *Pompeiopolis* hieß, und wurde nach seiner Bekehrung als Missionar nach Gallien entsandt. Er war der erste Bischof von Amiens und wird dort noch heute sehr verehrt. Dort erlitt er auch das Martyrium, wahrscheinlich während der Christenverfolgungen des Decius.

Ich hörte eine Musikkapelle herannahen, und langsam kam eine Prozession in Sicht, die deutlich erkennen ließ, wie eingewurzelt die Vorliebe der Spanier für Zeremonielles und Formalitäten ist, und nicht minder – so möchte ich hinzusetzen – welchen Kult sie mit der Grandezza treiben; denn ich habe noch nie vorher erlebt, daß eine solche Veranstaltung so ohne alle humoristischen Details und ohne die Grenze vom Erhabenen zum Lächerlichen zu überschreiten, verlaufen wäre. Voran schritten, unter Führung Ferdinands und Isabellas, die acht Riesen in einer selbständigen Prozession, umgeben von kleinen Trommlerbuben. Ab und zu sah man das Gesicht des Mannes im Gehäuse des Riesen aus einem mit Schleiern verhängten Luftloch in Taillenhöhe der Figur hervorlugen. Die eigentliche Prozession folgte in einigem Abstand, als die Riesen bereits in eine schmale Seitengasse abgebogen waren und sich starr auf und nieder wippend verneigten, als erwiderten sie die Grüße der Menschen, die in gleicher Höhe mit ihren Köpfen auf den Balkons saßen.

Im Takt zur Musik marschierend, erschien eine Abteilung hochgewachsener Jünglinge in der Galauniform eines Kavallerieregiments, mit Blü-

cher-Stiefeln, Wildlederbreeches, blauen Waffenröcken und weißen Gürteln und Schulterriemen, mit goldenen Sporen und Goldhelmen, von denen smaragdgrüne Buschen aus Hahnenfedern nickten. Die Menge, die gelacht und gescherzt hatte, als die Riesen vorbeizogen, wurde ernst und ging nach mittelalterlicher Sitte von der Komödie zum Erhabenen über. Hinter den Operettensoldaten marschierte eine Gruppe junger Männer in weißen Kostümen mit roten Borten. Ihre zweireihigen Jacken reichten bis zur Taille, die Kniehosen hatten gezackte Säume, und jeder trug einen kurzen Stab, der spiralenförmig von gelben und weißen Stoffstreifen umwunden war.. Einer der Zuschauer belehrte mich, dies seien baskische Tänzer in der alten Tracht.
Die Sonne funkelte auf den alten Prozessionskreuzen der Kathedrale und der Pfarrkirchen, insgesamt mindestens zwölf, die von Kreuzträgern in rosaroten Kostümen getragen wurden. Voran schritt der Sakristan der Kathedrale in roter Robe und weißer Perücke, deren Locken ihm bis auf die Schultern fielen. Sie waren noch nicht vorüber, da tauchte am Ende der Straße bereits die Statue des heiligen Fermín auf. San Fermín saß auf einer Tragsänfte, auf seinem massiv goldenen und silbernen Thron, und wurde von einer beträchtlichen Anzahl Männer in weißen Perücken und rotblauen Livreen getragen. Neben dem Heiligen marschierten zu den Klängen eines Chorals, den eine Militärkapelle spielte, Soldaten in Khaki und Stahlhelmen, die Gewehre mit aufgepflanztem Bajonett in den weißbehandschuhten Händen. Die Honoratioren der Provinz und der Gemeinde gingen in Frack und weißen Handschuhen, neben uniformierten Offizieren, vor dem Tragsessel her. Aus der Nähe bot der Heilige einen pompösen Anblick. Er hatte eine edelsteinbesetzte Mitra auf, sein Gewand war über und über mit Gold bestickt, in der Linken hielt er den Bischofsstab, während er zwei Finger der Rechten – zwei herrlich modellierte Finger aus Silber – segnend erhoben hielt. Das Gewicht des goldenen und silbernen Throns ließ sich danach abschätzen, wie häufig die perückengeschmückten Träger, auf deren Schultern die Stangen der Bahre lasteten, ihre Stöcke als Stütze zu Hilfe nahmen. Gleich hinter San Fermín folgte der Bischof mit den hohen kirchlichen Würdenträgern, dann die gemessene Musikkapelle, wieder Soldaten und zuletzt die restlichen Truppen der in Goldhelmen prunkenden Kavalleristen, die die Prozession eingeleitet hatten. Unter solchem Aufwand schreitet jedes Jahr, im Monat Juli, ein Römer, der vor siebzehnhundert Jahren gestorben ist, durch die Straßen von Pamplona.
Nachdem das feierliche Hochamt in der Kathedrale vorüber war, stürzte sich die Stadt ins Vergnügen. Wieder trieben sich ähnliche Gruppen von Männern – stets ohne weibliche Begleitung –, weißgekleidet und mit roten Halstüchern geputzt, in Rudeln in allen Straßen herum, machten ein

paar Tanzschritte mit erhobenen Armen, schlenderten dann in seliger Ziellosigkeit weiter und vergnügten sich, solange die größte *fiesta* des Jahres währte. Wie ich hörte, soll eine ganze Woche lang alles leicht berauscht sein, trotzdem aber kam es nirgends zu Ausschreitungen oder Streit.

Als ich im Freien vor einem Café Platz genommen hatte, kam der junge Franzose aus Irurzún vorbei und setzte sich zu mir. Er war an diesem Morgen auf seine Rechnung gekommen. Das *encierro de los toros* – das »Einsperren der Stiere« – hatte anscheinend seine Erwartungen erfüllt.

»Ich habe einen herrlichen Platz bei der Arena erwischt«, sagte er; »da plötzlich höre ich schreien! Ich höre Frauenstimmen kreischen! Die Rufe und das Geschrei kommen näher, und ich sehe Männer laufen, um ihr Leben laufen, vielleicht fünfzig bis hundert Männer in Hemd und Hose und ohne Hut, und dicht hinter ihnen sechs bis acht große, schwarze Stiere, die fast so schnell galoppieren wie Pferde und die Hörner nach rechts und links stoßen. Es ist wahnsinnig aufregend! Wenn ein Mann merkt, daß die Stiere ihm dicht auf den Fersen sind, läßt er sich manchmal flach aufs Gesicht fallen und bleibt liegen, ohne sich zu rühren, und so läßt er die Stiere vorbeirasen. Er kann auch rasch in ein Haustor treten und dort ganz ruhig stehenbleiben, aber das ist sehr gefährlich, denn es kommt vor, daß ein Stier stehenbleibt und ihn aufspießt! Sooft die Männer sich zu Boden werfen und die Stiere über sie hinweggaloppieren, schreien die Frauen wie am Spieß – ich habe nie solche Schreie gehört! –, und das Ganze ist sehr barbarisch, sehr heidnisch ...«

»Übrigens, haben Sie die Prozession gesehen, die gerade vorübergegangen ist?«

»Ja, ich habe sie gesehen. Sehr christlich, sehr heidnisch! So ist Spanien! In dieser Stadt haben Sie das ganze Spanien beisammen. Morgens Christentum und nachmittags Heidentum! Es wird ein großartiger Stierkampf werden! Warum bleiben Sie nicht hier und schauen zu? Ah, fast hätte ich vergessen, Ihnen das Lustigste zu erzählen. Als man die Stiere in den Pferch führte, wurden Kühe unter die Menge ausgelassen. Auf ihren Hörnern steckten kleine Gummibälle, und sie liefen angriffslustig herum und warfen rechts und links die Leute in der Arena um. Es hat wirklich komisch ausgesehen! Die Spanier träumen sogar noch vom Stierkampf. Er liegt ihnen im Blut. Schon die kleinen Buben versuchen, die Kühe mit Taschentüchern oder mit ihren Hemden zu reizen, und wenn ihnen eine elegante Finte gelingt, rast das Publikum vor Begeisterung. Meistens werden sie niedergestoßen, aber das macht ihnen gar nichts aus. Ob jemand verletzt wurde? Ich glaube schon. Ich habe gesehen, wie man einen Mann auf einer Bahre fortgetragen hat. Das Ganze war ungeheuer aufregend, Sie haben sich ein einmaliges Erlebnis entgehen lassen ...«

So geht das in Pamplona eine Woche lang. Das halbe Baskenland mit seinen *botas* ist anwesend. Man erzählte mir, am letzten Tag, ehe die *fiesta* des San Fermín zu Ende ist, wandern um Mitternacht Männer und Knaben mit brennenden Kerzen durch die Straßen. Sie singen ein Lied mit dem Refrain: »Der arme San Fermín stirbt«, und sooft diese Worte wiederkommen, werfen sie sich auf das Pflaster oder mitten auf die Straße, und dann stehen sie wieder auf und singen weiter.

Die Straße von Pamplona nach Roncesvalles führt fünfzig Kilometer lang durch eine Gegend von schweizerischem Charakter, mit Kuhglocken und Sennhütten, grünen Almen und Heckenrosen, Föhren und weißen Wasseradern, die zwischen Büscheln von Frauenhaarfarnen über steile Felshänge herabstürzen. Und die behäbigen Basken, denen man auf dieser Straße begegnet, sehen nicht aus, als überschritten sie besonders häufig die Grenzen ihrer engeren Heimat. Eine Reise nach Granada dürfte für die Leute aus Navarra vermutlich eine ebenso fremdartige Erfahrung bedeuten wie Neapel für einen Mann aus Aberdeen.
Aus dem Tal des Arga stieg die Straße gleichmäßig höher in die Berge hinauf, streckenweise neben Abgründen, in die ich kaum hinunterzublikken wagte. Die große Paßstraße führt zu einer Hochebene, auf der Bauerngehöfte zwischen Kornfeldern liegen; dahinter schraubt und windet sie sich in immer höhere Einsamkeiten empor, und dann ragte plötzlich hinter einer Bergkuppe ein gewaltiger nackter Gipfel, einsam und schrecklich, vor meinen Augen auf. Dort irgendwo lag Roncesvalles, einer der strahlenden Namen unserer Erde, wie Tintagel und Avalon.
Die Straße führt in solchen Windungen in die Pyrenäen hinein, daß ich im Fahren bald den Norden, bald den Süden vor mir hatte. So erreichte ich die letzten Dörfer auf der spanischen Seite des Passes und kam zuletzt in das Dorf Roncesvalles. Ich hatte geglaubt, es läge in einer wilden Gebirgsschlucht, wo die Bergbewohner ohne weiteres eine Armee vernichten konnten, indem sie Felsblöcke auf sie herunterschleuderten, wie es der Nachhut Karls des Großen ergangen sein soll. Aber davon war keine Rede. Es sah hier ganz und gar nicht aus, wie man sich einen der berühmtesten Bergpässe der Welt vorstellt. Die Straße bog unvermittelt in ein Dörfchen aus vereinzelten Steinhäusern ein, die sich eng um ein großflächiges, düsteres Kloster drängten, inmitten von Feldern und föhrenbewachsenen Hügeln. Obwohl Roncesvalles nur ungefähr eintausend Meter hoch liegt, also nicht einmal halb so hoch wie der berühmte Sankt Bernhard, war es bitterkalt und die Luft schwer von Feuchtigkeit. Das kleine Berggasthaus neben dem Kloster erwies sich als behaglich. Eine Gruppe französischer Botaniker, die auf den Tischen des kleinen Speisesaals ihre Funde sortierten und aufgeregt über ein Pflänzchen

diskutierten, das ich für Klee gehalten hätte, waren mit mir die einzigen Gäste. Wir labten uns an der dampfenden Suppe, einer Omelette, gebratenem Hammelfleisch und Rotwein, und als wir noch beim Essen saßen, traf ein Lieferwagen, mit den Gemüsen und Früchten der fernen Täler beladen, völlig ausgepumpt ein. Einer der Franzosen behauptete, die Basken seien die besten, waghalsigsten und schlauesten Schmuggler der Welt und er kenne ein paar Basken, die sogar einen Konzertflügel nach Spanien geschmuggelt hätten.

Das also war Roncesvalles, die berühmte Heerstraße nach Spanien, über die Karl der Große gezogen war, die Pilgerstraße nach Compostela, die Straße der Armeen, Gesandtschaften, königlichen Brautzüge und Kuriere seit der Frühzeit der Geschichte. Hier blies Roland sein Zauberhorn Olifant, das er dem Riesen Jutmundus abgewonnen hatte, um Karl den Großen, der mit der Hauptstreitmacht voraus war, zu alarmieren, weil sich die Nachhut in Bedrängnis befand. Beim dritten Hornstoß zerbrach Olifant, aber der Klang war so ungeheuerlich, daß die Vögel tot herabfielen und der Feind von Panik ergriffen wurde. Dann zog Roland das große Schwert Durandal, das einst Hektor geschwungen und das er wie Olifant dem Riesen abgenommen hatte. In seinem Knauf war ein Faden vom Mantel der seligsten Jungfrau eingeschlossen, ein Zahn des heiligen Petrus, ein Haupthaar des heiligen Dionysius und ein Tropfen vom Blut des heiligen Basilius. Doch an jenem Tag hatten die Heiligen ihr Antlitz von ihm gewandt, denn Roland wurde zu Tode verwundet und versuchte, Durandal an einem Felsen entzweizuschlagen, damit es nicht in die Hände des Feindes falle.

Aber das Schwert war unzerbrechlich, darum schleuderte Roland es ins Wasser, wie es Sir Bedivere mit König Arthurs Schwert Exkalibur getan, und dort wird es, so kündet uns die Sage, für immer verborgen bleiben.

Das Kloster ruhte im Nachmittagsschlummer. Sogar die Arbeiter, die das Dach ausbesserten, hatten ihre Leitern stehenlassen und waren fortgegangen. Ich wanderte ziellos herum und meinte, nie einen feuchteren und kälteren Ort gesehen zu haben. An allen Mauern wucherte Moos, sogar kleine Farne hatten in dunklen, sonnenlosen Winkeln Wurzeln geschlagen, das Gestein der uralten Säulengänge war von Regen und Hochgebirgsnebel schwärzlich gefleckt. Wie groß muß die Liebe zu Gott sein, dachte ich, daß sich ein Mensch um ihretwillen mit einem solchen Aquarium abfindet, oder ist vielleicht ein von Rheumatismus angegriffener und von Ischias verkrümmter Leib von Natur aus besser geeignet, der Seele als Leiter zu dienen? Ich kam zum Grab Sanchos des Starken von Navarra, der bei Las Navas de Tolosa gekämpft hat und nun mit seiner Gemahlin Clementia hier begraben liegt. Seit siebenhundert Jahren ruhen sie da.

Ich ging auf der Straße weiter und kam zu einer alten Kirche voll Schutt und Trümmern. Im Türrahmen stehend, konnte man hineinschauen und sich fragen, wann hier zum letztenmal die Messe gelesen worden sei, und warum wohl die tägliche Kette des Glaubens zum Haus der obersten Instanz hier unterbrochen worden war, denn äußerlich wirkte der Bau noch ziemlich stabil. Viele tausend Pilger mochten im Lauf seiner Geschichte hier gekniet haben. Vielleicht ist er, wie so manches in Roncesvalles, von den Bergnebeln zersetzt worden. Trübseliger als heute konnte Roncesvalles nie gewesen sein. Die letzten Armeen, die hier vorbeikamen, waren die napoleonischen, unendlich viel ferner lag die Zeit, da die letzten Pilger durchzogen. Früher verlief hier eine der Hauptstraßen auf der Landkarte der Gläubigkeit, jetzt aber ist es nur mehr die letzte spanische Poststation. Ich kann mir gut vorstellen, daß Roncesvalles zur Winterzeit den Worten des Sängers entspricht: »Hoch sind seine Berge, seine Täler finster, die Felsen schwarz und fremd, und schrecklich ist das Land.« Und ich fragte mich, ob die Menschen, die das ganze Jahr über hier leben, manchmal Gestalten mit dem Nebel vorüberwehen sehen oder, wenn der Wind aus Frankreich herüberpfeift, den Ruf: »Montjoie!« von den nassen Felsen widerhallen hören, denn wie überall, wo sich große Dinge zugetragen haben und großer Sang erklungen ist, werden sich auch hier jene, die Geister zu sehen vermögen, niemals einsam fühlen.

Die Geister, die ich selber an diesem Nachmittag in der Phantasie beschwor, waren weder düster noch kriegerisch, vielmehr erschien mir die lebensfrohe, fünfzehnjährige Elisabeth von Valois, die in den ersten Tagen des Jahres 1560 bei Schneesturm in Roncesvalles ankam, auf dem Weg zu ihrer Hochzeit mit dem dreiunddreißigjährigen Philipp II. von Spanien.

Mary von England war seit über zwei Jahren tot, und Philipp hatte sich entschlossen, zum drittenmal in den Stand der Ehe zu treten – wie ein Dichter es ausgedrückt hat: »die Kutte des ehelichen Märtyrertums« auf sich zu nehmen. Im Prado hängt ein liebenswürdiges Porträt Elisabeths, das uns zeigt, welch großes, hübsches Mädchen sie war. Sie trägt ein schwarzes, eng tailliertes Kleid mit geschlitzten Ärmeln, eine lange, zweireihige Perlenschnur und einen kecken kleinen Hut mit einer roten Feder schief auf dem Kopf. Die gefältelte Krause umrahmt bis an die Ohren das Gesicht eines nachdenklichen Pagen. Das Bildnis verrät aber nicht, daß sie klug und gebildet war – sie pflegte mit Mary, der Königin von Schottland, mit der sie gemeinsam aufgewachsen war, in sauberen Versen zu korrespondieren –, noch zeigt es, daß sie sich ihr Leben lang dem Einfluß ihrer tüchtigen, weitblickenden Mutter Katharina von Medici unterwarf, die sie zu einer zynischen jungen Königin erzogen hatte.

Man blickt voll Mitleid auf diese jungen Mädchen, die von heiteren Höfen geholt und zu lebenslänglicher, starrer Etikette verurteilt wurden, denn kaum waren sie Königinnen von Spanien geworden, wurde ihnen jeder Schritt pedantisch vorgeschrieben, als würden sie von Mandarinen überwacht.

Elisabeth kam, starr und halb erfroren, bei Regen und Schnee in Roncesvalles an und fand Einlaß im Kloster samt ihren Bergen von Gepäck, ihren Hofdamen und ihrer Eskorte stolzer, empfindlicher französischer Höflinge, die bereit waren, beim geringsten Anlaß, oder auch ohne jeden Anlaß, mit den Spaniern einen Streit vom Zaun zu brechen. Sie waren empört, weil die spanische Delegation, die Philipp ausgesandt hatte, um seine Braut in ihren Schutz zu nehmen, in einem acht Kilometer entfernten Dorf wartete. Man forderte sie auf, nach Roncesvalles zu kommen und der jungen Königin die Strapazen einer Überstellungszeremonie im Schneegestöber zu ersparen; da jedoch Roncesvalles nicht der vereinbarte Treffpunkt war, weigerten sich die Granden, sich herzubemühen. Zwischen den vom Sturm in Roncesvalles festgehaltenen Franzosen und den acht Kilometer weiter vom Sturm überraschten Granden entspann sich ein langwieriges Hin und Her schwülstiger diplomatischer Floskeln, die für derlei peinliche Situationen vorgesehen sind. Endlich riß Elisabeth die Geduld, und sie entschied zum Entsetzen und Mißfallen der Franzosen, daß sie den Spaniern entgegengehen sollten, aber als sie mitten im Aufbruch waren und den Train samt dem Gepäck bereits vorausgeschickt hatten, ließen sich die Spanier im letzten Augenblick erweichen und kamen nach Roncesvalles, um, wie sie sich ausdrückten, den Befehlen ihrer Königin Folge zu leisten. Alle Kleider und Möbel und die kostbaren Gobelins rollten bereits talzu nach Spanien, und so wurde in größter Hast und Verwirrung ein Empfang inszeniert. Im sinkenden Licht des Winterabends betraten Kardinal Mendoza und der Herzog von Infantado mit sechzig spanischen Granden in ihren Staatsroben einzeln die Halle des Klosters, wo die junge Elisabeth unter einem Baldachin, dessen Tuch das Wappen mit den drei französischen Lilien aufwies, zu ihrer Begrüßung bereitstand. Das höfische Zeremoniell wickelte sich bei Fackelschein und unter viel unziemlicher Drängerei ab, und nachdem die letzte Rede gehalten, der letzte Handkuß gewährt, der letzte Sessel oder Stuhl im dafür vorgesehenen Augenblick hereingetragen worden war und die französischen Edelleute niederknieten, um von der jungen Königin Abschied zu nehmen, brach das Mädchen zusammen und warf sich schluchzend in die Arme Antons von Navarra.

Sie wurde von den Granden hinweggeführt, und als ihre spanische Sänfte in den fallenden Schnee hinausschwankte, erklang ein gewaltiger Lärm von Oboen, Trompeten und Trommelwirbeln. Die Ehe wurde glücklich, und als Elisabeth nach acht Jahren, dreiundzwanzigjährig, starb, blieb Philipp tief gebeugt zurück. Er ließ die üblichen zwei Jahre verstreichen, ehe er die »Kutte des ehelichen Märtyrertums« zum vierten und letzten Mal auf sich nahm.

IX. Kapitel

San Sebastián · Santillana del Mar und seine Paläste · Altamira · Der Picos de Europa · Asturiens Hauptstadt Oviedo · Von Asturien nach Galicien · La Coruña · Santiago de Compostela und der Schrein St. Jakobs

Sanfter Regen fiel auf San Sebastián. Es war der erste Regen, den ich in Spanien erlebte, und er gefiel mir. Die Kinder waren von dem ausgedehnten Sandstrand hereingerufen worden, das Meer sah grau und englisch aus, und die zahlreichen Cafés dieses entzückenden Ferienortes füllten sich mit Leuten, die nichts zu tun hatten als zu warten, bis die Sonne wieder scheinen würde.
Anfangs hatte ich den Eindruck gehabt, San Sebastián sei das Hauptquartier der spanischen Modegecken. Nie zuvor habe ich in einer Stadt von gleicher Größe so viele Herrengeschäfte gesehen, auf etwa drei dürfte ein Damengeschäft entfallen. In diesem männlichen Paris sah man alle zehn Schritte ein Schaufenster mit Herrenkonfektion und Herrenschuhen. Anscheinend sind die Männer, die ihren Urlaub in San Sebastián verbringen, aus unerfindlichen Gründen darauf versessen, sich schön zu machen; vielleicht kommt es auch den Franzosen bedeutend billiger, ihre Anzüge jenseits der Grenzen zu kaufen. Wie ich mich erinnerte, hatte der Franzose, den ich in Irurzún kennengelernt hatte, mir erzählt, daß Hunderte seiner Landsleute mit leeren Koffern nach Spanien kämen und so viele Anzüge kauften, als sie sich leisten könnten.
Ich sah eine Apotheke von jener Art, die eine typisch spanische Kuriosität darstellt, die ich schon früher hätte erwähnen sollen. Das Gepräge der Ernsthaftigkeit, das diesen Geschäften anhaftet, wird man bei den in Orgien von gesetzlich geschützten Patentheilmitteln schwelgenden Läden, die in anderen Ländern als Apotheken bezeichnet werden, vergeblich suchen. Die *farmacía* leistet ihren Beitrag sowohl zum künstlerischen Bedürfnis des Spaniers als auch zu seiner Neigung zum Dramatischen und Mysteriösen. Es gibt nichts Verlockenderes als die umfangreichen Glasballons voll roter, blauer, grüner und gelber Elixiere in den Schaufenstern, die bei Nacht von hinten angestrahlt werden und magisch aussehen wie gewisse todsichere Allheilmittel, und nichts Theaterhafteres als die schön glasierten Tiegel mit Aufschriften wie *arsénico*, nichts Geheimnisvolleres als die hundert kleinen Mahagonischubladen, die jeweils mit den entsprechenden Hieroglyphen auf Schildchen gekennzeichnet sind. Der

echte, altmodische Pharmazeut, wie der Apotheker richtig genannt werden müßte, wirft alle Reklametafeln und Ankündigungen für dicke Babys und schönen Teint einfach weg, und obwohl er die gängigen, massenhaft erzeugten Wundermittel und Phantasieartikel natürlich auch führt, treten sie bei ihm nicht in den Vordergrund. Seine Umgebung steht vielmehr im Zeichen einer Magie, die älter ist als das Penicillin und die Mycine. Der Ort hat etwas an sich, das selbst im gleichmütigen Käufer einer Packung Aspirin den vagen Verdacht erweckt, daß in irgendeinem Hinterzimmer immer noch jemand dabei sei, den Stein der Weisen zu suchen.

An einem Berghang, der einen Ausblick auf den alten Hafen bietet, entdeckte ich ein hochinteressantes Aquarium und unterhielt mich dort eine Stunde lang damit, den Fischen und den Leuten, welche die Fische bestaunten, zuzuschauen; aber in Spanien kann man nicht lang bei der Betrachtung von Fischen oder gar Krustazeen verweilen, ohne daß einen die Lust anwandelt, sie auch zu kosten. Von den lebenden Fischen wandte ich mich daher der *pescadería,* dem Fischmarkt zu, wo eine beachtliche Zahl von Gesundheit strotzender, gutaussehender Fischweiber mit ihren apfelgesichtigen Töchtern hinter den Verkaufspulten standen. Sie waren keine geschmeidigen Carmen, sondern muskulöse Weiber wie jene, die mit Cortez nach Mexiko fuhren. Von den Fischen scheint auf alle, die mit ihnen zu tun haben, das Quicklebendige, Fröhliche überzugehen – ich habe tatsächlich noch nie einen traurigen Fischmarkt gesehen. Die baskischen Frauen, die hier hinter Haufen von Krebsen und Schollen verschanzt waren, sprühten auf reizvollste Weise von derber, nordischer Vitalität. Leider verstand ich den baskischen Dialekt nicht, seine Kenntnis hätte mein Vergnügen am Fischmarkt mit Sicherheit noch wesentlich vermehrt.

In der Altstadt kam ich zu einem Museum, das prachtvoll untergebracht und angeordnet und voll interessanter Dinge war. Hier hing das bekannte Porträt Marie-Louisens von Goya – er muß sie, weiß Gott, verabscheut haben, oder sah sie wirklich so aus? – und daneben eine Menge moderner spanischer Bilder und außerdem, man traute seinen Augen kaum, ausgerechnet in San Sebastián das Schwert Boabdils, des letzten maurischen Herrschers von Granada. Ferner gab es eine Sammlung landwirtschaftlicher Geräte, Pflüge, Mistgabeln, Spaten, Spinnräder, Webstühle und so weiter, und einen schönen zinnernen Mambrinoshelm. Von einem Strick hing die Figur einer *bruja,* einer Hexe, die auf einem Besenstiel reitet. Mit ihrer langen Nase, dem spitzigen Hut, den Brillen und Krallenfingern unterschied sie sich von den englischen Hexen nur in einem wichtigen Merkmal: Auf englischen Besenstielen reitet man mit dem Griff nach vorne, die spanischen Hexen fliegen, scheint's, mit den

Borsten voran. Sollte also jemand zufällig eine Gestalt am Mond vorbeireiten sehen, die auf einem umgekehrten Besenstiel reitet, so weiß er sofort, daß es eine spanische Hexe ist, eine *bruja* oder *meiga*, wie sie einer der Museumsaufseher nannte, denn so heißen die Hexen in jenem Teil von Galicien, in dem er geboren war.

Als ich all dies besichtigt hatte, schien die Sonne wieder. Die Bucht von San Sebastián war berückend schön, in weitem Bogen verlief sie bis zu dem fernen Schloß, in dem die spanischen Herrscher ihre Freizeit am Meer zu verbringen pflegten. Wie ich schon erwähnt habe, sind in vielen Städten Spaniens gewisse Straßen für den motorisierten Verkehr gesperrt, meistens die Hauptgeschäftsstraße oder die eleganteste Straße. Durch diese höchst kultivierte Maßnahme hat auch San Sebastián den Verkehr von der herrlichen Küstenseite verbannt, und die breite Avenue, im Laubschatten eines Bogenganges aus beschnittenen Tamarisken, beschreibt in schöner Ruhe und Sicherheit ihren Bogen.

Schon wimmelte es auf den Sandbänken wieder von Kindern, und das Meer war von einem Saum badender Gestalten eingefaßt. Es war reizvoll zu beobachten, wie diese zwar nach englischen Anschauungen verzogenen Kinder unverwöhnt waren und an den simpelsten und billigsten Dingen ihre Freude hatten. Besonders gern schaute ich dem Mann mit den heißen Maronen zu, der seine Kastanien in einem Kessel von der Form einer Lokomotive mit einem hohen Rauchfang, aus dem wirklicher Rauch aufstieg, röstete. Männer, über und über mit Luftballons behängt, schlenderten umher, und man sah Rollwagen voll Aniskugeln, Lakritzenstäbchen, Süßigkeiten, die wie Kieselsteine aussahen, und Netzchen voll Schokoladegeld in Goldpapier, Spielzeugzigaretten und winzige Armbanduhren. Manchmal trat ein kleines Mädchen, wie von Du Maurier gezeichnet, mit einer Peseta heran und wählte mit der Zurückhaltung und dem Auftreten einer erwachsenen Dame bedachtsam einen Ballon oder einen Marzipanapfel.

Diese Anspruchslosigkeit, die in unseren Augen der vergangenen Zeit angehört, ist einer der wesentlichen Reize Spaniens. Sie ist zu tief verankert, um nur altmodisch oder vom mangelnden Austausch mit fremden Ländern bedingt zu sein. In ihr offenbart sich eine ganz bestimmte Geisteshaltung. Die Renaissance, die Reformation, die Französische Revolution, die industrielle Revolutionierung und die Amerikanisierung des Lebens haben die Geschichte Spaniens nicht grundlegend beeinflußt, es ist eine viel ältere Welt, die wir hier fühlen und bewundern. Irgendwie gehören ihr auch die simplen Schleckereien und Spielsachen in San Sebastián an.

Ich ergab mich in San Sebastián einem schamlosen Schlemmerdasein und ging von einem der kleinen Restaurants in der Altstadt ins andere, wie man im Prado von Bild zu Bild schreitet. Die Basken sind wohl die herzhaftesten Esser in Spanien, und nirgends, nicht einmal in Frankreich, versteht man es, Fische so schmackhaft und abwechslungsreich zuzubereiten. In der Altstadt gibt es eine Menge kleiner Gaststätten, die ihre Hausspezialitäten anbieten, und ich habe wohl nirgends so gut gegessen wie hier. Dabei war es, wie ich betonen muß, der ungünstigste Monat des Jahres, denn zu den Gerichten, deren Saison bereits vorüber war, zählten Austern, Krabben, Muscheln und *angulas a la bilbaína*, das ist in Öl gebackener Aalrogen. Zu meiner Enttäuschung erfuhr ich auch, daß es zur Zeit keine Neunaugen gab. Diese kleinen Aale werden in ganz Spanien gegessen und sind ein Gericht, nach dem ich mich seit meiner Schulzeit gesehnt habe. Damals war ich, aus makabrer Neugierde, darauf erpicht gewesen, die Speise zu kosten, an der Heinrich II. gestorben sein soll.

Wenn auch diese Fischsorten nicht zu haben waren, gab es doch Forellen, Seeforellen und Lachse, Krebse, Langusten, Schollen, Tintenfische, frische Sardinen, gebratenen Thunfisch und das berühmte baskische Gericht *bacalao a la bilbaína*, das ist vierundzwanzig Stunden lang in Öl eingeweichter Kabeljau, der dann mit Zwiebeln und anderen Zutaten gekocht wird.

Das bescheidene Gasthaus oder Weinhaus, das dem Fremden wie der Schlupfwinkel einer Räuberbande erscheint, ist eine Besonderheit Spaniens. In seinen finsteren Gelassen voller Weinfässer und Flaschen sieht man Knoblauch und Würste jeder Art von der Decke baumeln, und die Einrichtung, in der Dunkelheit nur undeutlich erkennbar, besteht aus weißgescheuerten Holzbänken und Tischgestellen. Hie und da tritt ein Meuchelmörder in den Türrahmen und lächelt den furchtsamen Fremdling liebenswürdig an. Je rauher das Äußere, desto feiner geht es meistens innen zu. In den alten Gassen stieß ich auf ein Lokal, das auf den ersten Blick die unheilschwangere Kulisse für eine Mordaffäre zu sein schien. Verlockt von einer mit Kalk auf das Fenster geschriebenen Ankündigung, die frisch gegrillte Sardinen verhieß, trat ich ein und wurde bestrickend herzlich in die Atmosphäre einer glücklichen Häuslichkeit aufgenommen. Im Kirchenschiff einer dämmrigen Kathedrale aus Fässern saßen der Besitzer und seine Frau, von ihren zahlreichen Kindern umringt, in Gesellschaft zweier Hunde und einiger Katzen, beim Essen, und als ich frische Sardinen bestellte, legte eines der Mädchen zuerst ein Stück Brot auf den Brettertisch, stellte einen Krug weißen Wein daneben und zuletzt die Sardinen, die so groß waren wie Sprotten. Es gab weder Messer noch Gabel, beim Essen nahm man sie einfach beim Kopf und beim Schwanz und knabberte sie ab. Ich fand, das verleihe den Sardinen einen besonderen Reiz.

Etwas mehr Mut braucht man, um *chipirones en su tinta,* Tintenfische im eigenen Saft gekocht, zu versuchen. Sie schauen ungefähr aus wie eine Schüssel voll schwarzer Gedärme, über die jemand eine Flasche Tusche geschüttet hat, aber mit der Zeit kann man sich gewiß daran gewöhnen. Gekochter Stockfisch, der zu den unerfreulichen Erinnerungen an England gehört, erhebt sich bei den Basken zu einem Gipfelpunkt des Epikureertums. Eine köstliche Art der Zubereitung ist folgende: Man nehme Stockfisch-Schnitzel und mariniere sie in etwas Olivenöl, dann brate man sie einseitig an. Man lege die Portionen in einzelne kleine Schüsselchen, in denen sie später gleich serviert werden. Nun bereite man folgende Sauce: Man gebe etwas Butter in eine Pfanne und brate darin ein wenig Schinken und feingehackte Pilze leicht an; während sie braten, dicke man die Sauce mit einem Kaffeelöffel Mehl ein. Man gieße mit Fleischextrakt, Tomatensaft und Weißwein auf. Die Sauce läßt man zwei Minuten lang kochen und gießt sie dann auf den Stockfisch. Dann stellt man die Schüsseln ins Rohr, bis der Fisch gar ist, und vor dem Anrichten, solange es noch sehr heiß ist, legt man ein Stück Butter auf jedes Stockfisch-Schnitzel. Ich garantiere dafür, daß keiner, der dieses Gericht einmal richtig zubereitet gekostet hat, zur Petersiliensauce zurückkehren wird.

Ich habe keine Ahnung, wie viele Gasthäuser San Sebastián besitzt, aber es muß in jeder Straße der alten Stadt ein paar geben. Man hat mir erzählt, die Basken nähmen das Essen so wichtig, daß es in der Stadt Eßklubs gebe, deren Mitgliedern eine Küche zur Verfügung stehe, in der sich jeder seine Lieblingsspeise selber kochen könne. In einer Stadt, in der die Männer nicht nur Feinschmecker sind, sondern auch Köche, ist es selbstverständlich, daß die Restaurants stets konkurrenzfähig sein müssen.

Hinter Pamplona fühlte ich, daß ich Spanien verlassen und die Grenze etwa zu einem Schottland aus der komischen Oper überschritten hatte. Auch die trotzigen, blauäugigen Gesichter unter blauen und roten Baretten, die drahtigen Männer und die ausnehmend hübschen Mädchen rund um San Sebastián erinnerten mich an das Nordland. Und so groß der Unterschied zwischen Kastiliern und Andalusiern ist, so verschieden sind beide von den Basken. Ich gedachte der trägen, üppigen Ebenen Andalusiens und seiner olivenreichen Hügel, der hohen nackten Grate Kastiliens und der Steppen La Manchas, die im Sommer staubtrocken sind, und dabei genoß ich hier das Nebeneinander von Grün und Wasser, Meer und Gebirge, mit dem Juliregen und den Ernten, die erst schnittreif zu werden anfingen, während sie im Süden vor Wochen gemäht und eingefahren worden waren.

Auch liegt im Baskenland das gleiche rassische Selbstbewußtsein in der

Luft, das sich bemerkbar macht, sobald man beispielsweise die Grenze nach Schottland überschreitet. Man braucht nur die Gesichter zu betrachten, um zu erkennen, daß die Basken, genau wie die Kastilier und Andalusier und wahrscheinlich alle sonstigen Spanier, sich als die einzigen Träger der Wahrheit und als den Mittelpunkt der Welt ansehen.

Wie die Schotten sind die Basken scharf auf das Geld, eigensinnig, und obwohl anscheinend unkompliziert, doch zu geistiger Inbrunst fähig. Es ist kein Zufall, daß der heilige Ignatius von Loyola und ebenso der heilige Franz Xaver Basken waren.

Der Regen der Bucht von Biscaya hüllte das Land in einen undurchdringlichen grauen Schleier, als ich durch Bilbao und Santander fuhr. In Santander lag ein Schiff in den Docks und nahm Fracht für Südamerika an Bord. In diesem Hafen landete Karl V., als er aus Flandern herbeieilte, um im Namen seiner bedauernswerten Mutter, Johanna der Wahnsinnigen, die Regierung Spaniens zu übernehmen. In der Hoffnung auf einen Rundblick über die Bucht hielt ich außerhalb der Stadt auf einem hochgelegenen Punkt; ich sah jedoch nichts als das nebelverhangene Vorgebirge, mit dem Königsschloß darauf, und dahinter die Kontur der massigen kantabrischen Berge.

Die fünfundsiebzig Kilometer lange Küste, in deren Mitte Santander liegt, gehört seltsamerweise zu Alt-Kastilien. Sie bildet Kastiliens einzigen Zugang zum Meer, und die Provinz zwängt sich sozusagen mit den Ellbogen zwischen dem baskischen Gebiet von Biscaya im Osten und dem alten Königreich Asturien im Westen durch; warum dieses Gebiet *La Montaña* heißt, weiß ich nicht, es ist nicht gebirgiger als das Land im Süden Kastiliens. Die Kastilier von *La Montaña* besitzen grüne Felder und fette Kühe, sie wohnen in Häusern, die mit ihren Holzveranden wie Sennhütten aussehen, sie spielen *pelota* wie die Basken, und manchmal sogar gegen die Kirchenmauer. Hier kann man kleine romanische Kirchen von Heiligen, deren Namen man nie gehört hat, finden. Es wäre faszinierend, an diesem kantabrischen Saum Spaniens entlangzureisen und nach diesen massiven kleinen Bauten zu suchen, die, wie die meisten griechischen Ikonen, älter aussehen als sie sind. Im Norden wurde die romanisch-westgotische Bauweise bis weit ins dreizehnte Jahrhundert hinein fortgesetzt. Der schöne und noble Distrikt wurde mir einmal von einem Spanier mit den Worten »sehr europäisch« geschildert; ich lächelte damals darüber, aber er hatte recht, denn hier hat sich die europäische Christenheit zum langen Streit wider den Islam zusammengefunden.

Erst am Nachmittag kam die Sonne heraus, und da näherte ich mich bereits Santillana del Mar, das nicht weit von den Höhlen von Altamira gelegen ist, in denen die berühmten prähistorischen Malereien zu sehen sind.

Auf dem Gipfel eines steilen Hügels fuhr ich in die merkwürdigste Kleinstadt ein, die sich denken läßt, eine Stadt der Kühe und Wappen und der festgefügten kleinen Steinpaläste, die in einer Linie aufgereiht standen wie die Straße der Ritter in Rhodos. Die Einwohnerschaft war anscheinend ausgestorben, und so bekam ich den Eindruck einer mittelalterlichen Stadt, deren Fürsten, Ritter und Knappen zu einem Turnier geritten sind. Santillana del Mar ist für alle von Interesse, die gerne auf den Spuren von Romangestalten wandeln, denn es ist der Geburtsort des Gil Blas.

Sein Geburtshaus, ein alter Palast auf einer Seite der *plaza,* ist zu einer höchst romantischen Herberge umgebaut worden, zum Parador Gil Blas, und dort wurde mir ein fürstliches Schlafgemach zugewiesen, mit mittelalterlich anmutenden Beleuchtungskörpern und Möbeln und einem modernen Badezimmer, in dem alles vorhanden war – nur kein heißes Wasser.

Vom Balkon am Ende der Halle, neben meinem Zimmer, blickte ich auf den kleinen, steingepflasterten Platz hinunter, der von alten Patrizierhäusern umrahmt ist. Eines hatte einen hübschen, mittelalterlichen Turm und ein Tor wie eine Kathedrale, ein anderes war schwarzweiß, und Schlinggeranien hingen von seinen hölzernen Galerien nieder, und das Ganze sah aus wie aufgestellte Kulissen für ein Drama – nur die Schauspieler fehlten. Ich kann mich an keinen Ort erinnern, in dem das Leben gedämpfter abgelaufen wäre als hier. Jene unbedingte Ruhe herrschte, die einem von Ärzten so häufig verordnet wird. Das einzige Lebenszeichen war ein staubbedeckter Lieferwagen, der über die *plaza* fuhr und Post und Gemüse brachte, oder ein Wagen voll Touristen, die in verschiedenen Sprachen ausriefen: »Wundervoll!«, oder abends, um die Melkzeit, eine Herde schwarzweiß gefleckter Kühe. Sie waren nobler untergebracht, als es sonst für Kühe üblich ist, viele der Kuhställe zeigten das Wappen einer Adelsfamilie über dem Tor.

In seinem Buch über Antonio Pérez schreibt Dr. Marañón über die weit und breit bekannte Vorliebe der Provinz Santander für Heraldik. Über Escobedos Heimatdorf Colindres sagt er: »Sein Haus war über und über mit Wappen gespickt, was in dieser Provinz allgemein üblich ist, denn hier frönen die Menschen ihrer heraldischen Eitelkeit in einem Maß, das als kindisch bezeichnet werden muß.« Das trifft für Santillana durchaus zu. Wenn man bezüglich der Heraldik überhaupt das Wort vulgär gebrauchen kann, muß man sagen, daß die steinernen Wappenschilder auf fast allen Häusern Santillanas sich gegenseitig niederschreien wie

Plakate auf einer Plakatwand, wobei sich manchmal die größten Wappen auf den kleinsten Häusern finden.
Ich begegnete niemandem, der mir hätte sagen können, wie sich das Leben hier abgespielt hat, als die kleinen Paläste noch von ihren stolzen Besitzern bewohnt waren. Vermutlich waren sie zu hochmütig, um zu arbeiten oder Ackerbau zu betreiben, und ich kann mir nicht denken, womit sie sich die Zeit vertrieben haben, außer in ihren Schlössern zu sitzen und über ihren Stammbäumen zu brüten. Ihre schöne Untätigkeit scheint auf die heutigen Bewohner ihrer Schlösser übergegangen zu sein, nur daß diese doch wenigstens Getreide mähen, Heu und Mais ernten und ihre Kühe melken müssen.
Das Schönste in Santillana ist die Keimzelle seiner Entstehung, eine einst prachtvolle romanische Abtei, die jetzt als Pfarrkirche dient und deren Tor man in England als normannisch bezeichnen würde. Sein herrlicher Bogen wäre in einem anderen Land etwas einzig Dastehendes, in Spanien gibt es aber zuviel Derartiges. Die Kirche wurde ursprünglich zur Bestattung der Gebeine einer jungfräulichen Heiligen, der heiligen Juliana, errichtet, die im vierten Jahrhundert in Bithynien den Märtyrertod gestorben ist. Der Name Santillana ist eine Verballhornung des lateinischen *Sancta Juliana.* Hinter der Kirche fand ich alte Säulengänge aus gedrungenen Rundbogen, deren mit gotischen Reliefs geschmückte Kapitelle schöner sind als die meisten bekannteren gotischen Altertümer Spaniens.
Hier entdeckt man außerdem eine uralte Steinstatue der Jungfrau mit dem Kind, die von römischen Einflüssen zeugt. Die Jungfrau hält das Kind nicht, wie bei den meisten Statuen, auf den Knien, sondern im Schoß, sie blickt geradeaus, und das Kind sieht aus wie ein kleiner, etwa zehnjähriger Prinz.
Ich hörte, daß die Stadt außer den Bauern und ihren Kühen noch eine Einwohnerschaft aus nicht anwesenden Adeligen besitzt, die nur selten herkommen, um sich in den Schlössern aufzuhalten; die übrige Zeit stehen diese unter der Aufsicht treuer, verläßlicher Haushüterinnen. Diese Frauen sitzen am Abend auf Stühlen oder Bänken vor dem Eingangstor und stricken oder erzeugen Spitzen. Mit gemischten Gefühlen geht man in den prunkvoll eingerichteten alten Bauten umher, die peinlich sauber und in bestem Zustand sind. In manchen stehen sogar Blumen auf dem Klavier, als werde der Besitzer für den Abend erwartet. Ich fragte eine solche Frau, wann ihr Herr das letzte Mal hier gewesen sei. Sie mußte erst nachrechnen, dann sagte sie, es werde wohl fünfzehn Jahre her sein. Man empfindet etwas wie Dankbarkeit dafür, daß es solche Treue noch gibt, und malt sich die Freude aus, die diese biederen Bauerngesichter erhellen mag, wenn der Herzog oder die Herzogin

plötzlich ankäme und sie den Befehl erhielten, Bettzeug herauszugeben und die Leintücher zu lüften.
Das imposanteste Bauwerk, das ich hier besichtigte, gehörte der Erzherzogin Margarethe von Habsburg-Lothringen und Bourbon. Es war früher der Sitz des Abtes. Die ältesten Teile des Baues stammen aus dem dreizehnten Jahrhundert, später wurde er umgebaut und adaptiert und dann von der gegenwärtigen Besitzerin auf geschmackvolle Weise modernisiert. Welch feierliche Stille, welch geradezu geisterhafte Stille breitet sich über ein Haus, wenn sein Besitzer jahrelang abwesend ist! Und diese Stille steigert sich bis zum Unheimlichen, wenn man ein Zimmer betritt und alles noch am selben Platz findet wie damals, als er oder sie Abschied nahm. Immer noch steht das Bildnis Franz Josephs in Uniform in fürstlichem Rahmen auf dem Klavier, König Alfons XIII. steht immer noch als rotwangiger, aber zartgebauter junger Kadett in seiner weißen Uniform auf einem Ziertischchen; hier die königlichen Brautbilder, die Prinzessinnen mit Babys im Taufkleidchen, lachende Familienbilder in der vor sechzig Jahren üblichen Tracht; dort das Jagdphoto einer dahingegangenen Persönlichkeit des Königshauses, in Gamaschen, eine Feder auf dem Hut, den einen Fuß sieghaft auf den erlegten Keiler gesetzt.
Die Toten üben eine furchtbare Tyrannei aus durch das Recht, ihren Nachkommen Besitz zu hinterlassen, über den diese nicht frei verfügen können, sondern den sie wieder an die eigenen Erben weitergeben müssen, in der stillschweigenden Erwartung, daß den Späteren immer noch teuer sei, was dem Toten einst teuer war. Vermutlich wurden die meisten dieser alten Schlösser als Fideikommiß weitervererbt. Das erklärt auch, wieso sie zum Teil noch gelegentlich, wenn auch vielleicht unfreiwillig, bewohnt werden.

Ich brach zu den nur zwei Kilometer entfernten Höhlen von Altamira auf, um mir die prähistorischen Felsenmalereien von Büffeln und anderen Tieren anzusehen, die heutzutage in jedem zweiten Werk über prähistorische Kunst abgebildet sind. Die Höhlen liegen in einem freien Hügelgelände, und als Führer hatte ich einen jener bäuerlichen Archäologen, deren Begeisterungsfähigkeit erstaunlich ist. Er berichtete, daß die Höhlen 1868 von einem gewissen Don Marcelino de Sautuola, der ein Sommerlandhaus in der Nähe besaß, entdeckt wurden, als er mit seinem Hund auf der Jagd war und dieser einen Fuchs bis in die Höhlen hinein verfolgte. Der Don war kein Ärchäologe, ihm fiel nichts weiter auf, und er kam in den nächsten sieben Jahren nicht mehr in die Höhlen zurück. Dann zeigte er sie seiner kleinen Tochter María. Vermutlich hatten sie Kerzen mit, denn bei der Erforschung der Höhlen bemerkte das kleine Mädchen die Zeichnungen und machte ihren Vater auf die »Stiere«

aufmerksam. Von da an breitete sich der Ruhm der Höhlen über die ganze Welt aus, die Gelehrten fuhren nach Santillana und besichtigten diese erstaunliche, fünfzehntausend Jahre zurückreichende Kunstausstellung.

Wir betraten eine feuchtkalte Höhle, die nur spärlich elektrisch beleuchtet war. Mein Führer richtete einen Lichtstrahl auf die Decke, und in dessen Schein tauchten große, bunte, vor Nässe glitzernde Tiere auf. Mein erster Gedanke war, daß sie in den Büchern viel schöner gewirkt hatten. Sie waren bedeutend größer, als ich angenommen hatte, und schwer auszunehmen, weil sie auf die rauhe Oberfläche des Gesteins gemalt und von vielen Rissen und Sprüngen durchzogen waren. Die Künstler hatten die Konturen der Tiere eingeritzt und das Bild dann mit braunem und rötlichem Ocker und mit Manganoxyd ausgemalt. Die Höhle war finster gewesen, so daß der oder die Künstler bei künstlichem Licht gearbeitet haben mußten. Es wird allgemein angenommen, daß sie mit Fett gefüllte Steinlämpchen verwendet haben. Die meisten Bilder konnte ich wegen des unzureichenden Lichtes keiner kritischen Betrachtung unterziehen, aber die naturgetreue Darstellungsweise, deren Nachahmung den Fälschern jeweils nicht leichtgefallen ist, war verblüffend. Am meisten beeindruckt war ich von der Zeichnung eines wilden Ebers, den der Künstler gehend darzustellen versucht hat, indem er das Tier mit acht Beinen zeichnete, wobei die zusätzlichen Beine in helleren Tönen und in Laufstellung gemalt sind. Bei einigen Tieren hatte er sich vorspringende Steinkanten zunutze gemacht, um mit solch ungewöhnlichen Mitteln eine dreidimensionale Wirkung zu erzielen. Diese Höhlenmalereien erschienen wahrhaft phantastisch, wenn man sich vor Augen hielt, daß sie zu einer Zeit entstanden waren, da Großbritannien noch durch Landbrücken mit dem Festland zusammenhing und Südeuropa ein kaltes, von wandernden Ren- und Wisentherden bevölkertes Gebiet war. Ren und Wildschwein scheinen sich seit diesen frühen Tagen nicht verändert zu haben, einzig das Pferd ist zu einem weit differenzierteren Tier geworden.

Fälscherei gehört, wie die Sucht, eine fremde Persönlichkeit zu verkörpern, in die Reihe jener eigentümlichen Verbrechen, die erst wirklich zu Verbrechen werden, wenn man Kapital daraus zu schlagen sucht. So darf man wohl ein Bild malen und es einen Vermeer nennen, kein Mensch kann einen dafür ins Gefängnis bringen, solange man es nicht als Vermeer verkauft hat. Die prähistorischen Funde haben seit je eine große Anziehungskraft auf einen bestimmten Fälschertyp ausgeübt, der aus purer Freude an seiner Kunstfertigkeit, meist ohne finanzielle Hintergedanken, Steinäxte, Feuersteinmesser und anderes anfertigte; oder vielleicht, weil es ihm Spaß machte, den Unsinn zu lesen, den die Archäologen nach Entdeckung solcher »Funde« von sich gaben. Zum Glück sind die Höhlen von Altamira im letzten Jahrhundert so gewissenhaft geprüft worden, daß man sie ohne Mißtrauen betrachten kann.

Etwa fünfzehn Kilometer westlich von Santillana gibt es ein prachtvolles Lachsgewässer, den Deva, der von den Kantabrischen Bergen herniederstürzt und sich ins Meer ergießt. Der Fluß bildet die Grenze zwischen Kastilien und Asturien, und ich überquerte ihn in dem Bewußtsein, nun die Gebirgsfestung zu betreten, in der das christliche Spanien vor langer Zeit Zuflucht suchte, um in Ruhe den langen Kreuzzug gegen den Islam vorzubereiten und auszuführen.

Zwischen Feldern stieg die Straße an, und den Hintergrund bildeten hohe Berge mit wolkenumhüllten Gipfeln. Ich begegnete Männern, die Kühe vor sich hertrieben. Hier bedeutet eine Kuh schon einen beträchtlichen Reichtum, und die Eigentümer waren sichtlich stolz auf die fetten Tiere, die sie zur Weide führten. Ein mit Tragkörben voll frischer Brote beladener Esel kam des Wegs, begleitet von zwei Mädchen mit lockigen Haaren und Majorkaperlen um den Hals. Die Urgroßmütter dieser Mädchen trugen die schöne Tracht, die von früheren Spanienreisenden beschrieben wurde, aber heute legen die Bauernmädchen den ererbten Staat nur bei festlichen Anlässen an, und die Landestrachten sind nur noch geschätzte Requisiten für Volkstanzgruppen, folkloristische Vereine, Museen und Plakatzeichner.

Die Straße wurde schmaler und steiler und bog in eine wilde Schlucht ein, durch welche der schönste Forellenbach, den ich je gesehen habe, klar wie Glas über Felsblöcke hinschoß und etwa alle fünfzig Meter abstürzte, um sich zu tiefen, tintenschwarzen Tümpeln mit fleckigen Schaumköpfen zu sammeln. Und nirgends ein Baum, in dem die Fliege beim Fischen hängenbleiben konnte! Ich sah zwei junge Männer, die ich glühend beneidete. Sie hatten die Angeln an ihre Fahrräder gebunden. Sie sagten, der Fluß heiße Cares und wimmle von Lachsen und Forellen, die fast so groß wie Lachse seien.

Weiter führte die Straße bergauf durch die wilde Berglandschaft, und nach fünfzehn Kilometern erreichte sie das Gebirgsdorf Arenas de Cabrales. Der Nebel senkte sich und ein feiner Sprühregen setzte ein. Das Dorf bestand nur aus ein paar Läden, niedrigen Steinhäusern und einem kleinen Wirtshaus, das sich prahlerisch *Fonda de los Picos de Europa* nannte. Es war Hotel, Gemischtwarenhandlung, Café und Bar in einem. Ich ersuchte den *patrón* um etwas zu essen und zu trinken, und er schlug mir Apfelmost vor, kalte, geräucherte Forellen sowie einen Käse, der die Spezialität des Dorfes war. Hinter sich ein Warenlager von Gummischuhen, Anzügen, Ölzeug, Kolonialwaren, Süßigkeiten, Tabak, Fuchsfellen und Otterpelzen, machte er sich eifrig zu schaffen und stellte nach ein paar Minuten die Forelle, den Käse, ein Pfund Landbutter und frisches Brot vor mich hin. Dann ergriff er ein Glas, hielt die Mostflasche etwa einen halben Meter hoch darüber und schenkte den Most so ein, daß sich ein Schaumkopf bildete. Ich glaubte zuerst, er wolle sich produzieren und lobte seine Geschicklichkeit, aber diese Art, den Most einzuschenken, ist in Asturien allgemein üblich. Wenn der Most abgestanden ist, wird der im Glas verbliebene Rest weggeschüttet und, wieder aus ziemlicher Höhe, frisch nachgefüllt; daher riecht es in den Weinbuden säuerlich nach schalem Most, und die Fußböden sind ständig feucht.

Die Räucherforellen schmeckten pikant, der Käse sah zwar wie Roquefort aus, schmeckte aber eher wie ein Stiltonkäse, der Apfelmost hingegen war für meinen Geschmack etwas zu bitter und auch nicht das richtige Getränk für kalte Tage, wenn der Nebel aus dem Gebirge heruntersinkt. Als ich dem *patrón* erzählte, daß ich zu *Nuestra Señora de Covadonga* unterwegs sei, nahm sein Gesicht einen anderen Ausdruck an, und er ließ mir fortan die ehrerbietige Aufmerksamkeit zuteil werden, die dem gebührt, der in Erfüllung einer frommen Pflicht unterwegs ist.

Seine Gäste seien fast lauter Fischer oder Bergsteiger, sagte er, denn hier sei die Ausgangsstation für sämtliche Bergbesteigungen im Gebiet des Riesen Naranjo de Bulnes, der eine Höhe von nahezu zweitausendfünfhundert Metern erreicht. Er war im Jahre 1904 erstmalig und seither nur selten bezwungen worden. Der erste *conquistador* – er gebrauchte dieses Wort tatsächlich – war Don Pedro Pidal y Bernaldo de Quirós, Marquis von Villaviciosa. Am 4. August des Jahres 1904 erstieg er den Gipfel; doch den dramatischen Höhepunkt hob er sich, wie der *patrón* sagte, für zuletzt auf: Nach seinem Tode wurde sein Leichnam bis an die Wolkengrenze hinaufgetragen und auf dem Berg bestattet, den er bezwungen hatte.

Da der Regen nachgelassen hatte, fuhr ich weiter durch die aufwärts führende Schlucht. Ehe die Straße vom Lauf des Flusses abbog, stieg ich aus und durchforschte die dunklen, tiefen Tümpel mit dem Fernglas, in der Hoffnung, ein paar Fische zu erspähen. Ich wüßte nicht, wo man günstigere Fischteiche und einen schöneren Angelplatz finden könnte, aber ich war nicht der einzige, der dieser Ansicht war, denn plötzlich schnellte ein dunkler Schatten in mein Blickfeld, der aus dem Wasser emporgetaucht war und nun sekundenlang auf dem Geröll rastete. Es war ein großer, glänzender Fischotter, und ich konnte jedes Haar auf seinem Körper und das lauernde, kleine Katzengesicht deutlich ausnehmen, während er einen Augenblick lang ruhig saß, um sich gleich darauf wieder mit schlangenhafter Geschmeidigkeit ins Wasser zu stürzen, ohne daß die Oberfläche von Wellen gekräuselt wurde. Wohin ich blickte, ragten hohe Berge auf, und dahinter leuchtete im ewigen Schnee der mächtige Picos de

Europa aus dem Grau des Himmels. Ich verließ die Schlucht des Cares und geriet immer höher in die Bergeinsamkeit der Nadelwälder, die die Abhänge der Schluchten und Klammen bedecken; Berg hinter Berg stieg empor, und schräg über den Himmel zog sich wie eine weiße Linie das ferne, kilometerweite Gebiet des Sommerschnees.

Von allem, was ich in Spanien erlebt hatte, hat nichts einen tieferen Eindruck auf mich gemacht als dieser Teil von Asturien, dieses unbezwingbare Land der Bergbewohner, die eigentliche Schule für den Guerillakrieg. Die Truppen Pelayos, die hier Felsblöcke auf die Köpfe der Mauren hinunterstürzten und ganze Armeen wie in einer Falle in den Schluchten fingen, waren die Vorfahren jener asturischen Bergarbeiter, die im Bürgerkrieg durch ihre völlige Furchtlosigkeit und ihre überlegene Vertrautheit im Umgang mit Sprengstoff zu düsterem Ruhme gelangten. Der *dinamitero* jener Tage, der in jeder Hand eine Sprengladung hält und die Zündschnur mit dem Zigarettenstummel in Brand steckt, war der rauheste, aber beste Kamerad. Wahrlich, ein seltsames Arkadien, voll Dynamit und Apfelwein, mit seinen Reminiszenzen an Pelayo und den Largo Caballero!

Die Höhle von Covadonga ist heute ein Heiligtum der Madonna von Covadonga, der Pelayo angeblich seinen Sieg zu verdanken hatte. Sie liegt an der höchsten Stelle eines malerischen Taleinschnittes, zwischen Klüften und Föhrenwäldern. Die wilde Landschaft ist hier zum Naturschutzgebiet erklärt worden, und Gemsen und Rotwild, Wildkatzen, Wölfe, Fischadler, Geier und Bären sind darin heimisch. Die Bären greifen den Menschen nicht an; wenn sie allerdings mit Hunden gehetzt werden, zeigen sie sich als wütende Kämpfer. Als Bären noch nicht so selten waren wie heute, liebten die Asturier geräucherten, eingepökelten Bärenschinken, der besonders schmackhaft gewesen sein soll.

Der Zugang nach Covadonga hätte kaum heidnischer sein können: eine Gebirgshöhle und ein Gewässer, das aus den Felsen springt. Als ich die Anhöhe erreichte und die Terrasse betrat, die man, hoch über der Klamm, angelegt hat, parkten vier oder fünf Autobusse vor der Basilika, die der Jungfrau von Covadonga geweiht ist, der Jungfrau der Schlachten. Ich näherte mich der Kirche und sah, daß sie bis an die Eingänge voller Menschen war und vom Licht Tausender Kerzen erstrahlte. Ich drängte mich etwas hinein und sah, daß die feierlichen Zeremonien eines Hochamtes in Anwesenheit des Bischofs eben zu Ende gingen. Dann wurden die Tore aufgerissen, die Menge strömte aus der Kirche und sammelte sich auf der Terrasse, um den Bischof zu erwarten. Er trat ins Freie und spendete mild lächelnd nach allen Seiten seinen Segen. Frauen eilten herbei und hoben die Kinder zu ihm auf;

er machte über ihren Kopf das Kreuzzeichen, lächelte und schritt weiter. In der Menge war kein einziger Tourist, lauter Landbewohner im Sonntagsstaat, alte Bauern mit derben Stöcken in der Hand, und schwarz gekleidete Frauen, den Spitzenschleier über dem Haar.
Kaum war der Bischof fort, drängten die Leute sich vor den Läden, in denen man Medaillons von der Jungfrau der Schlachten und andere Andenken an das Gnadenbild zu kaufen bekam. Andere eilten durch den Felstunnel, der in die berühmte Grotte führte. Hier stand auf einer Felsplatte am Rand der Klippe, zwischen zwei überhängenden Felswänden, ein Altar und darauf, vom Kerzenschein bestrahlt, eine kleine, edelsteingeschmückte, in Seide gehüllte Muttergottes. Die Menge drängte näher, kniete nieder und schlug das Kreuz. Der fromme Ausdruck auf den Gesichtern der Bauern, besonders der alten Frauen, war ergreifend. Auf den Knien rutschten sie an den Altar heran, manche legten sogar den Weg durch den langen Tunnel so zurück, ohne dabei des Schmutzes und der Feuchtigkeit zu achten, und erklommen die Stufen, immer noch auf den Knien, wobei sie jede Hilfe zurückwiesen. Und wenn sie die oberste Stufe erreicht hatten und die Jungfrau der Schlachten in Gelassenheit hoch über sich zwischen den Kerzen schweben sahen, glitt ein Ausdruck über die alten Gesichter, den sie wohl haben werden, wenn sie den Himmelspforten entgegengehen. Diese schlichten alten Menschen besaßen, was unserer Zeit bitter fehlt und ihr so nottun würde, und ich sah mit Demut und Rührung auf sie und war glücklich, daß es in der traurigen, nüchternen und desillusionierten Welt von heute noch solche Glaubenskraft gab.
Die Grotte, in der sich Pelayo verborgen gehalten hat, ist nicht weit vom Altar. In ihr befinden sich zwei uralte Gräber, angeblich die Pelayos und seiner Gattin Gaudiosa, aber wer dieser Kriegsheld eigentlich gewesen ist, weiß niemand mit Bestimmtheit zu sagen, er ist so eng von Sagen umsponnen wie sein Haupt von der gotischen Krone. Wahrscheinlich war er ein Gotenanführer, der die versprengten Truppen sammelte und die wilden Bergbewohner die verjährten Erfahrungen von der Zilizischen Pforte neu lehrte, daß nämlich eine Handvoll Männer eine ganze unter ihnen vorbeiziehende Armee von oben mit ein paar Felsbrocken vernichten könne. Der Sage nach haben dreihundert Christen unter Pelayos Führung ungefähr hundertfünfzigtausend Ungläubige erschlagen. Das ist zwar nicht gut möglich, doch bleibt die historische Tatsache bestehen, daß dank dem erfolgreichen Eingreifen Pelayos im Jahr 716 in der Schlucht von Covadonga die Mauren aus Asturien ferngehalten wurden und nie wieder versuchten, es zu erobern. Sein Sieg leitete die Wiedereroberung ein und führte zur Geburt des ersten christlichen Reiches, des Königreiches Asturien. Das zweite in der Grotte befindliche Grab ist das Alfons' I.

von Asturien, der ein Schwiegersohn Pelayos gewesen sein könnte. Er griff die Mauren in Galicien an und eroberte die alte Römerstadt Lugo. Es gibt in ganz Spanien kaum einen Anblick, der die Phantasie im gleichen Maß aufrütteln und anfeuern könnte wie die Grotte, in der, wie man wohl sagen kann, eine Nation geboren wurde.

Auf der Fahrt nach Oviedo kam ich durch das Städtchen Cangas de Onís, in dem Pelayo anfangs Hof gehalten haben soll. Das einzige, was dort noch sehenswert ist, ist die wunderschöne Brücke, die sich in einem einzigen, weitgespannten Bogen über den Fluß Sella wölbt. Dann fuhr ich zwanzig Kilometer lang durch Tal und Hügel, zwischen Apfelgärten und durch steinerne Städtchen, in denen Frauen am Fluß knieten und ihre Wäsche schwemmten, ich traf Bergarbeiter auf Fahrrädern, zu zweit schreitende Polizisten, Kühe, die neben ihren Besitzern hertrotteten, Ochsengespanne und erblickte endlich die Türme einer Kathedrale: Es war Oviedo, die alte Hauptstadt von Asturien.

Ich möchte allen, die nach Oviedo kommen, empfehlen, *fabada* zu essen, die asturische Variante des *cocido*, einer Art Ragout, das überall in Spanien gekocht wird, aber überall auf andere Art. Die unbedingt nötigen Zutaten einer *fabada* sind fettes Schweinefleisch, grüne Bohnen, stark gewürzte Wurst und vor allem Knoblauch.

An einem regnerischen Sonntagnachmittag aß ich *fabada* in einem kleinen Gasthaus, hinter einer Bar, und staunte über die Mengen an Nahrungsmitteln, welche die Spanier zu vertilgen imstande sind. Am Nebentisch saß eine vierköpfige Familie, die bereits eine große Schüssel *fabada* gegessen hatte, dann folgte eine Forelle, Hammelbraten und zum Abschluß Mengen von Walderdbeeren mit Schlagsahne. Ein junger Mann, der in meiner Nähe saß, neigte sich zu mir und sagte mit jener übertriebenen und zudringlichen Freundlichkeit, bei der jeder Engländer mit den Zähnen knirscht: »Sie sind Engländer, nicht wahr?« Ich wußte nicht, wo ich ihn einordnen sollte. Er sah zwar wie ein Spanier aus, hatte aber doch etwas Ausländisches, auch sprach er mit einem deutlich hörbaren amerikanischen Akzent.

Es stellte sich heraus, daß er aus Puerto Rico war und in Madrid Medizin studierte. Für einen Medizinstudenten war er ziemlich alt, und ich fragte ihn, warum er bis Spanien gefahren sei, statt in den Vereinigten Staaten zu studieren.

»Es ist hier viel billiger«, antwortete er. Ich weiß nicht mehr, wie viele von seinen Landsleuten, seiner Behauptung nach, an der Madrider Universität studierten, aber die Zahl, die er mir nannte, war ziemlich groß. Mit Ausnahme von Touristen und einem Mann, den man mir, ich glaube in Sevilla, als reichen Mexikaner bezeichnet hatte, war er das erste lebende

Relikt aus dem alten spanischen Kolonialreich, das ich hier getroffen hatte.
An einem regnerischen Sonntagnachmittag sieht Oviedo nicht besonders vorteilhaft aus. Es ist eine große, planvoll angelegte Handelsstadt, Zentrum eines ausgedehnten Bergbaugebietes; aber nur wenig erinnert hier noch den Besucher an Oviedos große Vergangenheit.
Ich durchstreifte die Kathedrale San Salvador und entdeckte eine entzückende Statue des großen heiligen Antonius mit seinem Schwein, das die fleischlichen Gelüste, gegen die er ankämpfte, symbolisiert, und rund um ihn hingen kleine Wachsschweinchen, die ihm von der Landbevölkerung geopfert worden waren, wenn er ihre Gebete für das Gedeihen ihrer Schweine erhört hatte! Diese reizende Gedankenverwirrung machte mir tagelang Vergnügen.
Ich glaubte mich allein in der Kirche, aber als ich ein paar Stufen hinaufstieg, sah ich plötzlich eine alte Frau, ganz in Schwarz, die wie ein Bild von Rembrandt wirkte, vor einem Tisch sitzen. Sie war die Hüterin eines der geheiligtesten Schätze Spaniens, nämlich der Reliquien und Kleinodien, die im Jahr 711 vor den Mauren in ein Versteck in den asturischen Bergen gerettet worden waren. Ich bezahlte an ihrem Tisch den Eintrittspreis, und die alte Frau überreichte mir eine Eintrittskarte. Dann näherte ich mich dem beleuchteten Gitter, hinter dem diese bedeutsamen Gegenstände sehr wirkungsvoll ausgebreitet liegen.
Als die Araber in Spanien einfielen, so meldet die Geschichte, wurden die Schätze in einer Truhe verstaut und aus Toledo geschmuggelt. Sie wurden sicherlich in den Bergen versteckt und gerieten dort in Vergessenheit, denn als die Truhe nach dreihundert Jahren ans Tageslicht kam, wußte niemand, was darin sein könnte. Der Sage nach sollen einige Priester, die sie öffnen und hineinsehen wollten, von einem unirdischen Lichtschein geblendet worden sein; und die Truhe wurde erst, nachdem Alfons VI. in Oviedo eintraf und mit seinen Rittern wochenlang gebetet und gefastet hatte, unter Einhaltung der geziemenden Zeremonien am dritten Fastensonntag des Jahres 1075 geöffnet. Zur Überraschung aller Anwesenden enthielt sie eine reiche Sammlung gotischer und byzantinischer Reliquienkästchen. Einige der in diesen enthaltenen Dinge ließen sich identifizieren – wie, das wird allerdings nicht gesagt –, zum Beispiel zwei Splitter vom wahren Kreuz, ein paar Blutstropfen des Erlösers, Streifen seines Gewandes, Brotkrumen vom Letzten Abendmahl, Reliquien der seligsten Jungfrau, der zwölf Apostel und einiger Heiligen, deren römische Namen auf ihre Abstammung aus dem Altertum hinwiesen. Alfons VI. ließ eine Truhe aus Zedernholz anfertigen und mit getriebenem Silber überziehen, die als

Behälter für die unschätzbaren Reliquien dienen sollte, und diese Truhe ist hier zu sehen. Die dem Beschauer zugekehrte Seite zeigt den Heiland auf einem Thron, in einer Umrahmung, die von vier Engeln gehalten wird, auf den Seitenwänden sieht man die zwölf Apostel unter den Wölbungen einer klassischen Kolonnade stehen, und rund um den ganzen christlichen Schrein läuft eine kufische Inschrift.

Am späten Nachmittag hörte ich, daß an dem Tag das Fest des heiligen Antonius von Padua gefeiert und, etwa anderthalb Kilometer außerhalb von Oviedo, ihm zu Ehren eine *fiesta* veranstaltet werde. In der Hoffnung, Landestrachten und volkstümliche Tänze zu sehen, machte ich mich eilig dorthin auf, doch der Anblick, der sich mir bot, übertraf an Armseligkeit jedes englische Kirchenfest an einem verregneten Sommernachmittag. Auf dem Sportplatz einer Brauerei, die man im Hintergrund sehen konnte, schlenderten ein paar hundert Menschen herum. In der Mitte des freien Geländes hatte man auf Fässern ein Podium errichtet, auf dem die städtische Musikkapelle moderne Tanzmusik zum besten gab, die von ein paar Lautsprechern lärmend übertragen wurde. Einige Pärchen hielten einander plump umfaßt und drehten sich auf dem Rasen im Kreis, meistens tanzten Mädchen miteinander. Ich beobachtete einen Vorfall, der in einem weniger individualistischen Land kaum möglich gewesen wäre. Einer der Musikanten entdeckte seine *novia* im Gedränge, er setzte das Horn ab, legte es hin und stieg vom Podium, um mit ihr zu tanzen, dann kletterte er seelenruhig wieder hinauf und spielte weiter. Der Dirigent schien seine Flucht nicht bemerkt zu haben; aber was hätte ein Dirigent in einem solchen Dilemma auch tun sollen? Etwa abklopfen und eine Szene heraufbeschwören?

Man hatte Kokosnuß-Wurfbuden aufgestellt, es gab eine Kegelbahn und allerlei Geschicklichkeitsspiele, alte Frauen verkauften gebrannte Haselnüsse, Süßigkeiten, kleine Kuchen und Oliven, auf Tischen standen Lagerbier und süße Erfrischungsgetränke, und sooft es zu regnen begann, setzte ein allgemeiner Wettlauf ein, den Kastanienbäumen zu, die das Grundstück umrahmten. Dann vernahm ich den Klang einer asturischen Flöte, und drei Männer, die eine junge Kuh am Leitseil führten, kamen herbei. Der eine hatte eine Trommel umgehängt, die er mit der einen Hand schlug, während er mit der anderen die Flöte an die Lippen hielt. Sein Begleiter verkaufte Lose zu einer Peseta das Stück.

Ich fuhr den Hügel hinter der Stadt hinauf, um die beiden berühmten gotischen Kirchen zu besichtigen, die im 11. Jahrhundert an der gleichen Stelle errichtet wurden, wo sich zwei von Ramiro I. im Jahre 858 gebaute Paläste erhoben. Die beiden massiven Gebäude zeugen noch von einstiger Größe und Schönheit, aber sie sind schon ziemlich verwittert und von Mauerflechten zersprengt.

Als ich um sie herumging, wurde ich Zeuge einer merkwürdigen Szene. Neben der einen Kirche hatte eine Familie, bestehend aus sieben Frauen und zwei Männern, eine Decke auf das Gras gebreitet und hielt ein Picknick ab. Plötzlich erhoben sich die Männer und gingen hinter die Kirche. Dort begannen sie einander in den gemeinsten Ausdrücken zu beschimpfen. Hatte der eine seinen Wortschatz erschöpft, so fing der andere an. Sie taten, als ob sie sich trennen wollten, dann kehrten sie plötzlich wieder um und gebärdeten sich noch wütender. Ihre schwarzen Augen funkelten, und ihre Handbewegungen waren köstlich anzusehen. Es ist unglaublich, was ein zorniger Spanier mit den Händen ausdrücken kann. Sie zerfetzten nicht vorhandene Gegenstände und schleuderten sie von sich, sie hoben die geballten Fäuste und erwürgten eine Handvoll Luft, sie duckten sich wie Kampfhähne, traten mit glühenden Augen ganz dicht voreinander hin und zischten einander die gräßlichsten Flüche fast in den Mund hinein. Das Einmalige daran war, daß es zu keiner Schlägerei kam, obwohl sich zwischen den zwei Männern ein solches Übermaß an Wut aufgespeichert hatte. Die Hemmungslosigkeit ihrer Worte stand in einem eigentümlichen Gegensatz zu ihrer körperlichen Zurückhaltung. Daß inzwischen die Frauen gleich um die Ecke, wenn auch der Sicht entzogen, hinter der Kirchenmauer saßen, ruhig plaudernd und an ihren Sandwiches kauend, machte die Szene nur noch absurder.

Eines Morgens brach ich schon früh von Oviedo auf. Typisch für diese Landschaft Asturiens sind die kleinen Hütten mit ihren hölzernen Balkonen, die etwa einen Meter über dem Erdboden auf Steinsockel aufgesetzt sind, wie man sie auch bei englischen Scheunen manchmal als Unterbau vorfindet. Die Mauern der Häuschen weisen Luftschlitze auf, und ihre Schieferdächer sind mit Steinen beschwert. Für Weizensilos waren sie zu klein, am ehesten hätte ich sie für Taubenschläge gehalten, doch sah ich nirgends Stangen, auf denen Tauben saßen. Da ich immer wieder an diesen völlig gleich aussehenden Gebäuden vorüberkam, hielt ich einen alten Mann auf und fragte nach deren Zweck. Er schaute mich in höflicher Verwunderung an und dachte wohl: Über die Unwissenheit der Fremden lachen selbst die Götter!
»Das ist ein *hórreo, señor*«, erwiderte er.
»Ist ein *hórreo* ein *granero?*« fragte ich.
Ja, da habe der *caballero* nicht unrecht, nur hießen sie eben *hórreos* und würden zum Einlagern von Mais verwendet. Er belehrte mich, daß die geschnittenen Kolben zum Trocknen auf den kleinen Holzbalkonen aufgehängt und später im Innern aufbewahrt werden. Dem *caballero* werde wohl aufgefallen sein, daß die *hórreos* auf Steinsockeln stünden,

das sei wegen der *ratas,* damit diese nicht an den Mais herankämen. Er fügte noch hinzu, daß sehr oft die frischgebackenen Brotlaibe bis zum nächsten Backtag darin aufbewahrt würden, und auch die großen Käselaibe und das Obst würden da verwahrt.
In einem der Dörfer, durch die ich kam, waren die Einwohner mit Kind und Kegel draußen beim Heuen. Die ringsum liegenden Maisäcker waren noch nicht schnittreif. Hie und da rumpelte ein Ochsenkarren vorüber und knarrte bei jeder Umdrehung der Räder, und die Ochsen davor schwankten schwerfällig nach rechts und links. Sie trugen Kappen aus Schafsfell, wie die Ochsen aus einer Ernteszene bei Vergil. In einem solchen Dorf fielen mir zum erstenmal die hölzernen Schuhe der Frauen, die *zuecos,* auf, die ich später in ganz Asturien sah. Sie stehen auf kleinen Holzknöpfen, die wie Füßchen aussehen, ungefähr fünf Zentimeter über dem Boden.

Der große Unterschied, der zwischen den einzelnen Gebieten Spaniens herrscht, ist erstaunlich. Jäh verändert sich der Charakter der Landschaft. Man sieht eine völlig andere Bodenformation, die Vegetation ist nicht mehr dieselbe, und auch die Häuser sind anders geworden, nirgends aber wird das deutlicher fühlbar als an der Grenze zwischen Asturien und Galicien. Bald merkt man, daß man das Hochgebirge hinter sich gelassen hat und in eine neblige Landschaft mit Mooren, niedrigen Hügelkuppen und Sumpfland gelangt ist. Die weißen Bauernhäuser erinnerten mich an Irland. Als ich mich in westlicher Richtung auf La Coruña zu bewegte, mußte ich immerfort an Irland denken, und das lag nicht nur am vielen Grün dieses Landes, seinen Steinmäuerchen, windüberbrausten, breiten Mündungsgebieten, niederen Kuppen und Hügeln und weißen Steinhäusern, sondern auch an den Bewegungen der Menschen und an ihrer Art zu schauen.
Wie in Asturien begegnet man auch den galicischen Bauern auf allen Wegen mit ihrer einzigen Kuh, neben der hier noch manchmal ein Schaf einhertrottet. Kilometerweit erstreckten sich die Maisfelder, und große Flächen des Weidelandes waren bis an den Rand der Straße frisch und saftig.
Die Scheunen Galiciens, die sog. *hórreos,* waren von denen Asturiens verschieden. Irgendwo unterwegs waren sie plötzlich nicht länger Miniatursennhütten mit Holzbalkonen, sondern längliche Steinbauten mit vielen Luftschlitzen und einem Kreuz darauf. Dadurch sahen sie aus wie Grabkapellen, besonders wenn sie in Gruppen zu viert oder zu fünft innerhalb einer Steinumfriedung nebeneinander standen.
In einem der kleinen Dörfer war gerade Viehmarkt. Von nah und fern waren die Bauern mit ihren Pferden, Kühen und Schweinen herbeige-

strömt. Unter den schönen, lanzettförmigen Blättern der Kastanienbäume drängte sich eine verschreckte, muhende, grunzende, quiekende Herde von Tieren, und die Besitzer standen auf ihre Stöcke gelehnt dabei und tauschten fachmännische Bemerkungen über sie aus. Bauernweiber, deren Füße in breiten Holzpantinen steckten, hielten Kühe oder Kälber am Leitseil und machten durchaus den Eindruck, daß mit ihnen nicht leicht zu handeln war. Vergeblich hielt ich nach dem reichen Bauern, einem Typus, den man auf jedem englischen Markt antrifft, Ausschau. Die Leute auf diesem Viehmarkt waren offenbar lauter Kleinbauern, wahrscheinlich von dem Schlag, dem ich überall der Küste entlang mit der einzigen Kuh begegnet war.

Hier sah ich viele *zuecos*. Für die nordspanischen Bauern sind sie ungefähr dasselbe wie die Gummistiefel für die englischen Bauern. Sie sind hübsch ausgeführt, und ich beobachtete, daß manche Bauern besonders große wie Galoschen über ihre Schuhe gestülpt hatten. Ich hätte gern ein Paar gekauft, leider wurden sie jedoch nur nach Maß angefertigt. Der *zueco*-Schuster ist eigentlich kein Schuster, er verwendet auch kein Leder, er ist eher ein Holzschnitzer, ein sogenannter *zoqueiro*. Trotzdem hatten einzelne den Flickschustern ins Handwerk gepfuscht, denn viele *zuecos* hatten Seitenteile aus Leder oder waren, genau genommen, Lederschuhe mit Holzsohlen.

Nun senkte sich der Weg in ein liebliches Flußdelta hinunter. Es war Ebbezeit, und eine anmutige steinerne Brücke schwang sich über weite Flächen feuchten Sandes hin.

Ich freute mich schon auf La Coruña, das inniger als die anderen spanischen Städte mit England verknüpft ist. Im dortigen Hafen landeten die englischen Pilger nach St. Jakob von Compostela nach viertägiger Fahrt von Plymouth oder Bristol. Philipp II. schiffte sich in La Coruña ein, als er nach England fuhr, um Mary Tudor zu heiraten, und die Armada ging, zum letztenmal, von La Coruña aus in See.

Die Stadt liegt auf einer schmalen Halbinsel, die stellenweise nur wenige hundert Meter breit ist und zwei Buchten bildet. Im Winter dürfte dieser Ort zu den feuchtesten und windigsten der Welt zählen, darum haben die Einwohner ihre Veranden zum Schutz gegen die Witterung mit Glas verkleidet.

Ich hatte nicht erwartet, einen so turbulent-belebten kleinen Seehafen vorzufinden, mit vielen Straßenbahnen, Kinos und schmucken Hotels; besonders bei Sonnenschein machte er einen fröhlichen Eindruck. In den Straßen und Cafés herrschte buntes Gedränge. La Coruña hatte sich kaum von seinem alljährlichen Fest erholt, einem recht ungewöhnlichen Fest, das zum Gedenken an die Amazone María Pita abgehalten wird, die beim

Feldzug Drakes zur Rache für die Armada Seite an Seite mit ihrem Gatten kämpfte und den englischen Fahnenträger tötete, wodurch sich das Kriegsglück wendete und die alte Stadt gerettet wurde; so wird zumindest behauptet. Die spanischen Frauen sind nicht nur als politische Anführerinnen hervorgetreten – viele erinnern sich noch der *Pasionaria* im Bürgerkrieg –, sie haben auch öfters in Schlachten mitgekämpft, manchmal sogar in Männerkleidung. Zum Beispiel gab es die tapfere María de Estrada – Maria von der Dammstraße –, die bei Cortez' Rückzug in Mexiko mit Schwert und Schild gegen die Azteken gekämpft hat, und Doña María de Gaucín, die aus dem Kloster austrat und Stierkämpferin wurde! Nachdem sie ein berühmter *torero* geworden war und ihren Ruhm ausgekostet hatte, gab sie es angeblich plötzlich wieder auf und kehrte ins Kloster zurück; die Nonnen sollen sehr stolz auf ihre Heldentaten gewesen sein, die auf das Kloster einen Abglanz warfen. Calderón hat durchaus nicht übertrieben, als er eine Nonne, die das Kloster verließ und Anführerin der Banditen wurde, zur Heldin seines Stückes *Devoción de la Cruz* wählte. Ich habe schon öfters den Verdacht gehegt, daß die spanischen Frauen zwar keiner Fliege etwas zuleid tun können, aber unter Umständen bereit sind, zum Schwert zu greifen, um jene zu töten, die Dinge bedrohen, an die sie glauben. Auch wird dem Fremden auffallen, mit welcher Selbstverständlichkeit die Frauen in Spanien einem Fremden auf der Landstraße etwas zurufen oder mitlachen, jedoch nicht in der Absicht, als Frau auf ihn Eindruck zu machen, sondern ohne eine Spur von Koketterie. Das international bekannte Bild der hinter dem Fächer flirtenden *señorita* ist lange nicht so typisch für die Spanierin wie das Mädchen, das Blasco Ibáñez in seinem *Flor de Mayo* folgendermaßen beschreibt: »Unverschämte Anträge beantwortete sie mit einer wegwerfenden Handbewegung, ein Kneifen mit einem Schlag und eine aufgezwungene Umarmung mit einem kräftigen Fußtritt, der schon so manchen langen, stark und fest wie ein Mastbaum gewachsenen Jüngling zu Boden geworfen hatte.« Auf jeden Fall paßte es zu Spanien, daß ein berühmter Hafen wie La Coruña einmal im Jahr die Arbeit ruhen ließ und das Andenken einer Frau ehrte, die den Bannerträger Drakes erschlug.

Mittags aß ich in einem kleinen Gasthaus, das von oben bis unten mit Stierkampfplakaten dekoriert war. Wilde Tiere von einer Größe und Kampflust, die nur auf Reklamen vorkommen, stießen nach allen Seiten und daneben blieb noch Raum für Privataufnahmen berühmter *matadores*, Gruppenbilder einer *cuadrilla* im Kostüm, die eben die Arena betrat, mit trotzig vorgestrecktem Kinn und voller *españolismo*, Aufnahmen vom »Augenblick der Wahrheit«, auch von einem solchen, der ein böses Ende genommen hatte, da der *matador* auf ein Horn gespießt wurde, und dann eine von dem armen Teufel, wie er unter Blumen und zwischen brennenden Kerzen aufgebahrt liegt. Der *patrón*, der hinter der Theke stand und die köstlichen *moules marinière* anrichtete, sah wie ein *torero* im Ruhestand aus und war wohl auch einer. Sicher spielt in Spanien das »kleine Gasthaus« dieselbe Rolle wie die »kleine Schenke« in den Träumen der englischen Boxer und sonstiger Gladiatoren.

Dann ging ich zu dem hellen, sonnendurchfluteten Hafen hinunter und versuchte mir die Abfahrt der Armada vorzustellen. Der Generalplan ging dahin, daß die spanischen Schiffe, nach der Unterwerfung der englischen Flotte, die Landung einer großen spanischen Armee in Margate von den Niederlanden aus decken sollten. Dieser Plan war im sechzehnten Jahrhundert ein öffentliches Geheimnis. Seit Jahren redeten die Soldaten in allen Tavernen Europas von nichts anderem. Hinter einer Nebelwand aus Intrigen und Bestechlichkeit und beraten von exilierten englischen Katholiken, die mit dem neuen elisabethanischen Geist Englands keinerlei Fühlung mehr hatten, arbeitete Philipp von Spanien an seinem Schreibpult im Escorial rastlos, wie ein überbürdeter Beamter, der seine Stellung zu verlieren fürchtet. Er organisierte das Unternehmen bis ins kleinste Detail, und die Vorbereitungen dauerten jahrelang. Der Schiffszwieback verdarb, die Wasservorräte wurden schal, die Schiffsrümpfe faulten, und so manche stattliche Galione wurde leck. Und immer noch arbeitete Philipp wie ein Sklave, saß über Karten und Plänen, schrieb Geheimaufträge, fragte Gesandte und Spione aus, bestellte neuen Schiffszwieback als Verpflegung und arbeitete sogar Anstandsregeln für die spanischen Matrosen aus, von denen ein Schriftsteller behauptet hat, sie wären für eine Klosterschule geeignet gewesen. Fluchen, zweideutige Reden führen, Wetten und Kartenspielen waren verboten. Seine Befehle waren vor allem darauf bedacht, daß gebetet und täglich die Messe gehört werde, und daß alle dreißigtausend Mann der Armada beichten gingen und die Absolution erhielten, ehe die Flotte in See stach. Jeder einzelne Mann sollte wissen, daß er sich auf einem heiligen Kreuzzug gegen die Feinde Gottes befand. Trotzdem hatte sich der Papst sehr zugeknöpft verhalten und sich schlau geweigert, auch nur einen Groschen für die Armada auszulassen, ehe die spanische Macht auf englischem Boden Fuß gefaßt habe, und auch dann schien er nicht gewillt, zuzulassen, daß Philipp sich zum König Englands aufwerfe.

Hätte die Armada gesiegt, so wäre Philipps Tochter Clara Eugenia Kandidatin auf den Thron Elisabeths geworden und hätte ihren Anspruch auf diesen Thron mit ihrer Abstammung von John von Gaunt begründet.

In der Schule lernt man, daß die Armada in Spanien für unbezwinglich gehalten worden sei; das stimmt jedoch nicht. Wer im Juli 1588 in La Coruña war, konnte den Kommandeur, Herzog von Medina Sidonia, insgeheim ziemlich abfällig über sie reden hören. Der Unglückliche verstand weder etwas von der Seefahrt, noch war er zu kühnen Taten geschaffen, auch hatte er dem König eingestanden, daß er sofort seekrank werde, kaum daß das Land außer Sicht sei. Dieser Bürokrat hatte ihn jedoch gezwungen, das Kommando zu übernehmen, weil er wußte, daß der Herzog keinerlei Initiative ergreifen, sondern treulich alle Befehle aus dem Escorial ausführen werde. Am Abend vor der Abfahrt schrieb der Herzog beschwörend an Philipp:

»Die Flotte ist zur Zeit den Engländern weit unterlegen; die Mannschaft ist durch Seuchen geschwächt; infolge der schlechten Verpflegung gibt es jeden Tag neue Erkrankungen ... Die Verpflegung ist verdorben, das Wasser stinkt, und unsere Vorräte werden auch unter den günstigsten Bedingungen kaum zwei Monate reichen ... Glauben Sie mir, Majestät, wir sind sehr schwach; bitte lassen Sie sich von niemandem im umgekehrten Sinn überreden.«

Aber Philipp hatte sämtliche Vorbereitungen selbst ausgearbeitet und war außerdem überzeugt, daß Gott auf seiner Seite stehe. Also drängte sich am 12. Juli das Volk von La Coruña an der Küste, um die großen Schiffe mit ihrem vergoldeten Bug ins Unglück absegeln zu sehen. Ihre langen Wimpel flatterten im Wind, und hoch auf den Bugsprieten waren Kreuze aufgepflanzt.

Im fernen Escorial kniete der König vor dem Allerheiligsten, in ganz Spanien läuteten die Kirchenglocken, und die gesamte Nation fiel auf die Knie und erflehte den Sieg von Gott.

Trotz seines jahrelangen Pläneschmiedens war dem großen Bürokraten entgangen, daß die englischen Katholiken, die man als Leute dargestellt hatte, die nach einem Umsturz lechzten, dennoch im entscheidenden Augenblick ihre Schwerter nur für England ziehen würden.

Ehe ich aus La Coruña abreiste, ging ich ans Ende der Landzunge, um den römischen Leuchtturm zu betrachten, der »Herkulesturm« genannt wird und den ich für eines der interessantesten Altertümer Spaniens halte. Er ist über hundert Meter hoch und dient noch heute als Leuchtturm. Er ist viereckig, wie der Sockel des Leuchtturms von Alexandrien gewesen sein soll, und sein Unterbau ist römischen Ursprungs. Vor Jahren wurden beim Umbau die Zufahrtsrampen, auf denen das Holz für die Signalstation auf seiner Spitze mit Tragtieren herangeschafft wurde, zerstört. Ich klopfte und hämmerte am Tor, denn ich hatte gehofft, den Bau auch innen sehen zu können, aber es gelang mir nicht, mich bemerkbar zu machen.

Fünfundsechzig Kilometer weiter lag Santiago de Compostela, das ich schon immer gerne sehen wollte, denn dort befindet sich der Schrein des spanischen Schutzpatrons, dessen Wahrzeichen die Kammuschel ist. Santiago heißt nichts anderes als Santo Jago oder Sankt Jakobus, und man nimmt an, daß Compostela eine Entstellung von *campus stellae* sei und eine Anspielung auf den Stern darstelle, welcher, der Legende nach, über dem Grab des Apostels geleuchtet hat.

Eine kleine Szene, die ich in Santiago de Compostela etwa eine Stunde nach meiner Ankunft im Hotel miterlebte, wird mir unvergeßlich bleiben. Es regnete mit eintöniger Hartnäckigkeit, darum wollte ich nicht fortgehen, sondern setzte mich in die leere Halle des Hotels. Sie war ein großer, düsterer Raum, und ich sehnte mich nach einer Schale Tee und bedauerte, daß es auf diesem Gebiet nichts Entsprechendes gab. Nach einer Weile traten zwei alte Frauen ein und setzten sich. Zuerst glaubte ich, sie seien eingetreten, um etwas zu verkaufen, denn es waren Bäuerinnen und sie trugen Körbe über den Arm gehängt und bauschige schwarze Kittel, gerippte Wollstrümpfe, die an den Knöcheln Falten machten, und *alpargatas,* die schwarz vom Regen waren. Die eine hatte graues, in der Mitte gescheiteltes Haar, und die Haut der beiden war zerfurcht und braun wie eine Nußschale. Das Hotel pflegt Touristen, Bischöfe, Priester und geistliche Kongresse zu beherbergen, und die beiden alten Bäuerinnen, die kerzengerade an einem polierten Tischchen saßen, wirkten in diesem Rahmen auf reizvolle Weise unpassend. Sie saßen regungslos und geduldig da, hielten die Hände auf den Knien und schwiegen.

Nach wenigen Minuten betrat ein modern gekleideter, nicht mehr ganz junger Spanier, sichtlich ein Mann von Welt und einer, der es zu etwas gebracht hatte, die Halle und eilte mit ausgebreiteten Armen auf die alten Frauen zu. Sie sprangen auf und stießen kurze Freudenschreie aus, und der Mann umarmte sie abwechselnd und küßte ihre Gesichter und ihr Haar. Ich schaute neugierig zu und bemerkte, daß alle drei feuchte Augen bekommen hatten.

Sie rückten ihre Stühle näher, steckten die Köpfe zusammen und fingen rasch zu sprechen an, wobei manchmal alle drei gleichzeitig redeten. Der Mann erzählte eine lange Geschichte, aber bald legte die eine, bald die andere alte Frau die Hand auf sein Knie und unterbrach ihn, und er richtete dann jeweils seine Erklärung an sie. Solange er sprach, sahen sie ihn hingerissen an und ließen kein Auge von seinem Gesicht. Mit jenem Ausdruck staunender Anbetung, der solch alten Bauerngesichtern manchmal zur zweiten Natur geworden ist, ruhten ihre Blicke auf ihm.

Nachdem er alles erklärt hatte, griff der Mann in die Brusttasche und zog zwei umfangreiche Banknotenbündel hervor. Er gab jeder der alten

Frauen eines, und sie schauten mit demselben erstaunten Ausdruck auf die Banknoten und hielten sie, als wüßten sie nicht recht, was sie damit anfangen sollten. Jedes Bündel dürfte ein paar hundert Pfund enthalten haben, und indes die alten Frauen mit dem Geld in der Hand dasaßen, begann der Mann wieder zu sprechen, er lehnte offenbar ihren Dank ab und beantwortete die immer neuen Fragen, die sie an ihn richteten. Ich war neugierig, wo sie den Haufen Geld verstauen würden – hoffentlich nicht in ihren Marktkörben! Schließlich stand der Mann auf, und die alten Frauen hoben ihre schwarzen Röcke und steckten das Geld sorgsam in die Taschen ihrer ebenfalls schwarzen Unterröcke. Wieder gab es Küsse und Umarmungen, dann gingen sie gemeinsam fort.

Das war ein erfreulicher kleiner Auftritt gewesen und zugleich hatte er etwas Rührendes. War der Mann etwa ein Sohn, der in Amerika reich geworden und nun heimgekehrt war, um seine alten Verwandten mit Reichtümern zu überschütten? Eine bessere Erklärung fiel mir nicht ein. Ich freute mich, daß ich an diesem Regentag in Santiago der zufällige Zuschauer dieser glücklichen Zusammenkunft geworden war.

Ich zog meinen Regenmantel an und ging aus, denn ich brannte darauf, die berühmte Stadt zu sehen, deren Name in der Legende ebenso hell erstrahlt wie in der Historie, aber die Wirklichkeit war zunächst trüb wie ein mittelalterliches Aquarium. Bald darauf hörte ich, daß die jährliche Niederschlagsmenge einen Meter siebenundsechzig beträgt. Ich mußte daran denken, daß die Kastilier, nur wenige hundert Kilometer von hier, vor Hitze kaum atmen konnten, und daß es in Andalusien um diese Zeit wie in einem Backofen sein mußte. Dann dachte ich an die fast zehn Tage währenden, ununterbrochenen Regengüsse, die ich westlich von San Sebastián erlebt hatte, und kam zu dem Schluß, es sei absolut irreführend, Spanien ein dürres Land zu nennen – der Regen war bloß ungerecht verteilt.

Gleich vor dem Hoteleingang begann das mittelalterliche Santiago als ein Netzwerk granitgepflasterter Gassen, die für den Verkehr viel zu schmal waren. Massive, solide Steinbauten säumten die Straßen. Ihre oberen Etagen ruhten, nach vorne ausladend, auf runden Granitbogen, und unter den so entstandenen Arkaden konnten die Menschen trockenen Fußes spazierengehen wie in endlosen Säulengängen.

Von der Musik des rieselnden und gurgelnden Wassers begleitet, schlenderte ich müßig in den Arkaden umher, betrachtete die hellerleuchteten Schaufenster und staunte über die vielen Silberschmiede, die dem Pilgersmann, heute wie im Mittelalter, dieselbe reiche Auswahl an Kammuscheln, Schwertern des heiligen Jakobus und den Heiligen selbst, zu Pferde und mit gezücktem Schwert, feilbieten. Die Herstellung und der Verkauf solcher Devotionalien außerhalb der Stadt galt früher als

Sakrileg und wurde mit Exkommunizierung geahndet und durch päpstliche Bullen untersagt. Sie sollten nur von wirklichen Pilgern gekauft werden, die tatsächlich zum Schrein des Apostels Jakobus gepilgert waren.
Beim Anblick einer Silberstatuette des Apostels hoch zu Pferde fiel mir ein, daß diese Statue, wenn sie in Santiago gekauft worden war, früher als Heilmittel gegen Wechselfieber galt und den Besitzer vor Räubern schützen sollte. Es mutet seltsam an, daß heute noch ähnliche Andenken erzeugt werden wie die vor Jahrhunderten von den Pilgern mit nach Hause gebrachten, wenn auch jetzt zu Manschettenknöpfen, Krawattennadeln oder Schlüsselringen für den Autoschlüssel verarbeitet. Ich erstand eine Schlüsselkette mit dem Schwert St. Jakobs als Anhänger und eine mit einem Medaillon des reitenden Heiligen in einer Kammuschel, genau die gleichen Vorlagen, die vor mehr als sieben Jahrhunderten gebräuchlich waren.
Santiago ist eine winzige Stadt, doch auf ihrem engen Raum sind über vierzig Kirchen zusammengedrängt und ebenso viele Klöster und Spitäler sowie eine Universität, lauter alte Gebäude, die in jeder durchschnittlichen Stadt als berühmte Baudenkmäler fungiert hätten. Der Anblick der Kathedrale erfüllte mich mit Entzücken, obwohl es regnete, daß die Statuen, Fialen und Nischen vor Nässe tropften und die Westfassade hinter einem niederprasselnden grauen Schleier verschwamm. *El Obradoiro,* wie dieses Portal genannt wird, mit den Zwillingstürmen und dem riesigen Barockgiebel dazwischen, der sich in wildem Überschwang bis zur Statue des heiligen Jakobus aufschwingt, ist wohl das am reichsten verzierte Bauwerk, das mir in Spanien untergekommen ist. Ich hatte keine Lust, in meinen triefenden Kleidern hineinzugehen, und begab mich daher wieder unter die massiven Kolonnaden.
Von meinem Schlafzimmerfenster aus war von der mittelalterlichen Stadt, durch die ich soeben gegangen war, nichts zu sehen. Mein Fenster ging auf einen Platz hinaus, auf dem sich das halbe Leben Santiagos abspielte. Neben ein paar altertümlichen Benzinpumpen war die Autobushaltestelle, und alle paar Minuten kam mit Hupengeschmetter ein Autobus an oder es fuhr einer mit einer Auspuffsalve ab. Neben der Haltestelle lag die »Café-Bar Galicia«, der die aufgespannten Markisen und die draußen auf dem Pflaster stehenden Sessel einen optimistischen Zug verliehen. Von allen Seiten stürzten die Leute auf die fahrbereiten Autobusse zu, auf deren Dächern dann die merkwürdigsten Bündel und Pakete festgeschnürt wurden. Alte Bauern im Sonntagsserge, Mädchen in ihrem schönsten Staat – kirschrote Pullover schienen gerade in Mode zu sein –, Priester und Mönche, Frauen und Kinder, alles drängte sich um den Einstieg, denn die Spanier stehen nicht gern in einer Reihe. Es fiel mir

auf, daß Geistlichen nur selten der Vortritt angeboten wurde, meistens ließen im Gegenteil die Priester die anderen vor und mußten dann stehen. Auch bemerkte ich zum erstenmal die Geschicklichkeit, mit der die spanischen Frauen große Lasten auf dem Kopf tragen. Ein nett angezogenes Mädchen näherte sich in anmutiger Haltung und balancierte dabei verblüffend sicher eine Nähmaschine samt deren Holzgehäuse auf dem Kopf. Kaum hatte sie diese abgesetzt, tauchte schon wieder eine junge Frau in schwarzem Rock und weißer Schürze auf und schaukelte eine Kiste, die nicht kleiner war als die Truhe des Cid, mit unnachahmlicher Grazie auf dem Haupt. Zwei kräftige Männer stellten die Kiste zu Boden, und das Mädchen dankte lächelnd und nahm das kleine Tragkissen ab, auf dem sie sie balanciert hatte.

Bei Nacht war Santiago fast so romantisch wie Avila oder Toledo, nur auf eine strenge, granitene Weise. Wie auf einer Bühne fiel der Lichtschein quer durch die Laubengänge und schimmerte auf dem nassen Pflaster. Die Silhouetten der Säulen und Pfeiler waren vom Lampenschein umrandet, eine von Heiligenfiguren umringte Spitzsäule ragte, phantastisch anzusehen, in die Nacht, und in den Straßen, in denen es still war wie in einer Kirche um Mitternacht, hatte der Widerhall vereinzelter Schritte anderer nächtlicher Spaziergänger einen bedrohlichen Klang. Erwartet man in Avila und Toledo immer, einem Ritter in Kettenhemd und Rüstung zu begegnen, so ist man in Santiago stets darauf gefaßt, eine Bande von Renaissance-Nachtschwärmern in Capekragen und Masken aufzustöbern, die beim Schein einer Stablaterne einem Marmorpalast zustreben, oder Romeo, die Mandoline unterm Mantel verborgen, zu seiner Julia eilen zu sehen, um ihr ein Ständchen zu bringen.

An bestimmten Orten meint man manchmal förmlich zu fühlen, daß die Abgeschiedenen an unseren Schultern vorüberstreifen. Ihre Zeit ist die Mitternacht und Santiago ist ein solcher Ort. Gewiß waren Aberglaube und Unwissenheit im Mittelalter sehr verbreitet, doch darf man die Glaubensinbrunst und Schönheit einer Welt, in der sich Irdisches und Himmlisches manchmal zu berühren schienen, nicht außer acht lassen. Gerade heute blickt man voll Neid auf diese gläubigen Zeiten, so wie man in mittleren Jahren oft traurig der Schwärmereien und Begeisterungen seiner Kindheit gedenkt.

Natürlich gab es unter denen, die nach Santiago pilgerten, auch Gauner und Dirnen oder zynische Reisende, die eine Wallfahrt als Erholungsreise betrachteten, andererseits aber waren viele gute, aufrichtige Männer und Frauen dabei, die dem heiligen Jakobus »des Glaubens hehres Gut« zu Füßen legten.

Nachdem der letzte Autobus mit Geknatter abgefahren war und ich hoffte, nun schlafen zu können, begab ich mich in meinem Bett, hoch über dem Platz, zur Ruhe. Und da erwachte die alte Tradition entbehrungsreicher Pilgerfahrten in Gestalt meiner nicht funktionierenden Nachttischlampe.

Spaniens Schutzpatron Jakobus, der Sohn des Zebedäus, gehörte dem engsten Apostelkreis an und wurde, wie man aus der Apostelgeschichte weiß, von Herodes Agrippa den Juden überantwortet und enthauptet. Dieses Ereignis läßt sich auf Grund des kurz darauf folgenden Todes Agrippas im Jahre 44 zeitlich festlegen. Die spanische Legende erzählt, daß der Apostel Jakobus einige Jahre vor seinem Martyrium in Spanien das Evangelium verkündete, und daß nach seinem Tod seine sterblichen Überreste in einem marmornen Sarkophag von einigen getreuen spanischen Jüngern aus Palästina geholt und über das Meer nach Spanien zurückgebracht wurden. Als sie die portugiesische Küste passierten, rettete der Heilige einem Mann, der von einem scheuenden Pferd ins Meer hinausgerissen worden war, das Leben, und Mann und Roß tauchten, von Kammuscheln bedeckt, aus dem Meer hervor. Dadurch ist die Kammuschel später zum Wahrzeichen des heiligen Jakobus geworden. Die Gebeine des Apostels wurden unweit vom heutigen Santiago beigesetzt und gerieten in Vergessenheit bis zum Jahr 813, dann führten Engelchöre und ein leuchtender Stern zu ihrer Wiederauffindung. Alfons III. von León ließ über dem Grab des Jakobus eine kleine Kirche errichten, die später zu einer Kathedrale erweitert wurde.

Als der grimmige muselmanische Wesir al-Mansûr im Jahr 997 seine Beutezüge bis an die atlantische Küste ausdehnte, stand das Städtchen Santiago schon seit hundert Jahren. Der Überlieferung zufolge brannte er es bis auf die Grundfesten nieder und zerstörte die Kirche, nicht aber das Grab des Jakobus. Frühchristliche Autoren berichten, daß der schreckliche Muselman mit dem Pferd in die Kirche gesprengt sei und seinen Gaul am Weihwasserbecken trinken lassen wollte, wobei das bemitleidenswerte Tier »platzte und verschied« – eine himmelschreiende Ungerechtigkeit, wie kein Tierfreund abstreiten wird. Das Grab des Apostels verdankt seine Rettung angeblich einem alten Mönch, der, unberührt von dem gräßlichen Tumult, dort betete. »Wer bist du und was tust du hier?« fragte al-Mansûr. »Ich bin ein Verehrer des heiligen Jakobus und verrichte mein Gebet«, erwiderte der Greis. »Bete weiter«, antwortete al-Mansûr, »bete, solange du willst. Niemand soll dir etwas zuleide tun.« Und er stellte rund um das Grab eine Wache auf, die das Grab und den greisen Mönch vor seinen wilden Kriegern schützte.

Die Rettung des Apostelgrabes vor der Zerstörung durch eindringende Muselmanen und späterhin die Verbreitung einer Legende, nach der

Sankt Jakobus selbst, in Gestalt eines weißgekleideten Kreuzritters, an der Spitze der spanischen Ritterschaft gegen die Mauren gekämpft und zur schließlichen Vertreibung der Ungläubigen von spanischem Boden persönlich beigetragen habe, verhalf Santiago de Compostela zu immer größerer Berühmtheit. Mit der Zeit konzentrierte sich die Aufmerksamkeit des christlichen Europas auf jenes ein wenig abseits der Hauptstraßen des Christentums liegende Land, und die weisen und gelehrten Mönche von Cluny, diese Wahrer des westlichen Gewissens, begriffen, daß eine europäische Hauptstraße durch Spanien bis nach Santiago angelegt werden müsse, die mit ihrem Zustrom an Pilgern aus aller Herren Ländern eine lebendige Verbindung mit Europa bilden würde. Von da an wurden Jerusalem, Rom und Santiago de Compostela in eben dieser Rangordnung die einflußreichsten Wallfahrtsorte der Christenheit.

Zu meiner angenehmen Überraschung war ein Mann, den ich in Madrid nur einmal getroffen hatte, so freundlich gewesen, einem Bekannten in Santiago zu schreiben, er möge mich aufsuchen. Hätte ich ihm dies nahegelegt, so wäre wahrscheinlich nichts daraus geworden. Die Spanier handeln, meinen Beobachtungen nach, meistens impulsiv, wie sie auch die weibliche Fähigkeit haben, bei Meinungsverschiedenheiten weniger die Vernunft als das Gefühl sprechen zu lassen, wodurch man der Situation ebenso hilflos gegenübersteht wie ein Mann, der eine erzürnte Frau mit Argumenten zu überzeugen sucht. Der Mann, der mich im Hotel erwartete, erwies sich als angenehmer Gesellschafter. Ich ging mit ihm spazieren und erlebte dabei ein Santiago, wie ich es noch nicht kannte. Die Sonne schien! Die alte Stadt sah wunderbar aus, wenn das Licht unter die dämmrigen Kolonnaden fiel und den gelblichen Türmen und honigfarbenen Mauern einen warmen Schimmer verlieh.

»Ihr Galicier erinnert mich an die Irländer«, sagte ich.

»Schon möglich«, antwortete er. »Wir sind ja Kelten wie die Iren.«

Ich bat ihn, mir eine galicische Geistergeschichte zu erzählen, und er erzählte von der *Santa Compaña* – der Heiligen Gemeinschaft. Er sagte, wenn man bei Nacht durch Galicien reise, könne man in bestimmten Sumpfgebieten flackernde Lichter sehen, die in der schwermütigen Landschaft hin und her tanzen. Dann muß man sich in acht nehmen. Es kommt vor, daß einem plötzlich ein Unsichtbarer eine brennende Kerze in die Hand zu drücken versucht, und wenn man die Hand öffnet und sie ergreift, ist man verloren. Man gehört damit zur Heiligen Gemeinschaft jener Seelen, die dazu verdammt sind, rastlos mit ihren brennenden Kerzen durchs Fegefeuer zu irren, bis es ihnen gelingt, die Kerze einem arglosen Fremden in die Hand zu drücken. So kann es geschehen, daß man spurlos aus dem Leben verschwindet und, ehe es einem gelingt, die Kerze weiterzugeben, eine Ewigkeit lang geistern muß, in Sumpfgebieten und an anderen wüsten Stätten, auf denen die geisterhaften Lichter flackern, so lange, bis man endlich ein menschliches Wesen in die Heilige Gemeinschaft locken und damit ihr selbst entrinnen kann!

»Ja«, sagte ich, »das würde in Galway Anklang finden.«

Er setzte hinzu, in Galicien beschäftige man sich fortwährend mit der traurigen Lage der armen Seelen im Fegefeuer, und die Bauern glaubten, daß die armen Seelen im Winter als langer Zug von Menschen mit Flammen unter den Sohlen und Lichtern auf dem Haupt sichtbar würden. Man erkenne ihre Anwesenheit sofort am Geruch von Kerzenwachs und verbranntem Öl.

»Ich bin zwar durchaus nicht abergläubisch«, sagte er, »aber wenn ich zu ungewohnter Stunde geweckt werden will und keinen Wecker bei mir habe, bete ich manchmal für eine Seele, deren Buße dem Ende zugeht – für eine, die sozusagen nur noch ein Vaterunser zur Erlösung braucht –, und das versagt nie. Ich bin immer zur richtigen Zeit geweckt worden. Aber ich bin, wie gesagt, der letzte, der abergläubisch wäre.«

Er schloß sich jedoch meiner Meinung an, daß die Bauern im finstersten Aberglauben lebten und felsenfest an Zauberei glaubten.

»Vor ein paar Jahren«, erzählte er, »fuhr ich einmal nachts mit dem Wagen nach Pueblo del Caramiñal. Es war Ende August und Vollmond. Kurz bevor man hinkommt, fährt man über eine Steinbrücke, und dort sah ich eine Gruppe Menschen stehen und dachte, es habe sich ein Unfall ereignet, denn als ich näherkam, hielten sie mich mit aufgehobenen Händen an. Es waren vier junge Mädchen und ein Knabe, der mit Stricken und Taschentüchern gefesselt war, und sie baten mich, diese aufzuknoten. Ich war höchst verwundert und fragte, warum. Sie sagten, der Knabe sei stumm, doch es herrsche der Glaube, daß er die Sprache wiederfinden könne, wenn ihn vier Mädchen bei Vollmond zur Brücke führten, ihn fesselten und den ersten Fremden, der vorbeikam, ersuchten, ihn loszubinden. Natürlich erfüllte ich ihre Bitte. Als ich Nachforschungen anstellte, hörte ich, daß dieser Aberglaube von alters her in dieser Gegend verbreitet sei und daß die vier Mädchen noch jungfräulich sein müßten.«

Indessen waren wir vor der prachtvollen Westfront der Kathedrale angekommen, und mein Begleiter, Don Iñigo, machte mich auf die großen Glockentürme aufmerksam. In dem einen konnte man die Glocke, gegen den Himmel abgehoben, erkennen, der andere war geschlossen und enthielt die hölzerne Klapper, die sogenannte Ratsche, die *carraca*, die in der Karwoche verwendet wird, wenn die Glocken verstummt sind.

»Sie hat einen eigentümlichen Klang«, sagte er. »Als die Franzosen sie hörten, nahmen sie Reißaus, denn sie glaubten, es sei der Lärm, den ein heranrückender Bauernhaufe mit den *zuecos* mache.«
Wir gingen hinter den Dom, und dort sah ich einige Werkstätten und Essen von Silberschmieden, in denen silberne Kammuscheln und dergleichen gegossen oder gehämmert wurden, und wieder wurde mir bewußt, daß in Spanien, obgleich hier alles immerfort an den Tod denkt, nichts ausstirbt. Wahrscheinlich stehen diese Schmiedewerkstätten schon seit dem elften Jahrhundert oder noch länger am gleichen Platz. Ich kaufte eine besonders hübsche Kammuschel, die, hätte man sie in einer mittelalterlichen Gruft gefunden, sofort in einem Museum gelandet wäre.
Das Innere des Doms war für mich die größte Überraschung in Santiago. Ich hatte wuchtiges Barock erwartet, doch schon beim Eingang schwanden sechshundert Jahre spurlos dahin, und kaum hatte ich das Portal durchschritten, da stand ich in einer herrlichen romanischen Kathedrale. Wie fast alle spanischen Kirchen war sie lichtlos und düster, und ihre Rundbogen bildeten, etwa zwanzig Meter hoch über der Apsis, eine gewölbte Decke. So haben schon unsere Vorfahren bei ihren Wallfahrten nach »Galice« die Kirche erblickt. An Seitenaltären wurde die Messe gelesen, dort zeichneten sich knieende Gestalten im Kerzenschein ab, kein Laut war zu vernehmen, nur das Gemurmel der Priester und hie und da das helle Klingeln des Glöckchens zum Sanctus. Das Querschiff war ungeheuer groß, und mein Begleiter zeigte mir einen Mechanismus und Ketten unter dem Dach, die dazu dienten, das gewaltige Weihrauchgefäß, *el botafumeiro*, an Feiertagen durch das ganze Querschiff hin zu schwingen. Vor uns, in der *capilla mayor*, thronte die versilberte Statue des Apostels Jakobus, den Pilgerstab in der Hand, über dem Hochaltar.
Hinter dem Altar führte eine Stiege zu der Statue hinauf und auf der anderen Seite wieder herunter. Ich stieg die Stufen hinan und sah, hinter der Statue stehend, in das Kirchenschiff hinab. Es durchrieselte mich seltsam, als ich dort stand und die Hände auf den silbernen Umhang des heiligen Jakobus legte und die Kammuschel auf seinem Rücken sah, dünn und blankgescheuert von den Küssen unzähliger Pilger. Unter dem Hochaltar befindet sich in einer beleuchteten Krypta die silberne Urne mit den Gebeinen des Apostels.
In einem Querschiff stand eine schöne Statue des Heiligen zu Pferde. Er sah fast wie der heilige Georg aus, nur erschlug er statt eines Drachens einen Mauren. »Als Franco mit seinen marokkanischen Truppen hierher kam«, sagte mein Begleiter trocken, »haben wir es als eine Pflicht der Höflichkeit betrachtet, dieses Standbild unseres Schutzpatrons zu verhüllen.«
Wir betraten die Sakristei, um den einzigartigen, zwei Meter hohen

botafumeiro zu besichtigen. Er wird nur zu hohen Feiertagen benützt oder im Heiligen Jahr, das gefeiert wird, sooft der Sankt-Jakobi-Tag, der 25. Juli, auf einen Sonntag fällt. Dann wird das Weihrauchfaß zum Schnittpunkt des Querschiffes getragen und an den vom Dach herunterhängenden Ketten befestigt, innen wird ein großes Holzkohlenfeuer entzündet und Weihrauch darauf gestreut. Man braucht sieben Leute, um das Weihrauchfaß zu schwingen und im Zaum zu halten, wenn es einmal in Schwung ist. Bei jedem Ruck an den Ketten schwingt es höher und weiter aus, vom nördlichen bis in das südliche Querschiff, hin und zurück, die Holzkohle glüht, und sooft es vor dem Zurückpendeln in der Luft eine Sekunde anhält, steigen dichte Weihrauchwolken auf. Man läßt es ganz langsam ausschwingen, und im richtigen Augenblick hängen sich die sieben Leute daran und bringen es zum Stehen...

»Es rauscht durch die Luft wie eine Bombe!« sagte mein Begleiter. »Sie sollten sehen, wie rasch die Leute zur Seite laufen und ihm die Bahn freimachen!«

Ab und zu gab es ein Unglück, wenn man die Herrschaft über *el botafumeiro* verloren hatte, so daß es auf die Plaza hinausgeschleudert wurde, doch ist, wie ich glaube, noch nie jemand dabei ums Leben gekommen. So geschah es zum Beispiel, als Katharina von Aragonien, auf ihrer Fahrt nach La Coruña, wo sie sich nach England einschiffen wollte, durch Santiago kam. Es war ein böses Omen.

Sooft wir über etwas Legendäres redeten, zog mein Begleiter auf komische Weise die Schultern hoch, bis sein Hals verschwand, und breitete seine Hände, die Handteller nach oben gekehrt, in einer fast orientalischen Geste aus, die hilflose Resignation ausdrücken sollte. »Ich weiß es nicht«, sagte er dann, »aber es entspricht der Überlieferung.« Er machte sich nie über etwas lustig und leugnete nichts, sondern meinte nur, es sei eine bildhaft gemeinte Geschichte oder eine Legende oder eine Parabel. Nicht zum erstenmal beobachtete ich diese Einstellung in Spanien und fragte mich dabei, ob auch hier die Tradition die Stelle des Glaubens einzunehmen begann. Über solche Fragen ließ sich schwer streiten. Wenn ich mit Spaniern über religiöse Belange diskutierte, meinte ich manchmal, den Schatten der Inquisition über uns schweben zu fühlen.

Zuletzt statteten wir dem schönsten Punkt der Kathedrale einen Besuch ab, dem *Pórtico de la Gloria,* der im Jahr 1188 von einem gewissen Meister Mateo nach zwanzigjähriger Arbeit vollendet worden war. Ich stand sprachlos vor Bewunderung über die Genialität, mit der der Bildhauer diese Bogen mit den etwa hundertdreißig Gestalten von Engeln, Aposteln und Heiligen bevölkert hat. In ihrer Anordnung wird die Hand eines Meisters fühlbar, und sie sind mit einer Sorgfalt ausgeführt, die spätere Jahrhunderte zwar nachzuahmen versuchten, aber niemals mehr erreicht haben. Mein Freund führte mich hinter das Portal und zeigte mir die Gestalt eines demütig Knienden, der laut Überlieferung den Meister Mateo selbst darstellen soll. Als Mateo sich an die Arbeit machte, war Heinrich II. englischer König. Und im selben Jahr kam Prinzessin Eleonore von England als kleines Mädchen nach Spanien und heiratete Alfons VIII. Sie muß dieses grandiose Werk im Anfangsstadium gesehen haben. Als Meister Mateo den Meißel aus der Hand legte, trauerte die gesamte Christenheit über den Verlust des lateinischen Königreichs Jerusalem, und Richard Löwenherz, der Bruder der jungen spanischen Königin, rüstete zum Kreuzzug.

X. Kapitel

Die Schönheiten Leóns · Valladolid · Das goldene Salamanca · Ein Dichterkongreß · Flug nach Barcelona · Gotisches Alt-Barcelona · Das Kolumbus-Denkmal · Die katalanische sardana · Der Montserrat

Solange ich in Santiago weilte, dürfte ein beträchtlicher Teil der dieser Stadt zustehenden Niederschlagsmenge gefallen sein, aber am Tag meiner Abreise war es strahlend schön und fast warm. Don Iñigo kam, um sich zu verabschieden, und gab mir einen Brief an einen seiner Freunde in Valladolid, der den christlichsten Vornamen hatte, den es gibt. Er hieß Jesús.

Die Straße führte zwischen grünen Hügeln dahin, und auf ihr schritten hochgewachsene, majestätische Männer, mit langen Stöcken in der Faust, neben ihren Ochsenfuhrwerken einher. Der grüne Mais auf den Feldern glänzte vom letzten Regen. Seine seltsam geformten, fremd anmutenden Früchte lassen einen an Cortez und Pizarro denken, die keine Ahnung hatten, daß der wahre Reichtum der beiden Amerika nicht Gold, sondern Kartoffeln und Mais, Tabak und Kakao waren. Beim Austausch der Gewächse schnitt Amerika nicht schlecht ab, es gewann den Weizen und andere Getreidesorten, die es vorher nicht gekannt hatte. Die Geschichte des ersten amerikanischen Weizens ist hübsch. Eines Tages siebte Pizarros Schwägerin Inez Muñez, die eine eifrige Gärtnerin war, ein Faß Reis, das aus Spanien eingelangt war. Sie fand ein paar Weizenkörner, die versehentlich hineingeraten waren, klaubte sie heraus und setzte sie mit der gleichen Sorgfalt, mit der sie Resedenschößlinge setzte oder Basilikum pflanzte, in Gartentöpfe ein, und im Laufe der Zeit entsprossen sozusagen den Blumentöpfen der Inez Muñez die Weizenernten ganz Perus.

Diese Geschichte ist nicht weniger reizvoll als die von dem Sultan, der die ersten Granatapfelsamen setzte, aus denen die Stammväter aller Granatäpfel in ganz Spanien hervorgegangen sind.

Nun führte mich mein Weg aus Galicien hinaus und wieder nach Kastilien zurück. Wie viele verschiedenartige Spanien hatte ich schon gesehen: ein Spanien, das der Schweiz glich, ein Spanien, das an Irland erinnerte, eines, das aussah wie Afrika; und mir war das galicische Spanien am vertrautesten, vielleicht sogar als der Inbegriff Spaniens erschienen. Der Durchreisende ist auf Zufallsbegegnungen angewiesen und immer in Gefahr, falsche Schlüsse zu ziehen, so mag es auch nur einem glücklichen Zufall zu danken sein, daß ich lauter *gallegos* (Galicier) getroffen hatte, die flink und sachlich waren und mir den Eindruck der Lebendigkeit und der raschen Auffassungsgabe vermittelten. Meinem Gefühl nach liegt diese nordwestliche Ecke Spaniens immer noch inmitten der Hauptströmungen der Welt. Wie Irland blickt auch Galicien auf eine lange überseeische Auswanderertradition zurück. Die Auswanderungslust des Kelten hat tiefere Gründe, als allgemein angenommen wird; es ist nicht die Armut seines steinigen, kargen Heimatbodens, die ihn forttreibt, sondern eine angeborene Rastlosigkeit und poetische Sehnsucht nach etwas Unbestimmbarem jenseits des Horizontes. Über Galicien liegt die gleiche Melancholie wie über Irland – *morriña* wird sie hier genannt –, und sie läßt die Menschen entweder zäh an ihrem Boden wurzeln, wie im Bann eines undurchbrechbaren Zaubers, oder sie treibt sie fort bis ans Ende der Welt. Aber trotz seines Strebens nach anderen Welten eignet dem Wesen des Galiciers häufig eine Schlauheit, die ihn zum gewiegten Politiker befähigt. Franco ist ein *gallego*, und man hört die Leute häufig von ihm sagen: »Er ist ein schlauer *gallego* – der einzige, der Hitler überlegen war!« Tatsächlich hat Hitler, nachdem er neun Stunden lang mit Franco diskutiert hatte, zu Mussolini geäußert: »Ehe ich das noch einmal mitmache, lasse ich mir lieber drei, vier Zähne reißen.« Und auf die Frage: »Was wird Franco jetzt unternehmen?« bekommt man prompt zur Antwort: »Nichts. Er ist ein *gallego*!«

Der Nebel und Regen Galiciens, die weißen Häuser, die kleinen gotischen Kirchen, die Leute, die abwechselnd lustig sind und in *morriña* versinken, das alles zog mich ungemein an und rührte mir in einer Weise ans Herz, wie es das warme, romantische Andalusien niemals vermocht hatte.

Ich fuhr über den schönsten Fluß, den ich in Spanien kenne, den Miño, der breit und klar und leuchtend ist. Vom Gipfel eines Berges sah ich Lugo, die Hauptstadt von Galicien, hinter einer römischen Mauer liegen. Sie ist wohl die schönste Mauer der Welt, zwei Kilometer lang und über zwölf Meter hoch; sie ist stellenweise sechs Meter dick, und obwohl sie abgekappt wurde und man die fünfundachtzig halbkreisförmigen Bastionen bis zum Mauerrand abgetragen hat, konnte das ihrer majestätischen Wucht keinen Abbruch tun. In meinen Augen kann sie es mit Avila aufnehmen.

In einem Restaurant servierte man mir die galicische Suppe, *caldo*, und eine mit Krabben und Pilzen gefüllte Omelette. An einem Tisch in der Ecke saß eine Familie mit einem dicken kleinen *niño* von etwa acht Jahren, dem anscheinend noch nie etwas verboten worden war. Seine Individualität war ungebrochen und an diesem Nachmittag in Spitzenform. Er stocherte mit Gabel und Löffel im Essen herum, bettelte um Bissen von den Tellern seiner Eltern, die sie ihm gehorsam überließen, und zog in jeder Weise die Aufmerksamkeit der Leute an den Nachbartischen auf sich. Ein junges Paar am Nebentisch war von dem Kind entzückt, und sogleich erkannte er in den beiden das ideale Publikum für seine Zurschaustellung und begann, ihnen Avancen zu machen. Schließlich rutschte er von seinem Sessel herunter und kam an ihren Tisch, zur Belustigung der Eltern und zum Entzücken der Fremden, die ihn mit Eis fütterten. Ich fragte mich, ob die kleinen Spanier eigentlich niemals Hiebe bekommen.

Später suchte ich die Kathedrale auf, um Unsere Liebe Frau mit den Großen Augen, *Nuestra Señora de los Ojos Grandes*, zu betrachten, über die ich von frommen Spaniern schon viel gehört hatte. Die große und schöne Kirche genießt das besondere Privileg, daß in ihr die Hostie ununterbrochen auf dem Hochaltar *manifestado*, das heißt, ausgesetzt ist, und zwei Priester halten pausenlos Anbetung. Da der Hochaltar somit ständig vom Allerheiligsten besetzt ist, wurde die Frage, wie die berühmte Madonna mit den Großen Augen aufzustellen sei, dadurch gelöst, daß man hinter der *capilla mayor* eine kreisrunde Liebfrauenkapelle schuf. Als ich mich dem dunklen Raum hinten in der Kirche näherte, sah ich zwei uralte, gebrechliche Frauen, die auf den Knien um den Marienaltar rutschten. Sie waren schwarz gekleidet und hatten die Gesichter unter schwarzen Kirchenschleiern verborgen, und so glitten sie auf den Knien, die alten, pergamentfarbigen Hände gefaltet, im Kreis hintereinander her. Sie tauchten hinter dem Altar unter und kamen, Gebete murmelnd, auf der anderen Seite wieder zum Vorschein. Ab und zu hielt eine vor der Madonna ein paar Minuten lang ein und blickte zu der Statue empor. Die andere, die dadurch ebenfalls zum Stehenbleiben gezwungen war, wartete inzwischen geduldig, und dann humpelten sie beide wieder im Kreis herum. Vermutlich hatten sie das Gelübde getan, die Madonna so und sooft auf den Knien zu umkreisen, und als eine damit fertig war, stand sie auf und ging. Dabei konnte ich einen Blick auf ihr welkes, von Gläubigkeit verklärtes Antlitz werfen.

In einer beleuchteten Grotte, die aus Kaskaden munterer barocker Putten geformt war, stand die Muttergottes mit den Großen Augen auf ihrem Altar. Die hohe, stehende Figur aus bemaltem Holz unterschied sich deutlich von den Statuen, die ich bisher in Spanien gesehen hatte. Sie trägt ein langes, bis zu den Füßen fallendes Gewand, und von ihren Schultern wallt ein etwas kürzerer Umhang. Ihr Kopfschleier, den sie unter der riesigen vergoldeten Krone trägt, verbirgt nicht die Linie von Wangen und Hals, wie bei den meisten anderen Madonnen Spaniens, sondern ihr Antlitz wird von Haarschnecken eingerahmt, auch trägt sie große Ohrringe und eine Halskette. Ihr Gesicht hat einen strengen, etwas

starren Ausdruck, nur die Augen scheinen einem überallhin mit den Blicken zu folgen.
Unterwegs von der Kathedrale zur römischen Stadtmauer, die nur wenige Schritte entfernt am westlichen Portal vorüberzieht, blieb ich stehen, um eine Kollektion schöner Tongefäße zu bewundern, die auf die in Spanien übliche Weise auf dem Pflaster aufgestellt waren. In der alten Frau, die, in der Hoffnung, mir eine Schüssel oder eine *jarra* zu verkaufen, auf mich zutrat, erkannte ich die eine der beiden Frauen, die rund um den Schrein der Muttergottes gerutscht waren.
Die Fahrt von Lugo nach León, die ich nun unternahm, wird mir immer als die schönste, aber auch anstrengendste Fahrt in Spanien erinnerlich sein, und ich möchte sie nicht wiederholen, noch anderen empfehlen, sie in den Stunden zwischen dem Spätnachmittag und dem Einbruch der Dunkelheit zu unternehmen. Der Luftlinie nach waren es nur ungefähr hundertneunzig Kilometer, aber auf dieser Gebirgsstrecke waren immense Höhenunterschiede zu überwinden, und die Gewohnheit der Spanier, im Neunzigkilometertempo die Kurven zu schneiden, ließ mir die Haare zu Berge stehen. Ich wußte nie, auf was für einen Gegner ich hinter der nächsten Wegbiegung stoßen würde und welche halsbrecherische *suerte* ich würde machen müssen, wenn ich nicht in ihn hineinfahren wollte. Zum Glück kamen mir nicht mehr viele Wagen entgegen, nachdem ich die unmittelbare Umgebung von Lugo glücklich hinter mir hatte, aber bei der Fahrt bergab wimmelte es von *bravos camiones* und einigen besonders *bravo* Autobussen, so daß ich keinen Augenblick aufatmen konnte. Zu allem Überfluß waren an den kritischen Stellen gerade *obras públicas* im Gang, mit Dampfwalzen, roten Signalfähnchen und Bagger-Mannschaften, die nie etwas von einem Preßluftbohrer gehört hatten und die Felswände mannhaft mit Pickel und Spaten bearbeiteten.
Trotzdem war es ein himmlischer Nachmittag! In Santiago war es ausgesprochen frostig gewesen, nun aber wurde die Luft von Kilometer zu Kilometer sommerlicher. Im Tal zu meiner Rechten strömte der herrliche Miño-Fluß; Kühe weideten auf saftig grünen Wiesen, und ab und zu sah ich einen stillzufriedenen Fischer. Die Felder waren durch niedrige Mauern aus Schiefer und Steinbrocken gegeneinander abgegrenzt wie in manchen Teilen Irlands, und die grauen Steinhäuser waren mit verwitterten Steinplatten gedeckt, auf denen bunte Moose und Flechten wucherten. Rechts und links dehnten sich Kohl- und Maisfelder. Am Straßenrand wuchs roter Fingerhut und Brombeergestrüpp. Hier war die Legende vom Spanien der Plakatsäulen zu Ende.
Aus dem lieblichen Tal des Miño stieg die Straße in eine einsame Wildnis hinauf, in die südlichen Ausläufer der großen Cordillera Cantábrica, deren nördliche Gipfel ich auf meiner Reise nach Covadonga umfahren

hatte. Ich fuhr durch steile Hohlwege hinauf und wieder hinunter und empfand hier größere Einsamkeit als auf anderen spanischen Straßen. Ich kam an meilenweiten Heidekrautflächen vorüber und an unregelmäßigen Flecken bebauten Bodens auf den Hängen, die so steil anstiegen, daß ich mich fragte, wie man dort überhaupt hatte pflügen können. Jedenfalls konnten sie nur mit der Sichel gemäht werden.
Die Straße senkte sich nun herab zu dem an einem schönen Fluß gelegenen netten Dörfchen Vega de Valcarel mit seinen hohen Walnußbäumen und seinen Ziegenherden. Das wäre der richtige Ort gewesen, um sich seßhaft zu machen, zu fischen und Spanisch zu lernen! Doch schon ging es wieder hinauf ins Gebirge, die Straße wand und drehte sich und lief immer nur höchstens zwanzig Meter geradeaus, bis endlich, im Schein der sinkenden Sonne, Ponferrada und seine stattliche Templerburg, die über gepflasterten Straßen aufragt, in Sicht kam.
Hier wechselte das Landschaftsbild wieder so jäh wie überall in Spanien. Wein und Pappeln wuchsen aus der ziegelroten Erde einer ausgedehnten Ebene. Bergarbeiter kamen auf ihren Fahrrädern vorbei. Dann folgte trübes Sumpfgebiet. Obwohl die Dunkelheit bereits anbrach, arbeiteten die Bauern noch in den Wiesen, und hochbeladene Ochsengespanne rumpelten langsam den Dörfern zu. Als ich nach Astorga kam, war es bereits finster. Ich hielt an und bestellte einen *café con leche*. Zu spät fiel mir ein, daß ich lieber hätte Schokolade trinken sollen, denn sie gilt hier als Spezialität. Die merkwürdige kleine, in einer Moorlandschaft gelegene Stadt besitzt eine von Arkaden umgebene Plaza und ein altes Rathaus, dessen Uhr von zwei mechanischen Figurinen geschlagen wird, einem *maragato* und einer *maragata* in Pluderhosen und Silberschmuck, einer Tracht, über die Spanienreisende vor mehr als hundert Jahren noch berichtet haben, die man aber jetzt nirgends mehr findet. Nur diese rätselhaften Gestalten sind übriggeblieben, aber man weiß nicht genau, wo sie herkommen; manche Fachleute vermuten, daß sie auf die Berber zurückgehen.
Es war bereits dunkel, und ich fing an zu bereuen, daß ich noch am selben Abend hatte in León sein wollen, denn die Straße führte durch flaches, unheimliches Moorgebiet, das man mehr ahnen als sehen konnte. Ich passierte ein finsteres Dorf, und meine Scheinwerfer rissen junge Leute aus dem Dunkel, die gemessen im abendlichen *paseo* auf und ab schritten, die Mädchen zu dritt und zu viert untergefaßt, die Jünglinge gemeinsam, genau wie in der Stadt. Es kommt selten vor, daß spanische Dörfer unbeleuchtet sind, wahrscheinlich hatte es eine Stromstörung gegeben. Dann fuhr ich bergab, auf die Lichter von Veguellina zu und kreuzte die Brücke über den Orbigo. Sie war im Jahr 1434 der Schauplatz eines lächerlichen Heldenstückleins, das unter dem Namen *paso honroso*

bekannt ist. Damals hielt ein echter Don Quijote, der zum Zeichen seiner Versklavung an die Geliebte eine Eisenkette um den Hals trug, mit neun Kumpanen die Brücke besetzt und forderte alle vorbeiziehenden Ritter zum Kampf heraus, falls sie nicht beistimmen wollten, daß die Dame des versklavten Ritters die Schönste unter der Sonne sei. Es ist sonderbar, daß eine derartig veraltete, aus dem dreizehnten Jahrhundert stammende Auffassung von Ritterlichkeit noch knapp achtundfünfzig Jahre vor der Entdeckung Amerikas existierte, noch seltsamer aber ist, daß dieser fahrende Ritter ernst genommen wurde. Berichten zufolge wurden innerhalb der dreißig Tage, da er und seine Genossen die Brücke belagerten, nicht weniger als siebenhundertsiebenundzwanzig Kämpfe ausgetragen, bei denen ein Ritter getötet und viele verwundet wurden. So zogen sich in Spanien die Sitten des dreizehnten Jahrhunderts bis tief ins fünfzehnte hinein, und noch im siebzehnten Jahrhundert gab es in Sevilla einen Don, der jeden Herrn zum Kampf forderte, der die unbefleckte Empfängnis Mariens anzweifelte.

Endlich erblickte ich die Lichter Leóns, und erst beim Ausfüllen der Hotelformulare, mit denen übrigens die Öfen aller spanischen Polizeistationen geheizt werden dürften, spürte ich, wie erschöpft ich war. Es ist eine der Wohltaten der späten Speisestunden Spaniens, daß man um elf Uhr wohin immer kommen kann, ohne daß einem ein mürrischer Kellner bedeutet, er könne höchstens noch ein Käsebrot bringen, weil das Küchenpersonal schon weg sei; im Gegenteil, im Speisesaal herrscht Hochbetrieb, und der Kellner führt einen lächelnd und mit einer Verbeugung an einen Tisch.

Eine Legende berichtet, daß Gott der Herr einst alle Schutzpatrone Europas um sich versammelt und ihnen zugesagt habe, er werde den ihrem Schutz befohlenen Ländern alle jene Eigenschaften verleihen, um die sie ihn bitten würden. Der heilige Jakobus bat, daß den Spaniern mehr Witz und Schönheit verliehen werde als jedem anderen Volk der Erde, und das wurde ihm gewährt. Doch die Liebe des heiligen Jakobus zu Spanien war so groß, daß er der Versuchung nicht widerstehen konnte und noch etwas herausschlagen wollte, darum fügte er hinzu: »Und die beste Regierung der Welt.« Das verstimmte den Allmächtigen, er erhob sich von seinem Thron und sprach: »Nein! Spanien soll überhaupt nie eine Regierung haben!«

Trotzdem kann Spanien sich rühmen, mehr »Hauptstädte« zu haben als die übrigen Länder Europas: Oviedo, León, Burgos, Toledo, Sevilla, Valladolid – und sie alle sind im Lauf der Geschichte einmal Sitz des Hofes und der Regierung gewesen. Dadurch macht die spanische Geschichte den Eindruck der Beweglichkeit, mit der Atmosphäre eines Feldlagers oder des

Hauptquartiers einer im Vormarsch befindlichen Armee, und das entspricht mehr oder weniger den Tatsachen. Leóns königliche Glanzzeit fällt in die frühe Geschichte, als sich die christlichen Reiche gerade stark genug fühlten, um sich aus den Bergen herunterzuwagen und ein Stück weiter nach Süden auszubreiten. Leider verwandelte jedoch der schreckliche al-Mansûr, der auch Santiago geschleift hat, León in eine Ruine, und seine Muezzins riefen von einem »Minarett« aus Leichen zum Gebet. Doch mit der Vitalität eines römischen Legionärslagers – Leóns Name erinnert an *Legio Septima* – erhob sich die alte Stadt trotzig aus der Asche und wurde um das Jahr 1000 wieder Hauptstadt.«

Die Stadt León dünkte mich uninteressant und formlos, einzelne Gebäude ausgenommen. Wie bei Oviedo liegt auch ihre Herrlichkeit in einer Vergangenheit, die zu lange vorüber ist, um noch deutlich sichtbare Spuren hinterlassen zu haben, und zum Unterschied von Burgos wirkt León nicht spontan auf das Auge und den Geist. Ein Spaziergang von fünf Minuten führte mich vom Hotel zur Kathedrale; ihre reichgeschnitzten Torflügel am Westtor erregten meine Bewunderung, und ebenso eine Darstellung des Jüngsten Gerichts, die so manchem mittelalterlichen Landbewohner besorgniserregend erschienen sein mag. Emsig sind die Engel und Teufel an den Gräbern damit beschäftigt, die Guten von den Bösen zu scheiden. Die Guten stehen links, schön gewandet und mit selbstzufriedener Miene, und ein Jüngling spielt auf einer Drehorgel. Splitternackt werden die Verdammten von Teufeln aus den Gräbern gerissen und zum Verheizen weggeschaufelt oder gefräßigen Teufeln vorgeworfen, die darauf warten, sie, mit dem Kopf voran, zu verschlingen.

Eine entzückende Variante bildet die Zentralfigur, die Gestalt eines edlen Jünglings, der voll Anmut, als sei hier kein Zweifel möglich, hinübergeschlendert ist und sich unter die Erretteten gemischt hat, aber da wird er von einem Engel angehalten, der ihm mit dem lächelnden und zuvorkommenden Gehaben eines Platzanweisers bei einer Hochzeitsfeier begreiflich zu machen scheint: »Auf die andere Seite, bitte sehr!«

Ich trat durch das Westtor ein und befand mich plötzlich mitten in Frankreich! Die Kirche Leóns ist eine der Überraschungen, die man in Spanien auf Schritt und Tritt erlebt. Ich stand inmitten eines gläsernen Gehäuses aus bunten gotischen Scheiben – die Baumeister hatten möglichst wenig Stein, dafür aber um so mehr Glas verwendet. Als Gegensatz zu den düsteren spanischen Kirchen ist die damit erzielte Wirkung überwältigend. Riesige Fenster, wohin man auch blickt, und man schließt geblendet die Augen vor der Fülle und Schönheit ihrer Farben. Hier findet man all die unvergleichlichen Farbschattierungen echter alter Kirchenfenster beisammen, das Kobaltblau, das Kupfergrün, das Manganviolett, die verschiedenen Gelb und die wunderbaren rubinroten und rotbraunen Tönungen. Ich war sprachlos vor dieser leuchtenden Herrlichkeit. Wie war es nur zugegangen, daß León sich entschlossen hatte, einen solchen, in Spanien einzig dastehenden Dom zu bauen, eine Kirche, die, statt das Licht auszuschließen, wie die meisten spanischen Kirchen, es geradezu einlädt? Wie sehnlich mußten die Bauherren, die in den Traditionen von St. Denis, Chartres und Reims aufgewachsen waren, den Augenblick erwartet haben, da sie die Effekte des grellen spanischen Sonnenlichts auf dem Glas zum erstenmal schauen durften! Als ich in der Kirche war, schien die Sonne und streute ein Farbmosaik über die ganze Kirche hin aus. Wenn man die Hand bewegte, sah man seine Finger abwechselnd violett, gelb und rot gefleckt. Das ist die heiterste Kirche Spaniens und in ihrer Art gewiß die schönste. Sie ist, wie vom Klang unaufhörlicher Musik, von Farben durchtönt. In der Kathedrale gibt es einige prachtvolle Dinge zu sehen, uralte Krypten, Skulpturen und anderes, aber ich hatte für nichts Augen als für die erlesenen Glasmalereien.

In León gab es noch allerlei zu sehen. Ein Stück römischer Stadtmauer zieht sich wie in Lugo kühn in die Ferne. Auch sah ich die Krypta des heiligen Isidor, die mit byzantinischen Fresken ausgemalt ist, und in der die frühen Könige und Königinnen von León ruhen, in anonymen Gräbern, denn die Franzosen unter Napoleon haben dort schlimm gehaust. Und auf dem Hochaltar derselben Kirche stand eine Silberurne mit den Gebeinen des großen, weisen heiligen Isidor aus Sevilla, die mit Einwilligung des mohammedanischen Fürsten al-Mu'tamid exhumiert worden und von ihm nach einer ehrenden Abschiedsrede dem christlichen Norden übersandt worden waren.

Im Sonnenlicht gleißend, lief die Straße nach Valladolid durch die sandfarbene Ebene. Verschwunden waren die grünen Berge Galiciens, seine kristallenen Gewässer, die hoch von den Bergen stürzten, seine dunklen, tiefen Ströme. Hier drückte Hitze auf das wasserlose Land. Dünn rieselten die Flüsse über das Geröll unter den schönen Brückenbogen. Am Himmelsrand standen Dörfer, staubfarben wie die Ebene, klar und scharf umrissen in ihrem eigenen Schatten.

Don Jesús, an den ich einen Empfehlungsbrief besaß, war einer jener überbeschäftigten Spanier, die ein Dutzend Berufe ausüben und trotzdem bereit sind, sie im Handumdrehen hintanzustellen und so zu tun, als spiele Zeit gar keine Rolle. Den ganzen Nachmittag waren wir in Valladolid spazierengegangen, das zwar eine interessante, aber doch ziemlich gesichtslose Stadt ist, die hauptsächlich durch das fasziniert, was sie war, nicht durch das, was sie heute ist. Wir hatten das Gebäude besichtigt, in dem Ferdinand und Isabella getraut und Philipp II. geboren wurde, ferner das Museum für bemalte Plastiken und die massive, unvollendete Kathedrale. Inzwischen war es neun Uhr geworden, also beinahe Abendessenszeit. In den Straßen herrschte Gedränge. Die Luft war fast so heiß und stickig wie in Madrid. Zwei in Farbenlicht getauchte Springbrunnen sandten ihre Strahlen in die Nacht. Langsam im *paseo* mittreibend, lüfteten wir alle zwei bis drei Schritte feierlich die Hüte vor den Bekannten Don Jesús'.

In einem kleinen baskischen Speisehaus ließen wir uns in einer Nische nieder. Mein Freund liebte Valladolid sehr, seiner Meinung nach hätte es die Hauptstadt von Spanien sein müssen. Keine andere Stadt reichte an sie heran. Die Karwoche in Sevilla! Puh, nichts als organisierter Fremdenbluff! Wenn man die Karwoche wirklich erleben wollte, mußte man nach Valladolid gehen. Da gab es tatsächlich etwas zu sehen! Die *pasos* waren hier die schönsten in Spanien. Man konnte die Geißelung Christi von Gregorio Fernández sehen, die Aufrichtung des Kreuzes von Francisco de Rincón, die Kreuzigung von Francisco de la Maza und die berühmte schmerzensreiche Muttergottes mit den fünf Schwertern im Herzen von Juan de Juni. Wenn das alles gemessen durch die Dunkelheit herankommt, nur von tausend Kerzen bestrahlt, dann, *señor*, weiß man, was die Karwoche ist!

Er zog sein Notizbuch und entnahm ihm eine Photographie eines *paso*, umringt von den kapuzenverhüllten Mitgliedern einer Bruderschaft, und wies auf eine kleine Gestalt in der Reihe ähnlicher Inquisitoren, die alle dieselben weißen Kutten mit schwarzen Kapuzenzipfeln trugen. Dabei sagte er stolz: »Das bin ich.«

Seine *cofradía* sei eine der exklusivsten in der Stadt, erklärte er. Die Knaben würden schon als Kinder eingeschrieben, so wie man anderswo die Kinder in öffentlichen Schulen vorher anmeldet. Ich schaute den kleinen Mann mit neu erwachtem Interesse an und dachte, wie seltsam es war, daß er sich jedes Jahr eine Woche lang in eine bedrohliche Gestalt des Mittelalters verwandelte, die nicht einmal die eigene Familie wiedererkannt hätte. Er erzählte, er habe auf der Seite der Nationalisten mitgekämpft und sei in Madrid von den Roten gefangengenommen und ins Gefängnis geworfen worden. Die Wärter würfelten einfach um das Leben der Gefangenen und holten sie ohne jede Vorbereitung heraus vor die Gewehre des Hinrichtungskommandos. In Madrid habe er Grauenhaftes durchgemacht! Er werde mir erst beim Kaffee davon erzählen, um mir nicht den Appetit zu verderben. Es gibt nichts Schrecklicheres als den Bürgerkrieg, sagte er. Sein Bruder, an dem er sehr hing, war auf der republikanischen Seite gestanden. Er war von den Nationalisten erschossen worden. Auch der Mann seiner Schwester sei Republikaner gewesen und lebe jetzt in Frankreich. »Vielleicht bekommen wir eine Amnestie für

politische Emigranten, wenn der König zurückkommt«, sagte er. »Aber wer weiß das? Wir wollen es hoffen.«
Nach dem Essen erzählte er mir von den Greueln. Ich hatte die gleichen Dinge über die Gegenseite gehört. Ein Fremder kann solche Dinge schwer beurteilen.
»Sie hoffen, daß die Monarchie wiederkommt?«
»Das ist die große Hoffnung meines Landes.«
Ich hätte gern gewußt, ob etwa die Spanier am Nebentisch auch seiner Meinung waren. Wir trennten uns an der nächsten Straßenkreuzung, und er tauchte wieder in der Dunkelheit und dem undurchschaubaren Geheimnis seines Privatlebens unter. Mein Rückweg zum Hotel führte über die Plaza Mayor, die fast ganz verlassen dalag, obwohl es noch vor Mitternacht war. Neugierig schaute ich mich um. Denn hier hatte Philipp II. unter feierlichen Zeremonien seinen Regierungsantritt begangen, indem er einem großen Autodafé beiwohnte und bei dieser Gelegenheit einem der armen Teufel, die zum Scheiterhaufen geschleppt wurden, auf seine Bitte um Gnade die berühmte Antwort erteilt: »Wäre mein eigener Sohn ein Ketzer wie du, ich würde bereitwilligst das Holz zu seiner Verbrennung zusammentragen.«
Ein Autodafé oder »Glaubensakt« war ein furchteinflößender Schauprozeß, den die Kirche mit großem Pomp und unter Benützung dramatischer Effekte durchführte, um die Zuschauer zu beeindrucken und alle zu warnen, die etwa gefährliche, ketzerische Gedanken hegten. Es gab zwei Arten dieser Zeremonie, das *auto particular,* das in der Kirche stattfand, und das *auto público,* ein kostspieliger Mummenschanz, der mitunter nur alle paar Jahre einmal stattfand. Schon Wochen vorher verwandelten die Zimmerleute den Hauptplatz einer Stadt in ein geräumiges Theater. Sollte der König anwesend sein, so wurde auf einem Balkon die königliche Loge bereitgemacht und daneben einige für den Hof. In der Mitte des Platzes wurde ein Podium aufgestellt, mit Kanzeln, die beiderseits von teppichbelegten, draperienbehängten Haupttribünen flankiert wurden. Ab sechs Uhr morgens läuteten alle Kirchenglocken, und das Auditorium begann sich einzufinden. Viele von der Inquisition Eingeladene fragten sich bang, ob sie darin eine Höflichkeit oder eine Warnung zu erblicken hätten! Wer seinen Verstand beisammen hatte, riskierte es lieber nicht, wegzubleiben.
Nachdem König und Hof die Plätze eingenommen und die Haupttribünen sich mit den Beamten der Inquisition gefüllt hatten, mit Bischöfen und Äbten und den Repräsentanten der verschiedensten Ämter des ganzen Reiches, wurden die bejammernswerten Gefangenen aus Zellen und Verliesen geholt und für die Feier kostümiert. Sie bekamen gräßliche gelbe Hemden aus rauhem Zeug, sogenannte *sanbenitos,* dann wurde

ihnen ein Strick um den Hals gehängt und eine papierene Narrenkappe aufgesetzt, die mit Insekten und Reptilien bemalt war. Die Gefangenen mußten im Gänsemarsch antreten, jeder bekam eine grüne Kerze in die Hand gedrückt, und so marschierten sie los, rechts und links von vermummten »Vertrauten« begleitet, diesen Spionen und Handlangern der Inquisition, die den verschiedensten Ständen angehörten und bis in jeden Winkel und jede Ecke des spanischen Lebens einzudringen wußten. Die noch nicht bußfertigen Gefangenen wurden auch von einem Beichtvater begleitet, der sie beschwor, Buße zu tun. Wer als »hartnäckig« bekannt war, wurde mit einem Holzklotz geknebelt, damit er keine Verteidigungsreden oder Lästerungen von sich geben konnte. Zuletzt folgten die grausigen Abbilder jener, die der Inquisition durch die Flucht entgangen waren, und Kisten mit den Gebeinen derer, die sich ihr durch den Tod entzogen hatten. Sowohl die Abbilder als die Gebeine wurden auf dem *quemadero* verbrannt.

Zum dumpfen Klang des Miserere betrat der Zug mit schwingenden Weihrauchfässern und blinkenden Kreuzen den Platz; dann kam das große grüne Banner der Inquisition und der Aufzug grotesker Gestalten in ihren Papiermützen und gelben Hemden. Manchmal dauerte die Prozedur von sechs Uhr früh bis in den Nachmittag hinein. Nach den religiösen Zeremonien und der Predigt wurden die Akten der Gefangenen einzeln verlesen, während diese in ihren erniedrigenden Hemden und Mützen demütig auf den Knien lagen. Männer und Frauen, die vor Jahren stark und gesund in den Verliesen verschwunden waren, konnten oft nur mehr humpeln oder mußten gestützt werden, denn die Folter, vor allem das Streckbett, hatte ihnen die Gelenke ausgerenkt, und die Wasserfolter, die *aselli,* hatte wieder andere Nachwirkungen. Nachdem das endlose Verfahren beendet war, wurden die »Versöhnten« in ihre Kerker zurückgeführt, um ihre Strafe abzubüßen, die »Abgefallenen« wurden den Hütern des Gesetzes überantwortet und, mitten durch die schreiende und höhnende Menge auf Eseln reitend, zum Scheiterhaufen gebracht. Wenn es so weit war, wünschten wohl alle, die seit sechs Uhr morgens ihren »Glaubensakt« absolviert hatten, sehnlichst, endlich fortgehen und etwas essen zu dürfen, und, soweit dies möglich war, die Schaustellung zu vergessen, die sie mitansehen mußten. Nur die wenigsten waren wirklich vom Wunsch erfüllt, der grotesken Prozession bis zum *quemadero* nachzugehen und Zeuge der letzten Schrecken derer zu sein, die, weil sie noch in letzter Minute Reue zeigten, erwürgt wurden, ehe man ihre Leiber ins Feuer warf.

An diesem Abend fragte ich mich beim Heimgehen, ob nicht etwa die Inquisition für den Mangel an geistiger Neugier verantwortlich zu machen ist, den man im spanischen Leben feststellen kann, für die geringe

Anzahl der Buchläden und dafür, daß viele Spanier immer noch der Meinung sind, das Dogma sei wichtiger als die Moral, und zu einer christlichen Lebensführung sei weiter nichts nötig, als die kirchlichen Formalitäten einzuhalten.

Beim Kofferauspacken in Salamanca hörte ich Feuerwerksböller in den Straßen knattern und glaubte, daß ein paar kleine Jungen sich einen Spaß erlaubten. Ich hatte eines der schönsten Zimmer im Hotel, direkt über dem Portalvorbau, erhalten, mit der besten Aussicht auf die Straßen, die in die berühmte Plaza Mayor münden. Kommt man bei Tageslicht in ein solches Zimmer mit einem alles beherrschenden Ausblick, ist man zunächst überglücklich. Erst nachts bekommt man den Pferdefuß zu spüren; schlaflos lauscht man dem Geknatter der Motorräder, dem Kreischen der Bremsen und den schrillen Stimmen von Leuten, die einander um zwei Uhr früh gute Nacht sagen.

Als ich ankam, erlosch eben einer dieser typischen rostroten afrikanischen Sonnenuntergänge in der rasch hereinbrechenden Finsternis; daher ging ich sogleich aus, um den berühmten Platz noch zu sehen, der als der schönste Platz Spaniens gilt. Nun vernahm ich nochmals Feuerwerksraketen und dann eine Musikkapelle, ein Ton, der mich immer ans Fenster lockt. Es war schon fast dunkel, eine heiße, stille Nacht, in der sich kein Luftzug regte. Draußen bot sich mir ein wunderschönes Bild. Über die gegenüberliegende Straße, die auf die Plaza Mayor hinausführt, gingen Menschen, mit brennenden Kerzen in der Hand, und sangen einen feierlichen Choral. Ich konnte nicht sehen, woher sie kamen und wohin sie gingen, sie schritten einfach vor mir über die Straße, wie eine Prozession über eine Bühne marschiert. Nun fiel mir auf, daß es lauter Frauen waren, und daß fast neben jeder von ihnen ein kleines Mädchen in weißem Erstkommunionskleid einherging. Der Kerzenschimmer fiel auf die kleinen, ernsthaften, dunklen Gesichter von Hunderten winzigen, bräutlichen Gestalten. Der Zug schien kein Ende zu nehmen. Die Schreitenden waren nach Kirchsprengeln, jeweils mit ihren Bannern und Kreuzen, gruppiert, und von Zeit zu Zeit trat ein Pfarrer aus der Reihe und schlug den Takt, um die hellen Stimmen zu immer hellerem Lob Unserer Lieben Frau vom Berge Karmel – *Nuestra Señora del Carmel* – anzufeuern, denn der Umzug fand zu Ehren ihres Feiertages statt.

Ich eilte auf die Plaza Mayor hinunter und sah auf diesem Wunderwerk Europas Lichtpunkte langsam kreisen und Hunderte der kleinen weißen Gestalten sich vorwärtsbewegen. Ohne zu flackern, standen die Flammen der Kerzen in der windstillen Nacht. Jetzt hatten die brennenden Lichter die Hälfte des Platzes umkreist, dann drei Viertel, und endlich war der Platz ringsum voll, und die Voranschreitenden schickten sich an, ihn wieder zu verlassen. Die kindlichen Gesichter, die jungen Stimmen und die tausend kreisenden Lichter hoben sich unsagbar lieblich von dem Hintergrund aus hohen, arkadengestützten Bauten aus dem achtzehnten Jahrhundert ab. Als der ganze Platz von einem Lichterkranz umschlossen dalag, wurde die im Lichtschein glänzende, sitzende Statue Unserer Lieben Frau vom Berge Karmel in ihrem blauen Gewand auf einem Wagen hereingeführt. Die große Silberkrone auf ihrem Haupt zitterte bei jeder Umdrehung der Räder. Der ganze Platz geriet in Bewegung, die an den Tischen der Cafés Sitzenden standen auf, manche davon knieten auch nieder, wenn der Wagen vorüberfuhr.

Ich schloß mich der Prozession an, die nun die Plaza Mayor verließ und in die dunklen Straßen Salamancas einbog. Bald ging ich neben der Madonnenstatue her, die über die Fahrbahn holperte und im Kerzenschimmer zu nicken und zu lächeln schien, dann wieder schritt ich zur Spitze des Zuges, um noch einmal eines der kleinen Mädchengesichter, das mir besonders gefallen hatte, zu sehen. Ähnliche Prozessionen werden in den meisten katholischen Ländern abgehalten und sind nichts Ungewöhnliches, hier jedoch wurde sie mit jenem vollendeten spanischen Stilgefühl durchgeführt, das ich immer wieder mit Freuden wahrnahm. Die kleinen Mädchen hatten ihr Erstkommunionskleid nochmals anziehen dürfen, und sogar die Allerkleinsten bewegten sich darin wie stolze kleine Königinnen, und manchmal erschien in ihrer Mitte eines ihrer kleineren Brüderchen, als winziger Admiral gekleidet.

Nun hielt der Wagen Unserer Lieben Frau vom Berge Karmel auf einer steilen Anhöhe, und als ich von der Straße aufblickte, sah ich eine gewundene Lichterkette langsam herniedersteigen und sich auf die strahlend beleuchtete Karmeliterkirche zu bewegen, in der sich schon eine Menschenmenge versammelt hatte, um die Heilige Jungfrau nach ihrer Reise willkommen zu heißen. Die beiden Torflügel des Westtores waren weit zurückgeschlagen, und die Marienstatue wurde mit größter Behutsamkeit, damit die Spitzen ihrer Silberkrone nicht den Torbogen streiften, hineingeführt und durch den Kerzenglanz nach vorne zum Hochaltar getragen.

Salamanca hätte sich wohl auf keine schönere Weise bei mir einführen können.

Die prachtvolle goldene Stadt gereicht Spanien zum höchsten Ruhm. Wieder kommt dem Fremden hier zum Bewußtsein, daß die Spanier die besten Architekten und Baumeister – seit den Tagen der Römer – sind. In ganz Salamanca gibt es nicht ein Baudenkmal, welchen Alters immer, das nicht bewundernswert wäre. Die Plaza Mayor ist ein aus dem achtzehnten Jahrhundert stammender Nachfahre der Plaza Mayor aus dem siebzehn-

ten Jahrhundert in Madrid, nur ist sie nicht so heruntergekommen wie diese. Ich wüßte in ganz Europa kein schöneres und anmutigeres Baudenkmal des achtzehnten Jahrhunderts.
In der Morgenkühle wanderte ich über die römische Brücke zu einer Salamanca gerade gegenüberliegenden Stelle, wo Frauen ununterbrochen auf den Knien dem Gott der Reinlichkeit huldigen, indem sie im Fluß Tormes Wäsche waschen. Die Sonne stieg über der anmutigen Stadt empor und berührte die Spitztürmchen der beiden Dome, die nebeneinander stehen, sie fiel in die alten Gassen und auf die Universität, die Kirchen, Klöster, Stifte und Paläste, deren Bausteine dieselbe Farbe haben wie das Parthenon. Jahrhundertelanger Regen hat von diesen goldenen Mauern die Handschriften der Studenten des Mittelalters nicht wegwaschen können, die, nachdem sie den Doktorhut erworben hatten, auf eine Leiter stiegen und ihren Namen in rotem Ocker auf die Mauern ihrer Quartiere malten.
Nach Salamanca zurückgekehrt, ging ich auf die Frühmärkte und sah zu, wie die Fernlastwagen voller Fische von der Küste entladen wurden. Zur Frühmesse betrat ich die kleine Kirche San Martín aus dem zwölften Jahrhundert, über deren Portal eine gotische Gruppe den Heiligen zeigt, wie er gerade seinen Mantel für den Bettler entzweischneidet. Auf dem Rückweg ins Hotel sah ich in einer Seitengasse einen alten Steinmetz, mit Meißel und Schlegel in der Hand, auf einem gelben Steinblock sitzen. Ich schaute ihm eine Weile zu und staunte über die angeborene Geschicklichkeit, mit der er den Meißel führte. Er restaurierte ein altes Gebäude, und als er mein Interesse bemerkte, stieg der alte Mann von seinem Stein herunter und weihte mich im Handumdrehen in das Geheimnis der plateresken und churrigueresken Ornamentik ein, die man in diesem Teil Spaniens sieht. Wie oft bin ich vor einer Fassade oder einem Tor gestanden, das in vielfältigen Phantasiemustern verschnörkelt war, zum Beispiel vor den *Escuelas Mayores* in Salamanca und dem *Colegio de San Gregorio* in Valladolid, und habe gestaunt, mit welcher Geschicklichkeit die Künstler das Gestein in verschlungener Musterung durchbrochen haben. Des Rätsels Lösung ist höchst einfach – Wasser! Der alte Mann zeigte mir einen trockenen Steinblock, der stahlhart war: Mit Wasser getränkt, ließ sich derselbe Stein so leicht schneiden wie Käse.
Ein bis zwei Stunden später ging ich auf der Plaza Mayor spazieren, deren Cafés für diese Stunde des Tages ziemlich überfüllt waren, da hörte ich mich beim Namen rufen und sah eine vornehme Gestalt sich aus einer Gruppe Männer loslösen und mit allen Anzeichen der Freude auf mich zukommen. Ich erlebte, daß mich wahrhaftig einer von El Grecos Adeligen begrüßte: Es war Don Mariano, ein Bekannter aus Madrid.
»Mein lieber Freund!« rief er. »Das ist wunderbar! Sie sind im richtigen

Augenblick gekommen. Wenn ich gewußt hätte, wo Sie sich aufhielten, hätte ich Ihnen eine Einladung geschickt und Sie gebeten, herzukommen. Wir halten den jährlichen Dichterkongreß ab. Kommen Sie, Sie müssen ein paar Leute kennenlernen!«

Ein Dichterkongreß! Welch ein Einfall! Die meisten Dichter, die ich kenne, sind Einzelgänger und haben nicht den geringsten Gemeinschaftsgeist. Ich wüßte keinen, der sich hätte überreden lassen, an einem Kongreß teilzunehmen, am allerwenigsten an einem Kongreß mit anderen Dichtern! Offenbar sind die spanischen Dichter geselliger. Als mich Don Mariano den Poeten zuführte, kam ich mir vor wie in einer Operette: Chor der Dichter in Salamanca, das selbst ein Gedicht ist aus goldenem Stein, auf den kastilischen Himmel geschrieben. Ich wurde einer Menge junger Männer und ein paar älteren vorgestellt, und da sie alle gut aufgelegt und wohlhabend zu sein schienen, schloß ich, daß sie noch andere Einkommensquellen haben müßten. Sie waren aus den verschiedensten Gebieten Spaniens zusammengekommen. Einer, der gefeierte italienische Dichter Giuseppe Ungaretti, war aus Italien gekommen, der wohlbekannte Dichter Carlos Riba aus Barcelona. Und kaum hatten wir uns gesetzt, als der Sekretär des Kongresses herbeieilte und ein Telegramm von Roy Campbell in der Hand schwenkte, aus dem hervorging, daß er bereits unterwegs war. Alles schrie hurra.

»Bitte, erklären Sie mir, was das bedeutet, Mariano«, sagte ich.

»Der Dichterkongreß in Segovia im Vorjahr war ein großer Erfolg«, antwortete er, »darum haben wir beschlossen, ihn zu wiederholen. Die Idee hat halb und halb politische Hintergründe.«

Dabei machte er ein weises und diplomatisches Gesicht.

»Wir haben den kastilischen und den katalanischen Kreis zusammengebracht«, flüsterte er triumphierend. »Und ich kann Ihnen sagen, es klappt vorzüglich. Sie kommen bestens miteinander aus.«

»Warum sollten sie nicht?« fragte ich.

Er sah mich mitleidig an.

»Ich bitte Sie, Katalonien und Kastilien!« sagte er. »Das gegenseitige Mißtrauen beruht aber nur auf dem zu geringen persönlichen Kontakt. Der Kongreß tut Wunder.«

O du lokalpatriotisches Spanien! Wie war es Ferdinand und Isabella bloß gelungen, es zu einigen? Ich betrachtete die Dichter nun nicht mehr als Spanier, sondern als das, wofür sie sich offenbar selber hielten, als Galicier, Basken, Kastilier, Katalanen und Andalusier. Es stand außer Zweifel, daß sie sich gut vertrugen, sie schrien so laut sie konnten. Kastilisch ist wie sein Ursprung, das Lateinische, eine Sprache, die sich wunderbar zum Schreien oder zum Redenhalten eignet.

Ein junger Mann entnahm seiner Aktentasche die Umbruchbogen einer hochintellektuellen Vierteljahrszeitschrift.
»Und die *señorita?*« flüsterte ich. »Ist sie auch...?«
Mariano flüsterte zurück: Ja, auch sie war eine *poetisa.*
Dann kam der Sekretär und sagte, wir würden alle zu spät zum Empfang ins Schloß kommen, wir sollten uns beeilen. Es kostete ihn Schweiß und Mühe, den widerstrebenden Haufen junger Dichter zusammenzutreiben, die die ganze Nacht nicht geschlafen, sondern geredet hatten und jetzt anscheinend, in ganz Salamanca verstreut, ihren Katzenjammer zu vertreiben suchten. Einige von ihnen tauchten gerade mit fiebrig glänzenden Augen auf – sichtlich in der allerbesten Form, um Oden auf alles und jedes zu schreiben.
Wir marschierten über den Platz; da aber die meisten Spanier nicht gleichzeitig reden und gehen können, blieben immer wieder Gruppen stehen und diskutierten, und so gelangten wir allmählich zu einer steil ansteigenden Straße, die zu einem prächtigen Palast emporführte, der etwa um das Jahr 1500 von Erzbischof Fonseca erbaut worden war. Eine Treppe führte zu einem großartigen Renaissancesaal, der sich entlang der Straßenfront hinzog, und darin standen befrackte Kellner hinter einem hochbeladenen Büfett. Wir wurden vom Bürgermeister von Salamanca und vom Rektor der Universität begrüßt und tauchten in einer Menge von Professoren und Geheimräten mit ihren Gattinnen unter. Reden fanden statt, Blitzlichtaufnahmen wurden gemacht, und dann gab es eine Cocktailparty im Stil Londons oder New Yorks. Ich wurde mit einer lebhaften kleinen Dame, die mich für einen italienischen Dichter hielt, in einer Ecke eingekeilt, aber es erschien mir weniger mühsam, ihr diesen Glauben zu lassen, außerdem halte ich es für eine wichtige Regel, bei Cocktailparties nie zu widersprechen.
Trotz der Konversation von etwa hundert spanischen Dichtern hörte ich unten im Hof eine Trommel und eine Pfeife erklingen. Ich bahnte mir einen Weg durch die Menge. Von der Galerie bot sich mir das hübsche Bild von vierzehn Tänzern, acht Frauen und sechs Männern in der reichverzierten Nationaltracht von Salamanca. Die Frauen trugen schwarze Kleider, die so dicht wie die Jacken der *espadas* mit Blumen bestickt waren, vor allem mit Nelken und Rosen, die fast zwei Zentimeter dick aus dem Stoff hervortraten und wie wirkliche Blumen aussahen. Vorn in ihre Röcke waren teils rosa, teils blaue, teils rote Streifen eingefügt, und bei jeder Drehung blitzten die roten Unterröcke hervor. Alle trugen Mantillas aus weißen Spitzen und aus erbsengroßen Goldkugeln gefügte Halsbänder, während lange, schwere Ketten aus den gleichen Goldkugeln ihnen fast bis zum Gürtel herabhingen. Die Männer trugen kurze Bolerojacken aus schwarzem Samt, und ihre enganliegenden Hosen

endeten in schwarzen Gamaschen, die, wie bei unseren Bischöfen, bis über die Schuhe herunter zugeknöpft waren. Sie hatten schwarze Seidenschärpen umgebunden und trugen schwarze, breitrandige Hüte mit kleinen, spitzen Köpfen. Der Leiter der Truppe war ein prachtvoller alter Mann mit einem dicken Bauch, aber im Kostüm sah er immer noch sehr gut aus, und wie man mir versicherte, war er Dorfschneider und ein berühmt guter Tänzer. Er hatte eine Trommel und eine Pfeife in der Hand, und einer der jüngeren Männer hielt einen Maibaum.

Als die Poeten alle auf den Balkons Platz gefunden oder sich auf die Palaststufen gesetzt hatten, stellten sich die Tänzer in der Mitte des Hofes zum Tanz auf. Sie führten zuerst einen Volkstanz vor, bei dem Männer und Frauen einander in zwei Reihen gegenüberstanden. Dazu schlugen sie statt der Kastagnetten die *tapaderas*, kleine Zimbeln mit einem Griff. Während sie tanzten, stand der alte Mann abseits, trommelte und blies die Flöte. Dann übergab er die Instrumente einem anderen und sprang plötzlich mit verblüffender Leichtigkeit in den Kreis, und das hübscheste Mädchen wandte sich ihm zu. Sie stellten pantomimisch die Geschichte eines Mannes dar, dessen Annäherungsversuche von einem Mädchen verächtlich abgeschlagen werden, dann wird er zornig und wird von ihr ausgelacht und zuletzt bringt er ihr, mit überredenden Gebärden, ein Geschenk, und da wird sie weich und kapituliert nach einigem Zieren. Der alte Mann war köstlich. Er sprang mit vorgestrecktem Brustkorb wie ein alter Hahn herum, stampfte vor Zorn und ließ seine schwarzbekleideten Beine dabei wie kleine Kolben draufloshämmern, und nach dem Tanz dankten wir ihm mit donnerndem Applaus. Nun wurde der Maibaum aufgestellt und ein Tanz vorgeführt, der auch in England nicht unbekannt ist. Rote und gelbe Bänder in der Hand, drehten sich die Paare tanzend im Kreis um den Baum, bis dieser völlig von Bändern umflochten war.

Einer der merkwürdigsten Anblicke in Salamanca ist das »Muschelhaus«. Die Mauern dieses alten Schlosses sind mit einem kunstvoll gemeißelten Steinrelief von Kammuscheln bedeckt, die in dreizehn symmetrischen Reihen, eine über der anderen, die ganze Fassade überziehen, und zwar sind sie in so starkem Relief gemeißelt, daß sie lange Schatten werfen. Dieses Haus zahlloser Sonnenuhren ist eine sehr geglückte Lösung des Problems, wie man eine leere Mauerfläche durch Schatten belebt, eines Problems, das jedem, der in einem sonnigen Land baut, große Schwierigkeiten macht.

Unter anderem besuchten wir auch den wundervollen alten Hörsaal der Universität, in dem Luis de León gelehrt hat und der so belassen wurde, wie er vor vierhundert Jahren war. Auf harten Holzbänken sitzend, hört man die bekannte Geschichte von der Wiederkehr Luis de Leóns nach fünf in den Kerkern der Inquisition verbrachten Jahren. Der Hörsaal war überfüllt. Alles wartete gespannt auf seine Worte. Er blickte sich im Kreis seiner Hörer, die er seit fünf Jahren nicht gesehen hatte, um und begann: »Dicebamus hesterna die ... Wir sprachen gestern von ...«

Nun war ich in die Gluthitze Madrids zurückgekehrt. Es war fast noch heißer, als ich es in Erinnerung gehabt hatte. Ich litt an unstillbarem Durst, trank *horchata de chufas,* versuchte es mit *helados* und bestellte *granizada,* doch der Durst blieb. Die Menschen saßen bis in die frühen Morgenstunden in der regungslosen Luft im Freien, aus dem fünften Stockwerk der Mietshäuser schmetterte der *flamenco,* und die ganze Nacht hindurch wehte aus der Sierra nicht ein kühlender Hauch.
In den ein bis zwei Tagen, die ich auf eine Flugmöglichkeit nach Barcelona warten mußte, unternahm ich, was ich mir seit Wochen vorgenommen hatte: Ich fuhr noch einmal zum Escorial und quartierte mich in dem dortigen Hotel ein. Die Erinnerung an den grauen Palast hatte mich nicht mehr losgelassen, sie hatte ständig im Hintergrund meiner Gedanken auf der Lauer gelegen.
Es war ein ganz anderer Escorial, den ich nun, im frühen Morgenlicht in der Nachmittagshitze oder unter dem Sternenhimmel, wenn Menschen lachend und plaudernd im abendlichen *paseo* davor auf- und abgingen, vor mir sah. Er war nicht mehr abweisend, nicht mehr grausam und hochmütig. Mir erschien er nun als der vollkommenste Ausdruck kastilischen Geistes in Spanien.

Im Flugzeug nach Barcelona saß ich neben einem blonden jungen Mann, der sein Englisch von Maurice Chevalier gelernt zu haben schien. Er war redselig, temperamentvoll und rührend jung. Es irritierte mich nur, daß er mich auf die Art behandelte, wie etwa ein männlicher Pfleger, in Erwartung eines reichen finanziellen Nutzens, einen ehrwürdigen, dem Rand des Grabes entgegenwankenden Patienten behandeln mag. Nachdem ich ihm klargemacht hatte, daß ich imstande war, mein Gepäck allein zu tragen, daß ich Zugluft gern hatte und ich mir alles, was ich brauchte, selbst verschaffen konnte, beruhigte er sich und entpuppte sich als ein recht angenehmer Junge. Er war ein Schweizer Medizinstudent und achtzehn Jahre alt. Vor etwa drei Jahren hatten ihn seine Eltern in den Ferien nach Spanien mitgenommen, und es hatte ihm einen so starken Eindruck gemacht, daß er an nichts anderes dachte, als wieder hierher zu kommen. Aber sein Vater war dagegen und weigerte sich, auch nur einen Groschen dafür herzugeben. Da hatte der Junge beschlossen, sich in den Ferien das nötige Geld zu verdienen, und über zwei Jahre lang in seiner Freizeit gearbeitet. Er hatte auf den Straßen Eis verkauft, in Hotelküchen geschwitzt und um die Weihnachtszeit bei der Post ausgeholfen, er war

Gehilfe auf einem Parkplatz gewesen und hatte alle möglichen ausgefallenen Berufe ausgeübt, bis er das nötige Geld zusammengekratzt hatte. Nun wohnte er bei spanischen Freunden und ersparte sich dadurch ziemlich viel. Auf der Bahn reiste er dritter Klasse, und der Flug nach Barcelona war die einzige Extravaganz, die er sich leistete.
Die Unberechenbarkeit der Menschen hat ihren besonderen Reiz. Ich hätte es nie für möglich gehalten, daß dieser schwächliche Jüngling soviel Energie hätte, und sagte ihm, sein Vater könne stolz auf ihn sein.
»Mein Vater!« rief er. »Der will überhaupt nichts mehr mit mir zu tun haben.«
Ich fragte, was ihm an Spanien so sehr gefalle.
»Oh, alles. Die Menschen und ihre Lebensweise, das Land selbst, die alten Städte, die Kirchen, die Stierkämpfe. Für mich ist es eine ganz fremde Welt. Es ist so anders als die Schweiz.«
»Sind Sie Katholik?« fragte ich.
»Nein.«
»Oder ist da vielleicht eine *señorita* im Spiel?« vermutete ich.
»Gar nicht, nichts dergleichen!« erwiderte er.
»Halten Sie Spanien für ein romantisches Land?«
»Im Gegenteil, es ist kühl, sachlich und realistisch. Das gefällt mir eben.«
Das überzeugte mich, daß Spanien hier einen wahren Konvertiten gemacht hatte. Ich hätte gerne mehr über den seltsamen jungen Mann in Erfahrung gebracht, doch schon senkte sich das Flugzeug im Bogen auf Barcelona hinunter, und ich stieg aus und betrat das faszinierendste unter den vielerlei Spanien. Die Fahrt vom Flughafen zur Stadt war lang, wie meistens, dann ging es per Taxi in mein Hotel, oben in den Ramblas. Ich bekam ein Zimmer mit einem Balkon auf diese anziehende Straße hinaus. Ich stand dort und sah auf ein Bild hinunter, das auf angenehme Weise vertraut wirkte: die breite Promenade mit den Platanen, die Sessel, die Zeitungsstände, die Schuhputzer, die rastlos hin und her flutende Menge. An dem sonderbaren Brunnen gegenüber, der wie ein eiserner Lampenständer aussah, füllten den ganzen Tag über junge Männer die Wasserkrüge oder Töpfe, wie an einem Dorfbrunnen. Und im Gewimmel unter meinem Fenster fiel mir ein alter Schuhputzer auf, der in seinen Taschen kramte, eine Handvoll Brotreste zutage förderte und im nächsten Augenblick unter den von allen Seiten auf ihn zuflatternden Tauben beinahe verschwand. Neben der breiten Promenade zogen sich beiderseits schmale Einbahnstraßen hin, auf denen lärmende Straßenbahnwägelchen heranrasselten, wie zornige kleine Moloche, und Taxis vorüberflitzten, als habe man den Chauffeuren ein Vermögen versprochen, wenn sie ihren Bestimmungsort in Rekordzeit erreichten.

Mein erster Eindruck war, daß die Menschen in Barcelona doppelt so schnell gehen wie alle anderen Spanier. Madrid schlendert gemächlich, sogar in der Mittagspause, Barcelona geht schnell, als eile es auf ein Ziel zu.

Zu meiner Überraschung entdeckte ich, im Herzen Barcelonas verborgen, eine vollkommen erhaltene, mittelalterliche Stadt. Davon hat mir nie jemand erzählt. Barcelona hat in den vergangenen Jahrhunderten einen so entscheidenden industriellen Aufschwung erlebt, daß alles nur von seiner Modernität begeistert ist. Aber immer noch liegt hier, gleich hinter den Ramblas, die vollständige gotische Stadt verborgen, mit ihrem Dom, ihren Patrizierhäusern und gewundenen Gäßchen, ja sogar mit einer weitgehend offenen Kanalisation, nicht anders, als stünde mitten in London immer noch die Stadt, die einst Chaucer gekannt hat. Wie seltsam, daß all dies noch fortbesteht! Es läßt sich nur damit erklären, daß Barcelona es als unmöglich erkannte, die massigen, schwärzlichen Steinblöcke abzutragen, aus denen die Altstadt erbaut ist. Das Gewirr festungsähnlicher Elendsgäßchen inmitten Alt-Barcelonas ist unbeschreiblich; einzelne Straßen sind bloße Schluchten, in die eine Laterne mit eisernem Wandarm hineinragt, zwischen zwei altersgrauen Steinmauern, auf die nie ein Sonnenstrahl fällt, und die einander mit grimmigen Fensterläden und Balkonen gegenüberstehen. In der alten Stadt gibt es viele Winkel, die förmlich nach Georges Simenon schreien, hier scheint alles wie eigens für ihn gemacht: der schwarze Eingang zu einem Gäßchen, um die Ecken huschende Gestalten, das Gekreisch eines Grammophons, das eine alte Weise winselt, eine Frau in einem Mietshaus vor dem erhellten Fenster, ein paar Betrunkene, die in einem Kellerloch zechen.

Hier war nicht dasselbe mittelalterliche Spanien, das ich bisher gesehen hatte. Es hatte keine Ähnlichkeit mit Avila und Segovia oder den kastilischen Ritterstädten, noch weniger Verwandtschaft wies es mit dem barocken Spanien auf, wo kuppelförmige braune Glockentürme die Sonne trinken und verschnörkelte, unruhige Fassaden von einer Fracht an Heiligen und Urnen überragt werden, die knusprig und braun sind wie frischgebackene Keks. Hier war es finster und ziemlich unheimlich, ungefähr so, wie man sich Paris im Mittelalter vorstellt.

Die Kathedrale der Altstadt steht oben auf einer breiten Stiege. Sie ist die dunkelste und geheimnisvollste Kathedrale in Spanien. Im ersten Augenblick sieht man darin überhaupt nichts, dann strahlen in einer Nebenkapelle Kerzen auf, und ein buntes Fenster leuchtet hoch oben in den wuchtigen Mauern. Die erste Kapelle rechts glänzt im Lichtschein, und dort knien zu jeder Tageszeit Beter vor dem wundertätigen Christus von Lepanto. Das beinahe lebensgroße Kruzifix soll am Hauptmast des

Flaggschiffes Don Juans aufgerichtet gewesen sein. Der Leib des Gekreuzigten ist seltsam nach einer Seite hin gekrümmt, und es wird erzählt, daß er sich während der Schlacht zur Seite bog, um einer Kugel zu entgehen.

Durch die Finsternis weitertastend, erreicht man den Chor, eine kleine Kirche für sich innerhalb der Kirche. Er ist abgesperrt, und man starrt in die Schwärze und nimmt darin ungewiß Schnitzwerk, Vergoldung und Malereien aus. Wenn der Kirchendiener da ist und man eine Taschenlampe bei sich hat, kann man hineingehen und den Lichtstrahl über die Chorstühle der Ritter vom Goldenen Vlies gleiten lassen, dann findet man auch das königliche Wappen Englands und den Stuhl, der für Heinrich VIII. reserviert war. Die Wappen wurden für das Ordenskapitel gemalt, das 1518 von dem jungen Karl I. von Spanien abgehalten wurde, als er noch nicht Karl V. von Deutschland war. Die Kunde, daß er zum Kaiser ausgerufen worden sei, erreichte ihn gerade in dem Jahr, das er in Barcelona zubrachte.

Kehrt man dem Chor den Rücken, so kann man unter der Orgel einen seltsamen Gegenstand hängen sehen. Tatsächlich, es ist das Haupt eines schwarzen, bärtigen Mauren im Turban, vielleicht eine Reminiszenz an den gräßlichen al-Mansûr. Ich weiß es nicht. Wie ich hörte, ließ man seinen Mund an bestimmten Feiertagen Süßigkeiten für die Kinder ausspeien. Es ist sonderbar, daß diese Stadt die Erinnerung an die Mauren weiter pflegt, obwohl sie von ihnen weniger zu spüren bekommen hat als die übrigen Teile Spaniens. Während diese achthundert Jahre lang gegen die Mauren Krieg führten, war Barcelona nur hundert Jahre lang von ihnen besetzt, von 713 bis 813, bis sie durch die Franken vertrieben wurden. Schon dieser Umstand allein scheidet Barcelona und Katalonien vom anderen Spanien. Barcelona konnte es sich leisten, sich vom besetzten Spanien abzuwenden und Alexandrien, Genua, Pisa, Venedig und Konstantinopel jenseits des Mittelmeers als seine eigentlichen Genossen zu betrachten. Burgos war für Barcelona fremder als irgendeiner der großen Seehäfen des Mittelmeers, und so hat es Spanien jahrhundertelang mit seinem Reichtum den Rücken gekehrt. Aus diesen fernen Zeiten datieren die immer noch fortdauernden Differenzen zwischen Katalonien und Kastilien. Ich ging durch die prachtvollen Kreuzgänge, in denen seit vielen hundert Jahren Gänse gehalten werden. Die feisten Vögel heben sich schneeweiß von dem alten Mauerwerk ab und schwimmen auf kleinen Teichen, die man in einer Ecke des Säulengangs angelegt hat, oder sie watscheln bedächtig umher und betrachten die Menschen kritisch, die sich erdreisten, ihnen Brotkrumen hinzuhalten. Mit dem gleichen Recht könnte man einem der Domherren Barcelonas eine Erdnuß anbieten, wie diese geheiligten Tiere mit Brotkrumen füttern wollen. Niemand konnte mich darüber aufklären, warum sie die »Kapitolinischen Gänse« genannt werden, noch mir den Ursprung dieser Gepflogenheit sagen. Vielleicht sind sie die Nachkommen römischer Gänse, die hier gehaust haben, als der volle Name Barcelonas noch Colonia Faventia Julia Augusta Pia Barcino lautete. Es gibt hier eine kleine Gänseheimstatt, wo das Geflügel schläft und von dem aus Brettersteige ins Wasser führen. Die Tauben und Spatzen auf der Palme daneben helfen, den Überschuß an Brot zu vertilgen.

Noch etwas Interessantes gibt es in dem Kreuzgang zu sehen: eine moderne Madonna, Unsere Liebe Frau vom Licht, die Schutzpatronin der Elektriker. Ich schaute zu, wie man eben letzte Hand an ihren Altar legte; da kam einer der Fremdenführer, von denen solche Orte heimgesucht werden, und sprach mich im besten Englisch an. Er war ein hagerer, nicht ganz junger Mann mit schmeichlerischem Wesen, das aber wie eine aufgeklebte Maske wirkte, die jeden Augenblick fallen kann. Ich wurde neugierig, was eigentlich dahintersteckte, und nahm ihn eine Stunde lang mit. Schon nach kürzester Zeit ließ er die Maske fallen.

Der Mann war fanatisch gegen Franco, gegen den Klerus, gegen alles und jedes. Mit der größten Begeisterung zeigte er mir Kirchen, die im Bürgerkrieg ausgebrannt worden waren. Verächtlich schlenderte er an den Weihwasserbecken vorbei und unterließ betont alle Gesten der Verehrung, sogar vor dem Allerheiligsten. Seiner Meinung nach wurden die Gänse im Kreuzgang nur gehalten, weil es der Geistlichkeit auf andere Weise nicht gelänge, die Kinder in die Kirche zu locken.

»Wissen Sie, warum die Kirchen hier so finster sind?« fragte er. »Weil der Klerus das Monopol für den Kerzenhandel hat.«

Er behauptete, Franco sei der Untergang Spaniens. Zu Francos zahlreichen Sünden gehöre die Unterdrückung von Zeitungen, die in katalanischer Sprache gedruckt sind. Es gebe kein Recht, solange Franco nicht abtrete! Ich fragte, ob ein König zur Verbesserung der Verhältnisse beitragen würde. Er spuckte nur zornig in den Rinnstein. Er war dermaßen verbittert, daß ich mich zu fragen begann, ob er etwa ein Mitglied einer umstürzlerischen Gruppe sei. Er war kein angenehmer Mensch, und ich war froh, ihn auszahlen zu können und somit los zu sein.

Die römischen Grundsteine in Barcelona liegen etwa neun Meter unter den modernen Straßen. Als vor einigen Jahren unter den mittelalterlichen Häusern Ausgrabungen gemacht wurden, hatte jemand den blendenden Einfall, die Funde *in situ* zu belassen, indem die darüberstehenden Bauten einfach mit Betonmauern gestützt wurden, so daß man hinuntersteigen und in den römischen Straßen spazierengehen kann. Das war eines der seltsamsten Erlebnisse, die ich in Barcelona hatte. Man steigt eine Stiege hinunter und befindet sich plötzlich auf einem Gebiet, das wie der sauber aufgeräumte Schauplatz eines Bombenschadens bei elektrischer Beleuchtung aussieht. Über den unebenen Boden führen hölzerne Laufstege, und der Weg geht durch kleine Gassen, die einst von den römischen Bewohnern beschritten wurden, an ein paar Häusern vorüber, und unterwegs sieht man ab und zu Kanalrohre, die intakt aussehen. In diese Katakomben der Zeit hinabzutauchen und darin zu wandeln, dort wo vor undenklichen Zeiten Menschen gegangen sind, brachte meine Phantasie mehr in Wallung als ein paar Dutzend Schaukästen im Museum.

Auf der Plaza del Rey, dem Königsplatz, der von hohen, würdigen mittelalterlichen Häusern aus dunklem Gestein umstanden wird, taucht man wieder ins Heute empor. An einer Ecke führt eine großangelegte Treppenflucht zum Portal einer imposanten Halle hinauf, zur Halle des alten Schlosses der Grafen von Barcelona. Mir waren zumindest zwei der großen Ereignisse bekannt, die dort stattgefunden haben. Im Jahr 1479 lag der Leichnam Juans II. von Aragonien, des Vaters Ferdinands des Katholischen, dort aufgebahrt. Die Höflinge kamen hoch zu Roß in die Halle getrabt und ritten weinend und klagend um den Katafalk, sie schleiften ihre Fahnen auf dem Boden nach und warfen sich sogar in trostlosem Schmerz aus dem Sattel zu Boden. Vierzehn Jahre später, im April 1493, versammelten Ferdinand und Isabella ihren ganzen Hofstaat in diesem Saal, um von den Lippen des Kolumbus die Geschichte der Entdeckung der Neuen Welt zu hören. Salvador de Madariaga meinte einmal, Kolumbus würde heute einen ausgezeichneten Propagandaminister abgeben. Seine Ankunft in Barcelona war so pompös, wie seine Abreise aus Spanien das Jahr vorher unscheinbar gewesen war. Er kam, wie ein Zirkus, mit sechs sogenannten »Indern« im Gefolge, den ersten Eingeborenen aus dem amerikanischen Kontinent, die den Fuß auf europäischen Boden gesetzt hatten, ferner mit Papageien, Bäumen und exotischen Früchten von den Westindischen Inseln, aus Sevilla anmarschiert. Und der exotische Aufzug erregte Staunen, wo immer er gesehen wurde. So stieg Kolumbus die Treppe an der Ecke der Plaza del Rey hinauf und betrat den Saal des alten Schlosses.

Welch großer Augenblick im Leben Kolumbus'! Jahrelang hatte er, geringgeschätzt und von den meisten als bloßer Schwätzer verlacht, den Hof bestürmt, und nun war er heimgekehrt mit dem Beweis, daß die Neue Welt existierte oder vielmehr, daß er den Hintereingang nach China und Japan entdeckt habe, was er bis an sein Ende glaubte. Außerdem glaubte er, unendliche Mengen Goldes gefunden zu haben, was keineswegs der Fall war. Er hatte keine Ahnung vom Gold der Azteken und Inkas, das der Plünderung durch Cortez und Pizarro vorbehalten bleiben sollte. Als er in den Saal kam, setzten Ferdinand und Isabella den Hof in Erstaunen, weil sie aufstanden, indes er ihnen die Hände küßte. Und dann befahlen sie zum Unwillen und zur Verblüffung der Hofgesellschaft, einen Stuhl zu bringen, damit Kolumbus sich setzen könne – ein Zeichen königlicher Huld, das nur Angehörigen von Königsfamilien oder den Größten im Lande zuteil wurde. Kolumbus selbst muß das zumindest so ungeheuerlich erschienen sein wie die Entdeckung einer neuen Welt. Für ihn war dies hier wirklich eine neue Welt, die Welt, von der er stets geträumt hatte, eine Welt des Ruhms, des Reichtums und der Vornehmheit. Nachdem er seine Erzählung beendet hatte, sang der Sängerchor der Kapelle der Königin das Tedeum, und an diesem Abend begleitete, auf allerhöchsten Befehl, der gesamte Hof Kolumbus in sein Quartier. Ein weiteres Zeichen seiner Größe war, daß er von Kardinal Mendoza zum Essen eingeladen wurde und, zum erstenmal in seinem Leben, seine Speisen vorher geprüft wurden, ob sie nicht etwa vergiftet seien. Das ist ein Maßstab und zugleich der Preis, den man für den Ruhm zu bezahlen hat!

Obgleich die Entdecker der Neuen Welt fast bis zum letzten Mann aus Estremadura stammten und der Hafen Sevillas den Hauptgewinn aus der Entdeckung einheimste, hat Barcelona Kolumbus eine riesige Gedenksäule errichtet.

Auf der Spitze der Säule ruht ein großer, goldener Globus, und darauf steht die Kolossalstatue des Kolumbus und weist auf das Meer hinaus. Ein kleiner Mahagonilift führt den Besucher in der Säule bis auf eine Galerie hinauf, die unter dem Globus einen Kreis beschreibt, und dort empfindet man, wie an allen ähnlichen Plätzen, ein unsicheres Gefühl, als ob sich der Pfeiler jeden Augenblick neigen und der Länge nach auf die Erde fallen könnte.

Die Aussicht nach beiden Seiten ist großartig. Barcelona erstreckt sich bis weit an die Hügel hin, wo sich der Tibidabo erhebt; im Zentrum der Altstadt ragen die seltsam geformten Türme und das schwarze Helmdach der Kathedrale auf. Von der Säule blickt man direkt auf eines der interessantesten Altertümer Barcelonas hinab. Es sieht von oben aus wie eine Anzahl aneinandergereihter, ungeheuer langer Lagerplätze. Es sind die antiken Schiffswerften und Trockendocks, in denen zwischen dem vierzehnten und achtzehnten Jahrhundert die Flotten Barcelonas gebaut wurden und vom Stapel liefen. Die Anlage wurde sorgfältig restauriert und gereinigt und dient jetzt als Marinemuseum, das die glorreiche Geschichte der spanischen Heldentaten zur See illustriert. Dort sind ganze Säle von Galionsfiguren, Modelle jeder Art, Gemälde, Karten und nautische Kuriositäten. Am meisten interessierten mich die von spanischen Matrosen auf Fahrt bemalten Seemannskisten. Sie hatten unterwegs wohl reichlich Muße gefunden, ihre Kisten mit originellen Ölmalereien zu schmücken, die merkwürdigerweise fast alle dasselbe Thema variierten, das uralte Seemannsgarn von der Gefahr, der man sich aussetzt, wenn man seine Ohren vor dem Gesang der Sirenen nicht verschließt. Einige davon hätten gut und gerne vom heiligen Antonius gemalt sein können.

Von der anderen Seite der Säule blickt man auf die Küste hinunter, wo neben einem Schulschiff ein Modell der *Santa María*, Kolumbus' Flaggschiff, im richtigen Maßstab, vor Anker liegt. Die reizende kleine Karavelle, die in solcher Umgebung winzig erscheint, wurde um das Jahr 1920 mit allen Details für eine spanische Ausstellung gebaut. Sie ist zweifellos seetüchtig, denn seit damals liegt sie ununterbrochen auf dem Wasser. Für ein paar Pesetas werden die Besucher an Bord gelassen und dürfen sich dort umsehen und darüber staunen, daß jemand in einer solchen Nußschale den Atlantik zu überqueren wagte, denn sie ist nur etwa vierzig Meter lang und acht Meter breit, mit etwa hundert Bruttoregistertonnen. Noch erstaunlicher ist jedoch, daß die Männer das schmucke kleine Schiff über den Atlantik zu steuern wagten, obwohl sie befürchteten, dort über den Rand der Erde hinabzustürzen oder in sonst eine schauerliche Weltkatastrophe hineinzugeraten. Für uns ist es fast unmöglich, die Furcht der Leute im Zwischendeck nachzuempfinden, und es ist amüsant, im Tagebuch des Kolumbus die Eintragung zu finden, daß er das Logbuch gefälscht und weniger als die täglich in Wirklichkeit zurückgelegte Strecke eingetragen hatte, damit die Mannschaft nicht durch die lange Fahrtstrecke beunruhigt würde.

Für die Chikagoer Weltausstellung von 1893 wurde in Spanien ein weiteres bildschönes Modell der *Santa María* hergestellt; dieses kleine Schiff wurde tatsächlich von einer spanischen Mannschaft über den ganzen Atlantik gesegelt, und zwar auf demselben Kurs, dem Kolumbus auf seiner ersten Fahrt gefolgt war. Die abgestoppte Fahrzeit waren sechsunddreißig Tage (Kolumbus hatte siebzig gebraucht) bei einer Höchstgeschwindigkeit von sechseinhalb Knoten. Das Schiff hat angeblich fürchterlich geschlingert. Die erste *Santa María* war niemals nach Spanien zurückgekehrt. Am Christabend 1492, um Mitternacht, während Kolumbus und seine Leute schliefen, übergab der Steuermann trotz strikten Verbots das Steuerruder einem Jungen, das Schiff wurde von einer heftigen Strömung erfaßt, abgetrieben und unweit der Insel Haiti an Land geschwemmt. Aus den Planken baute Kolumbus ein Fort.

Von der Kolumbus-Gedenksäule wieder auf die Erde zurückgekehrt, setzte ich mich in einen der Sessel auf den Ramblas und beobachtete das Getriebe der katalanischen Menge, die mich durch ihre äußerliche Verschiedenheit von den übrigen Spaniern fesselte. Die Frauen haben

nicht die gute Haltung der Madrider Frauen und schreiten nicht einher wie mit einem unsichtbaren Wasserkrug auf dem Kopf, sondern als ob sie zu einer Verabredung zu spät kämen. Sie kleiden ihre Kinder anders, ähnlich wie die französischen Kinder heute angezogen sind. Die Bevölkerung Barcelonas hat eine Vorliebe für Haustiere. Unter den Platanen bieten Verkaufsstände Seidenäffchen, Schildkröten, Kätzchen und Goldfische zur Auswahl an. Auch liebt man hier Blumen. Die Stände in der Rambla de las Flores bieten ein verschwenderisches Bild, das mit der Jahreszeit wechselt, und unter den weißen, roten und blauen Schirmen, wo der Impressionist Ramón Casas sein Lieblingsmodell und damit zugleich seine spätere Frau kennenlernte, bieten die Marktfrauen ganze Arme voll Rosen zum Verkauf an. Es ist betrüblich, mußte ich denken, daß man in London die Blumenmädchen aus dem Piccadilly Circus vertrieben hat, und mein Herz erwärmte sich für die Katalanen, die einen Teil ihrer berühmtesten Straße großzügig den Blumen einräumen. Sollte ein untergeordneter Schreiberling etwa versuchen, diese Stände wegzuradieren, so würden ihn die Katalanen wahrscheinlich durch die Stadt prügeln, wie wir jene hätten prügeln sollen, die den schwachen Abglanz solcher Schönheit in London ausgerottet haben.
Bedeuten die vielen Blumen, Hunde, Schildkröten, Goldfische und Kinder, daß sich das häusliche Leben der Katalanen anders abspielt als in anderen Gebieten von Spanien, weniger abgeschlossen und orientalisch, vielleicht so ähnlich wie nördlich der Pyrenäen? Was kann ein Ausländer darüber schon sagen? Er kann höchstens Spekulationen anstellen. Aber es ist keineswegs überraschend, daß das Hin und Her zwischen den Mittelmeerländern und Paris im Lauf der Jahrhunderte die Menschen in Barcelona zu den Kosmopoliten Spaniens gemacht hat.
Es ist ein herrliches Gefühl, in einer Stadt, die schon mit Tyros und Sidon Handel getrieben hat, als die Wellen der Themse noch gegen den menschenleeren Ludgate Hill schlugen, einfach dazusitzen und die Gesichter zu studieren. Spanischen Volksmengen sieht man immer die verschiedensten Erbmassen an; das ist auch hier der Fall. Man meint einen Einschlag des Phönizischen und Karthagischen in diesen aktiven, betriebsamen, hurtigen Leuten zu erkennen. In Barcelona fühlt man sich manchmal flüchtig nach Marseille versetzt, nur daß die Stadt selbst viel schöner ist. Mir erscheint sie genau genommen als die angenehmste moderne Industriestadt, die ich kenne.
Man muß weder Katalanisch oder Kastilisch sprechen noch lange Zeit hier bleiben, um die katalanische Vitalität zu spüren. Diese fundamentale Lebenskraft konnten zahlreiche Mißgeschicke nicht brechen. Die Eroberung Konstantinopels und die Verwandlung des Mittelmeers in ein unter mohammedanischer Seehoheit stehendes Gewässer sind gewiß ein harter

Schlag gewesen, aber Barcelona hat ihn überlebt. Die Entdeckung Amerikas, die Zentralisierung alles Spanischen in Madrid, das waren neuerliche Rückschläge und nicht die letzten, aber Barcelona hat auch das überdauert. Es ist immer schon die Urheimat des Unternehmungsgeistes und des Abenteuers gewesen. Was hätte gewagter sein können als die Taten jener Handvoll Katalanen, die zu Anfang des vierzehnten Jahrhunderts das Byzantinische Reich sechs Jahre lang herausforderten, bei Gallipoli unter freiem Himmel lagerten und schließlich die Akropolis befestigten?

Zu meinen glücklichsten Erinnerungen an Spanien gehören Barcelona und die Ramblas an einem Sommerabend. Etwas weiter unten, neben den Blumenständen, lag einer der hübschen spanischen Märkte, auf dem Fische und Früchte an Farbenspiel miteinander wetteiferten. Ich wurde nicht müde, dort spazierenzugehen, eine Tüte Birnen oder Pfirsiche zu kaufen und mich an der angeborenen Höflichkeit der Marktleute und ihrem Schönheitssinn zu ergötzen, der auch für die Schönheit banaler Dinge nicht blind ist, wie ich bei der Schilderung eines ähnlichen Marktes in Madrid bereits aufgezeigt habe. Es tat einem die Wahl weh, was farbenfreudiger und schöner war, die Früchte oder die Fische, die in den Budengassen einander gegenüber ausgestellt waren. Der Markt füllte einen ganzen Platz aus. Ging man jedoch dahinter, so fand man eine verborgene Gruppe von Patrizierhäusern, die vor mehr als hundert Jahren von Francisco Daniel Molina erbaut worden waren, den Londons Regent's Park und Nash's Piccadilly derart bezaubert hatten, daß er diesen Regency-Platz in kleinerem Format in Barcelona hinstellen mußte.

Bei Einbruch der Dunkelheit kann man die Fremden in Barcelona vor den Kiosken auf den Ramblas warten sehen: Sie warten hier auf ihre Zeitung, die mit dem Flugzeug ankommt. Es dürfte die verschiedensten Ausländer hier geben, denn man bekommt englische, amerikanische, französische, deutsche, italienische, schweizerische und andere Zeitungen zu kaufen. Als ich zum erstenmal nach der »Times« fragte, schaute der Verkäufer im Kiosk mich ratlos an und schüttelte den Kopf. Er kannte sie gar nicht. Da deutete ich auf ein Exemplar in seinem Gestell, und sein Gesicht wurde von einem strahlenden Lächeln in viele Fältchen gezogen: »Ah, *el Times!*« Von da an wußte ich, was ich verlangen mußte, und alles ging reibungslos.

Sankt Georg ist der Schutzpatron von England, Portugal, Aragonien, und in Griechenland der Patron der Irren. Ich habe in der Levante griechische Kirchen gesehen, in denen nachts Irrsinnige angekettet wurden, weil man glaubte, daß der heilige Georg sie im Schlaf heilen werde. Die Aragonier

und Katalanen kennen den Heiligen als den bekannten Drachentöter. Er spielte in der frühen Geschichte von Aragonien eine ziemliche Rolle, da er die christlichen Heere bei ihrem Streit wider die Ungläubigen ermutigte, wie St. Jakobus die kastilischen Armeen. Im schönsten Baudenkmal von Barcelona befinden sich zahlreiche St.-Georgs-Standbilder. Man sieht ihn riesige wilde Drachen töten oder auch Drachen von geringerer Rasse aufspießen, und einmal sieht man ihn auch zu Fuß, in voller Rüstung, aus massivem Silber, wie er einen hübschen kleinen Drachen, der nicht größer ist als ein Terrier, mit der Lanze durchbohrt. Das prachtvolle Bauwerk ist das Schloß der *Diputación Provincial,* in dessen mittelalterlicher Pracht die Ratsversammlung des Distrikts zusammentritt.
Edelgeschwungene Treppen führen zu einer gotischen Kolonnade und einer Art mittelalterlichen Dachgartens hinauf, in dem in kleinen, ins Pflaster eingesprengten Rasengevierten Orangenbäume wachsen. Hier steht der reizvollste der vielen heiligen George. Er ist klein und reitet auf der Spitze eines Brunnens. Der Drache, der unter den Hufen seines Pferdes liegt, speit mit erhobenem Haupt aus dem aufgerissenen Rachen einen feinen Wasserstrahl, der in hohem Bogen aufsteigt und am Fuß des Heiligen zersprüht.

Dieser spanische Dogenpalast gibt einem ungefähr eine Vorstellung vom Reichtum und der Prachtentfaltung im mittelalterlichen Barcelona. In den Sälen des Palastes herrscht gediegener Luxus und eine fast zu üppige, viktorianische Wohlhabenheit. Der Ratssaal ist eine massive Schmuckkassette mit einem Deckel aus vergoldeter Holztäfelung und Seitenwänden, die mit zartfarbenen, wunderbaren flämischen Wandbehängen ausgeschlagen sind. An einem Ende steht ein Thron zwischen zwei Reihen massiger Stühle, die an Chorstühle erinnern. Dann gibt es noch eine prunkvolle Halle und eine schöne Kirche, doch man erträgt den Anblick dieser selbstzufriedenen Großartigkeit nicht lang. Ich jedenfalls atmete erleichtert auf, als ich ins Sonnenlicht unter die Orangenbäume hinaustrat und geruhsam dem Drachen zuschaute, der sein Wasser nach dem St. Georg verspritzte.

An einem Sonntagabend kam ich von den Docks zurück, in deren Nähe ich ein kleines Gasthaus gesucht hatte, das mir wegen seiner ausgezeichneten *zarzuela* aus Muschelfleisch empfohlen worden war. Das Wort *zarzuela* bedeutet eigentlich Operette oder buntes Programm, und eine *zarzuela de mariscos* ist eine Speise aus den verschiedensten Schaltiersorten der jeweiligen Jahreszeit, die gebraten und mit einer schmackhaften Sauce serviert werden. Sie wird überall anders zubereitet und ändert sich natürlich auch von Monat zu Monat. Ungefähr im November dürfte sie den Gipfel der Vollkommenheit erreicht haben.

Über die Ramblas zurückschlendernd, beschloß ich, der Kathedrale einen kurzen Besuch abzustatten, und bog in das Labyrinth alter Seitengäßchen ein, auf die Plaza de San Jaime zu. Fröhliche Musik tönte mir entgegen, und zu meiner Überraschung sah ich die *plaza* mit einer feierlich tanzenden Menge erfüllt. Es müssen an die tausend Menschen oder auch mehr dort gewesen sein. Sie tanzten in verschieden großen Kreisen, Hand in Hand, immer abwechselnd ein Mann und eine Frau. Im ersten Augenblick erinnerte mich der Anblick irgendwie an die Märchen Hans Christian Andersens oder an die Manie des Veitstanzes, die im Mittelalter plötzlich ganze Städte ergriff, beim näheren Zusehen war jedoch nichts Abnormes zu sehen, nichts, was irgendwie an Verzückung oder Wahnsinn grenzte. Hier hatten sich einfach die Bürger Barcelonas in ihrem Sonntagsstaat zum Tanz eingefunden, angelockt von den Klängen der Musik, die sich in einem Winkel des Platzes auf einem Podium niedergelassen hatte. Man tanzte die berühmte *sardana,* den weitaus beliebtesten katalanischen Tanz.

Die besten Tänzer, die auch offenbar das Ganze in Schwung gebracht hatten, waren Gruppen junger Männer und Frauen, deren Geschicklichkeit und Leichtfüßigkeit verriet, daß sie einem Volkstanzverein angehörten. Da jedoch alle Katalanen mit dem Tanz vertraut sind, dauerte es nicht lange, und andere tanzten mit. Die zufälligen Passanten begannen in Scharen mitzuschwingen, und die Zahl der Tanzenden vermehrte sich ununterbrochen durch Neuankömmlinge, die sich in die bereits vorhandenen Kreise einreihten oder einen neuen Kreis bildeten. Eine Mutter nahm ihren vierzehnjährigen Sohn an der Hand und fing zu tanzen an, nach kurzer Zeit schlossen sich dem Paar zwei Leute an, und dann kamen noch einige dazu, bis der Kreis aus fast zwanzig Personen bestand. Ich mußte lachen, weil eine der Frauen ihre Handtasche einfach mitten im Kreis zu Boden stellte, ihre Handschuhe darauf legte und mitzutanzen begann. Es gibt dabei nur eine fixe Vorschrift, und zwar, daß die Geschlechter abwechselnd eingereiht sein müssen, damit jede Frau zwischen zwei Männern tanzt.

Der Tanz ist schlicht und anmutig, und wie alle spanischen Lebensäußerungen hat auch er etwas Zeremonielles und geht nach strengen Regeln vor sich. Er erinnerte mich an einen griechischen Tanz, den ich vor Jahren einmal auf der Insel Thasos zu sehen bekam. Bei diesem Tanz bildeten die Mädchen Ketten, indem sie einander die Hände auf die Schultern legten und einmal nach rechts, einmal nach links tanzten, nicht anders als bei der *sardana.*

Ein plötzliches Abbrechen der Musik zeigt an, daß ein Tanz zu Ende ist, die Gruppen lösen sich auf und warten, bis die nächste Weise aufklingt. Es gibt eine ganze Menge verschiedener Melodien, und ununterbrochen werden neue komponiert. Ich möchte jedem, der durch Barcelona kommt, anraten, sich Platten von *Angelina, Cobla Emporium, Al Quines Noies, La Font de l'Albera* oder *La noir alegre que no sap plorar* zu kaufen, lauter wunderschöne *sardana*-Melodien. In der Musik haben ländliche Flöten und Holzbläser die Oberhand.

Wenn die Kapelle der Meinung ist, daß die Tänzer lange genug pausiert haben, stößt das *flabiol* einen Ton aus, der anzeigt, daß ein neuer Tanz beginnt. Die Tänzer fassen sich an den Händen, das Gesicht zur Kreismitte gewendet, und sobald die Musik anhebt, tanzen sie zuerst mit kurzen Schritten, den sogenannten *curts*, seitwärts und zurück, und dann kommen große Schritte, die *llargs*; bei den *curts* werden die Hände tief gehalten, bei den *llargs* bis zur Schulterhöhe gehoben. Beim letzten Ton strecken die Tanzenden plötzlich die Arme vor gegen die Kreismitte und falten die Hände in einer Geste der Freundschaft und des Dankes. Es herrscht der liebenswürdige Brauch, alle Fremden lächelnd und nickend zur Beteiligung an der *sardana* aufzufordern. Ein amerikanisches Paar folgte der Aufforderung zum großen Entzücken der Tanzenden. Wer einmal eine *sardana* tanzen gesehen hat, wird mir beipflichten, daß die edle Haltung und die Begeisterung, mit der Tausende Menschen in Barcelona jeden Sonntag tanzen, zu den hübschesten Erinnerungen an Spanien gehören. Wie so vieles in Spanien, ergibt sich auch das Tanzen zwanglos. Fragt man, wo es stattfindet, so kann einem kein Mensch etwas Bestimmtes sagen, man kommt immer ganz unerwartet dazu, wenn es schon in vollem Gang ist.

Ich nahm ein unvergeßliches Bild von Würde und Anmut vor dem edlen Hintergrund der Paläste mit heim. Eine bäurische Pfeife hüpfte wie ein junger Faun durch die fröhlichen Klänge der Musik, und ein alter Laternenanzünder, mit einem langen Stab über der Schulter, schritt zwischen den Kreisen der Tänzer hindurch und zündete die Lichter an.

Meine Zelle im Kloster Montserrat war eng, weiß und sauber. Sie enthielt nur ein Feldbett, einen Waschtisch, einen Stuhl und ein Tischchen. In einem Zimmer auf der anderen Seite des Ganges lebte ein junges Flitterwochenpärchen ausschließlich seiner Liebe. Immer sah man sie Hand in Hand, und wenn sie für kurze Zeit getrennt waren, riefen sie einander besorgt, wie Vögel. Engumschlungen sah man sie aus dem Fenster schauen. Es war wieder einmal echt spanisch, daß sie ihre Liebe der Muttergottes von Montserrat darbrachten, der »Rose des April«, der »Dunklen vom Berge«.

Das Kloster liegt, etwa fünfzig Kilometer von Barcelona entfernt, hoch oben in der Schlucht einer wilden und unwirklichen Landschaft. Jahrhundertelange Erosion hat diese Berge geformt, die weicheren Gesteinsschichten sind längst verschwunden und haben nur harte Felsen zurückgelassen, die in bizarren einzelnen Spitzen und Zacken aufragen und eine Landschaft bilden, die vom Mond heruntergefallen sein könnte. Solch geisterhafte Gegenden, die mit der natürlichen Welt nichts gemein haben, sondern in ein anderes Dasein hinüberzuführen scheinen, haben zu allen Zeiten eine besondere Anziehungskraft für Einsiedler besessen. Bis zu den höchsten Gipfeln des Montserrat liegen Eremitenhöhlen verstreut, die vor langer Zeit bewohnt waren. Die deutsche Sage des Mittelalters verlegte die Gralsburg hierher, und diese Sage hat Wagner angeregt, den »Parsifal« zu komponieren.

Für Spanien sind die Gipfel des Montserrat seit etwa elfhundert Jahren geheiligt als Schrein der Schwarzen Madonna, der Schutzpatronin von Katalonien. Das Benediktinerkloster, in dem ihr Bild steht, liegt auf einer Felsenklippe etwa tausend Meter über dem Meer und ist rings von den gezähnten Spitzen des Montserrat umgeben – des *Mons Serratus* –, der noch dreihundert Meter darüber emporragt. Bei der Ankunft wirkt die Anlage des Klosters sehr weiträumig; wenn man jedoch aus der Ebene zu ihm aufblickt, muß man erst danach suchen, und findet man es endlich, so ist es klein wie ein Schwalbennest, das schwindelerregend in einem Winkel der ungeheuren Klippe hängt.

Um die Basilika der Schwarzen Madonna hat sich ein richtiges Dorf gebildet, mit einem eigenen Postamt, einem Hotel und ein paar Läden, in denen man Lebensmittel, Filmrollen und Kerzen zu kaufen bekommt. Wegen der seltsamen Bodenbeschaffenheit sind die Herbergen, die etwa zweitausend Pilgern Obdach gewähren können, überallhin verstreut. Man kann drei Tage lang umsonst dableiben, mit Erlaubnis des Abtes auch länger, und es versteht sich von selbst, daß man vor seiner Abreise spendet, was man sich eben leisten kann; man wird jedoch von niemandem aufgefordert, etwas zu bezahlen.

Die Pilger bringen ihre verschiedenen persönlichen Anliegen zum Heiligtum. Man sieht sie in der Kirche knien oder trifft sie auf Spaziergängen auf den Gebirgspfaden, vielleicht damit beschäftigt, ihr Gewissen zu erforschen. In erster Linie sind es jedoch die jungen Flitterwochenpaare, die hier heraufkommen, um den Segen der Madonna für ihren Bund zu erbitten. Diese Paare geben dem Montserrat eine besondere Atmosphäre von Glück; morgens, nach der Messe, sieht man sie singend und lachend gemeinsam fortgehen, als gebe es weder Sorgen noch Verantwortung auf der Welt; und unwillkürlich wünscht man, daß dieser Glückszustand ihr ganzes Leben andauern möge.

Die Schwarze Madonna ist dunkel vor Alter und jahrhundertelangem Kerzenruß. Wie von vielen anderen Ikonen und Statuen wird auch von ihr behauptet, sie sei eine Arbeit des heiligen Lukas. Vielleicht soll damit aber auch nur ausgedrückt sein, daß sie uralt ist. Es ist schade, daß die

Frömmigkeit manchmal zu sorgloser Ungenauigkeit verleitet, wie dies auch bei dem – im übrigen ausgezeichneten – kleinen Handbuch der Fall ist, das im Kloster verkauft wird. Darin wird behauptet, »daß die Jungfrau von Montserrat sich mit keinem anderen Bildnis vergleichen läßt«, und das entspricht nicht der Wahrheit. Sie ist eine typische gotische Muttergottes Spaniens und weist große Ähnlichkeit mit der *Santa María la Real* in Nájera auf. Auch ihre Geschichte unterscheidet sich nicht von der anderer berühmter spanischer Statuen. Sie wurde von den Mönchen versteckt, als die Araber in Spanien einfielen, und nachdem ihr Versteck längst in Vergessenheit geraten war, wurde es durch wunderbare Gesichte und Töne geoffenbart.

Im Mittelalter wurde jede private und offizielle Krise in der Geschichte Aragoniens und Kataloniens vor diesen Schrein der seligsten Jungfrau gebracht. In einer schweren Stunde seines Lebens saß Pedro III. von Aragonien im schlichten Pilgerkleid eine Nacht lang der Jungfrau zu Füßen; Pedro IV. kam her, um den Beistand der Madonna für seine Invasion in Majorka zu erbitten und lieh sich einen ihrer Ringe zum Mitnehmen aus; die gütige Königin Violante, Gattin Juans I., erklomm barfuß den Berg – man wundert sich, daß sie das durchgehalten hat – und sank erschöpft vor dem Altar nieder. Nach der Vereinigung Kastiliens und Aragoniens wurde die Madonna von Montserrat in ganz Spanien verehrt. Einer ihrer namhaften Verehrer war Karl V. Er suchte sie mindestens neunmal auf, auch empfing er hier die Nachricht von der Eroberung Mexikos. Als er im Sterben lag, hielt er eine Kerze vom Altar der Jungfrau in der Hand, und sein Sohn Philipp II. folgte seinem Beispiel. Auf seinem jammervollen Sterbelager in Flandern bat sich Don Juan d'Austria aus, in Montserrat begraben zu werden, falls er nicht bei seinem Vater im Escorial liegen könne.

Aber der bedeutendste unter den Pilgern war ein dreißigjähriger Mann, der eines Tages im März 1522 den Berg heraufhinkte. Es war ein vornehm gekleideter Edelmann, das Schwert zur Seite, den Dolch im Gürtel, ein Kriegsmann, dem bei der Belagerung Pamplonas das Bein zerschmettert worden war. Als er hilflos darniederlag, dachte er zunächst nur daran, daß er nun in den Augen seiner vielen Geliebten eine jämmerliche Figur abgeben würde. Zweimal befahl er den Ärzten, das Bein zu operieren, und einmal, es zu brechen und den Knochen neu einzurichten, und dann nochmals, einen vorstehenden Knochensplitter wegzusägen. Diese Torturen erduldete er ohne Betäubungsmittel und ohne einen Schmerzenslaut von sich zu geben. Während er wartete, bis der Knochen ausgeheilt war, begann er in den Heiligengeschichten zu lesen, und dabei spielte sich in seinem Herzen ein entscheidender innerer Kampf ab. Bald sehnte er sich nach seinem früheren Leben zurück, bald war er vom Wunsch erfüllt, sich Gott zu weihen. Schließlich, so sagt er in seinem »Leben«, wurde die Erinnerung an seine Geliebten durch eine Vision der seligsten Jungfrau ausgelöscht. Sobald es ihm möglich war, sattelte er sein Maultier und ritt zum Montserrat. Unterwegs kam er mit einem Mauren ins Gespräch, und sie redeten von der Unbefleckten Empfängnis. Der Maure machte sich über die Lehre lustig, und der Krieger fand, es sei seine Pflicht als christlicher Ritter, ihn zu töten. Dann entschloß er sich jedoch, die Entscheidung dem Schicksal zu überlassen. Als sie an einen Kreuzweg kamen, ließ er sein Maultier frei die Richtung wählen. Schlug es den gleichen Weg ein wie der Maure, so sollte der Maure sterben, wenn nicht, so war es anders bestimmt. Sein Maultier wählte den anderen Weg, und der Maure ritt unversehrt weiter.

Als der Held Montserrat erreicht und der seligsten Jungfrau seine Verehrung erwiesen hatte, legte er Schwert und Dolch auf den Altar und wachte die ganze Nacht bei ihnen, wie es unter Rittern seit alters Brauch war, und gelobte sich für immer zum Streiter Christi. Damit war sein früheres Leben abgetan. Er verschenkte seine prächtigen Kleider und hinkte, in ein schäbiges Gewand aus grobem Stoff gehüllt, den weiten Weg zur Stadt Manresa hinunter, die fern in der Ebene im Dunstschleier der Hitze schlummerte. Dort lebte er in einer Zelle und begann seinen Leib zu züchtigen und abzutöten. Es fastete, geißelte sich, demütigte sich und bettelte auf der Straße. Es ist qualvoll, seine Härte gegen sich selbst zu betrachten.

Zweimal starb er fast. Das war der Anfang des neuen Lebens für den heiligen Ignatius von Loyola, den Gründer der Gesellschaft Jesu.

Groß ist der Ruhm des Montserrat, aber auch seine Heimsuchungen sind groß gewesen. Im napoleonischen Krieg plünderten die Franzosen das Kloster und raubten seine in Jahrhunderten aufgehäuften Schätze, im Karlistenkrieg wurde es aufgelöst und im Bürgerkrieg verwüstet. Aber das kann man nur erraten. In Montserrat wird nicht davon gesprochen. Die Mönche sind immer wieder voll Vertrauen und Fleiß zurückgekehrt, haben die Schäden ausgebessert und die Narben geheilt.

In der Zeit, die ich dort verbrachte, ging ich viel in den Bergen spazieren und sprach manchmal den ganzen Tag mit keiner Menschenseele. Man wird auf dem Montserrat so wunderbar allein gelassen! Ich war voll Dankbarkeit über meine Erlebnisse in Spanien, die mich vieles gelehrt hatten, was ich vorher nicht begriffen hatte. Lange dachte ich über die Würde Spaniens nach. Diese Würde entspringt dem Sinn für das Geheimnis des Lebens und dem Glauben, daß der Mensch das Ebenbild Gottes sei. Was Spanien an Edlem und Wertvollem besitzt, wurde aus einer früheren Welt herübergerettet. »Ich fühle, daß meine Seele mittelalterlich ist«, sagt Miguel de Unamuno, »und daß der Geist meines

Landes mittelalterlich ist; ich fühle, daß es zwar notgedrungen die Renaissance, die Reformation, die Revolution mitgemacht und daraus gelernt hat, aber trotzdem hat es seinen Geist nie davon berühren lassen; und die spanische Don-Quijoterie ist nichts als der verzweifelte Kampf des Mittelalters gegen die Renaissance.«

Der erhebendste Augenblick in Montserrat ist die Vesperzeit. Das Heiligtum der Madonna auf dem Hochaltar erstrahlt im Schimmer der Kerzen und wirft seinen Glanz in die dunkle Kirche. Die Chorsänger einer Musikschule, die seit dem Mittelalter existiert, betreten einzeln hintereinander das Heiligtum, die Hände unter den Chorhemden verborgen, um jede Fahrigkeit zu vermeiden. Der Altar ist erleuchtet, und zwischen den Kerzenleuchtern stehen Büschel von rosa Gladiolen. Der Chor intoniert den schönsten katholischen Choral, das Salve Regina. Beim Zuhören denke ich daran, daß es in alten Zeiten Brauch war, daß sich die spanischen Matrosen auf dem Meer bei Sonnenuntergang versammelten und dieses Gebet sangen. Kolumbus erzählte, daß das Salve Regina jeden Abend auf der Fahrt nach Amerika gesungen wurde. Kaum war es verklungen und die Sonne hinabgetaucht, so wurden auf den kleinen Schiffen die Laternen angezündet, und in einem solchen Augenblick geschah es, daß Kolumbus seiner kleinen Mannschaft mitteilte, Gott in seiner Gnade habe ihnen ein Zeichen gesandt: Sie hatten Stöcke und Holzteile im Meer aufgefischt, und er bat sie, in dieser Nacht besonders wachsam zu sein.

Wenn das Salve Regina verklungen ist, beginnt der Chor süß und sanft das Virolai zu singen, mit dem jeder Tag beendet wird. Das ist ein katalanischer Choral zu Ehren der Muttergottes, von einem der Mönche vom Montserrat verfaßt. Klar und hell erheben sich die jungen Stimmen in der stillen Kirche:

»Rose des April, Dunkle Du vom Berge,
Stern vom Montserrat,
Leuchte über Katalonien,
Leite uns zum Himmel empor.«

Draußen in der Ebene ist es dunkel, nur die höchsten Zacken der Berge sind noch rosig behaucht. Langsam erlischt das Licht; ein Stern funkelt. Ich trete hinaus in die Dämmerung und empfinde tief, daß es noch Orte gibt, wo der Haß, diese furchtbare Geißel unserer Zeit, keine Heimstatt hat.

Personen- und Ortsregister